ESTUDOS
DE
DIREITO FISCAL

FACULDADE DE DIREITO DA UNIVERSIDADE DO PORTO
CENTRO DE INVESTIGAÇÃO JURÍDICO-ECONÓMICA (CIJE)

ESTUDOS DE DIREITO FISCAL

Coordenadora
Prof.ª Doutora GLÓRIA TEIXEIRA

ALMEDINA

ESTUDOS DE DIREITO FISCAL

EDITOR
EDIÇÕES ALMEDINA, SA
Rua da Estrela, n.º 6
3000-161 Coimbra
Tel.: 239 851 904
Fax: 239 851 901
www.almedina.net
editora@almedina.net

PRÉ-IMPRESSÃO • IMPRESSÃO • ACABAMENTO
G.C. – GRÁFICA DE COIMBRA, LDA.
Palheira – Assafarge
3001-453 Coimbra
producao@graficadecoimbra.pt

Julho, 2006

DEPÓSITO LEGAL
244901/06

Apesar do cuidado e rigor colocados na elaboração da presente obra,
devem os diplomas legais dela constantes ser sempre objecto
de confirmação com as publicações oficiais.

Toda a reprodução desta obra, por fotocópia ou outro qualquer processo,
sem prévia autorização escrita do Editor,
é ilícita e passível de procedimento judicial contra o infractor.

SUMÁRIO

NOTA DE ABERTURA.. 1

RESPONSABILIDADE DOS CORPOS SOCIAIS E RESPONSÁVEIS TÉCNICOS
ANÁLISE DO ARTIGO 24.º DA LEI GERAL TRIBUTÁRIA

   Joana Patrícia de Oliveira Santos 5

A EVASÃO FISCAL E O CRIME DE FRAUDE FISCAL NO SISTEMA LEGAL PORTUGUÊS

   Francisco Vaz Antunes 61

A TRIBUTAÇÃO DO *FACTORING*
UMA ABORDAGEM CRÍTICA NUMA PERSPECTIVA NACIONAL E INTERNACIONAL

   Duarte Abrunhosa e Sousa 187

REFORMA DA TRIBUTAÇÃO DO PATRIMÓNIO
O NOVO REGIME DE AVALIAÇÕES DA PROPRIEDADE URBANA

   Luís Rodrigues Antunes 291

NOTA DE ABERTURA

Esta obra reúne quatro teses seleccionadas do I curso de Pós-Graduação de Direito Fiscal da Faculdade de Direito da Universidade do Porto. Tratam temas diversos e actuais na área do Direito Fiscal e reflectem a experiência e metodologia seguida neste curso.

Poderão os leitores assim constatar a diversidade das fontes e referências bibliográficas bem como as diferentes experiências académicas e profissionais dos seus autores.

Na qualidade de coordenadora desta obra, e também do Curso de Pós-Graduação de Direito Fiscal, foi com muito gosto que a promovi e a supervisionei, com o objectivo de dar a conhecer ao público em geral o ensino e experiência pedagógica e científica, no âmbito dos estudos fiscais na Faculdade de Direito da UP.

Não foi fácil a selecção dos trabalhos a publicar. Motivos editoriais impuseram limites à publicação e desde já se remetem os leitores para o sítio do CIJE (Centro de Investigação Jurídico-Económica da FDUP) – www.direito.up.pt (ver I&D, Centro de Investigação Jurídico-Económica web) – onde poderão aceder a outros estudos de direito fiscal, apresentados no âmbito dos I e II cursos de Pós-Graduação de Direito Fiscal da FDUP.

Não posso deixar de recordar com agrado e saudade a experiência como coordenadora, docente e também 'tutora' neste curso e agradecer especialmente ao Prof. Freitas Pereira o indispensável e sempre presente apoio ao longo desta missão. De facto, a seriedade, competência e também altruísmo dedicados a este projecto, têm sido elementos determinantes para o seu bom desempenho.

Paralelamente, o esforço e competências desenvolvidos na Universidade do Porto no âmbito do projecto *e-learning*, sob a coordenação do Prof. Marques dos Santos (actual Reitor da Universidade do Porto), muito contribuíram para o cumprimento dos objectivos de aprendizagem, tendo permitido uma partilha de experiências académicas e profissionais, nomeadamente através da criação de um fórum activo e participado, na II edição do curso, impulsionado e sustentado pelo Desembargador Moisés Rodrigues.

Ainda, uma palavra de especial agradecimento e apreço é devida à equipa docente do curso, especialmente à Dra. Maria de Lourdes Vale e Prof. Nuno Sá Gomes pelo trabalho e dedicação, no âmbito respectivamente do Direito Fiscal Internacional e Tributação do Património (ver obra de Nuno Sá Gomes, *A Tributação do Património, Lições ao 1.º Curso de Pós-Graduação de Direito Fiscal da FDUP*, Almedina, 2005).

No sentido de complementar os diferentes módulos do curso, e com o apoio financeiro da FCT, o CIJE tem vindo a promover na Faculdade um conjunto de conferências internacionais, bem participadas e inseridas no seu programa de investigação e parcerias internacionais. Agradecemos reconhecidamente o contínuo apoio dos Professores David Williams (*Taxation and Social Security Special Commissioner for England and Wales*) e Ian Walden (Professor na *Queen Mary College*, Universidade de Londres).

À comissão de coordenação do curso, Mestres Raquel Guimarães, Paulo Tarso e José Reis, o meu sincero obrigada pelo conselho, apoio e também vasto tempo dedicado a participar em júris.

Dedicamos esta obra a todos os estudantes dos Cursos de Pós-Graduação de Direito Fiscal da FDUP e ainda a todos aqueles que se interessam, em liberdade e consciência, pelo estudo do Direito Fiscal.

Porto, Junho de 2006.

A Coordenadora,
GLÓRIA TEIXEIRA

RESPONSABILIDADE DOS CORPOS SOCIAIS E RESPONSÁVEIS TÉCNICOS

ANÁLISE DO ARTIGO 24.º DA LEI GERAL TRIBUTÁRIA

JOANA PATRÍCIA DE OLIVEIRA SANTOS

I – INTRODUÇÃO

1.1. Breves considerações

O estudo da responsabilidade dos gestores pelas dívidas tributárias das sociedades comerciais oferece infindáveis vias de pesquisa possíveis correspondentes a diferentes formas de perspectivação, de abordagem e de tratamento do tema.

Esta temática da responsabilidade dos membros dos órgãos sociais por dívidas de natureza tributária tem revelado muito interesse devido ao seu complexo regime e à sua evolução ao longo dos tempos, e sobretudo em virtude da onerosidade e relevância que se revestem os encargos tributários para a sociedade.

Assim, comparamos o fenómeno da responsabilidade tributária subsidiária à figura mitológica Hidra[1], que quando se lhe cortava uma cabeça, logo surgiam, prontamente, duas no seu lugar. É o que tem surgido com o fenómeno que iremos analisar, visto que o credor Estado explora as mais variadas formas de responsabilizar, de forma a conferir meios de garantia mais eficazes na cobrança coerciva dos seus créditos. Saliente-se que o Estado vem beneficiando, no âmbito tributário, de um regime privilegiado face aos demais credores sociais. O credor Estado, no que toca à responsabilidade tributária dos gestores, vem gozando de uma presunção de culpa dos gestores que, além de o beneficiar em termos de prova, onera os responsáveis com o ónus da prova de um facto negativo: o ónus da não culpa.

---

[1] *In Enciclopédia de Mitologia*, de ARTHUR COTTERELL, pág. 48. Hidra era uma serpente de nove cabeças que o herói Hércules derrotou ao queimar oito cabeças e ao enterrar a nona cabeça – que era imortal – num pântano sob um enorme rochedo.

Interessa-nos essencialmente, neste trabalho, considerar apenas a responsabilidade inerente ao cargo de gestor das sociedades comerciais – englobando nesta expressão os gerentes, administradores ou directores das sociedades comerciais; bem como os casos especiais da responsabilidade dos membros de fiscalização, dos revisores oficiais de contas e dos técnicos oficiais de contas à luz do nosso ordenamento jurídico.

Responsabilidade que, tem sido nos últimos tempos palco de aceso debate e que tem levantado aos gestores as mais diversas e pertinentes interrogações, senão mesmo angústias, sendo certo que a última e mais premente de todas é, seguramente, aquela que tem a ver com a questão: *Em que medida é que eu, gestor, respondo, pessoal e patrimonialmente perante terceiros, pelos actos ou omissões da minha gestão?*

Começamos este escrito por dirigir algumas palavras a aflorar sumariamente a evolução histórica dos regimes legais de responsabilidade tributária dos gerentes ou administradores, e debruçamo-nos sobre o actual panorama legislativo.

No que à fenomenologia respeita, cabe salientar a análise mais aprofundada e pormenorizada da fase correspondente ao actual regime jurídico, constante no artigo 24.º da Lei Geral Tributária.

Faremos uma alusão a cada um dos números que compõem o artigo em análise, desmembrando o presente artigo numa alusão à responsabilização dos titulares dos órgãos das pessoas colectivas, à responsabilidade dos membros dos órgãos de fiscalização e dos Revisores Oficiais de Contas e à responsabilidade dos Técnicos Oficiais de Contas.

De salientar que o nosso Código das Sociedades Comerciais impõe aos membros dos órgãos de administração um conjunto de deveres que entre outros intuitos conforma positivamente o exercício da actividade da administração das sociedades comercias, e cuja violação decorrerá eventualmente responsabilidade para os mesmos. Os administradores tomam um património alheio que é o património da sociedade que foi inicialmente constituído pelas entradas dos sócios, para com este património e administrando-o da melhor forma, exercerem o objecto societário, com um fim último que é o lucro.

Pelo que, a sociedade tem interesse em que o seu património seja correctamente afecto e utilizado, de modo a que se venha a gerar lucros, na medida em que estes consubstanciam o fim societário, pois estes contribuíram com bens vislumbrando a obtenção de um retorno lucrativo. Mas para além da sociedade, e dos sócios, existem outros interesses que serão afectados caso os administradores não persigam o fim lucrativo, ou efectuem uma administração danosa, na medida em que os interesses dos credores da sociedade em obterem a satisfação dos seus créditos também dependem de forma vital de como é exercida a actividade da administração. Pelo que uma gestão ruinosa ou mesmo negligente compromete ou põe em perigo a realização dos interesses dos credores, já uma gestão diligente e proveitosa, porque se propõe a conservar e incrementar o património societário contribui largamente para a satisfação dos interesses dos credores sociais.

Em face do exposto, compreende-se que a ordem jurídica não se pode esgotar na prescrição normativa. O direito exige simultaneamente a validade fáctica, propiciada pelo critério de sanção, a ordem jurídica não pode ficar indiferente a situações ilícitas, negligentes e danosas praticadas pelos membros dos órgãos de administração, gestão ou direcção de uma sociedade comercial, tendo de intervir e de certa forma punir, responsabilizando os administradores pelos seus actos que lesem os credores sociais, mas estes actos terão de ser ilícitos (contrários à lei ou às disposições contratuais), culposos (dolosos ou negligentes), e provocar danos (existência de danos resultantes da conduta – nexo de causalidade).

Os mecanismos de responsabilização dos gestores perante os credores sociais têm assumido um novo protagonismo nos tempos hodiernos, mormente face a um crescente esvaziamento da respectiva função de garantia dos credores sociais.

Neste contexto, a opção por uma responsabilização "directa" dos gestores por algumas das dívidas tributárias da sociedade surge como uma solução factível e que tem sido aceite como ferramenta auxiliar no combate ao incumprimento das dívidas sociais e à dissipação do património social.

II – BREVE NOTA SOBRE A EVOLUÇÃO DOS REGIMES LEGAIS DE RESPONSABILIDADE TRIBUTÁRIA DOS GERENTES OU AMINISTRADORES

A responsabilidade tributária surgiu regulada, pela primeira vez, no nosso Direito, através do DL n.º 17730, de 7 de Dezembro de 1929, cujo artigo 1.º tinha a seguinte redacção:

"Por todas as contribuições, impostos, multas e quaisquer outras dívidas ao Estado que forem liquidadas ou impostas a empresas ou sociedades de responsabilidade de responsabilidade limitada em relação a actos praticados ou a actividades exercidas depois da publicação do presente decreto são pessoal e solidariamente responsáveis, pelo período da sua gerência, os respectivos administradores ou gerentes e ainda os membros do conselho fiscal nas sociedades em que os houver, se este expressamente caucionou o acto de que deriva a responsabilidade"

Ora, era evidente que o regime previsto era extremamente gravoso e amplo, uma vez que abrangia quaisquer dívidas ao Estado, independentemente da sua natureza, que durante o período de exercício de funções pelos gerentes e administradores fossem liquidadas ou impostas, e uma vez que o gestor poderia responder, ilimitadamente, com todo o seu património, pelas dívidas da sociedade ao estado. Com efeito, como o Prof. Teixeira Ribeiro escreveu, a responsabilidade tributária dos administradores ou gerentes *"começou por ser, quando foi criada em 1929... uma responsabilidade aparentemente sem quaisquer limitações de ordem legal"*[2]

---

[2] *In* anotação ao Acórdão do STA de 28 de Novembro de 1990, RLJ, ano 125, n.º 3815, pág. 46 e ss..

Contudo e na esteira do que acrescentou o mesmo autor, *"... as limitações vieram a ser reconhecidas pela jurisprudência ao interpretar aquele artigo"*. Efectivamente a jurisprudência limitou os termos demasiado amplos dessa responsabilidade, por um lado esclarecendo que a responsabilidade dos administradores e gerentes era subsidiária relativamente à sociedade e solidária entre os mesmos, e por outro lado, exigindo como pressuposto dessa responsabilidade subsidiária, o efectivo exercício dos cargos de gerência ou administração, afastando assim os gerentes ou administradores de direito que nunca exerceram a respectivas funções de facto.[3] Caberia assim ao gestor de direito o ónus da prova de que não o era de facto.

A questão da exigência ou não exigência de culpa nem sequer se colocou.

Esta orientação plasmada no primitivo diploma, manteve-se sem alterações (durante um período de cerca de cinquenta e sete anos) na redacção do artigo 16.º do CPCI[4] de 1963 e foi aplicada ao regime da falta de pagamento de Contribuições da Segurança Social através do DL n.º 512/76[5], de 3/7 e posteriormente pelo artigo 13.º do DL n.º 103/80 de 9/5.

O artigo 16.º previa, no tocante a todas as dívidas ao Estado, designadamente por contribuições, impostos e multas, das quais fossem sujeitos passivos "empresas ou sociedades de responsabilidade limitada", que eram "pessoal e solidariamente responsáveis", "pelo período da sua gerência", os administradores ou gerentes e ainda os membros do conselho fiscal nas sociedades em que o houvesse, se este tivesse sancionado o acto gerador da responsabilidade. (*in* ROA Abril 2001, Miguel Pupo Correia sobre a responsabilidade por dívidas sociais dos membros dos órgãos da sociedade).

Mais uma vez, e há semelhança da anterior disposição legal, os gerentes ou administradores eram responsáveis subsidiários pela generali-

---

[3] Isabel Marques da Silva, *In Responsabilidade Tributária dos Corpos Sociais*, Problemas Fundamentais do Direito Tributário, pág. 125.

[4] Aprovado pelo Decreto n.º 45005 de 27 de Abril de 1963. O Art. 16.º do CPCI – posteriormente alterado no seu artigo único, pelo Decreto-lei n.º 500/79, de 22 de Dezembro – retoma, no essencial a redacção do artigo 1.º do Decreto n.º 17730 de 7 de Dezembro de 1929.

[5] Art. 4.º Decreto-lei n.º 512/76 – este artigo estabeleceu pela 1.ª vez – embora por remissão – a responsabilidade dos gestores por contribuições de segurança social pelo regime jurídico de segurança social.

dade das dívidas das sociedades ao Estado, pessoal e ilimitadamente, continuando sem se especificar se a culpa era ou não pressuposto dessa responsabilidade.

"Tratava-se portanto de uma responsabilidade *subsidiária* em relação à sociedade gerida – quando dotada de personalidade jurídica, baseando-se, portanto, na prévia excussão do património social e revertendo depois a execução contra os titulares dos órgãos sociais apenas pelo saldo sobejante. Tal responsabilidade era, ainda, *solidária* em relação às pessoas que, no respectivo período, tivessem exercido a gerência, podendo cada uma delas ser chamada a responder pela totalidade do saldo exequendo."[6]

De acordo com estes preceitos, a doutrina e a jurisprudência continuaram a exigir o exercício efectivo das funções de gerência e a válida investidura no cargo, embora se discutisse se a responsabilidade dos gerentes e administradores se fundava numa culpa orgânica e funcional que originaria uma responsabilidade subsidiária objectiva ou numa presunção de culpa inilidível ou pressupunha uma culpa subjectiva.[7]

Era entendimento dominante da doutrina e jurisprudência que perante o credor Estado e a Segurança Social, os administradores e gerentes sujeitavam-se a um regime de culpa presumida que, no fundo, se fundamentava numa *"simples culpa inerente ao exercício de funções, que se considerava demonstrada desde que tais dívidas não tivessem sido pagas e aqueles tivessem efectivamente exercido funções de administração"*.[8]

Esta presunção surgia do facto de o pagamento de impostos ser do interesse público e de a ele corresponder um dever legal, cuja violação era um facto ilícito que se presumia culposo.

"Demonstrada a gerência de direito e de facto, presumida estava *juris et de jure* a culpa funcional do agente. (...) O incumprimento das obrigações públicas representava, assim, uma violação do desempenho do estatuto funcional do agente, falando-se, então, que este agia, se tal ocorresse, com aquela culpa funcional"[9]

---

[6] Vide MIGUEL PUPO CORREIA, in Sobre a responsabilidade por dívidas sociais, ROA, Abril 2001, pág. 693 e ss..

[7] Vide ISABEL MARQUES DA SILVA, ob. cit., pág. 125.

[8] Vide ISABEL MARQUES DA SILVA, ob. cit., pág. 126.

[9] Cfr. TÂNIA MEIRELES DA CUNHA, *Da responsabilidade dos gestores de sociedades perante os credores sociais: a culpa nas responsabilidades civil e tributária*, Almedina, Coimbra, 2004, pág. 111.

De acrescentar que a responsabilidade prevista só pode ser aplicada se se verificarem duas condições: a gerência de direito e a gerência de facto. É necessário que o gerente exerça real e efectivamente o respectivo cargo. Constitui jurisprudência corrente de que para se verificar a responsabilidade pessoal dos gerentes não basta a existência de uma gerência nominal ou de direito; é necessário que ocorra uma gerência de facto, ou seja, o exercício real e efectivo do cargo.[10]

Através do mencionado artigo 16.º do CPCI, o legislador atribuiu ao Estado uma situação privilegiada, uma vez que, para a Fazenda Pública reverter contra o gerente a dívida fiscal, bastava demonstrar nos termos do citado artigo que o gerente ou administrador tinha essa qualidade e que o património social era insuficiente para a satisfação da dívida enquanto o credor privado tinha, nos termos da lei comercial, de provar que o gerente culposamente dissipara o património da empresa. No fundo, era exigida aos gerentes e administradores no exercício das suas funções, a diligência do *Bonus Pater Famílias* retratada no n.º 2 do artigo 487.º do Código Civil mas nas relações destes com o Estado, essa diligência era qualificada.

Destarte, foram surgindo alguns problemas face a esta fórmula legal na determinação da conexão temporal entre o exercício da gestão na empresa e o ilícito de não pagamento. A jurisprudência respondeu a esta questão considerando que tanto era responsável o gestor ao tempo da verificação do facto tributário com aquele que o fosse ao tempo da respectiva liquidação. Para sustentar esta posição a jurisprudência entendia que *"por um lado são os gerentes quem actua em nome da sociedade como órgãos, estando assim organicamente ligados à prática dos actos de que deriva a obrigação do tributo e à apresentação das respectivas declarações, através das quais, por via de regra, a Administração fiscal toma conhecimento dos elementos necessários à liquidação e, por outro, e na mesma qualidade, devem providenciar no sentido de os impostos serem pagos atempadamente, isto é, no período de cobrança voluntária"*.

Para além disto, a formulação do artigo parecia estender este regime a quaisquer dívidas, ao referir contribuições, impostos, multas ou quaisquer outras dívidas ao Estado, o que exigiu por parte da jurisprudência um

---

[10] Vide Acórdão do Supremo Tribunal Administrativo de 10 de Dezembro de 1997, Processo n.º 22007, *in* Ciência e Técnica Fiscal, n.º 389, Janeiro/Março, 1998.

esforço no sentido de restringir a letra do artigo a abranger apenas as dívidas de natureza tributária.[11]

Este regime extremamente severo compeliu os tribunais a exigirem a cumulação da gerência nominal com o exercício real e efectivo da mesma[12], à semelhança do que a doutrina e jurisprudência faziam face ao Decreto n.º 17730 de 7/12 de 1929. Todavia, este pressuposto da responsabilidade, contribui não raras vezes para situações de grande injustiça, uma vez que, o tribunal, depois de provada a gestão de direito, presumia a gestão de facto. Conforme afirmam Alfredo José de Sousa e José da Silva Paixão, em anotação ao artigo 16.º, in CPCI Comentado e Anotado, 2.ª Ed., pág. 90 *"Verificada a gerência de direito, presume-se a gerência de facto. É ao responsável subsidiário que em sede de oposição à execução cabe o ónus da prova de que, apesar da gerência de direito, não exerceu a gerência de facto"*. Ora, tal redundava muitas vezes numa *"diabolica probatio"*.

Noutras situações verificava-se o oposto e era desresponsabilizado o gestor que efectivamente tinha a seu cargo a gestão da empresa, por não ter sido formalmente investido nessa função.

O próprio legislador entendeu a necessidade de temperar este regime tão gravoso e atendendo ao princípio da culpa como pressuposto da responsabilidade, veio esta orientação a ser alterada pelo artigo único[13] do DL n.º 68/87 de 9 de Fevereiro, cujo preâmbulo referia que *"perde sentido, cada vez mais, dotar o Estado, enquanto credor social, de um*

---

[11] Veja-se os Acórdãos do Supremo Tribunal Administrativo de 9 de Junho de 1971, Processo n.º 16368 e de 1 de Abril de 1981, Processo n.º 001637, www.dgsi.pt

[12] Acórdão do Tribunal Central Administrativo Sul, de 10 de Fevereiro de 2004, Processo n.º 01109. "I – No regime do art. 16.º do Código de Processo das Contribuições e Impostos, o oponente que tenha exercido a gerência efectiva da sociedade executada, pelo período a que respeita a dívida exequenda, é parte legítima na respectiva execução fiscal. II – A responsabilidade dos gerentes, nesse regime, é doutrinalmente justificada pela ficção de uma espécie de culpa: a chamada culpa funcional. III – Essa culpa funcional integra uma modalidade de culpa presumida, estabelecida de modo inilidível, *iuris et de iure*, inexoravelmente decorrente do efectivo exercício do cargo de gerência...".

[13] O artigo dispunha que *"a responsabilidade dos gerentes e administradores de sociedades de responsabilidade limitada prevista no artigo 16.º do Código de Processo das Contribuições e Impostos aprovado pelo DL 45005 de 27 de Abril de 1963 e no artigo 13.º do DL n.º 103/80 de 9 de Maio é aplicável o regime do artigo 78.º do Código das Sociedades Comerciais, aprovado pelo DL n.º 262/86 de 2 de Setembro"*.

estatuto desproporcionadamente privilegiado perante os demais credores sociais".

Ora, o artigo 78.º do Código das Sociedades Comerciais só responsabiliza os gerentes e administradores perante os credores sociais quando os interessados demonstrassem que os mesmos tinham culposamente tornado insuficiente o património social. A culpa dos gerentes e administradores tinha de ser alegada e provada em juízo, recaindo sobre o Estado o ónus de provar que tinha sido o comportamento censurável do gestor que tornara o património social insuficiente para a satisfação da dívida.[14]

A responsabilidade tributária deixou de se limitar aos gerentes e administradores que exerciam efectivamente as suas funções, abrangendo também os gerentes ou administradores meramente nominais. Esta alusão já havia sido feita no preâmbulo do mencionado diploma ao dispôr *"vistas bem as coisas, o titular de um cargo directivo que não o exerce efectivamente estará, por isso, pelo menos numa perspectiva virtual, a inobservar um dever de diligência, não justificando, pois, um regime de favor"*.

Com este regime, deixou de ser suficiente para a constituição da responsabilidade subsidiária a cumulação da gerência de direito com a gerência de facto, passando a ser necessária igualmente uma conduta do administrador ou gerente susceptível de um juízo de desvalor da Administração Tributária, ou seja, censurável à luz das disposições legais e contratuais aplicáveis à protecção dos credores.

Deste modo, enquanto no regime do artigo 16.º do CPCI se entendia que bastaria a simples culpa funcional dos administradores ou gerentes – pelo facto de serem eles como elementos representativos das sociedades quem exteriorizava a vontade das mesmas nos mais diversos negócios – no novo regime, passou a ser necessária a culpa efectiva dos mesmos, nos casos de insuficiência do património da sociedade para pagamento dos créditos fiscais.

---

[14] ISABEL MARQUES DA SILVA, *ob. cit.*, pág. 127. A autora refere a polémica analisada em torno da natureza jurídica da norma contida no artigo único do DL n.º 68/87, a qual foi encarada por uns, como uma norma interpretativa dos artigos 16.º do CPCI e art. 13.º do DL 103/80, com a consequência que se aplicava retroactivamente, exigindo-se a alegação e prova da culpa pelo credor tributário para processos relativos a dívidas anteriores à sua entrada em vigor; e por outros, como um regime legal inovador, aplicável apenas a casos futuros. Na teia da mesma autora, apesar da doutrina dominante se inclinar para o carácter interpretativo da disposição, o Supremo Tribunal Administrativo considerou a norma como um regime inovador, aplicável somente para o futuro.

Ao regime do DL n.º 68/87 sucedeu o estabelecido no artigo 13.º[15] do Código de Processo Tributário, que de certa forma fez ressurgir a presunção de culpa (culpa presumida) dos gerentes e administradores na insuficiência do património social para satisfação dos créditos tributários, ficando a cargo destes o ónus de provar que a insuficiência não se deveu a culpa sua.

Assim, desde 1 de Julho de 1991, que passou de novo a caber aos gerentes e administradores o ónus de alegação e prova da ausência de culpa se quiserem afastar a sua responsabilidade por dívidas tributárias da sociedade.[16]

Ressalve-se que este artigo foi recebido com muita relutância por parte da doutrina, uma vez que plasmava um regresso à culpa funcional do Decreto de 1929, uma vez que recaía sobre o gerente ou o administrador fazer prova negativa da sua culpa, prova esta que se revela sempre difícil de fazer.

Na análise desta norma legal DIOGO LEITE DE CAMPOS e MÓNICA HORTA DE CAMPOS, pugnaram pela inconstitucionalidade do preceituado no artigo 13.º do CPT o qual consideram insuficientemente justificado violando, deste modo, os princípios constitucionais da necessidade, adequação e proporcionalidade consagrados no artigo 2.º e n.º 2 do artigo 266.º da CRP, uma vez que entende o Ilustre Professor que o legislador pretendia criar com a inversão do ónus da prova contra o responsável subsidiário um novo sujeito passivo, violando o princípio da capacidade contributiva consagrado no artigo 107.º da CRP.[17]

---

[15] O n.º 1 do artigo 13.º dispunha que *"Os gerentes, administradores e outras pessoas que exerçam funções de administração nas empresas e sociedades de responsabilidade limitada são subsidiariamente responsáveis em relação àquelas e solidariamente entre si por todas as contribuições e impostos relativos ao período de exercício do seu cargo, salvo se provarem que não foi por culpa sua que o património da empresa ou sociedade de responsabilidade limitada se tornou insuficiente para a satisfação dos créditos fiscais."*

[16] J. L. SALDANHA SANCHES e RUI BARREIRA, in *Culpa no Incumprimento e Responsabilidade dos Gerentes*, Fisco n.º 70/71, Maio/Junho 1995, ano VII, pág. 98 a 107.

[17] DIOGO LEITE DE CAMPOS e MÓNICA HORTA NEVES LEITE DE CAMPOS, in *Direito Tributário*, 2.ª Edição, pág. 384 e ss..

Vide também acerca da questão da inconstitucionalidade J. A. SEABRA DE FIGUEIREDO, in *A Responsabilidade Subsidiária dos Gerentes ou Administradores na Lei Fiscal*, Vida Económica, 1996/1997, pág. 59.

Este regime implicou um retrocesso em face do DL 68/87, contudo não podemos esquecer a sua importância no que concerne à questão fulcral da culpa e a definição do que é uma conduta censurável ou não na gestão da empresa, nomeadamente através da ponderação dos vários factores que intervêm na gestão da empresa e aos quais esta é vulnerável, como as oscilações de mercado, a dimensão da empresa e o sector económico a que pertence.[18]

O legislador tributário reincide no estabelecimento da presunção de culpa com a consequente exigência da sua elisão, incorrendo novamente naquilo que quase se poderia considerar como um novo acto de prepotência do Estado. Assim, o artigo 13.º, não assenta na culpa funcional mas sim na presunção de culpa[19] dos gestores e administradores na insuficiência do património social, a qual, apesar de presumida, podia ser ilidida nos

---

[18] Acórdão do Tribunal Central Administrativo Norte de 22 de Setembro de 2005, Processo n.º 00334, in www.dgsi.pt, "I – Para ilidir a presunção de culpa consagrada no art. 13.º do CPT o gerente tem de provar que não existiu qualquer relação causal entre a sua actuação e a insuficiência patrimonial da empresa que geriu, pois que a culpa que releva é a que decorre do incumprimento das disposições legais ou contratuais destinadas à protecção dos credores, mas só quando de tal incumprimento resulte, em nexo de causalidade adequada, a insuficiência do património social para a satisfação de créditos. II – Por isso, não lhe basta alegar e provar que todo o património social foi penhorado e vendido para cobrança coerciva de dívidas tributárias, sendo necessário que demonstre ter agido com a diligência própria de um *bonus pater familiae*, como um gerente competente e criterioso que desenvolveu todos os seus esforços e empregou o melhor do seu saber para evitar essa penhora e venda forçada de todo o património social, provando factos demonstrativos de que esse desaparecimento coercivo do património não se ficou a dever à sua gestão da sociedade devedora originária".

[19] Acórdão do Tribunal Central Administrativo Sul de 30 de Março de 2004, Processo n.º 00921 in www.dgsi.pt "I – No art. 13.º do CPT institui-se uma presunção «iuris tantum», a favor do Fisco, da existência de gerência de facto e da culpa na insuficiência patrimonial para a solvência dos créditos exequendos baseada na qualidade de gerente de direito, fazendo impender o ónus probatório da sua inexistência ao obrigado subsidiário. II – A culpa consiste na omissão reprovável de um dever de diligência, que é de aferir em abstracto (a diligência de um bom pai de família), quer no que respeita à responsabilidade extracontratual, quer no domínio da responsabilidade contratual – cf. artigos 487.º, n.º 2, e 799.º, n.º 2 do Código Civil; Culpa, no sentido restrito traduz-se na omissão da diligência exigível: – o agente devia ter usado de uma diligência que não empregou – devia ter previsto o resultado ilícito, afim de o evitar e nem sequer o previu. Ou, se previu, não fez o necessário para o evitar, não usou das adequadas cautelas para que ele se não produzisse."

termos gerais, ónus este demasiado pesado, por se tratar de uma prova negativa. A culpa funcional, pelo contrário, nem sequer podia ser afastada, a não ser que se provasse que as funções não eram exercidas de facto. Contudo e apesar destas diferenças, a Administração Fiscal ainda fazia assentar a responsabilidade numa verdadeira *culpa orgânica* e *funcional* como expressamente afirmou no ofício-circulado n.º 1675/95 de 17 de Abril.[20]

"A reforma fiscal da tributação directa de 1989 não foi precedida da instituição de uma lei geral tributária que clarificasse os princípios fundamentais do sistema fiscal, as garantias dos contribuintes e os poderes da administração tributária. O Código de Processo Tributário, na esteira do Código de Processo das Contribuições e Impostos, viria a dispor genericamente, no título I, sobre as relações tributárias, especialmente as principais garantias dos contribuintes, mas continua a fazer-se sentir a ausência dessa peça processual."

É tempo de suprir esta lacuna e dotar o sistema tributário português de um meio que o fará aproximar decididamente do sistema tributário das sociedades democráticas mais avançadas – preâmbulo de Decreto-lei n.º 398/98 de 17 de Dezembro que aprovou a Lei Geral Tributária.

---

[20] Vide também acerca da questão da culpa os acórdãos: Tribunal Central Administrativo Sul de 8 de Março de 2005, o Processo n.º 01358, de 18 de Junho de 2002, Processo n.º 5505, in *www.dgsi.pt*

III – EXPLICAÇÃO E DETERMINAÇÃO DO ÂMBITO DO ARTIGO 24.º – "RESPONSABILIDADE DOS MEMBROS DE CORPOS SOCIAIS E RESPONSÁVEIS TÉCNICOS"

A Lei Geral Tributária actualmente em vigor[21] e que revogou, entre outros, o artigo 13.º do CPT, foi aprovada pelo DL n.º 398/98 de 17 de Dezembro, e entrou em vigor a 1 de Janeiro de 1999.

Para um cabal enquadramento da questão da responsabilidade tributária[22] subsidiária, há que proceder a uma interpretação cuidada do disposto no artigo 24.º da LGT[23], conforme nos dispusemos no início do presente escrito.

Esta interpretação, naturalmente, terá de obedecer aos princípios da *Segurança e Certeza Jurídica, base da sustentação do Estado de Direito Democrático, bem como ao princípio da Legalidade.*[24]

---

[21] Aprovada no seguimento da lei de autorização para publicação de uma lei geral tributária (Lei n.º 41/98 de 4 de Agosto).

[22] Veja-se o estudo exaustivo e muito completo acerca da evolução legislativa portuguesa dos sistemas tributários e da problemática da responsabilidade de SOFIA DE VASCONCELOS CASIMIRO, *in A responsabilidade dos gerentes, administradores e directores pelas dívidas tributárias das sociedades comerciais*, Almedina, 2000, pág. 41 a 95.

[23] Redacção introduzida pela Lei 30-G/2000 de 29 de Dezembro que estendeu a responsabilidade tributária subsidiária aos administradores, directores e gerentes que exerçam, ainda que somente de facto, funções de administração ou gestão em pessoas colectivas ou entes fiscalmente equiparados, compreendendo assim, todas as pessoas colectivas.

As alterações em relação à redacção original resumem-se à substituição de "funções de administração" por "funções de gestão e administração" (no n.º 1 do artigo), e "sociedade" (na alínea a) do mesmo n.º 1) por "pessoa(s) colectiva(s) ou ente(s) fiscalmente equiparável(eis)" e de "sociedades" (no n.º 2) por "pessoas colectivas".

[24] Com efeito, de acordo com o n.º 1 do artigo 11.º da LGT, as normas fiscais devem ser interpretadas como quaisquer outras normas, seguindo os princípios gerais de interpretação constantes do artigo 9.º do CC.

A Constituição da República Portuguesa estabelece princípios que hão-de nortear a disciplina fiscal sob pena de inconstitucionalidade. Podemos enunciar como princípios fis-

Assim sendo, dispõe esse preceito:

"1. Os administradores, directores e gerentes e outras pessoas que exerçam, ainda que somente de facto, funções de administração ou gestão em pessoas colectivas e entes fiscalmente equiparados são subsidiariamente responsáveis em relação a estas e solidariamente entre si:
   a) Pelas dívidas tributárias cujo facto constitutivo se tenha verificado no período de exercício do seu cargo ou cujo prazo legal de pagamento ou entrega tenha terminado depois deste, quando, em qualquer dos casos, tiver sido por culpa sua que o património da pessoa colectiva ou ente fiscalmente equiparado se tornou insuficiente para a sua satisfação;
   b) Pelas dívidas tributárias cujo prazo legal de pagamento ou entrega tenha terminado no período de exercício do seu cargo, quando não provem que não lhes foi imputável a falta de pagamento.

---

cais, o princípio da legalidade (artigo 165.º, n.º 1, alínea i) e o artigo 103.º, n.º 2 da CRP); o princípio da igualdade fiscal (artigo 13.º, n.º 1 e 2 e artigo 104.º, n.º 2 da CRP); o princípio da consideração fiscal da família (artigo 67.º, n.º 2, alínea f) e artigo 104.º, n.º 1 da CRP); o principio do respeito pelos direitos, liberdades e garantias (artigo 2.º e 9.º da CRP); o princípio do Estado Social (artigo 103.º, n.º 1 da CRP) e o princípio da tributação pelo lucro real (artigo 104.º, n.º 2 da CRP).

No que concerne à interpretação e integração de normas fiscais damos especial relevo ao princípio da legalidade.

A Constituição estabelece uma reserva de lei formal e uma reserva de lei material em matéria fiscal. Está consagrada uma reserva de lei formal nos termos do artigo 165.º, n.º 1, 1.ª parte, alínea i), uma vez que é da exclusiva competência da Assembleia da República legislar sobre a criação dos impostos e do sistema fiscal, salvo se for concedida autorização legislativa ao Governo nessa matéria. Está também consagrada uma reserva de lei material que se traduz numa obrigação de constar da lei toda a disciplina essencial de cada imposto, o que, nos termos do artigo 103.º, n.º 2 da Constituição inclui a incidência, a taxa, os benefícios fiscais e as garantias dos contribuintes.

O interprete e aplicador da norma fiscal tem de ter presente que não poderão ser exigidos ao contribuinte impostos que não sejam criados e cuja disciplina não esteja disciplinada na lei, ou seja, que seja a lei a determinar todos os elementos essenciais dos impostos. Vinque-se que é entendimento de alguns autores que a única interpretação permitida pela lei fiscal é a interpretação literal, e que toda a interpretação que vá além da letra da lei se assume como violadora do princípio da legalidade. Ainda que não sejam de afastar as regras gerais de interpretação, para as quais a própria LGT remete, há sempre que ter em conta este princípio constitucional que de alguma forma se impõe como limite à interpretação das normas fiscais, interpretação esta que terá de ter igualmente em consideração a protecção da confiança e segurança jurídica dos contribuintes.

2. A responsabilidade prevista neste artigo aplica-se aos membros dos órgãos de fiscalização e revisores oficiais de contas nas pessoas colectivas em que os houver, desde que se demonstre que a violação dos deveres tributários destas resultou do incumprimento das suas funções de fiscalização.
3. A responsabilidade prevista neste artigo aplica-se também aos técnicos oficiais de contas em caso de violação dolosa dos deveres de assunção de responsabilidade pela regularização técnica nas áreas contabilística e fiscal ou de assinatura de declarações fiscais, demonstrações financeiras e seus anexos."

O n.º 1 do artigo 24.º carece, desde logo, de clarificação quanto a alguns dos conceitos que utiliza, designadamente quanto aos conceitos de "ainda que somente de facto", "entes fiscalmente equiparados", "subsidiariamente responsáveis" e "solidariamente entre si".

Além dos administradores, directores e gerentes, podem ser responsabilizadas as pessoas que exerçam, ainda que somente de facto, funções de administração ou gestão.

Este exercício de facto tem sido entendido pala jurisprudência como: *"(...) a gerência efectiva, de facto, traduzida na prática de actos de administração ou disposição em nome e no interesse da sociedade (...)"*[25]

Cabe ainda referir, como última nota relativamente a esta questão, que o exercício de facto de funções é apenas mencionado no número 1 do artigo 24.º e não no número 2, o que nos permite, *a contrario*, afastar a possibilidade de responsabilização de pessoas que pudessem eventualmente exercer funções de fiscalização somente de facto.[26]

---

[25] Veja-se o Acórdão do Tribunal Central Administrativo, Contencioso Tributário, 2.º Juízo, datado de 25-05-2004, Processo n.º 00072/04, *in* www.dgsi.pt

[26] Por outro lado, certo é que, no que concerne aos Revisores Oficiais de Contas, o exercício de facto de funções não faria sentido, na medida em que as funções de revisão/auditoria às contas, pressupõem um vínculo contratual preexistente entre o Revisor Oficial de Contas e a entidade revisada (veja-se o disposto no artigo 53.º do DL n.º 487/99 de 16 de Novembro).

A questão podia surgir no caso de inexistência de contrato escrito, mas mesmo nesse casos, nos termos do referido artigo, presume-se o contrato celebrado verbalmente e nulo por inobservância do requisito legal, sendo tal nulidade inoponível a terceiros de boa fé.

Ou seja, ainda que não exista qualquer contrato escrito, basta haver uma aceitação de funções por parte do Revisor Oficial de Contas e, consequentemente, o exercício

No que concerne aos "entes fiscalmente equiparados" às pessoas colectivas, os mesmos podem ser identificados como os restantes sujeitos passivos de IRC que não as pessoas colectivas. De facto, as pessoas colectivas são tributadas, em primeira linha, em sede de IRC, logo ser-lhe-ão "fiscalmente equiparadas" as entidades que, não sendo juridicamente consideradas como "pessoas colectivas", forem tributadas na mesma sede que estas.

Assim, e apelando ao disposto no artigo 2.º, número 1 alínea b) e c) e número 2 do CIRC, podemos considerar "entes fiscalmente equiparados" às pessoas colectivas:

> "b) As entidades desprovidas de personalidade jurídica, com sede ou direcção efectiva em território português, cujos rendimentos não sejam tributáveis em imposto sobre o rendimento das pessoas singulares (IRS) ou em IRC directamente na titularidade de pessoas singulares ou colectivas;
>
> c) As entidades, com ou sem personalidade jurídica, que não tenham sede nem direcção efectiva em território português e cujos rendimentos nele obtidos não estejam sujeitos a IRS.
>
> 2. Consideram-se incluídas na alínea b) do n.º 1, designadamente, as heranças jacentes, as pessoas colectivas em relação às quais seja declarada a invalidade, as associações e sociedades civis sem personalidade jurídica e as sociedades comerciais ou civis sob a forma comercial, anteriormente ao registo definitivo."

É, por isso, um conceito particularmente vasto e abrangente.

Já o conceito de "subsidiário"[27] é definido no Dicionário da Língua Portuguesa como o *"que vem em reforço ou apoio de"* e "solidário" como o *"que tem interesses e responsabilidade mútuos que torna cada um de muitos obrigado ao pagamento total da dívida"*.

---

das mesmas, para que se entenda que existe um vínculo contratual, vínculo esse que, ainda que nulo por não ter sido reduzido a escrito, não deixa de produzir os seus efeitos em sede de accionamento do mecanismo da responsabilidade tributária subsidiária, uma vez que a Administração Tributária será, neste caso, considerada como terceiro de boa fé.

[27] Dicionário da língua Portuguesa Online, Texto Editora, http://www.priberam.pt/dlo/dlo.aspx

Os artigos 21.º, 22.º e 23.º da LGT, *infra* transcritos, estabelecem o regime da solidariedade e subsidiariedade na relação jurídica tributária:

Artigo 21.º – Solidariedade passiva

1 – Salvo disposição da lei em contrário, quando os pressupostos do facto tributário se verifiquem em relação a mais de uma pessoa, todas são solidariamente responsáveis pelo cumprimento da dívida tributária.

2 – No caso de liquidação de sociedades de responsabilidade ilimitada ou de outras entidades sujeitas ao mesmo regime de responsabilidade, os sócios ou membros são responsáveis, com aqueles e entre si, pelos impostos em dívida.

Artigo 22.º – Responsabilidade tributária

1 – A responsabilidade tributária abrange, nos termos fixados na lei, a totalidade da dívida tributária, os juros e demais encargos legais.

2 – Para além dos sujeitos passivos originários, a responsabilidade tributária pode abranger solidária ou subsidiariamente outras pessoas.

3 – A responsabilidade por dívidas de outrem é, salvo determinação em contrário, apenas subsidiária.

4 – As pessoas solidária ou subsidiariamente responsáveis poderão reclamar ou impugnar a dívida cuja responsabilidade lhes for atribuída nos mesmos termos do devedor principal, devendo, para o efeito, a notificação ou citação conter os elementos essenciais da sua liquidação, incluindo a fundamentação nos termos legais.

Artigo 23.º – Responsabilidade tributária subsidiária

1 – A responsabilidade tributária efectiva-se por reversão do processo de execução fiscal.

2 – A reversão contra o responsável subsidiário depende da fundada insuficiência dos bens penhoráveis do devedor principal e dos responsáveis solidários, sem prejuízo do benefício da excussão.

3 – Caso, no momento da reversão, não seja possível determinar a suficiência dos bens penhorados por não estar definido com precisão o montante a pagar pelo responsável subsidiário, o processo de execução fiscal fica suspenso desde o termo do prazo de oposição até à completa excussão do património do executado, sem prejuízo da possibilidade de adopção das medidas cautelares adequadas nos termos da lei.

4 – A reversão, mesmo nos casos de presunção legal de culpa, é precedida de audição do responsável subsidiário nos termos da presente lei e da declaração fundamentada dos seus pressupostos e extensão, a incluir na citação.

5 – O responsável subsidiário fica isento de juros de mora e custas se, citado para cumprir a dívida tributária principal, efectuar o respectivo pagamento no prazo de oposição.

6 – O disposto no número anterior não prejudica a manutenção da obrigação do devedor principal ou do responsável solidário de pagarem os juros de mora e as custas, no caso de lhe virem a ser encontrados bens."

Nas palavras de J. L. Saldanha Sanches *"Responsabilidade subsidiária: a dívida não é sua, é da empresa em que ele foi titular de um órgão. Apenas se ele tiver agido com culpa a dívida poderá mudar de sujeito passivo. Torna-se devedor do imposto da pessoa colectiva (IRC, IRS retido por conta, IVA) que em princípio nunca iria pagar enquanto pessoa singular"*.[28]

E é o Código Civil, de aplicação complementar em sede de relações jurídicas tributárias[29], que nos dá a definição legal de solidariedade, no seu artigo 512.º: *"A obrigação é solidária, quando cada um dos devedores responde pela prestação integral e esta a todos libera, ou quando cada um dos credores tem a faculdade de exigir, por si só, a prestação integral e esta libera o devedor para com todos eles."*

Assim, e sumariando o que ficou dito até agora, os administradores, directores e gerentes, bem como os ROC e os TOC, são responsáveis (verificados determinados pressupostos e mutuamente entre si) pelas dívidas tributárias das entidades nas quais exerçam funções, quando o património destas não seja suficiente para a sua satisfação.

O conceito de "dívida tributária" merece, também, clarificação.

De acordo com o dicionário da Língua Portuguesa[30] "dívida" é *"aquilo que se deve"*, e neste caso, trata-se daquilo que se deve relativamente a "tributos".

---

[28] J. L. Saldanha Sanches, *Direito Fiscal*, 2.ª Edição, pág. 153.
[29] Veja-se o artigo 2.º da LGT.
[30] Dicionário da língua Portuguesa Online, Texto Editora, http://www.priberam.pt/dlo/dlo.aspx

O conceito de tributo é, em si, muitíssimo abrangente e tem sido amplamente discutido na doutrina. Nuno Sá Gomes define-o como *"a prestação patrimonial definitiva estabelecida por lei, em sentido lato, a favor de uma entidade que tem a seu cargo o exercício de funções públicas, para satisfação de fins públicos, que não constituam sanção de actos ilícitos e não depende de vínculos anteriores"*.[31]

Assim, e após esta sucinta clarificação, nos termos do artigo 24.º da LGT, as pessoas aí indicadas são subsidiariamente responsáveis em relação às sociedades ou demais pessoas colectivas em que exerçam, ainda que só de facto, funções e solidariamente entre si.

Este regime actualmente em vigor comporta algumas alterações em face do preceituado no artigo 13.º do CPT, quer no que concerne ao alargamento do seu âmbito, uma vez que alargou a responsabilidade a todos os tributos, aos administradores ou gerentes das cooperativas e empresas públicas e aos administradores nominais, e excluiu do seu âmbito de aplicação as empresas singulares, quer no que se confina à distribuição mais equilibrada do ónus da prova, uma vez que procedeu a uma distribuição do ónus da prova mais favorável aos administradores ou gerentes, pelo facto de impor à Administração Tributária a prova da culpa dos administradores ou gerentes relativamente às dívidas tributárias cujo facto constitutivo se tenha verificado no período de exercício do seu cargo ou cujo prazo legal de pagamento ou entrega tenha terminado depois deste, e aos administradores ou gerentes a prova de ausência de culpa na insuficiência do património da sociedade no respeitante às dívidas tributárias cujo prazo legal de pagamento ou entrega tenha terminado no período do exercício do seu cargo.

---

[31] NUNO SÁ GOMES, *Manual de Direito Fiscal*, Editora Rei dos Livros, Volume I, 1995, pág. 59.

IV – A RESPONSABILIZAÇÃO DOS TITULARES DOS ÓRGÃOS DAS PESSOAS COLECTIVAS

Nas palavras de J. L. Saldanha Sanches[32] a norma do referenciado artigo 24.º *"pretende definir a "responsabilidade dos membros de corpos sociais responsáveis técnicos" de sociedades comerciais e outras pessoas colectivas e coloca na mesma linha de responsabilidade situações muito diversas:*
Em primeiro lugar, temos a responsabilidade dos titulares dos órgãos de gestão das sociedades: os administradores, directores e gerentes e outras pessoas que exerçam, ainda que somente de facto, funções de administração ou gestão em pessoas colectivas.
Temos um património autónomo sujeito à direcção, administração e gestão de certas pessoas. Um património que pertence a uma pessoa colectiva. O cumprimento das obrigações tributárias dessa pessoa colectiva depende de decisões tomadas por pessoas singulares: a norma, ultrapassando o princípio da responsabilidade limitada das pessoas colectivas, em especial sociedades, como forma de obter o cumprimento dos comandos nela contidos, responsabiliza patrimonialmente as pessoas singulares em caso de incumprimento da pessoa colectiva."
Na esteira do mesmo autor *"Trata-se de uma responsabilidade pessoal e subsidiária, com um carácter marcadamente sancionatório.*
Responsabilidade pessoal na medida em que, caso fiquem por cumprir dívidas fiscais destas entidades, sempre que o seu património se mostre incapaz de desempenhar essa função geral de garantia e tal insuficiência possa ser imputada a um comportamento culposo do representante este vai responder com o seu património pessoal por essas mesmas dívidas.
Responsabilidade subsidiária: a dívida não é sua é da empresa em que foi titular de órgão. Apenas se ele tiver agido com culpa a dívida

---

[32] J. L. SALDANHA SANCHES, *ob. cit.*, pág. 152 e ss..

poderá mudar de sujeito passivo. Torna-se devedor de um imposto da pessoa colectiva (IRS, IRS detido por conta, IVA) que em princípio nunca iria pagar enquanto pessoa singular".

Aqui encontramos uma responsabilidade subsidiária de segunda linha: ou seja, só depois de demonstrada a insuficiência do património do devedor para fazer face à obrigação é que o *"garante"* da obrigação pode ser chamado a responder por uma dívida fiscal que não é a sua.

Em segundo lugar, *"igualmente responsabilizado no mesmo artigo da LGT, mas com uma posição jurídica inteiramente distinta (culpa in vigilando), são os titulares dos órgãos da sociedade ou da pessoa colectiva encarregados de garantir a observância por estas da lei civil ou fiscal. E por isso poderão responder pelas dívidas tributárias os membros dos órgãos de fiscalização e revisores oficiais de contas (auditores financeiros) se não cumprirem as suas funções de fiscalização.*

E aqui não se trata da responsabilidade pela prática do acto de não-entrega de imposto em dívida ou, eventualmente, de violação de outros deveres de cooperação (falsificação da escrita comercial), mas sim não revelação de tais factos, se deverem ser por eles conhecidos, na necessária certificação das contas das sociedades ou das pessoas colectivas que têm por dever auditar: e apenas nesses casos.

E em última linha ainda uma possível responsabilidade dos técnicos oficiais de contas sempre que se demonstrar que subscreveram conscientemente falsas declarações fiscais."

1. ÂMBITO DA RESPONSABILIDADE

1.1. **Âmbito material**

Conforme já analisado anteriormente, o artigo 13.º do CPT tinha o seu âmbito material ligado às contribuições e impostos. Actualmente, e de acordo com a leitura do artigo 24.º da LGT, já não faz referência às contribuições e impostos, identificando como objecto da responsabilidade tributária as dívidas tributárias.[33]

---

[33] PEDRO SOUSA E SILVA, in *"A responsabilidade tributária dos administradores e gerentes na lei geral tributária e no novo CPPT"*, Revista da Ordem dos Advogados,

Para se compreender a amplitude da expressão é necessário analisar o n.º 2 do artigo 3.º da LGT, no qual o legislador estabelece que os tributos compreendem os impostos, incluindo aduaneiros e especiais, e outras espécies tributárias criadas por lei, designadamente as taxas e demais contribuições financeiras a favor de entidades públicas.

Da análise deste n.º 2 somos levados a concluir que as dívidas tributárias referidas nas alíneas a) e b) do n.º 1 do artigo 24.º abrangem impostos e taxas, já que para esta Lei ambos são considerados tributos, representando o artigo 24.º um alargamento da responsabilidade dos gestores face à redacção do artigo 13.º do CPT.

Parte da doutrina, nomeadamente Diogo Leite de Campos[34] entende que esta posição não parece sustentável.

Este deslize técnico por parte do legislador parece ficar colmatado com a leitura do n.º 3 do artigo 3.º da LGT ao dispor que *"o regime geral das taxas e das contribuições financeiras referidas no número anterior consta de lei especial"*.

Ora, para este autor, parece que o artigo 24.º não poder ser aplicável às taxas sem manifestação expressa e inequívoca do legislador. A vontade expressa do legislador é exigida tendo em conta a natureza muito diferente dos impostos e das taxas e os meios de defesa que o Estado dispõe em relação a cada um.

As taxas têm de ser sujeitas a um regime especial, uma vez que não há qualquer razão imperiosa que justifique, em sede de responsabilidade tributária, um tratamento das taxas igual ao dos impostos. Até porque, tal tratamento fere, inclusivamente, a Constituição da República Portuguesa

---

ano 60, Dezembro 2000, pág. 1453, exclui as dívidas à Segurança Social do regime do artigo 24.º da LGT pois, entende que o regime do artigo 78.º do Código das Sociedades Comerciais aplicado por força do DL n.º 68/87 ao artigo 13.º do DL n.º 103/80 de 9/5, que consagra o regime jurídico das Contribuições para a Previdência, continua a ter aplicação relativamente às dívidas à Segurança Social, uma vez que o DL n.º 68/87 era aplicável ao regime do revogado artigo 16.º do CPCI e ao referido artigo 3.º do DL n.º 103//80 de 9/5 o qual ainda se encontra em vigor. O Autor conclui assim que as dívidas à Segurança Social estão sujeitas a um regime específico do artigo 78.º do CSC por força da aplicação do artigo único do DL n.º 68/87 ao ainda em vigor artigo 13.º do DL n.º 103/80 de 9/5.

[34] Diogo Leite de Campos e Mónica Leite de Campos, in *Direito Tributário*, 2.ª Edição, pág. 402 e ss..

Vide também Isabel Marques da Silva, *ob. cit.*, pág. 134.

no seu artigo 18.º, visto que o tratamento igual destas figuras envolve uma restrição do direito fundamental de propriedade consagrado no artigo 62.º da CRP, injustificada, desnecessária e desproporcionada que a CRP não permite.[35]

Por outro lado, coloca-se a questão de saber se as dívidas por entregas por conta do imposto devido a final a que a sociedade está obrigada no domínio do IRC, podem ser exigidas aos corpos sociais. Ora, e segundo o autor já referenciado, numa análise literal do preceito parece que sim. No entanto, uma parte da doutrina tem negado esse ponto de vista, entendendo ser extremamente injusto atribuir às dívidas das entregas por conta, natureza tributária, já que a dívida tributária ainda não se constituiu quando é exigida a entrega por conta, que uma vezes é uma antecipação do pagamento e noutras uma prestação de caução imposta por lei.[36]

No nosso modesto entendimento, esta parece-nos a melhor solução para uma questão tão delicada quanto esta.

1.2. Âmbito temporal

Face ao artigo 24.º é extremamente importante definir a conexão temporal existente entre o exercício das funções de administração e a ocorrência do facto gerador do tributo e a sua liquidação, pois, o legislador deu tratamentos diferentes a um momento e outro com consequências muito sérias na inversão do ónus da prova.

Desta forma é possível, descortinar no artigo 24.º n.º 1 dois casos de responsabilização dos gerentes, administradores ou directores pelas dívidas tributárias, correspondentes ao exercício de funções em momentos distintos.[37]

---

[35] Vide Prof. GOMES CANOTILHO e Prof. VITAL MOREIRA, *in* anotações ao artigo 18.º e artigo 62.º, Constituição da República Portuguesa Anotada, pág. 144 e 330 e ss..

[36] DIOGO LEITE DE CAMPOS e MÓNICA LEITE DE CAMPOS, *ob. cit.*, pág. 402 e 403.

[37] Acerca da bipartição de regimes, veja-se o estudo muito completo de SOFIA DE VASCONCELOS CASIMIRO, *ob. cit.*, pág. 116 e ss., e TÂNIA MEIRELES DA CUNHA, *ob. cit.*, pág. 136 e ss..

Assim, Sofia de Vasconcelos Casimiro conclui que foram instituídos dois regimes distintos de responsabilidade do gestor, classificados de acordo com o fundamento, pelo qual, no entender da autora, o gestor é responsabilizado, a saber:
– a responsabilidade pela falta de pagamento;
– a responsabilidade pela diminuição do património.

2. REGIMES DA RESPONSABILIDADE

No trilho do pensamento subjacente à análise do artigo 24.º, n.º 1, da LGT, efectuada por Sofia de Vasconcelos Casimiro, começaremos a nossa análise pela alínea b) do referenciado artigo, pois, entendemos que a prévia compreensão do regime inculcado nesta alínea permitirá um melhor entendimento da alínea a) desse mesmo artigo.

2.1. **Responsabilidade pela falta de pagamento – exercício do cargo no fim do prazo de pagamento**

A responsabilidade pela falta de pagamento das dívidas tributárias encontra-se prevista na alínea b) do n.º 1 do artigo 24.º da LGT e corresponde à responsabilidade emergente do exercício das funções de administração no momento do final do prazo legal de pagamento ou entrega dos tributos, ou seja, reporta-se ao período no qual ocorre o fim do prazo de pagamento ou entrega do montante correspondente à dívida tributária, concluindo-se desta forma, que o período de exercício da gerência coincide com a data de vencimento das dívidas tributárias.

No artigo 24.º, n.º 1, al. b), da LGT, presume-se que a falta de pagamento da obrigação tributária é imputável ao gestor.

Ressalve-se que, no regime do Código de Processo Tributário cabe sempre ao administrador ou gerente a prova da inexistência de culpa na insuficiência do património social para satisfação do crédito tributário relativamente às dívidas da sociedade por contribuições e impostos cujo facto constitutivo ou cujo vencimento tivesse ocorrido no exercício das suas funções.

Na Lei Geral Tributária só relativamente às dívidas tributárias cujo prazo legal de pagamento ou entrega tenha terminado no período do exercício do cargo (alínea b), do n.º 1 do artigo 24.º) se impõe ao gerente ou administrador o ónus de provar que a falta de pagamento da sociedade não lhe é imputável.

Uma vez descortinada a demarcação temporal em que se enquadra o período de exercício da actividade do gestor, teremos de considerar os pressupostos de responsabilização desse gestor e que se consubstanciam na falta de pagamento ou entrega dos tributos, por parte da sociedade e a imputação dessa falta de pagamento ou entrega ao gestor.

Na base de qualquer situação de responsabilidade tem de estar, forçosamente, uma situação de ilicitude, isto é, um *"acto que contraria o disposto na lei, traduzindo-se num incumprimento de um dever por ela imposto ou consubstanciando uma prática por ela proibida"*.[38]

No caso do accionamento a responsabilidade tributária subsidiária, esse incumprimento[39], ou inobservância de uma obrigação legal (ou contratual), é desde logo a inobservância de uma determinada conduta.

No que concerne aos pressupostos já indicados, dúvidas não subsistem uma vez que é pressuposto da existência da dívida tributária a falta de pagamento ou entrega do imposto, situações estas de fácil verificação, uma vez que se constata facilmente essa omissão ou comportamento que juridicamente não é permitido. No que diz respeito ao pressuposto da *imputação* têm-se levantado algumas dúvidas.[40]

No entanto, independentemente do entendimento que se perfilhe e voltando ao conteúdo do artigo 24.º, n.º 1, alínea b), da LGT, *imputação* tem sido interpretada como culpa, entendendo-se, pois, que esta disposição presume a culpa do gerente, administrador ou director.

Nos dizeres de António Lima Guerreiro *"...para a falta de pagamento originar responsabilidade subsidiária deve ser culposa, mas a culpa presume-se, devendo a falta dela ser demonstrada pelo responsável*

---

[38] *In* ANA PRATA, *Dicionário Jurídico*, 3.ª Edição revista e actualizada, Almedina, 1997, pág. 509.

[39] Verifica-se o incumprimento, inexecução, inadimplemento ou não cumprimento de uma obrigação sempre que a prestação devida deixe de ser efectuada nos exactos termos acordados ou impostos por lei. *In* ANA PRATA, *ob. cit.*, pág. 532.

[40] Sobre as divergências existentes em torno das interpretações de *imputação* vide SOFIA DE VASCONCELOS CASIMIRO, *ob. cit.*, pág. 118 e ss..

subsidiário no exercício do direito de audição prévia ou na oposição à execução fiscal."[41]

Assim, somos levados a concluir que a referenciada alínea pretende apenas prever a inversão do ónus da prova da culpa e tão só da culpa, enquanto vínculo de ordem psicológica que liga o acto ilícito ao agente, ao invés de uma inversão do ónus da prova da imputação, interpretada enquanto conjunto de todos os pressupostos da responsabilidade civil.[42]

Por outro lado, cumpre-nos indagar qual seja essa responsabilidade do gestor pela falta de pagamento ou pela falta de entrega do tributo. Não restam dúvidas quanto à exigência de culpa por parte do gestor. Todavia, e uma vez que o conceito de culpa deverá ser analisado conquanto se confine a uma determinada acção ou omissão do gestor, cumpre-nos agora analisar qual a actuação ou omissão do gestor susceptível de provocar um juízo de censura e que coincida com a situação, plasmada na letra da lei, de, ao gestor, ser "… imputável a falta de pagamento" (artigo 24.º n.º 1, al. b), *in fine*).

Para que exista culpa tem de, necessariamente, se verificar a violação de uma obrigação previamente estabelecida. Destarte, a figura da culpa só pode ser entendida enquanto inserida no contexto da inobservância de uma regra de conduta. *"Para que o gestor aja com culpa tem de, assim, primeiramente actuar ilicitamente e, desse modo, optar por uma omissão ou por um comportamento que juridicamente não lhe é permitido. Não poderá existir culpa sem que se verifique o preenchimento prévio desta condição"*.[43]

Para responsabilizar o gestor nos termos desta alínea b), a lei apenas exige, de forma expressa, a falta de pagamento e a culpa do gestor nessa falta de pagamento, ou seja a actuação culposa nesse incumprimento. Ora, e salvo melhor opinião, a falta de pagamento ou de entrega das dívidas tributárias, juridicamente, é imputável apenas e tão-só à sociedade visto que

---

[41] ANTÓNIO LIMA GUERREIRO, in *Lei Geral Tributária Anotada*, Editora Rei dos Livros, 2001, pág. 142.

DIOGO LEITE DE CAMPOS, BENJAMIN SILVA RODRIGUES e JORGE LOPES DE SOUSA, *in Lei Geral Tributária comentada e anotada*, …

[42] NUNO SÁ GOMES, in *Manual de Direito Fiscal*, Editora Rei dos Livros, volume II, pág. 60 e 61. A responsabilidade fiscal está abrangida pela reserva absoluta de lei.

[43] SOFIA DE VASCONCELOS CASIMIRO, *ob. cit.*, pág. 120.

esta é dotada de personalidade jurídica.[44] A obrigação de pagar ou entregar as dívidas tributárias é uma obrigação da sociedade, directamente imputável e direccionada à sua esfera jurídica e não pode, como tal, ser esta a obrigação violada pelo gestor. A sociedade é a devedora perante a Administração Fiscal e é sociedade que não paga a dívida que sobre si recai, enquanto pessoa colectiva, pelo que o próprio incumprimento lhe é assacável directamente.

Somos forçados a concluir que o acto ilícito praticado pelo gestor tem de ser necessariamente outro. O acto ilícito praticado pelo gestor tem de ser resultante da inobservância de uma diversa disposição legal.

Esta tem-se revelado, contudo, uma árdua tarefa.

Nos sistemas anteriores à LGT, os vários autores repetiam constantemente que se verificaria aqui uma violação do dever de pagar, por parte do gestor.

Apurar qual o dever violado pelo gestor talvez seja a maior tarefa que caberá ao jurista em sede de responsabilidade do gestor, cuja violação culposa desencadeia a responsabilidade pelas dívidas tributárias da sociedade.

De forma a facilitar a identificação desta obrigação do gestor, cuja violação culposa desencadeia a responsabilidade pelas dívidas tributárias da sociedade comercial, a LGT veio consagrar o denominado *"dever de boa prática tributária"*, por força do qual é consagrado um especial dever de diligência no cumprimento dos deveres tributários daqueles que exerçam funções de administração que se presume violado caso tais deveres tributários não sejam cumpridos.

Este dever encontra-se previsto no artigo 32.º da LGT.[45]

De recordar que este especial dever de diligência em matéria tributária já estava implícito nos anteriores regimes de responsabilidade subsidiária, nos quais face à diferença de regime entre a Lei comercial e a responsabilidade tributária, nomeadamente a existência de presunção de culpa na responsabilidade tributária (Decreto de 1929, artigo 16.º do CPCI e artigo 13.º do CPT) era exigida mais diligência dos administradores rela-

---

[44] Nos termos do artigo 5.º do Código das Sociedades Comerciais.

[45] DIOGO LEITE DE CAMPOS, BENJAMIM SILVA RODRIGUES e JORGE LOPES DE SOUSA, in *Lei Geral Tributária – comentada e anotada*, Vislis Editores, Lisboa, 2000, pág. 152, consideram que o artigo 32.º, *"transpõe expressamente, para o campo do direito fiscal, um princípio bem conhecido, e cuja aplicação neste domínio era incontroversa"*.

tivamente ao credor Estado do que aos demais, sendo a falta dessa especial diligência sancionada com mais severidade do que nas relações entre credores privados.

Julgamos que a única obrigação do gestor é, não a de pagar a dívida tributária – obrigação que cabe à sociedade e apenas à sociedade – mas a de promover o pagamento das dívidas tributárias por parte da sociedade.[46] A alínea b) deverá ser interpretada como prevendo a responsabilização do gestor nos casos em que lhe sejam imputadas, culposamente, omissões ou actuações que, por sua vez, impeçam o pagamento dos tributos por parte da sociedade. Podemos enunciar a título de exemplo situações de não adopção dos procedimentos necessários ao pagamento ou à entrega dos tributos e as situações em que o gestor promove diligências que impeçam o cumprimento das obrigações tributárias por parte da sociedade.

Como podemos concluir, e nas palavras de Sofia Casimiro, vigora todavia uma presunção de culpa mas não da ilicitude, pelo que caberá à Administração Fiscal provar a violação desse dever de boa prática tributária, sem lhe caber já, no entanto, provar a censurabilidade dessa violação.

Neste seguimento, consideramos que se deverá interpretar *falta de pagamento* como *actos conducentes à falta de pagamento*, quer haja, quer não haja, à data em que terminou o seu prazo de entrega ou pagamento, bens suficientes no património da sociedade para responder pelas dívidas tributárias.[47]

---

[46] Cfr. SOFIA DE VASCONCELOS CASIMIRO, *ob. cit.*, pág. 120 e ss., onde a autora afirma que "a única obrigação do gestor é (…) a de promover o pagamento das dívidas tributárias por parte da sociedade", pelo que será responsabilizado tal gestor nos termos do artigo 24.º n.º 1 alínea b) da LGT, quando "lhe sejam imputadas, culposamente, omissões ou actuações que por sua vez, impeçam o pagamento dos tributos por parte da sociedade".

[47] Cfr. TÂNIA MEIRELES DA CUNHA, *ob. cit.*, pág. 146. Veja-se a nota 432 da obra citada, nos termos da qual Sérgio Vasques considera que: "no âmbito da al. b) do artigo 24.º, n.º 1, da LGT, "o que ao gestor se haverá de exigir é que prove que <u>não foi por culpa sua que o património da sociedade se tornou insuficiente para a satisfação da dívida tributária</u>". Apesar de em relação ao artigo 13.º do CPT, achamos adaptável à interpretação que fazemos do artigo 24.º, n.º 1, al. b), da LGT a seguinte afirmação constante do Ac. do TCA de 5 de Março de 2002 (P.º n.º 6245/02): "a culpa relevante para a responsabilização subsidiária dos gerentes ou administradores das sociedades pelas dívidas fiscais destas não é a culpa pelo incumprimento das normas legais que obrigam ao pagamento, mas antes a que respeita ao incumprimento das disposições legais e contratuais destinadas à protecção dos credores quando dele resulte, como seu efeito adequado, a insuficiência do património social para o pagamento"".

Em sentido contrário LIMA GUERREIRO[48] considera que "o fundamento da falta de culpa no não pagamento (...) é a insuficiência dos recursos que (o gestor) administre para o efeito, sem prejuízo de a administração fiscal poder provar que essa insuficiência do património se deve ao próprio responsável subsidiário, caso em que se mantém a responsabilidade (nos termos da al. a) do n.º 1 do artigo 24.º da LGT)".

Este Autor considera que a reversão fiscal se pode fundamentar simultaneamente, e em relação ao mesmo responsável tributário, nas als. a) e b) do n.º 1 do artigo 24.º da LGT.

No nosso entender, a *ratio* da al. a), é evitar que administrações desastrosas saiam impunes por via da cessação de funções dos gestores antes do fim do prazo de pagamento da dívida tributária.

Por outro lado, VITOR FAVEIRO considera que, no artigo 24.º, n.º 1, al. b), da LGT, se operou um retorno à *culpa funcional*, a culpa pelo não pagamento das dívidas tributárias à sociedade. De acordo com a posição deste A., esta disposição legal não abrange os casos de culpa pela insuficiência do património societário; neste seguimento, considera que, não sendo possível responsabilizar o gestor pela insuficiência do património societário, nas situações não subsumíveis à al. a) do n.º 1 do artigo 24.º, da LGT, há que recorrer ao regime geral decorrente do artigo 482.º e ss. do Cód. Civil.[49]

Perfilhamos a orientação de que o que está em causa na al. b) do artigo 24.º, n.º 1 da LGT, é a prática de actos (ilícitos) pelo gestor, que, por sua vez, motivou a falta de pagamento da obrigação tributária, ou seja, a prática de actos que levaram a que o património da devedora originária se tornasse insuficiente para a satisfação da referida obrigação. Não interpretar a disposição em causa nestes termos poderá conduzir, *in extremis* à não responsabilização do gestor que, antes de vencida a dívida tributária, dissipe todo o património da sociedade.[50]

---

[48] ANTÓNIO LIMA GUERREIRO, *ob. cit.*, pág. 142 e 143.

[49] VÍTOR FAVEIRO, in *O Estatuto do Contribuinte*, pág. 580, nota 163. No entanto, o mesmo autor (pág. 869) afirma que "a culpa presumida (...) é a mesma (...) do caso a alínea a) (do artigo 24.º n.º 1 da LGT) da acção de cerceamento do património social; com a particularidade de aquela culpa respeitar a um dever estático de conservação do património da sociedade, enquanto que no caso da alínea b) tem por objecto um dever dinâmico de promoção, em termos de regular e razoável gestão empresarial o pagamento das dívidas tributárias em termos de equilíbrio com os demais interesses em causa".

[50] Cfr. TÂNIA MEIRELES DA CUNHA, *ob. cit.*, pág. 148.

No que concerne ao ónus da prova da al. b) é preciso entender *"cum grano salis"* a expressão *"não lhes foi imputável a falta de pagamento"* de molde a haver harmonia entre o objecto da prova nas alíneas a) e b).

Nos termos da alínea b) são os gerentes ou administradores que, à semelhança do regime do artigo 13.º do CPT, ficam obrigados a fazer prova negativa da sua culpa, pois têm de afastar a presunção de culpa ilidível que o legislador fez recair sobre si.

Efectivamente, presume-se a culpa dos gerentes ou administradores pela falta de pagamento, sendo que o acto ilícito praticado pelo gestor é conducente à referida falta de pagamento da dívida tributária.

Somos levados a concluir que a Administração Tributária é beneficiada em relação aos demais credores sociais, uma vez que se revela difícil afastar a presunção de culpa em causa.

É difícil o ónus da prova a cargo do gestor, pelo facto de nos depararmos com uma falta de concretização das situações em que seja de presumir a culpa do gerente, administrador ou director. *"Falta de pagamento imputável"* ao gestor é um conceito indeterminado, no qual podem ser integradas muitas situações, acabando por ser extremamente difícil elidir a presunção de culpa.

Uma forma de colmatar esta indeterminação será recorrer às causas de exclusão ou da culpa ou da ilicitude, para evitar a efectivação da responsabilidade.

Para que haja culpa do gestor, é necessário existir um comportamento lícito alternativo aos comportamentos ilícitos em que se traduz a violação do artigo 32.º da LGT.

2.2. Responsabilidade pela diminuição do património – exercício do cargo no período anterior ao final do prazo legal de pagamento

A responsabilidade pela diminuição do património encontra-se regulada na alínea a) do n.º 1 do artigo 24.º da LGT, o qual passaremos a analisar.

Os gestores, administradores ou directores abrangidos nesta previsão legal são os que tenham exercido as suas funções no período anterior ao término do prazo legal de pagamento ou entrega dos tributos. O legislador deu-se ao cuidado de precisar que a responsabilidade com base em culpa na insuficiência do património societário para o pagamento das dívidas fiscais compreende, não apenas aquelas dívidas em que o facto constitutivo da responsabilidade se tenha verificado, como também as que se tenham vencido no período da administração ou gerência.[51]

Esta alínea quis abranger as dívidas tributárias cujo facto constitutivo ocorreu enquanto o gerente ou administrador exercia funções mas que se venceram fora do período de exercício de funções desse gerente ou administrador.[52]

Na segunda parte da mesma alínea, estão contempladas as dívidas cujo facto tributário não ocorreu no período de exercício de funções e o respectivo vencimento só ocorreu depois de terminado esse período de exercício de funções. Esta interpretação é a única que atribui sentido a esta última parte porque se o facto constitutivo ocorresse no período de exercício do cargo, estaríamos dentro do âmbito de aplicação da alínea a) e se o vencimento fosse durante o período do exercício de funções estaríamos no âmbito da alínea b).[53]

Ora, como nota alguma doutrina, esta segunda parte da alínea a) representa um alargamento da responsabilidade dos administradores ou gerentes, pois, durante a vigência do artigo 13.º do CPT, a Jurisprudência entendia que os administradores podiam ser responsáveis pelas dívi-

---

[51] ANTÓNIO LIMA GUERREIRO, in ob. cit., pág. 141.

[52] Note-se que a lei nem exige que o facto constitutivo se verifique necessariamente durante o exercício do respectivo cargo, prevendo expressamente a responsabilidade do gestor em todas aquelas situações em que o "...prazo legal de pagamento ou entrega tenha terminado depois..." desse exercício. Desta forma, parece que este artigo permite a responsabilização do gestor que tenha exercido o seu cargo num período anterior à data do final do prazo de pagamento do tributo, ainda que o respectivo facto constitutivo se tenha produzido antes ou depois do período de exercício do seu cargo. Vide SOFIA VASCONCELOS CASIMIRO, ob. cit., pág. 126, nota 207: *"nestes casos, parece-nos que o elemento culpa e o elemento ilicitude que, inevitavelmente, se lhe encontra subjacente e, sobretudo, o nexo de causalidade entre a actuação do gestor e a diminuição do património (mais difícil de estabelecer nos casos em que o gestor não exercia funções no final do prazo de pagamento ou entrega dos tributos) poderão ser factores de correcção de eventuais injustiças na aplicação deste regime".*

[53] Vide TÂNIA MEIRELES DA CUNHA, ob. cit., pág. 138 e 139, a interpretação acerca da segunda parte da alínea a) do artigo 24, n.º 1 da LGT, sendo que perfilhamos o entendimento da autora quando afirma que esta disposição visa responsabilizar o gestor que esteja em funções depois do momento da ocorrência do facto tributário e que as cesse antes do vencimento da obrigação tributária em causa.

das cujo facto constitutivo ou o vencimento ocorresse durante o exercício do cargo, mas nunca considerou os administradores ou gerentes responsáveis por dívidas tributárias cujo facto gerador ou o vencimento tivesse ocorrido fora do período do exercício. Ao invés, os administradores podem agora ser responsabilizados por dívidas cujo facto gerador tenha ocorrido antes de iniciarem funções e que só se venceram depois de terminadas as suas funções[54], ou seja, equaciona-se uma situação de responsabilidade do gestor cujas funções hajam começado depois da ocorrência do facto tributário e tenham cessado antes do fim do prazo de pagamento ou entrega.[55]

Contudo, neste regime da alínea a) não há presunção de culpa e à semelhança do regime imposto pelo DL n.º 68/87, recai sobre a Administração Fiscal o ónus da prova da culpa do administrador na insuficiência do património.[56]

É a Administração Tributária que deve fazer a prova da identificação do responsável subsidiário, mesmo quando o fundamento da responsabilidade for a falta de pagamento dos tributos vencidos no período de admi-

---

[54] Este alargamento da responsabilidade está de acordo com a alínea c) do n.º 15 do artigo 2.º da Lei 41/98 de 4/8, que autorizou o governo a aprovar a LGT, que permitia até a responsabilização dos gerentes e administradores por dívidas vencidas antes do período de exercício das suas funções.

[55] Neste seguimento, ISABEL MARQUES DA SILVA, in A responsabilidade tributária..., cit., pág. 133, foca o facto de tanto a doutrina como a jurisprudência, ao problematizarem a questão do âmbito temporal das normas antecessoras do artigo 24.º, n.º 1, da LGT, terem considerado que, fosse qual fosse o responsável, ele estaria em funções num momento fulcral da vida do débito tributário, fosse ele o momento da ocorrência do facto tributário, o momento da cobrança, ou ambos. Considerando igualmente esta situação como um alargamento do âmbito da responsabilidade, vide DIOGO LEITE DE CAMPOS, BENJAMIM SILVA RODRIGUES e JORGE LOPES DE SOUSA, Lei Geral Tributária..., 3.ª Edição, pág. 142 e 143. Em sentido contrário vide ANTÓNIO LIMA GUERREIRO, ob. cit., pág. 141.

[56] Vide a opinião de ISABEL MARQUES DA SILVA, ob. cit., pág. 132. "Mas se a Lei Geral Tributária restringe a inversão do ónus da prova da culpa do não pagamento às dívidas vencidas no período de exercício de funções, nem por isso limita a responsabilidade subsidiária dos gerentes a estas dívidas, já que a alínea a) do n.º 1 do artigo 24.º, estabelece que estes são também responsáveis, caso a administração fiscal prove que foi por culpa sua que o património da sociedade se tornou insuficiente para a sua satisfação, pelas dívidas cujo facto constitutivo se verifique no período de exercício do seu cargo ou cujo prazo legal de pagamento ou entrega tenha terminado depois deste".

nistração ou gerência, aplicando-se para o efeito, a regra geral do ónus da prova do artigo 342.º, n.º 1 do Código Civil.[57]

Como observa Isabel Marques da Silva, será muito difícil à Administração Fiscal provar a culpa dos gerentes e administradores na insuficiência do património social, já que nenhum dos dois momentos fundamentais da dinâmica da relação jurídica do imposto apresenta conexão temporal com a actuação do gerente ou administrador.[58]

Ressalve-se que entre as situações que constituem abuso de responsabilidade limitada, susceptível de configurar responsabilidade subsidiária, podem citar-se a destruição e danificação do património social, a ocultação e dissimulação do activo social, a criação ou agravamento artificial de activos ou passivos, o uso do crédito da sociedade para satisfazer interesses de terceiros, a manutenção de contabilidades fictícias, o desaparecimento de documentos contabilísticos ou a omissão de qualquer contabilidade, a disposição dos bens da empresa em proveito pessoal ou de terceiros, uma utilização do crédito contrária aos interesses da empresa e o prosseguimento de uma exploração deficitária com a consciência de que, com forte probabilidade, conduzirá à insolvência da empresa.

Podemos concluir que não é a mera falta de mérito de uma gestão que pode fundamentar a reversão da execução fiscal nos termos do n.º 4, do artigo 23.º, da LGT. A gestão tem de se traduzir em factos ilícitos e culposos, implicando a violação de normas concretas de protecção dos credores sociais.[59]

De modo a efectivar esta responsabilidade é necessário o preenchimento de alguns pressupostos, a saber:

– a diminuição do património da sociedade, de tal forma que não seja possível satisfazer as respectivas dívidas tributárias;
– a diminuição do património da sociedade tem de ser causada, culposamente, pelo gestor.

---

[57] Vide neste sentido António Lima Guerreiro, *ob. cit.*, 2001, pág. 145.
[58] Vide *ob. cit.*, pág. 134.
[59] Acórdão do Supremo Tribunal Administrativo de 12 de Abril de 2000, Processo n.º 24769, in www.dgsi.pt, "IV – Não pode entender-se que haja culpa dos gerentes na génese da insuficiência patrimonial da sociedade por não terem requerido a recuperação da empresa ou a declaração de falência se não se verifica uma situação enquadrável na alínea a) do n.º 1 do art. 8.º do Código dos Processos Especiais de Recuperação da Empresa e de Falência." Assim, *a contrario*, infere-se poder ser fundamento de responsabilidade subsidiária a recuperação, quando reunidos os respectivos pressupostos legais.

Podemos então concluir que para efectivar este tipo de responsabilidade é necessário que o património da sociedade se revele insuficiente para a satisfação da dívida tributária, ou seja, é necessário que se opere uma diminuição do património da sociedade e uma diminuição de tal ordem que tenha como consequência a escassez dos meios económicos necessários para pagar as dívidas tributárias.

Ressalve-se que relativamente a estas dívidas, é sobre a Administração Fiscal que recai o ónus de provar que foi por culpa do administrador ou gerente que o património social se tornou insuficiente, razão pela qual, a Administração terá de provar a culpa do gestor para efectivar a respectiva responsabilidade.

Uma vez mais, o legislador exigiu a verificação do elemento *culpa* por parte do gestor ou administrador.

De acordo com DIOGO LEITE DE CAMPOS e MÓNICA HORTA LEITE DE CAMPOS, não se trata de uma culpa genérica, não é uma culpa por falta de cumprimento das disposições legais, mas uma culpa por o património da sociedade, garantia geral dos credores e nomeadamente do Estado, se ter tornado insuficiente para a satisfação das obrigações tributárias. O responsável subsidiário deve ter, culposamente, dissipado ou malbaratado o património social.[60]

Mais uma vez se tem suscitado a questão de saber qual o dever imposto ao gestor ou administrador que, uma vez violado, possa levar à formulação de um juízo de censura, dado que a culpa pressupõe que previamente se identifique o dever violado pelo gestor, como indicamos *supra* no que concerne à alínea b) do artigo objecto de estudo.

Não terá grande utilidade referenciar o artigo 32.º da LGT, uma vez que, ao diminuir o património da sociedade, o gestor ou administrador não está a incumprir o dever consignado no preceito visto que o mesmo respeita à obrigação de promover as diligências necessárias ao bom cumprimento dos deveres tributários da sociedade. Ora, de forma alguma poderá passar pelo nosso entendimento que a sociedade esteja adstrita à obrigação de não diminuir o seu património social, não estando desta forma em causa o dever de boa prática tributária.

Na falta de previsão de um expresso dever cuja violação culposa conduzirá à responsabilidade consagrada nesta alínea a), vislumbramos

---

[60] DIOGO LEITE E CAMPOS, BENJAMIM SILVA RODRIGUES, JORGE LOPES DE SOUSA, *in Lei Geral Tributária – comentada e anotada*, Vislis Editores, 1999, pág. 111 e 112.

que a única alternativa será recorrer à fórmula subjacente ao artigo 78.° do CSC que prevê a responsabilidade dos gestores pela violação das disposições legais ou contratuais que sejam destinados à protecção dos credores sociais. Desta forma, partilhamos da posição de Sofia Casimiro ao perfilhar que subjacente à alínea a) do n.° 1 do artigo 24.° da LGT, a ilicitude *"identifica-se com todas as situações de violação de obrigações dos gestores que estejam legalmente previstas ou que estejam estabelecidas contratualmente e que tenham como objectivo assegurar a manutenção e, assim evitar a diminuição, da garantia geral dos credores sociais, o património social."*

Assim, a culpa exigida aos gerentes, administradores ou directores, é uma culpa efectiva – culpa por o património da sociedade se ter tornado insuficiente – à semelhança do constante no artigo 78.°, n.° 1 do CSC.

Não há qualquer presunção de culpa, o que nos remete para o disposto no artigo 74.°, n.° 1 da LGT, segundo o qual *"... o ónus da prova dos factos (...) recai sobre quem os invoque".*[61]

Entendemos que, em termos de ónus da prova, caberá à Administração Tributária alegar e provar a culpa dos gerentes, administradores ou directores, e nesta situação, a Administração Tributária e os demais credores sociais estão em paridade no que concerne ao ónus da prova dos pressupostos da responsabilidade, mormente no que se atém à culpa do gerente.

De acordo com CASALTA NABAIS, *"... a exigência da prova de ausência de culpa, justamente porque assenta numa inadequada ponderação entre os bens jurídicos constituídos, de um lado, pelo interesse público na percepção dos impostos que está por detrás da responsabilidade dos administradores e gerentes e, de outro, pelos diversos direitos (com o direito de propriedade e a liberdade de iniciativa económico ou empresarial) destes particulares, que uma tal presunção de culpa acarreta, revela-se, a nosso ver, desconforme, nomeadamente com os princípios da igualdade e da proporcionalidade. Na verdade, estamos perante uma situação cujo grau de injustiça impressiona sobretudo pelo facto de, por essa via e sem que o Fisco retire daí qualquer proveito visível, a administração ou gestão das sociedades se converter, em certa medida, numa actividade de alto risco que ou afugenta os administradores ou gestores sérios ou*

---

[61] TÂNIA MEIRELES DA CUNHA, ob. cit., pág. 142, nota 420 e 421.

fomenta os mais variados e imaginativos expedientes lícitos para obstar à aplicação de tão severos efeitos."[62]

Uma última nota prende-se com o facto de alguma doutrina entender que é dispensável a previsão do artigo 24.º, n.º 1, alínea a) da LGT, uma vez o seu regime é semelhante ao previsto no artigo 78.º do CSC.

Todavia, não podemos concordar com tal entendimento, uma vez que se justifica a previsão da LGT, por um lado, porque a responsabilidade tributária deve estar expressamente consagrada na lei e, por outro lado, porque permite que seja accionada em sede de reversão da execução fiscal; já que se a Administração tivesse de, como os demais credores sociais, usar os expedientes previstos no CSC, nomeadamente a acção directa da responsabilidade, teria de o fazer por intermédio de uma acção judicial.

3. APRECIAÇÃO DESTE REGIME LEGAL

Relativamente ao ónus da prova da alínea b) é preciso entender *"cum grano salis"* a expressão "não lhes foi imputável a falta de pagamento" para haver harmonia entre o objecto da prova nas alíneas a) e b).

Se nos termos da alínea a) a Administração Fiscal tem de demonstrar que foi por culpa do administrador ou gerente que o património social se tornou insuficiente, para o artigo 24.º ser coerente, na alínea b), o administrador também tem de provar que não foi por culpa sua que o património social se tornou insuficiente. O objecto de censura nas duas alíneas não se refere à falta de pagamento mas à insuficiência culposa do património social para satisfação dos créditos fiscais.

Nestas duas alíneas do artigo 24.º, coexistem simultaneamente, por um lado o regime do artigo 13.º do CPT presente na alínea b) e na alínea a) nota-se uma aproximação ao regime do artigo 78.º do CSC aplicável à responsabilidade subsidiária por força do DL n.º 68/87.

---

[62] CASALTA NABAIS, *Direito Fiscal*, Almedina, Coimbra, 2000, pág. 229.

4. NATUREZA JURÍDICA DA RESPONSABILIDADE TRIBUTÁRIA DOS ADMINISTRADORES OU GERENTES

Depois de analisada a evolução legislativa do instituto da responsabilidade tributária dos gerentes ou administradores até aos nossos dias, impõe-se ainda fazer uma breve alusão à problemática da natureza[63] da responsabilidade tributária prevista no artigo 24.º, n.º 1 da LGT.[64]

Muita névoa parece existir na nossa doutrina, uma vez que não ofereceu, nem oferece uma resposta consensual.

Assim, podemos descortinar três posições distintas que assumiram relevo na qualificação jurídica da responsabilidade, todas elas com argumentos de peso, tendo sido frequente essa discussão até aos tempos mais hodiernos.

a) *Fiança Legal*

Uma grande parte da doutrina considera que a referida responsabilidade é uma espécie de "fiança legal"[65], uma garantia que surge por força da lei, de acordo com a qual, sempre que o devedor principal não cumpra a obrigação em causa, passa a satisfação do crédito a ser da responsabilidade do fiador, neste caso, do administrador ou gerente, independentemente deste ter actuado com dolo.

O gestor garante perante a administração fiscal a satisfação dos seus créditos sobre a sociedade. A fiança implica que haja um terceiro que, conjuntamente com o devedor, responda pelo cumprimento da dívida. Esse terceiro passará a ser também um devedor, embora secundário, respondendo pessoalmente por uma dívida alheia.

---

[63] Esta questão da natureza jurídica da responsabilidade tributária tem sido descurada na nossa doutrina, que em regra, optou por se debruçar mais sobre a definição dos requisitos e pressupostos da referida responsabilidade, como nos refere SOFIA DE VASCONCELOS CASIMIRO, *ob. cit.*, pág. 145.

[64] Acerca da natureza da responsabilidade tributária dos gestores, vide SOFIA DE VASCONCELOS CASIMIRO, *ob. cit.*, pág. 145 e ss.; TÂNIA MEIRELES DA CUNHA, *ob. cit.*, pág. 164 e ss..

[65] Neste sentido, vide DIOGO LEITE DE CAMPOS e MÓNICA HORTA NEVES LEITE DE CAMPOS, *ob. cit.*, pág. 348 e 349; SOFIA DE VASCONCELOS CASIMIRO, *ob. cit.*, pág. 160; PEDRO SOUSA E SILVA, *ob. cit.*, pág. 1450.

A fiança encontra-se prevista no artigo 627.º[66] e ss. do Cód. Civil, sendo uma das garantias especiais das obrigações.

Como características essenciais da fiança podemos apontar a acessoriedade e a subsidiariedade, em relação à obrigação do devedor principal.

Quanto à primeira característica apontada, esta decorre do artigo 627.º, n.º 2 do Código Civil, nos termos do qual "a obrigação do fiador é acessória da que recai sobre o principal devedor". Afirma Sofia de Vasconcelos Casimiro que "a acessoriedade traduz-se no facto da fiança ser acessória da dívida principal, no sentido da fiança acompanhar o nascimento, as modificações e a extinção da obrigação afiançada – pelo que, por exemplo, a fiança não é válida se a obrigação principal o não for; o âmbito da fiança extingue-se com a extinção da obrigação principal."

No que respeita à subsidiariedade, esta reflecte-se no direito de o fiador ver o seu património responder pela obrigação afiançada apenas depois de estar excutido o património do devedor principal e de se ter demonstrado que ele era insuficiente: ou seja, o fiador goza do benefício da excussão prévia.

Efectivamente poderia reconduzir-se a figura da responsabilidade a uma espécie de "fiança legal", por um lado, em virtude de se considerar que a responsabilidade tributária representa uma situação de assunção de dívida de terceiro, por outro lado, deve-se ao facto das características enunciadas serem comuns quer à fiança, quer à responsabilidade dos gestores.

Como observámos *supra*, até à entrada em vigor do DL n.º 68/87 e da Lei Geral Tributária, a questão da culpa era quase irrelevante para a efectivação da responsabilidade, já que no Decreto de 1929 e no artigo 16.º do CPCI se afigurava uma responsabilidade objectiva baseada na culpa funcional e orgânica e no artigo 13.º se esboçou uma responsabilidade subjectiva que tinha como palco uma responsabilidade subjectiva difícil de afastar.

Com a entrada em vigor do DL n.º 68/87 e consequente aplicação do artigo 78.º do CSC, que consagra uma verdadeira responsabilidade civil extracontratual, a exigência de culpa efectiva na insuficiência do património social para responsabilização atingiu a sua dimensão máxima.

---

[66] De acordo com o qual "...o fiador garante a satisfação do direito de crédito, ficando pessoalmente obrigado perante o credor".

No artigo 13.º do CPT há uma presunção de culpa, cabendo ao administrador provar que não foi por culpa sua que o património se tornou insuficiente, de molde a afastar a sua responsabilidade.

Recentemente, e com a introdução da LGT, o n.º 1 do artigo 24.º, na alínea b), consagra um regime assaz semelhante ao do artigo 13.º do CPT, baseado numa presunção de culpa difícil de afastar, embora ilidível, embora nas situações previstas na alínea a) se consagre um regime mais parecido com o artigo 78.º do CSC aplicável por força do DL n.º 68/87, no qual o ónus da prova da culpa recai sobre a Administração Fiscal.

Ora, na fiança legal, este nexo causal entre o comportamento do gestor e a insuficiência do património não teria qualquer importância já que a obrigação do fiador não depende do seu contributo para o incumprimento pelo devedor principal da garantia, levando-nos a concluir que a responsabilidade tributária não é concebida como fiança legal.

b) *Responsabilidade Civil Extracontratual*

Outros Autores caracterizam este instituto como responsabilidade extracontratual o que nos parece ter fundamento uma vez que a questão da culpa começa a ganhar relevo.

A responsabilidade extracontratual ou delitual caracteriza-se como aquela que surge em virtude da prática voluntária de um acto ilícito, culposo, danoso, existindo um nexo de causalidade entre o acto praticado e o dano sofrido.

Com efeito, é exigida ao gestor, administrador ou director, a prática de um acto ilícito nos termos do artigo 24.º n.º 1 da LGT, alíneas a) e b), para poder accionar a responsabilidade tributária subsidiária.

Por um lado, exige-se que a prática desse acto ilícito seja culposa. "Não é pois suficiente, para efeitos de efectivação da responsabilidade tributária, que os gestores tenham violado o dever de boa prática tributária: é necessário que tal violação seja culposa".[67]

Já vimos que a exigência de uma actuação culposa decorre expressamente do artigo 24.º, n.º 1 da LGT, e que a culpa do gestor terá de ser uma culpa efectiva, à semelhança do regime do artigo 13.º do CPT.

---

[67] Vide TÂNIA MEIRELES DA CUNHA, *ob. cit.*, pág. 172.

Por outro lado, terá de ocorrer um dano na esfera do credor que se consubstancia quer na não satisfação do crédito tributário, quer na insuficiência do património da sociedade para o satisfazer, e a existência de um nexo de causalidade entre o dano sofrido pelo credor e o acto do gestor.

Em síntese, podemos afirmar vários pontos de confluência entre a responsabilidade tributária e a responsabilidade civil, o que leva a que seja possível reconduzir a natureza jurídica da responsabilidade tributária a uma responsabilidade civil extracontratual.

Ora, e em jeito de conclusão, a responsabilidade tributária não poderá ser concebida como responsabilidade extracontratual, na medida em que está em causa um dano e uma obrigação de indemnização, enquanto na responsabilidade tributária subsidiária está em causa uma dívida e uma obrigação tributária. Para além disso, na responsabilidade extracontratual a dívida é sempre do próprio responsável enquanto na responsabilidade tributária subsidiária é sempre de terceiro.

c) *Figura* sui generis *própria do direito tributário*

Apesar da existência de pontos de confluência entre a responsabilidade tributária subsidiária, a responsabilidade civil extracontratual e a fiança, entendemos que aquela não se esgota nem se identifica com nenhuma delas constituindo uma figura distinta e com contornos próprios, "cuja natureza há-de resultar das suas próprias características..."[68]

---

[68] Vide SOARES MARTINEZ, *Direito Fiscal*, Almedina, Coimbra, 2003, pág. 253.

V – RESPONSABILIDADE DOS MEMBROS DOS ÓRGÃOS DE FISCALIZAÇÃO E DOS REVISORES OFICIAIS DE CONTAS

A responsabilidade tributária dos membros dos órgãos de fiscalização e dos Revisores Oficiais de Contas, consagrada no n.º 2 do artigo 24.º da LGT, é uma responsabilidade subsidiária, porquanto se demonstre que a violação dos deveres tributários da sociedade resultou do incumprimento das suas funções de fiscalização.

Restringe-se a responsabilidade aos membros dos órgãos de fiscalização das sociedades, excluindo-se os das cooperativas e empresas públicas.

A verificação da responsabilidade tributária subsidiária dos ROC[69] depende do preenchimento cumulativo de determinados pressupostos gerais e específicos, tendo sempre no horizonte os deveres a que se encontram adstritos plasmados no artigo 52.º do Estatuto dos Revisores Oficiais de Contas.[70]

Os pressupostos gerais, salvo melhor opinião, enquanto pressupostos aplicáveis em geral aos responsáveis subsidiários são também aplicáveis aos ROC. Estes encontram-se, essencialmente, previstos no artigo 153.º n.º 2 alíneas a) e b) do Código de Procedimento e Processo Tributário, no artigo 23.º da LGT e no Ofício n.º 1675 da RSJT[71] de 17 de Abril de 1995.

Assim, é preciso analisar o conceito de responsabilidade subsidiária. Esta caracteriza-se pelo facto de *"... só depois de demonstrada a insuficiência do património do devedor para fazer face à obrigação*

---

[69] Abreviatura de Revisor Oficial de Contas.
[70] Decreto-Lei n.º 487/99 de 16 de Novembro.
[71] Abreviatura de Direcção de Serviços de Justiça Tributária.

é que o garante da obrigação pode ser chamado a responder por uma dívida fiscal que não é a sua...".[72] Ainda assim, a dívida não é do ROC, é antes da entidade para a qual este preste as suas funções, pelo que, será ainda necessário a existência e culpa do ROC relativamente ao incumprimento dos deveres de fiscalização Para que a dívida mude sujeito passivo.

De acordo com o artigo 153.° n.° 2, alíneas a) e b) do CPPT *"o chamamento à execução dos responsáveis subsidiários depende da verificação de qualquer das seguintes circunstâncias:*

a) Inexistência de bens penhoráveis do devedor e seus sucessores;

b) Fundada insuficiência, de acordo com os elementos constantes do auto de penhora e outros que o órgão da execução fiscal disponha, do património do devedor para satisfação da dívida exequenda e acrescido".

O artigo 153.° do CPPT, que corresponde ao artigo 239.° do CPT, ora revogado, veio acrescentar na alínea b) do n.° 2 os elementos que determinam a "fundada insuficiência" do património do devedor principal, a saber: os elementos constantes no auto de penhora dos bens que integram o património do devedor principal e quaisquer outros elementos que o órgão de execução fiscal disponha sobre aquele património.

Esta "fundada" insuficiência tem de ser provada com base na soma dos valores monetários que são atribuídos a cada um dos bens do devedor principal penhorados no âmbito do processo de execução fiscal.

O artigo 153.° do CPPT tem de ser complementado com o artigo 23.° n.° 2 da LGT, segundo o qual: *"A reversão contra o responsável subsidiário dependa da fundada insuficiência dos bens penhoráveis do devedor principal e dos responsáveis solidários, sem prejuízo do benefício da excussão".*

Apesar da última parte do artigo 23.°, n.° 2 da LGT (*"sem prejuízo do benefício de excussão"*) ter gerado polémica, actualmente a doutrina dominante[73] do Supremo Tribunal Administrativo entende que não é pos-

---

[72] J. L. SALDANHA SANCHES, *Manual de Direito Fiscal*, Lisboa, 2001, pág. 153.

[73] Nem sempre foi este o entendimento da Jurisprudência. Nalgumas decisões entendia-se que em virtude da letra da lei (artigo 239.°, n.° 2 CPT) e da obrigação do devedor principal ter como garante da dívida o responsável subsidiário, caso os bens do devedor principal fossem insuficientes para liquidar a dívida e o acrescido, a execução podia reverter contra o responsável, sem necessidade de fazer prova da inexistência dos bens

sível haver reversão do processo de execução fiscal sem a prévia liquidação dos bens que integram o património do responsável originário, isto é, sem o benefício da "excussão".[74]

Esta orientação jurisprudencial foi confirmada e desenvolvida no Acórdão do STA de 29 de Abril de 1998[75], segundo o qual o não preenchimento do pressuposto de prévia excussão de todo o património do devedor seria fundamento de oposição à execução subsumível à alínea b) do artigo 204.º do CPPT, levando à extinção da execução e não apenas à sua suspensão, até ao eventual preenchimento cumulativo dos pressupostos da responsabilidade tributária subsidiária. E o Acórdão de 25 de Setembro de 2002[76], também do STA, vem clarificar o sentido do artigo 23.º, n.º 2 da LGT, esclarecendo que só é admissível a execução fiscal após estar excutido o património do originário executado.

A própria Administração Tributária adere a este entendimento no seu Ofício n.º 1675 da Direcção de Serviços de Justiça Tributária (DSJT) de 17 de Abril de 1995 que no seu ponto 3 estabelece como procedimentos prévios ao chamamento à execução dos responsáveis subsidiários:

> "*a) A averiguação da existência ou não de bens penhoráveis do devedor originário e seus sucessores;*
>
> *b) A comprovada insuficiência do património do devedor originário para satisfazer a dívida exequenda e acréscimos legais*"

---

penhoráveis do executado (vide Acórdão STA de 12 de Fevereiro de 1995, recurso n.º 21300, in www.dgsi.pt).

O executado, dentro do prazo legal para deduzir oposição devia requerer a suspensão da execução fiscal, evitando assim que os seus bens fossem vendidos sem estarem excutidos todos os bens do devedor principal. O benefício da excussão teria assim de ser invocado pelo devedor subsidiário, tendo este o ónus da prova, ou seja, deveria fazer prova de que nem todos os bens do devedor principal se encontravam liquidados ou vendidos.

[74] Vide Acórdão STA de 27 de Setembro de 1995, Processo n.º 17418, in www.dgsi.pt

[75] Vide Acórdão STA de 29 de Abril de 1998, Processo n.º 21381, in www.dgsi.pt

[76] Vide Acórdão STA de 25 de Setembro de 2002, Processo n.º 26082, in www.dgsi.pt

Quer no artigo 153.º, n.º 2 do CPPT, quer no Ofício supra identificado, os pressupostos legais prévios que têm de estar preenchidos para a existência da responsabilidade subsidiária são, na verdade, similares, referindo-se ambos à inexistência de bens susceptíveis de penhora do devedor principal e seus sucessores (responsáveis subsidiários) e à "comprovada" ou "fundada" insuficiência de bens do património do devedor principal.

Os pressupostos específicos aplicáveis à situação concerta dos ROC encontram-se previstos no artigo 24.º, n.º 2, da LGT e no ponto 4 do Ofício n.º 1675 da DSJT de 17 de Abril de 1995 com o título "Casos especiais de chamamento à responsabilidade dos órgãos de fiscalização e dos revisores oficiais de contas" (n.º 2 do artigo 13.º do Código de Processo Tributário).[77]

De acordo com o n.º 2 do artigo 24.º da LGT, os ROC no desempenho das suas funções nas pessoas colectivas serão responsabilizados nos mesmos termos que os administradores, directores e gerentes e outras pessoas que exerçam, ainda que somente de facto, funções de administração ou gestão desde que se comprove que a violação dos deveres fiscais e parafiscais destas se ficou a dever ao incumprimento culposo das funções de fiscalização dos ROC.

O conceito de incumprimento apresenta-se como um conceito vago e indeterminado, ao qual convém que se atribua um certo conteúdo.

Saldanha Sanches diz-nos que, no que respeita ao incumprimento das funções de fiscalização dos ROC, "... *Não se trata de responsabilidade pela prática do acto de não entrega do imposto em dívida ou, eventualmente, de violação de outros deveres de cooperação (falsificação da escrita comercial), mas sim não revelação de tais factos, se deverem ser por eles* (ROC) *conhecidos, na necessária certificação das contas da sociedade ou das pessoas colectivas que têm por dever auditar: e apenas nestes casos...*"[78]

---

[77] Art. 13.º, n.º 2 CPT:
"*A responsabilidade prevista neste artigo aplica-se aos membros dos órgãos de fiscalização e revisores oficiais de contas nas sociedades em que os houver, desde que se demonstre que a violação dos deveres tributários das sociedades resultou do incumprimento das suas funções de fiscalização*".
[78] J. L. SALDANHA SANCHES, *ob. cit.*, pág. 153.

É perante a demonstração de que da violação das funções de certificação legal de contas resultou a violação dos deveres tributários das entidades nas quais os ROC exercem funções, que pode resultar a responsabilização destes.

Parece-nos que serão poucas as situações (práticas) em que de alguma forma a culpa dos ROC possa contribuir para a diminuição do património da pessoa colectiva de modo a levar à sua insuficiência para fazer face às dívidas perante a Administração Tributária.

DIOGO LEITE DE CAMPOS e MÓNICA DE CAMPOS[79], perfilham o entendimento de que o ónus da prova recai sobre a Administração, não só quanto à culpa como quanto ao nexo de causalidade entre a violação dos deveres e o não cumprimento dos deveres tributários da sociedade.

No que concerne ao incumprimento por parte dos ROC, este tem de ser culposo quer a título de negligência ou dolo.[80]

Por outro lado, este incumprimento consubstancia uma conduta ilícita.[81]

Nos termos do ponto 4.2 do Ofício n.º 1675 da DSJT de 17 de Abril de 1995 não é suficiente apenas o incumprimento dos deveres de fiscalização para que haja responsabilidade subsidiária é ainda necessário que exista um nexo causal entre a sua actuação e o dano provocado por esse incumprimento. Sem este nexo de causalidade não há responsabilidade subsidiária.

O ónus da prova dos factos constitutivos da responsabilidade tributária subsidiária dos ROC cabe à Administração Tributária, que tem de demonstrar, com base em quaisquer meios de prova admissíveis por lei, que todos aqueles pressupostos se verificam e, como tal, que o ROC responde subsidiariamente perante a dívida exequenda e o acrescido. Não subsiste assim, quanto ao ROC, qualquer presunção legal de culpa.

---

[79] DIOGO LEITE DE CAMPOS e MÓNICA HORTA NEVES LEITE DE CAMPOS, in *Direito Tributário*, 2.ª Edição, Almedina, 2003, pág. 403.

[80] Vide ponto 4.1 do Ofício n.º 1675 da DSJT de 17 de Abril de 1995 "...tal incumprimento tem de ser culposo, quer por dolo ou por negligência...".

[81] "Ilícito é o acto que contraria o disposto na lei, traduzindo-se no incumprimento de um dever por ela imposto ou consubstanciando uma prática por ela proibida", In Ana Prata, *ob. cit.*, pág. 509.

A disposição legal que ora analisamos acolhe a doutrina do n.º 2 do artigo 13.º do CPT, cabendo ao Fisco simultaneamente demonstrar a violação do dever de fiscalização de que sejam legalmente incumbidos os Revisores Oficiais de Contas e demais membros dos órgãos de fiscalização e um nexo de causalidade entre o incumprimento desse dever e o incumprimento dos deveres tributários da sociedade. Não basta a mera invocação da violação de qualquer dever de fiscalização para fazer reverter a execução fiscal, sendo igualmente essencial a demonstração de que do incumprimento desse dever resultou o incumprimento das obrigações fiscais da sociedade.

O Ofício supra identificado é claro, no caso de não existirem indícios de incumprimento culposo desses deveres de fiscalização, ou faltar o nexo causal entre este e a violação dos deveres tributários por parte das sociedades, devem os órgãos da Administração Tributária abster--se de efectuar reversões em execução fiscal contra os órgãos de fiscalização.

Podemos concluir, no que se atém à responsabilidade dos ROC, que é imprescindível que os ROC conheçam com rigor e exactidão os pressupostos gerais e específicos dos quais depende a verificação da responsabilidade tributária subsidiária, pois como é de conhecimento geral a Administração em algumas situações concretas tem efectivado a responsabilidade subsidiária sem que os pressupostos se encontrem "verdadeiramente" preenchidos. Aliás, é entendimento de alguma Ilustre doutrina que a responsabilidade dos ROC é claramente excepcional, mas que a Administração, actualmente, tende a torná-la regra.

VI – RESPONSABILIDADE DOS TÉCNICOS OFICIAIS DE CONTAS

A responsabilidade tributária dos Técnicos Oficiais de Contas, consagrada no n.º 3 do artigo 24.º da LGT, é também uma responsabilidade subsidiária, e aplica-se em caso de violação dolosa dos deveres de assunção da responsabilidade pela regularização técnica nas áreas contabilística e fiscal ou de assinatura de declarações fiscais, demonstrações financeiras e seus anexos.

Este dever é de atestação da verdade e regularidade dos documentos do cliente e resulta da própria função pública actualmente desempenhada pelos Técnicos Oficiais de Contas à semelhança dos Revisores Oficiais de Contas.

O Técnico Oficial de Contas é responsável pela regularidade técnica, nas áreas contabilística e fiscal, das entidades que possuam, ou devam possuir, contabilidade regularmente organizada e relativamente às quais tenha assumido as funções de TOC.[82]

Ora, na área fiscal, a "regularidade técnica", implica entre outras, o preenchimento e envio da declaração Modelo 22 e seus anexos, nos prazos legalmente fixados para o efeito. Ou seja, o TOC está legalmente obrigado ao preenchimento e envio das declarações fiscais, no prazo legal.

Mediante o exposto podemos concluir que o TOC não está sujeito, nem deve obediência, ao pedido do seu cliente no sentido do não envio das declarações fiscais em tempo útil, devendo actuar com independência técnica e profissional relativamente a eventuais pressões dos seus clientes.[83]

---

[82] Abreviatura de Técnico Oficial de Contas.
[83] Parecer técnico, in www.dbsrv.com

Além disso, o artigo 55.º, n.º 1, alínea c) do Estatuto dos TOC[84] determina, como dever do TOC para com a Administração Fiscal, a abstenção da prática de quaisquer actos que impliquem ocultação das declarações fiscais a seu cargo, acrescentando, nos termos do n.º 2 do referido artigo, que a violação desse dever, para além da responsabilidade disciplinar a que haja lugar, é punível nos termos do Regime Geral das Infracções Tributárias.

Assim, entendemos que o TOC deve preencher e enviar as declarações fiscais, respeitando o prazo legal, comunicando ao seu cliente o valor do imposto liquidado, para efeitos de pagamento.

A obrigação de pagamento impende sobre o contribuinte. O TOC é inteiramente alheio ao dever de pagamento desde que, atempadamente, tenha apurado o valor do imposto a pagar e o tenha comunicado ao cliente.

No que diz respeito ao pagamento dos impostos, o Técnico Oficial de Contas só é responsável se tiver violado dolosamente, isto é, com culpa grave, os deveres de responsabilidade pela regularização técnica nas áreas contabilística e fiscal ou de assinatura de declarações fiscais, demonstrações financeiras e seus anexos – conforme dispõe o artigo 24.º, n.º 3, da LGT, que ora analisamos. Ou seja, o TOC só pode vir a ser responsabilizado pelo pagamento dos impostos dos seus clientes relativamente aos quais tenha actuado com dolo. Podemos dizer que actua com dolo quem previu a ilegalidade da sua conduta e se conformou com ela, actuando nesse sentido (*vide* artigo 14.º do Código Penal).

Também no que concerne à responsabilidade dos Técnicos Oficiais de Contas e na mesma teia de razão, DIOGO LEITE DE CAMPOS e MÓNICA LEITE DE CAMPOS, perfilham o entendimento que *"O ónus da prova do dolo recai sobre a Administração."*[85]

Uma das questões discutidas na actualidade, na linha de pensamento da responsabilização dos Técnicos Oficiais de Contas, diz respeito ao facto de as Finanças pretenderem co-responsabilizar os TOC em caso de fuga ao Fisco.

---

[84] Decreto-lei n.º 452/99 de 5 de Novembro.
[85] DIOGO LEITE DE CAMPOS e MÓNICA HORTA NEVES LEITE DE CAMPOS, *ob. cit.*, pág. 403.

Uma versão preliminar do Orçamento de Estado para 2005 previa que os Técnicos Oficiais de Contas passassem a ser obrigados a comunicar e denunciar ao Ministério Público e à Administração Fiscal os crimes fiscais cometidos pelos seus clientes dos quais tenham conhecimento. Caso não o façam no prazo de 90 dias após terem tido conhecimento efectivo, serão considerados subsidiariamente responsáveis pelas dívidas tributárias em causa.

Por outro lado, o Orçamento de Estado para 2006 pretende alargar a responsabilidade dos técnicos de contas aos casos de negligência.[86]

Esta iniciativa do Ministério das Finanças implicará uma alteração ao artigo 24.º da LGT.

Na nossa modesta opinião não fará sentido que se atribua essa responsabilidade aos TOC, até porque há imensas possibilidades de situações que sejam ocultadas aos TOC pelos seus clientes.

Um dos dilemas dos TOC continua a ser, por um lado, ser o representante do Fisco junto da empresa ou participação de crimes públicos, conforme dispõe o artigo 58.º do ETOC, nomeadamente o crime de abuso de confiança fiscal, por outro lado, ser o representante da empresa junto do Fisco.

---

[86] Esta questão tem vindo a ser discutida pelo presidente da Câmara dos Técnicos de Contas, Domingues Azevedo, que entende ser esta solução "inconstitucional" e "uma aberração jurídica" pois "o técnico oficial de contas não é parte jurídica da relação tributária" – in *Vida Económica*, Outubro 2005.

NOTA CONCLUSIVA

Em jeito de conclusão, gostaríamos de referir os aspectos que se nos afiguram mais pertinentes, neste breve apontamento sobre a responsabilidade tributária.

O fenómeno da Responsabilidade Tributária apresenta-se como um dos mais graves problemas que a comunidade se depara há já algumas décadas. Os caminhos escolhidos para o combater centram-se hoje em dia na aplicação do artigo 24.º da LGT.

Vincula-se a sociedade sendo ela a responsável pelos danos sofridos, e não havendo património da sociedade para cobrir tais danos, responderá o gestor pessoalmente.

Entendemos que o regime hodiernamente previsto na Lei Geral Tributária é, apesar de mais moderado que o regime previsto no artigo 13.º do Código de Processo Tributário, extremamente gravoso e perigoso.

Efectivamente achamos a presunção de culpa estabelecida na alínea b) do artigo 24.º da LGT desproporcionada e reveladora de uma ideia, infelizmente ainda presente entre nós, que o Estado é um credor de primeira categoria e que os seus créditos estão envolvidos numa aura especial que lhes dá uma dignidade que os créditos dos particulares não têm.

Para finalizar, entendemos que aliar uma presunção de culpa a um conceito indeterminado de *falta de pagamento imputável* ao gestor, é condenar qualquer hipótese de se ilidir a presunção, pelo facto de estarmos perante uma situação demasiado abrangente.

Quer por razões de coerência do sistema, quer por respeito aos princípios fundamentais que orientam o nosso sistema jurídico, quer por, simplesmente não se justificar a sua existência, deveria desaparecer a presunção de culpa constante do artigo 24.º, n.º 1, alínea b) da LGT.

Este regime reveste uma severidade considerável tornando extremamente arriscado exercer cargos de administração em empresas em situação económica difícil, ou com menor solidez financeira.

Não conseguimos vislumbrar qualquer justificação razoável para que o Estado detenha, actualmente, esta posição vantajosa face aos demais credores sociais.

Há mesmo quem pondere se estamos perante um regime inconstitucional, por ofensa ao princípio da proporcionalidade nas relações estado--contribuinte, todavia não nos cumpre apreciar neste escrito essa questão.

No nosso modesto entendimento, a melhor solução seria o restabelecimento do regime plasmado no DL n.º 68/87 de 9 de Fevereiro com a consequente uniformização dos regimes da responsabilidade dos gestores perante os credores sociais. Esta seria a melhor forma de responsabilizar os gestores de maneira consentânea com os princípios em vigor no nosso estado de direito.

Defendemos um regime cada vez mais próximo da responsabilidade subjectiva extracontratual e do regime previsto no artigo 78.º do CSC, com uma análise pormenorizada e cuidada dos vários pressupostos da responsabilidade, desde a culpa ao nexo de causalidade. O artigo 78.º, n.º 1 do CSC, ultrapassa a relatividade das convenções, permitindo que os credores da sociedade responsabilizem terceiros (gerentes, administradores e directores) pelo não cumprimento das obrigações da sociedade.

Desta forma ficará acautelado o interesse do Estado no sentido de obter a cobrança dos créditos e não fará recair sobre os administradores, gestores e directores, um fardo, que, entenda-se, pesado demais para transportar.

A responsabilidade subsidiária dos ROC e dos TOC aparece "enxertada" na responsabilidade dos gerentes, administradores e directores, por mera referência, sem levar em consideração a sua especificidade.

Julgamos incorrecta a demasiada aproximação entre estes regimes, pelo que temos de levar em conta a responsabilidade específica dos ROC e dos TOC sob pena de essa associação de responsabilidades levar a consequências reprováveis, a saber: uma associação automática, em termos de a reversão se operar contra os ROC e os TOC, como se fossem administradores ou gerentes; e depois, a uma associação de ambas as responsabilidades a nível dos Tribunais.

A melhor solução seria eliminar pura e simplesmente a referência à responsabilidade fiscal subsidiária dos ROC e dos TOC, uma vez que nem sequer são sujeitos tributários. Com efeito, esta previsão corre o risco de se aplicar a escassíssimos casos, atentos os pressupostos por que pauta a sua aplicação, apesar de, na prática, se poderem verificar vastíssimos casos de reversão sem fundamento, e poderá levar a que estas entidades deixem de prestar os seus serviços, ou passem a comportar custos muito elevados para aqueles que a elas recorrem, uma vez que o risco da sua actuação terá de ser cuidadosa e cautelosamente analisado.

Este é, salvo melhor opinião, o nosso modesto entendimento.

BIBLIOGRAFIA

CAMPOS, Diogo Leite de/ RODRIGUES Benjamim Silva/ SOUSA, Jorge Lopes de – *Lei Geral Tributária, comentada e anotada*, Vislis Editores, 1999

CAMPOS, Diogo Leite de/ CAMPOS, Mónica Horta Neves Leite de – *Direito Tributário*, 2.ª Edição, Almedina, 2000

CANOTILHO, J. J. Gomes/ MOREIRA, Vital – Constituição da República Portuguesa Anotada

CASIMIRO, Sofia de Vasconcelos – *A Responsabilidade dos Gerentes, Administradores e Directores pelas Dívidas Tributárias das Sociedades Comerciais*, Almedina, Coimbra, 2000

CORREIA, Miguel Pupo – *Sobre a Responsabilidade por Dívidas Sociais*, Revista da Ordem dos Advogados, 2001

CUNHA, Tânia Meireles da – *Da Responsabilidade dos Gestores de Sociedades perante os Credores Sociais: A Culpa nas Responsabilidades Civil e Tributária*, Almedina, 2004

DOURADO, Ana Paula – *Substituição e Responsabilidade Tributária*, in ciência e técnica fiscal n.º 391, Julho/Setembro 1998

FAVEIRO, Victor – *O Estatuto do Contribuinte*, Coimbra Editora, Coimbra, 2002

FIGUEIREDO, J. A. Seabra de – *A Responsabilidade Subsidiária dos Gerentes ou Administradores na Lei Fiscal*, Vida Económica, Lisboa, 1997

GOMES, Nuno de Sá – *Manual de Direito Fiscal*, Editora Rei dos Livros, Volume I, 1999

GOMES, Nuno de Sá – *Manual de Direito Fiscal*, Editora Rei dos Livros, Volume II, 1999

GUERREIRO, António Lima – *Lei Geral Tributária Anotada*, Editora Rei do Livros, 2001

MARTÍNEZ, Soares – *Direito Fiscal*, Almedina, Coimbra, 2003

MARTINS, António Carvalho – *Responsabilidade dos Administradores ou Gerentes por Dívidas de Impostos*, 2.ª Edição, Coimbra Editora, Coimbra, 1999

NABAIS, José Casalta – *Direito Fiscal*, Almedina, 2000

PRATA, Ana – *Dicionário Jurídico*, 3.ª Edição Revista e Actualizada, Almedina, Coimbra, 1997

SANCHES, J. L. Saldanha/ BARREIRA, Rui – *Culpa no Incumprimento e Responsabilidade dos gerentes*, Fisco n.º 70/71, Maio/Junho 1995

SANCHES, J. L. Saldanha – *Manual de Direito Fiscal*, Coimbra Editora, Coimbra, 2002

SILVA, Isabel Marques da Silva – *"A Responsabilidade Tributária dos Corpos Sociais", Problemas Fundamentais do Direito Tributário*, Vislis Editores, Lisboa, 1999

SILVA, Pedro Sousa e – *A responsabilidade tributária dos administradores e gerentes na lei geral tributária e no novo CPPT*, Revista da Ordem dos Advogados, 2000

SOUSA, Alfredo José de/ PAIXÃO, José da Silva – *Código do Procedimento das Contribuições e Impostos Comentado e Anotado*, 2.ª Edição

Jurisprudência

Acórdão STA de 09-06-1971, Processo n.º 16368, www.dgsi.pt
Acórdão STA de 01-04-1981, Processo n.º 001637, www.dgsi.pt
Acórdão STA de 28-11-1990, RLJ, ano 125, n.º 3815, pág.46 e ss.
Acórdão STA de 12-02-1995, Processo n.º 21300, www.dgsi.pt
Acórdão STA de 27-09-1995, Processo n.º 17418, www.dgsi.pt
Acórdão STA de 10-12-1997, Processo n.º 22007, Ciência e Técnica Fiscal, n.º 389, Janeiro/Março, 1998
Acórdão STA de 29-04-1998, Processo n.º 21381, www.dgsi.pt
Acórdão STA de 12-04-2000, Processo n.º 24769, www.dgsi.pt
Acórdão TCA Sul de 18-06-2002, Processo n.º 5505, www.dgsi.pt
Acórdão STA de 25-09-2002, Processo n.º 26082, www.dgsi.pt
Acórdão TCA Sul de 10-02-2004, Processo n.º 01109, www.dgsi.pt
Acórdão TCA Sul de 30-03-2004, Processo n.º 00921, www.dgsi.pt
Acórdão TCA, Contencioso Tributário, de 25-05-2004, Processo n.º 00072, www.dgsi.pt
Acórdão TCA Sul de 08-03-2005, Processo n.º 01358, www.dgsi.pt
Acórdão do TCA Norte de 22-09-2005, Processo n.º 00334, www.dgsi.pt

A EVASÃO FISCAL
E O CRIME DE FRAUDE FISCAL
NO SISTEMA LEGAL PORTUGUÊS

Francisco Vaz Antunes

1. INTRODUÇÃO

O imposto é uma das espécies tributárias criada por lei[1]. Tradicionalmente é definido como uma prestação patrimonial de carácter definitivo e unilateral (prestação sem causa), não reembolsável e sem carácter de sanção, estabelecida e exigida pela lei a favor de uma pessoa colectiva de direito público, tendo em vista a realização de fins públicos de natureza financeira, económica e social.

As entidades públicas activas da relação jurídica fiscal são o Estado, as autarquias locais e as regiões autónomas. Os sujeitos passivos podem ser qualquer pessoa, singular ou colectiva, inclusive o próprio Estado[2], e na relação jurídica tributária têm a obrigação principal de pagar os impostos[3].

---

[1] A classificação dos tributos resulta do art. 3.º da LGT, que refere que os tributos podem ser, por um lado, fiscais e parafiscais e, por outro lado, estaduais, regionais e locais. Para além dos impostos existem outras espécies tributárias como as taxas (definidas no art. 4.º, n.º 2) e outras contribuições financeiras a favor de entidades públicas.

[2] O art. 18.º da LGT dispõe: *"1 – O sujeito activo da relação tributária é a entidade de direito público titular do direito de exigir o cumprimento das obrigações tributárias, quer directamente quer através de representante. 2 – Quando o sujeito activo da relação tributária não for o Estado, todos os documentos emitidos pela administração tributária mencionarão a denominação do sujeito activo. 3 – O sujeito passivo é a pessoa singular ou colectiva, o património ou a organização de facto ou de direito que, nos termos da lei, está vinculado ao cumprimento da prestação tributária, seja como contribuinte directo, substituto ou responsável. 4 – Não é sujeito passivo quem: a) Suporte o encargo do imposto por repercussão legal, sem prejuízo do direito de reclamação, recurso ou impugnação nos termos das leis tributárias; b) Deva prestar informações sobre assuntos tributários de terceiros, exibir documentos, emitir laudo em processo administrativo ou judicial ou permitir o acesso a imóveis ou locais de trabalho".*

[3] Diz o art. 31.º da LGT: *"1 – Constitui obrigação principal do sujeito passivo efectuar o pagamento da dívida tributária. 2 – São obrigações acessórias do sujeito passivo as que visam possibilitar o apuramento da obrigação de imposto, nomeadamente a apre-*

De acordo com o disposto na Constituição da República Portuguesa de 1976 e na Lei Geral Tributária[4] (LGT), aprovada pelo Decreto-Lei n.° 398/98, de 17 de Dezembro, o objectivo dos impostos é o de obter receita para o Estado e contribuir para a redistribuição da riqueza[5] e a igualdade entre os cidadãos[6].

Tendo em vista os fins da tributação, o pagamento de impostos deve respeitar os princípios constitucionais da generalidade e da capacidade contributiva[7].

Os impostos são um elemento estruturante da noção de Estado democrático, de uma sociedade de direito, bem como um imperativo de cidadania. Entre o contribuinte e a Fazenda Nacional cria-se uma relação de confiança fundada na lei e a violação desta relação pelo contribuinte é passível de censura ético-jurídica.

Por isso, o contribuinte tem o dever geral de prestar informações à administração tributária acerca da sua real situação tributária (dever de colaboração que está previsto no artigo 59.° da LGT) e tem também deve-

---

sentação de declarações, a exibição de documentos fiscalmente relevantes, incluindo a contabilidade ou escrita, e a prestação de informações".

[4] Refere o art. 5.° da LGT, sob a epígrafe fins da tributação: *"1 – A tributação visa a satisfação das necessidades financeiras do Estado e de outras entidades públicas e promove a justiça social, a igualdade de oportunidades e as necessárias correcções das desigualdades na distribuição da riqueza e do rendimento. 2 – A tributação respeita os princípios da generalidade, da igualdade, da legalidade e da justiça material"*.

[5] A redistribuição da riqueza é também uma forma do Estado controlar a economia e o comportamento dos contribuintes. As taxas de imposto progressivas (nos impostos sobre o rendimento e a despesa) e as contribuições obrigatórias para a Segurança Social, têm sido consideradas como a melhor forma de conseguir a almejada repartição da riqueza.

[6] Arts. n.os 13.°, 66.°, n.° 2, h), 81.°, b), 103.°, n.° 1 e 104.° da CRP e arts. 4.°, n.° 1 e 5.° da LGT.

[7] Arts. 13.°, n.° 2, 103.° e n.° 1 e 104.° da CRP. Todos devem pagar impostos com taxas razoáveis, não confiscatórias, e na medida das suas possibilidades, mas só deve pagar impostos quem tiver um mínimo de capacidade económica, o que pressupõe que tenha um rendimento acima do denominado mínimo de existência. A este propósito o Dr. Nuno Sá Gomes, em Evasão Fiscal, Infracção Fiscal e Processo Penal Fiscal, 2.ª edição revista, actualizada e ampliada, Rei dos Livros 2000, pág. 45, utiliza a expressão: *"imunidade constitucional tributária"* de que devem beneficiar aqueles que têm muito baixos rendimentos. Por razões óbvias, esta isenção só tem cabimento em relação a contribuintes singulares. Vide ainda a propósito v.g. o art. 6.° da LGT e o art. 70.° do CIRS.

res específicos de verdade, de boa fé, de confiança e de obediência às ordens legais dos seus agentes[8].

Mas a capacidade e o poder do Estado exigir impostos têm como limite natural a satisfação dos seus próprios fins específicos[9-10] (não sancionatórios nem confiscatórios), que devem produzir vantagens claras para a comunidade, ainda que muitos desses fins correspondam a opções de natureza política.

Todavia, nem sempre foi assim. Antigamente, o direito fiscal era considerado eticamente indiferente e o Fisco apenas procurava arrecadar receitas, recorrendo a métodos tributários de discutível justiça e procurando impô-los mediante um sistema punitivo, dominado pela simples ideia de intimidação.

Modernamente, contudo, os sistemas fiscais têm procurado introduzir maior justiça na distribuição dos impostos e fixá-los tendo em conta as reais necessidades de financiamento do Estado. Os impostos devem servir apenas para permitir ao Estado cumprir os inúmeros deveres sociais ou de fomento económico que lhe competem.

Não é, por isso, moralmente indiferente que os cidadãos recebam os benefícios do Estado sem pagar, ou que actuem fraudulentamente para não pagar a correspondente contraprestação[11].

Do que vai dito, resulta que só devem ser tributados as pessoas singulares e colectivas que sejam interessadas nos fins do Estado e que dele recebem benefícios. De qualquer modo, mesmo quando não existe uma relação directa entre o benefício obtido através dos impostos e o sacrifício patrimonial de cada um, há benefícios que são fundamentais, sobretudo

---

[8] Neste sentido Alfredo de Sousa, Direito Penal Fiscal, Uma perspectiva, Direito Penal Económico e Europeu, textos doutrinários, vol. II, citado no acordão do STJ de 29/01/2004 (recurso n.º 24/02).

[9] Nada obsta a que os impostos tenham fins proibitivos, destinando-se a dissuadir certos comportamentos dos contribuintes, como é o caso do imposto sobre o tabaco, bebidas alcoólicas e os bens de luxo.

[10] "Já em 1971 escrevia o Prof. Teixeira Ribeiro (Finanças, lições policopiadas, pág. 373): *"o fim do Estado não é o lucro, o seu fim é a satisfação de necessidades públicas, sendo dos impostos que provém a maior parte das receitas efectivas (pág. 389)"* – citação do Acordão do Tribunal de Círculo de Oliveira de Azeméis de 24/05/96, publicado em http://www.cidadevirtual.pt

[11] Neste sentido, Eliana Gersão, Revisão do sistema Jurídico relativo à Infracção Fiscal, Caderno de Ciência e Técnica Fiscal n.º 112, Centro de Estudos Fiscais, pág. 22.

para os que mais pagam, como a segurança e a paz social que só o Estado pode garantir.

Portanto, para que a tributação seja legítima, torna-se necessário que quem a suporta tenha estabelecido com o sujeito activo do imposto um vínculo político e económico que a legitime, ou seja, deve ao menos presumir-se que beneficia da actividade estadual. Esse vínculo pode radicar na cidadania[12], no domicílio[13], na simples passagem pelo território ou na constituição de direitos sobre bens situados no território do Estado[14].

Há contudo situações em que apesar de existir o referido vínculo entre o Estado e o sujeito passivo, não há todavia lugar à aplicação de imposto. Tal pode resultar dos usos e costumes existentes (por exemplo o Estado não tributa os agentes diplomáticos estrangeiros pelas actividades por eles exercidas nessa qualidade[15]) ou de tratados e convenções internacionais assinados entre estados e relativas à protecção de pessoas, bens, actividades, ou ainda destinadas à resolução de conflitos relativos a matérias tributárias.

Neste sentido, a Associação Europeia de Comércio Livre (E.F.T.A.)[16], criada pela Convenção de Estocolmo de 4 de Janeiro de 1960, instituiu e estabeleceu diversas limitações no campo fiscal para os estados signatários aderentes, nomeadamente quanto à redução progressiva de impostos aduaneiros sobre a importação, quanto à incidência de impostos sobre as mercadorias importadas e quanto à proibição de impostos sobre as exportações.

---

[12] Os EUA, por exemplo, tributam os seus nacionais independentemente do local onde tiverem obtido os seus rendimentos.

[13] Art. 13.º, n.º 2 da LGT e arts.13.º, 15.º e 16.º do CIRS e arts. 2.º a 5.º do CIRC.

[14] Art.1.º do CIMI e art. 2.º do CIMTI.

[15] Dispõe o art. 35.º, n.º 1, do EBF: *"1 – Fica isento de IRS, nos termos do direito internacional aplicável ou desde que haja reciprocidade: a) O pessoal das missões diplomáticas e consulares, quanto às remunerações auferidas nessa qualidade; b) O pessoal ao serviço de organizações estrangeiras ou internacionais, quanto às remunerações auferidas nessa qualidade. 2 – As isenções previstas no número anterior não abrangem, designadamente, os membros do pessoal administrativo, técnico, de serviço e equiparados, das missões diplomáticas e consulares, quando sejam residentes em território português e não se verifique a existência de reciprocidade".*

[16] A EFTA (European Free Trade Association) foi fundada pela Áustria, Dinamarca, Noruega, Portugal, Suécia, Suíça e Inglaterra. Portugal deixou de ser seu membro em 1995, para se tornar membro da Comunidade Económica Europeia. Actualmente os membros da EFTA são a Islândia, o Liechtenstein, a Noruega e a Suíça.

Também a Comunidade Económica Europeia (C.E.E) introduziu limitações ao poder de tributar dos estados, designadamente através do Tratado de Roma de 1957, que criou a CEE[17].

Por outro lado, os impostos desempenham igualmente um importante papel regulador da economia nacional, porque com as opções políticas fiscais adoptadas em cada ciclo económico, o Estado vai influenciar decisivamente o mercado financeiro, a indústria e os serviços.

Apesar de tudo o supra referido, é todavia comuns os cidadãos furtarem-se ao pagamento dos impostos que lhes são devidos. Com tal procedimento, procuram, antes de mais, aumentar o seu rendimento disponível. Mas quando assim agem, fazem diminuir a entrada de receitas nos cofres do Estado e acabam por prejudicar a economia nacional e todos os cidadãos cumpridores[18], muito particularmente os trabalhadores dependentes, que têm o seu imposto retido na fonte, e os titulares de rendimentos sujeitos a taxas de retenção na fonte a título definitivo. Aliás, esta classe de contribuintes pode vir a ser duplamente penalizada, com aumentos nos seus impostos.

---

[17] Refere o art. 3 do Tratado de Roma: *"Para alcançar os fins enunciados no artigo 2.º, a acção da Comunidade implica, nos termos do disposto e segundo o calendário previsto no presente Tratado: a) A eliminação, entre os Estados-membros, dos direitos aduaneiros e das restrições quantitativas à entrada e à saída de mercadorias, bem como de quaisquer outras medidas de efeito equivalente (...)"*.

[18] *"A fuga ao pagamento de impostos é o obstáculo que mais prejudica a produtividade das empresas portuguesas, limitando mesmo a entrada de empresas competitivas e de investidores estrangeiros em Portugal, revela um estudo encomendado pelo Ministério da Economia à consultora McKinsey, no âmbito da estratégia «Portugal 2010», plano que visa elevar o rendimento per capita dos portuguesas para a média da União Europeia (...)" "(...) a informalidade, ou seja, o incumprimento de obrigações fiscais, sociais e ambientais por parte das empresas, é responsável por 28% do diferencial de produtividade entre as empresas nacionais e as suas congéneres de cinco países europeus tomados como referência"* (...) *"A informalidade permite, explica o relatório da McKinsey, que as empresas menos produtivas não saiam do mercado, porque acabam por ter vantagens em relação às restantes (...). "As empresas formais são mais produtivas do que as empresas informais, mas quando analisadas depois de impostos, são menos competitivas», refere o documento da McKinsey, frisando que é por esta razão que as empresas mais produtivas não conseguem tirar do mercado as menos produtivas"* (...) *"Estas conclusões correspondem à primeira etapa do estudo encomendado à consultora norte-americana pelo Governo, com o objectivo de elaborar um diagnóstico detalhado sobre as barreiras à produtividade e ao crescimento económico em Portugal".* – Diário Económico, edição electrónica de 14/11/2004.

Em bom rigor, a grande prejudicada com a evasão e a fraude fiscal acaba por ser a própria sociedade, porque o Estado pode sempre procurar outras formas de se financiar, nomeadamente com o recurso ao endividamento.

Quem pratica a evasão e a fraude fiscal está, portanto, a infringir, nos termos supra referidos, os princípios fundamentais da igualdade, da legalidade, da justa repartição do rendimento e da riqueza, da concorrência leal[19], da solidariedade social e da solidariedade fiscal.

Do mesmo passo, a apresentação de rendimentos fictícios ou a pura e simples subtracção ao seu pagamento, impede a existência de verdadeira justiça fiscal e não permite o investimento público em sectores nevrálgicos para a sociedade, como a educação, a saúde e a assistência social.

Em geral, pode dizer-se que os comportamentos fiscais evasivos dificultam a construção do Estado Social de Direito, impedem a diminuição do défice e da dívida pública e não favorecem o equilíbrio da balança comercial. Ao invés, alimentam a denominada economia paralela, desregulam o mercado da livre concorrência e fomentam o branqueamento de capitais e o financiamento ilegal de partidos políticos, clubes desportivos e outras instituições.

O dinheiro obtido com a evasão fiscal é muitas vezes transferido para paraísos fiscais com o objectivo de ser lavado. Assim, por exemplo, os elevados montantes económicos ilicitamente obtidos com a fuga ao pagamento do IVA ou através do seu reembolso indevido, não raro são aplicados em contas bancárias domiciliadas em zonas *off-shore* e depois de, por essa forma, branqueados, são utilizados em actos de corrupção, nomeadamente através de subornos a funcionários[20] e a financiamentos ilegais de partidos políticos e outras instituições. Por sua vez, a corrupção dos

---

[19] É um dos objectivos da tributação, de acordo com o previsto no art. 7.º, n.º 2, da LGT.

[20] *"(...) quando a evasão fiscal se torna uma possibilidade de fácil concretização, apenas dependente do fiscal ou do funcionário competente, gera-se uma impunidade geral, que anula completamente os princípios de equidade da Administração Fiscal. Rapidamente é engolida a distância que vai da corrupção até aos fenómenos de extorsão, praticados pelos próprios funcionários, gerando-se algo muito para além da pressão normal da evasão fiscal: um fenómeno organizado, duradouro, complexo e lesivo, com origem nalguns a quem incumbe acautelar os interesses do Estado."* – Maria José Morgado, José Vegar, Fraude e Corrupção em Portugal, O inimigo sem rosto, 3.ª edição, Dom Quixote 2003, pág. 69.

agentes vai dificultar, ou mesmo impedir, a fiscalização e a subsequente punição das práticas evasivas ilícitas. Estes comportamentos, levados ao extremo, podem chegar até a colocar em risco a própria sobrevivência do Estado[21].

Para além da óbvia preservação do património pessoal, existem outros motivos para que as pessoas se furtem ao pagamento de impostos. É o caso da elevada carga fiscal existente, que pressiona fortemente os rendimentos e o património dos particulares[22]. Esta situação é agravada precisamente pelos contribuintes que não cumprem as suas obrigações fiscais e que assim fazem diminuir as receitas públicas, o que faz com que o Estado tenha necessidade de aumentar os impostos e, por essa via, os contribuintes cumpridores podem ver-se tentados a praticar também a evasão.

A complexidade da lei fiscal[23] também demove as pessoas do cumprimento escrupuloso das suas obrigações fiscais e facilita a evasão[24], que prolifera atendendo à extrema dificuldade que a administração fiscal tem, por falta de meios humanos e logísticos, para fiscalizar milhões de contribuintes.

Os cidadãos sentem também que a despesa do Estado não é distribuída igualmente entre todos e encontram uma espécie de legitimidade moral para se afastarem do cumprimento das suas obrigações tributárias. Este pensamento contribui para que a censura social existente sobre este tipo de ilícitos, ainda que de natureza criminal, seja bastante diminuta. Por

---

[21] *"Os números da receita corrente do Estado até Julho de 2003, revelados pela Direcção-Geral do Orçamento, apontam para um decréscimo, em relação a Julho de 2002, de 8,3% no IRS, de 14,4%, no IRC, de 5% no imposto sobre produtos petrolíferos, de 0,3% no IVA e de 6,3% no imposto sobre o tabaco. Na sua totalidade, a receita corrente baixou 2,8%"* – Maria José Morgado e José Vegar, obra citada.

[22] *"(...) a pesadíssima pressão fiscal dos modernos Estados Sociais de Direito que são até qualificados, por vezes, pela doutrina, como Estados Fiscais, por oposição aos antigos Estados Patrimoniais, deu origem a uma fuga estrutural à tributação, que tem atingido nas últimas décadas níveis inimagináveis"* – Nuno Sá Gomes, obra citada.

[23] Esta complexidade é agravada com a utilização cada vez mais frequente pelo legislador de normas especiais antiabuso, que tornam mais complexas as normas tributárias e inacessível o seu conteúdo ao contribuinte comum.

[24] A separação existente entre o regime legal fiscal e o regime legal da segurança social e a falta de ligação entre a administração fiscal e o Instituto da segurança social potenciam as dificuldades dos contribuintes, que assim vêm aumentados as obrigações acessórias a que são obrigados.

outro lado, na comunidade subsiste um sentimento generalizado de impunidade relativamente à prática de ilícitos de natureza fiscal, agravado pelo conhecimento público do reduzido número de denúncias e participações existentes, bem como de acusações e condenações judiciais, no que concerne aos ilícitos fiscais que revestem natureza criminal[25].

A previsão e a punibilidade dos crimes económico-financeiros tem um impacto menor[26] na sociedade, também porque está prevista em legislação fora do Código Penal, no chamado direito penal secundário, quando é certo que é precisamente neste subsistema penal que se protegem alguns dos bens fundamentais da vida democrática. Os próprios operadores judiciários não estão ainda sensibilizados para a aplicação deste direito e olham-no com desconfiança[27]. Todavia, se os tribunais não desempenharem um papel activo no combate à evasão fiscal, a confiança dos agentes económicos decresce, aumentam os custos dos bens e serviços e o nível de investimento externo no país diminui, atenta a insegurança existente.

Lamentavelmente, há indícios muito fortes da existência de ilícitos de natureza fiscal. Basta atentar no elevado número de profissionais libe-

---

[25] De acordo com o Instituto Nacional de Estatística (INE) – http://www.ine.pt – no ano de 2002 em todo o Território Nacional estavam a ser julgados 869 processos por crimes fiscais e aduaneiros, a sua duração média era de 14 meses e neles foram julgados 1123 arguidos, dos quais foram condenados 784 (507 em pena de multa e 214 em pena de prisão).

[26] *"A par de tantos outros países civilizados, e com especial incidência nos tempos recentes, Portugal tem vindo a sofrer de um estigma com sérias consequências em termos de política financeira: a fuga aos impostos, ou evasão fiscal. Curiosamente, em termos sociais, é o infractor fiscal, amiúde, desculpabilizado pelos restantes cidadãos, como se a sua omissão ou fraude fosse antes uma manifestação de inteligência e um prémio. Inverter esta perspectiva é tarefa difícil, exigindo mesmo uma alteração de mentalidades. Como reflexo negativo deste estado de coisas, diminuem as receitas do Estado e aumenta a carga fiscal – como é consabido – o que gera, em novo ciclo, a apetência por fugas ao fisco ainda mais elaboradas e sofisticadas"*. Citação do Acordão do Tribunal de Círculo de Oliveira de Azeméis de 24/05/96, publicado em http://www.cidadevirtual.pt

[27] *"O fenómeno adapta-se bem a países, ou territórios que, como o nosso, possuem características atraentes para o seu desenvolvimento, com um sistema penal demasiado lento, pesado e desadequado, uma eficácia policial ainda reduzida neste campo específico, um funcionamento deficiente das instâncias próprias de fiscalização, que no caso passam pela Direcção-Geral dos Impostos, a Direcção-Geral das Alfândegas e Impostos Especiais de Consumo, e o Tribunal de Contas, e um Estado anestesiado pelos seus mecanismos arcaicos"* – Maria José Morgado, José Vegar, obra citada.

rais[28] que sistematicamente declaram como resultado da sua profissão rendimentos muito abaixo do que seria normal para as suas actividades, assim como o elevado número de sociedade comerciais que declaram resultados de exercício[29] negativos, nulos ou muito reduzidos.

A evolução tecnológica trouxe novas ferramentas que facilitam os fenómenos de evasão e de fraude fiscal, como é o caso do comércio electrónico efectuado através de compras e vendas pela Internet. O desenvolvimento desta nova forma negocial não deixa de constituir uma grande ameaça às regras e técnicas de tributação internacional tradicionais, pondo em causa, desde logo, as noções de territorialidade e soberania. Actualmente vivemos num verdadeiro *"espaço económico virtual global"*. Na Internet as fronteiras não existem e o espaço é virtual. O progresso tecnológico é tão rápido que as habituais alterações legislativas não o conseguem acompanhar.

Os utilizadores do comércio electrónico podem estar sujeitos às regras de vários ordenamentos jurídicos distantes e muito diferentes entre si, o que provoca inúmeras dificuldades ao exercício da soberania dos Estados e ao consequente poder de tributar. A fiscalização e a aplicação de normas jurídicas tornam-se extremamente complicadas, assim com a aplicação de sanções pelas eventuais infracções cometidas.

Tradicionalmente existe um menor índice de evasão fiscal nos denominados impostos especiais sobre o consumo (IEC). Como factores de evasão comuns a todos os IEC podem indicar-se o facto de se tratarem de mercadorias cujo consumo está sujeito a diferente tributação (em regra elevada) nos diversos estados membros; a supressão dos controlos aduaneiros em 1 de Janeiro de 1993, com o estabelecimento do mercado

---

[28] *"Os trabalhadores por conta própria misturam as suas contas bancárias pessoais e profissionais e não há intercomunicação entre os ficheiros da DGCI e da Segurança Social. Foram estes os dois maiores pasmos da OCDE ao tratar da situação fiscal portuguesa. Para além, claro, da situação do IVA e do grau de incumprimento na pequena empresa"* – José Luís Saldanha Sanches, O Natal do sinaleiro e outras crónicas, Dom Quixote, pág. 43.

[29] Isto mesmo apesar de: *"(...) para efeitos de IRC (...) o nosso legislador optou – seguindo aliás uma tendência genérica entre os Estados da OCDE – pelo conceito de rendimento acréscimo. Com esta opção, o legislador considerou que a tributação das pessoas colectivas é estabelecida de forma ampla, abarcando todo o acréscimo patrimonial de poder económico num dado período (...)"* – Diogo Feio, Jurisprudência Fiscal Anotada, 2002, Almedina, pág. 15.

interno, a falta de harmonização fiscal dos IEC entre os vários estados membros, nomeadamente ao nível das taxas; a inexistência de mecanismos automáticos eficazes de controlo interno no sistema de circulação de mercadorias em regime de suspensão de IEC; impossibilidade prática de as administrações dos vários estados membros poderem efectuar inspecções sistemáticas à maioria dos operadores; aparecimento de organizações criminosas na comercialização de mercadorias no território da União Europeia e a insuficiência de mecanismos de assistência, quer administrativa, quer judiciária, ao dispor das autoridades aduaneiras e das várias polícias.

Relativamente ao Imposto sobre o tabaco manufacturado (IT), durante o período de 1994 a 1998, para um total de receita liquidada no montante de 821.719,90 milhares de contos, foram cobrados 813 388,22 milhares de contos, o que representa uma taxa de evasão de apenas 1,01%[30]. A principal causa da taxa de evasão fiscal nestes impostos, prende-se essencialmente com as operações irregulares de trânsito comunitário externo de tabaco (não comunitário) iniciadas ou terminadas em Portugal e que deram origem à liquidação de IT a empresas portuguesas na qualidade de responsáveis pelas operações de trânsito. Existe na União Europeia uma elevada taxa de evasão fiscal relativa ao tabaco não comunitário (de países terceiros, nomeadamente dos EUA), o que prejudica não apenas os orçamentos dos países individualmente considerados, mas também o orçamento da União Europeia.

Em igual período temporal (1994-1998), para um total de receitas liquidadas de Imposto Sobre os Produtos Petrolíferos (ISP) de 2.219.509,10 milhares de contos, foram cobrados 2.218.633,60 milhares de contos, o que representa uma taxa de evasão fiscal de 0,04%. Tal deveu-se essencialmente a situações de fraude detectadas na expedição de Espanha para Portugal de produtos petrolíferos em regime de suspensão. Também o facto de as taxas de ISP serem mais baixas em Espanha contribuiu para a existência do tráfico de combustíveis essencialmente através da rede rodoviária.

Ainda durante o mesmo período de tempo, para uma receita liquidada de Imposto Automóvel (IA) de 787.567,30 milhares de contos, foram cobrados 785.678,00 milhares de contos, significando uma taxa de evasão

---

[30] Boletim de Ciência e Técnica Fiscal n.º 395, págs. 335 e segs.

de 0,24%, sobretudo devida à utilização abusiva do regime de isenção na transferência de residências, concretamente com a utilização de documentação com informação falsa (v.g. livretes, certificados de cancelamento de residência, etc.).

Por fim, quanto ao Imposto sobre o álcool (ISA) e as bebidas alcoólicas (ISBA), durante os anos de 1994 a 1998, para um total de receitas liquidadas e auto-liquidadas de 181.966,83 milhares de contos, foram cobrados 158.329,53 milhares de contos, significando uma taxa de evasão bastante mais elevada de 12,99%.

Todos estes comportamentos contribuem para fomentar a economia paralela que faz concorrência desleal aos particulares e às empresas cumpridoras das suas obrigações tributárias. As razões subjacentes à criminalização destas condutas em países mais ricos e liberais como os Estados Unidos da América (onde a lei penal pune as infracções fiscais de forma particularmente dura) estão precisamente mais ligadas à protecção do sistema de mercado contra uma das formas mais gravosas de concorrência desleal, a fraude e evasão fiscais.

Em países onde o funcionamento do mercado é temperado por formas de regulação estatal, nomeadamente com objectivos públicos de solidariedade social (economia social de mercado), como sucede na Europa e particularmente em Portugal, a criminalização das infracções fiscais assenta também na noção de Estado social e democrático de direito. É também por isso que a União Europeia tem demonstrado uma grande preocupação relativamente à erosão de receitas fiscais que a exagerada concorrência fiscal entre os Estados membros pode provocar. Procura-se reduzir os efeitos da diminuição de receitas decorrente dos excessos de competitividade fiscal através da aprovação de um Código de Conduta entre os Estados membros e da busca de novas bases tributárias que permitam reduzir o esforço fiscal que recai sobre os trabalhadores por conta de outrem. Se tal não for conseguido, poderá ser posta em causa, quer a leal concorrência interempresarial, quer os interesses financeiros de estados membros e da União Europeia, quer ainda o próprio modelo civilizacional europeu. Neste contexto, muitos reconhecem hoje que a existência de regimes fiscais penais ou contraordenacionais muito diferenciados entre si na União constitui um dos factores que também propicia distorções de concorrência.

2. A ILICITUDE FISCAL EM GERAL

Os actos dos contribuintes consistentes no não cumprimento das suas obrigações fiscais subsumem-se à prática de ilícitos fiscais que podem revestir natureza variada. Se, por exemplo, o contribuinte não pagar um imposto no prazo legal, a administração fiscal irá efectuar a sua cobrança coerciva através do chamado processo de execução fiscal[31]. Mas esse mesmo comportamento evasivo também vai obrigar o contribuinte relapso ao pagamento de juros moratórios e eventualmente compensatórios, pelo atraso no pagamento do tributo.

Se o comportamento do contribuinte for ainda típico, ilícito e culposo (por exemplo o contribuinte usou previamente de um qualquer expediente fraudulento destinado a evitar a liquidação do imposto), ele pode ainda ser sancionado através de uma norma de tipo criminal.

Portanto, os comportamentos subsumíveis em situações de evasão fiscal ilícita podem redundar na aplicação, por vezes cumulativa, de sanções de natureza preventiva (por exemplo o vencimento total e imediato de todas as dívidas fiscais pagas em prestações, por incumprimento de uma delas), reconstitutiva (a execução fiscal ou a anulação dos actos ou negócios ilegais, vg. simulados), compulsória (juros fiscais de mora[32]), compensatória (juros fiscais compensatórios[33] e carácter indemnizatório[34]) e punitiva (coimas, multas e penas de prisão).

---

[31] O processo de execução fiscal está previsto nos arts. 148.º e segs. do Código de Procedimento e de Processo Tributário, aprovado pelo Decreto-Lei n.º 433/99, de 26/10, e deve obedecer ao princípio da legalidade tributária, nos termos do disposto no art. 8.º, n.º 2, e) da LGT.

[32] Dispõe o art. 44.º da LGT, sob a epígrafe falta de pagamento da prestação tributária: *"1 – São devidos juros de mora quando o sujeito passivo não pague o imposto devido no prazo legal. 2 – O prazo máximo de contagem dos juros de mora é de três anos, salvo nos casos em que a dívida tributária seja paga em prestações, caso em que os juros de mora são contados até ao termo do prazo do respectivo pagamento, sem exceder cinco anos. 3 – A taxa de juro de mora será a definida na lei geral para as dívidas ao Estado e outras entidades públicas"*. Vide ainda o art. 110.º do CIRS.

[33] *"1 – São devidos juros compensatórios quando, por facto imputável ao sujeito passivo, for retardada a liquidação de parte ou da totalidade do imposto devido ou a entrega de imposto a pagar antecipadamente, ou retido ou a reter no âmbito da substituição tributária (...) 2 – São também devidos juros compensatórios quando o sujeito passivo,*

Consoante o tipo de sanções previstas pela lei – preventivas, reconstitutivas, compensatórias, compulsórias e punitivas – é usual estabelecer-se a distinção entre ilícitos fiscais penais e não penais e, entre os primeiros, entre infracções fiscais administrativas e crimes fiscais.

É a elevada gravidade subjectiva e objectiva de certas infracções tributárias que justifica a sua inclusão no direito penal e a criminalização dessas condutas não choca com o sentimento de justiça dos cidadãos cumpridores das suas obrigações tributárias.

2.1. A evasão fiscal

A evasão fiscal pode ser lícita ou ilícita. A primeira ocorre nas situações em que os contribuintes utilizam expedientes que fogem à previsão legal das normas tributárias, por exemplo realizando negócios jurídicos que escapam às normas de incidência fiscal ou através de certas práticas contabilísticas (admissíveis e lícitas) que lhes são mais favoráveis. São os denominados negócios jurídicos fiscalmente menos onerosos, que todavia são lícitos.

Desde a entrada em vigor da norma geral antiabuso[35-36] e atendendo à forma muita ampla como ela se encontra redigida, os objectivos preten-

---

por facto a si imputável, tenha recebido reembolso superior ao devido. (...) 8 – Os juros compensatórios integram-se na própria dívida do imposto, com a qual são conjuntamente liquidados. (...) 10 – A taxa dos juros compensatórios é equivalente à taxa dos juros legais fixados nos termos do n.º 1 do artigo 559.º do Código Civil" (Art. 35.º da LGT). Vide ainda o disposto nos arts. 91.º do CIRS e 94.º do CIRC.

[34] Arts. 43.º, n.º 1, da LGT e 94.º do CIRS.

[35] A norma geral antiabuso foi inicialmente consagrada no Código de Processo Tributário e só posteriormente foi incluída na Lei Geral Tributária, pela Lei n.º 100/99, de 26 de Julho.

[36] *"A insularidade da doutrina portuguesa levou a que a introdução de cláusulas anti-abuso consideradas durante um longo período como sendo contrárias ao princípio da "tipicidade fechada" e à obtenção de segurança jurídica – tivesse lugar tardiamente em Portugal. Muito depois de já serem usadas de forma corrente na legislação comunitária" (...) Pode mesmo afirmar-se que a norma contida na alínea a) do art. 11.º da Directiva 90/434/CEE ao permitir aos Estados recusar a aplicação das normas nela contidas sobre reestruturações empresariais sempre que estas tivessem como "principal objectivo a fraude ou a evasão fiscal", para onde remetia a lei portuguesa, constitui a primeira cláu-*

didos com os comportamentos elisivos tornaram-se difíceis de concretizar, porque a administração tributária pode vir a exercer o seu poder de qualificação dos actos jurídicos e proceder à subsequente correcção da matéria colectável. De qualquer modo, é praticamente impossível o legislador prever a totalidade das vias de elisão fiscal e, como tal, abrangê-las nas cláusula geral antiabuso.

Estes comportamentos elisivos são possíveis devido à existência do princípio da tipicidade taxativa a que estão sujeitas as normas tributárias e que não permite a sua aplicação analógica[37].

Para se subtrair à obrigação fiscal, ou simplesmente fazer diminuir o montante do tributo a pagar, o contribuinte utiliza procedimentos não previstos pela letra ou pelo espírito de lei tributária, donde pode resultar para ele uma poupança fiscal, com base no aproveitamento da lacuna da lei e atenta a referida proibição da analogia.

A própria natureza das normas tributárias faz com que, por vezes, a actuação dos contribuintes se situe fora da área de abrangência da lei fiscal – *extra legem* – e essa actuação é em princípio lícita, ponto é que não constitua um acto abusivo, anormal ou atípico que, como tal, seja abrangido pelas normas fiscais antiabuso existentes.

Portanto, quando o comportamento elisivo do contribuinte se situe para lá da previsão legal das normas tributárias, ele é legal e apenas pode ser censurado moralmente. Estes comportamentos também são chamados de habilidades fiscais ou negócios de destreza fiscal. É uma forma de evasão tributária denominada de elisão ou evitação fiscal – *tax avoidance*.

Quando por vezes se verifica o referido abuso na utilização destes procedimentos *extra legem* estamos na presença de verdadeiros actos ou

---

sula-geral anti-abuso do ordenamento jurídico-tributário português na questão mais geral das relações entre o Direito Fiscal Internacional e o Direito Comunitário (...) nas suas convenções Portugal tem começado a usar fórmulas anti-abuso criadas no prática convencional de outros Estados (...)" – José Luís Saldanha Sanches, O abuso de direito na jurisprudência do Tribunal do Luxemburgo: a IV directiva sobre as contas das sociedades e as normas do balanço fiscal, publicado em http://www.fd.ul.pt/

[37] O princípio da legalidade tributária está previsto no art. 103 da CRP e no art. 8.º da LGT. O princípio da tipicidade é um dos seus corolários. A insusceptibilidade de aplicação analógica das normas tributárias resulta do art. 11.º, n.º 4, da LGT, que dispõe: *"As lacunas resultantes de normas tributárias abrangidas na reserva de lei da Assembleia da República não são susceptíveis de integração analógica".*

negócios antijurídicos[38], que ainda assim são lícitos. É o que sucede, por exemplo, na celebração de alguns negócios verdadeiros e realmente queridos pelas partes (não simulados), mas que se destinam, *prima facie*, a evitar a tributação ou, ao menos, a diminuir o montante de imposto a pagar, acabando por constituir um verdadeiro abuso de direito.

Nestas situações, a lei vai procurar evitar o resultado pretendido pelos seus utilizadores, proibindo-o, por o considerar planeamento fiscal abusivo. Tal função limitadora compete à cláusula geral anti-abuso, prevista na Lei Geral Tributária, às diversas cláusulas especiais antiabuso, que se encontram espalhadas pelos vários códigos fiscais – *anti tax avoidance clauses*[39-40] e ainda às normas fiscais de incidência, que utilizam conceitos amplos.

Estes actos ou negócios jurídicos são ineficazes perante a administração fiscal (desconsideração fiscal) mas são válidos do ponto de vista civil[41], porque se não o fossem, o contribuinte não poderia defraudar a lei fiscal. Ou seja, a vantagem fiscal obtida pelo contribuinte em fraude à lei pressupõe um resultado não permitido apenas pelo ordenamento tributário.

---

[38] São antijurídicos porque não são ilícitos e não lhes é aplicada qualquer sanção. Não são, todavia, completamente regulares, porque a lei tributária permite que, para efeitos de tributação, a administração corrija a matéria colectável deles resultante.

[39] As jurisdições fiscais anglo-saxónicas foram pioneiras na utilização das cláusulas antiabuso.

[40] Por exemplo ao nível do regime dos preços de transferência, assente no princípio da plena concorrência, previsto no art. 58.º e segs. do CIRC. São pressupostos da aplicação deste regime a existência de relações especiais entre o contribuinte e outra pessoa; o estabelecimento entre ambos e por causa dessas relações de condições especiais diferentes das que seriam normalmente acordadas entre pessoas independentes e que o resultado obtido com base na contabilidade seja diferente do que o que se apuraria na ausência dessas relações – neste sentido ACSTA de 22/09/2004 (recurso n.º 119/04), publicado em http://www.dgsi.pt. Vide ainda o art. 77.º, n.º 3 da LGT, quanto à exigência de fundamentação da correcção à matéria colectável feita pela administração fiscal, quando existe violação pelo contribuinte das regras dos preços de transferência.

[41] Dispõe o art. 280.º do Código Civil, sob a epígrafe requisitos do objecto negocial: *"1 – É nulo o negócio jurídico cujo objecto seja física ou legalmente impossível, contrário à lei ou indeterminável. 2 – É nulo o negócio contrário à ordem pública, ou ofensivo dos bons costumes"*. Os negócios elisivos não se enquadram nesta definição legal.

A cláusula geral antiabuso funciona como uma espécie de filtro. Se o acto ou negócio do contribuinte for submetido à cláusula e não for por ela impedido, não se poderá falar da existência de evitação fiscal ilícita. Ela afere e delimita os casos de elisão fiscal e representa uma forma de concretizar o princípio da substância económica sobre a forma dos actos ou negócios jurídicos.

De uma forma genérica, pode dizer-se que o objectivo da cláusula geral antiabuso é impedir que os contribuintes possam evitar a carga fiscal a que de outro modo estariam sujeitos, através do uso anómalo de formas jurídicas habilmente concebidas[42] para os colocar fora do campo de incidência dos tributos. Tal situação, representaria uma violação frontal dos princípios da igualdade distributiva e da capacidade contributiva.

O combate à elisão fiscal destina-se essencialmente a obter uma maior equidade fiscal e é sobretudo efectuado nos países desenvolvidos[43], que têm um baixo nível de fraude tributária e são dotados de um sistema fiscal eficaz e de uma administração tributária formada e eficiente.

Quanto à evasão fiscal ilícita, ela surge apenas quando o contribuinte pratica factos ilícitos e culposos que constituem infracção fiscal violadora de normas de incidência, como é o caso do não pagamento voluntário de um imposto já liquidado e vencido.

---

[42] *"(...) No abuso de direito é o próprio facto que é requalificado pela Administração fiscal para que possa caber na previsão legal"* – Saldanha Sanches, Abuso de Direito e Abusos de Jurisprudência, in Fiscalidade n.º 4, ISG, Outubro 2000, pág. 64-65, citado por Gustavo Lopes Courinha, obra citada.

[43] É o caso dos EUA onde se verifica que: *"Um dos provérbios mais conhecidos (...) tem a sua origem numa frase de uma carta escrita em 1789 pelo então Presidente Benjamin Franklin (1706-90) a Jean-Baptiste Leroy e é o seguinte: "In this world nothing is certain but death and taxes". (...) Desde o século XVIII que esta máxima se tornou célebre entre os norte-americanos, pelo que não é surpreendente que a dimensão da economia paralela, subterrânea ou "informal" (designação mais "chique" e hoje tão em voga) nos EUA seja a menor de entre os países da OCDE, correspondendo a menos de 9% do PIB – quando comparada com os 22,5% de Portugal ou Espanha, 27% em Itália, 28,5% na Grécia, ou mesmo 12,5% no Reino Unido, 15% na França e 16% na Alemanha (os dados são da OCDE)"*. A morte e o pagamento de impostos, Miguel Frasquilho, artigo publicado no Jornal de Negócios de 7/01/2004.

2.2. A fraude fiscal

Os contribuintes também procuram realizar poupança fiscal através da chamada evasão fiscal fraudulenta[44], que é sempre ilícita porque é *contra legem*. Aqui, o sujeito passivo engana directa e intencionalmente a administração tributária, infringindo as normas tributárias.

A *tax evasion* existe quando os contribuintes declaram rendimento ou lucro inferiores ao real, através da omissão nas declarações obrigatórias da sua real situação tributária ou recorrendo a diversos expedientes, como negócios simulados, falsificação de documentos, contabilidade fiscal falsa, emissão e utilização de facturas falsas e apropriação de impostos retidos e devidos por terceiros. Estes comportamentos preenchem o tipo legal de contraordenações administrativas ou, nos casos mais graves, de crimes fiscais.

Os actos ou negócios jurídicos destinados à subtracção ao pagamento dos tributos ou à obtenção de vantagens fiscais e praticados por meios artificiosos ou fraudulentos são também ineficazes no âmbito tributário (por acção da supra aludida cláusula geral antiabuso, prevista no art. 38.º, n.º 2, da LGT). Mas a ineficácia desses negócios jurídicos não impede que eles sejam tributados, ponto é que tenham produzido os efeitos económicos pretendidos pelas partes, uma vez que as normas fiscais, em regra, visam fins económicos[45].

Assume aqui particular relevância a simulação fiscal[46], que consiste na divergência dolosa entre a vontade real e a vontade declarada pelos con-

---

[44] A fraude fiscal é: *toda e qualquer acção ou omissão tendente a elidir, reduzir ou retardar o cumprimento de uma obrigação tributária"* – Sampaio Dória, A evasão fiscal legítima: Conceitos e problemas, pág. 42 – citado por Patrícia Noiret Silveira da Cunha, A Fraude Fiscal no Direito Português, Revista Jurídica n.º 22, Março 1998.

[45] Diz o art. 38.º, n.º 1 da LGT: *"A ineficácia dos negócios jurídicos não obsta à tributação, no momento em que esta deva legalmente ocorrer, caso já se tenham produzido os efeitos económicos pretendidos pelas partes"*.

[46] O código Civil dá a noção de simulação relativa no art. 241.º: *"1. Quando sob o negócio simulado exista um outro que as partes quiseram realizar, é aplicável a este o regime que lhe corresponderia se fosse concluído sem dissimulação, não sendo a sua validade prejudicada pela nulidade do negócio simulado. 2. Se, porém, o negócio dissimulado for de natureza formal, só é válido se tiver sido observada a forma exigida por lei"*.

traentes de um negócio jurídico, com o intuito de levar a administração fiscal a liquidar menos ou nenhum imposto.

A simulação (relativa) é composta por três elementos. A divergência intencional entre a vontade e a declaração, o *pactum simulationis* e o intuito de enganar terceiros. Há portanto um negócio oculto e querido pelas partes (*sham transaction*), mas não revelado, que é menos oneroso para efeitos fiscais.

Sob a epígrafe simulação de negócios jurídicos, o art. 39.°, n.° 1[47], da Lei Geral Tributária, diz que em caso de simulação, a tributação recai sobre o negócio jurídico real e não sobre o negócio jurídico simulado. Ou seja, a tributação recai sobre a realidade e não sobre a aparência. Este normativo assenta nos princípios do inquisitório[48] e da descoberta da verdade material e é uma das normas jurídico-fiscais destinadas a combater a evasão fiscal ilícita.

A simulação prevista no art. 39.° da LGT é a simulação relativa e não a absoluta. Na simulação absoluta só existe o negócio simulado (as partes não quiseram realizar nenhum negócio), não há nenhum negócio real. Por outro lado, na simulação relativa, além do negócio jurídico real (dissimulado, oculto) há um negócio aparente (ainda que um ou vários dos seus elementos possam não ser reais). Em princípio, a nulidade afecta apenas o negócio simulado porque é ele que viola directamente a lei, ponto é que estejam preenchidos os requisitos de validade do negócio dissimulado. Todavia, a tributação do negócio jurídico real (dissimulado) constante de documento autêntico (onde está previsto o negócio simu-

---

[47] Dispõe o art. 39.° da LGT: "*1 – Em caso de simulação de negócio jurídico, a tributação recai sobre o negócio jurídico real e não sobre o negócio jurídico simulado. 2 – Sem prejuízo dos poderes de correcção da matéria tributável legalmente atribuídos à administração tributária, a tributação do negócio jurídico real constante de documento autêntico depende de decisão judicial que declare a sua nulidade*". Este normativo assenta no chamado princípio da prevalência da substância sobre a forma, também enunciado de uma forma mais geral no art. 11.°, n.° 3, da LGT e que, no que diz respeito à interpretação das normas tributárias, diz: "*Persistindo a dúvida sobre o sentido das normas de incidência a aplicar, deve atender-se à substância económica dos factos tributários*".

[48] Art. 58.° da LGT: "*A administração tributária deve, no procedimento, realizar todas as diligências necessárias à satisfação do interesse público e à descoberta da verdade material, não estando subordinada à iniciativa do autor do pedido*".

lado) depende de decisão judicial que declare a sua nulidade, mas tal ónus não se confunde com os poderes de correcção da matéria tributável, legalmente atribuídos à administração tributária, previstos no art. 39.º, n.º 2, 1.ª parte, da LGT.

A qualificação e a interpretação das normas fiscais que é feita pela administração tributária tem contudo que obedecer às regras e aos princípios gerais da interpretação e aplicação das leis (a administração tributária não pode qualificar autonomamente os negócios utilizando para o efeito, por exemplo, apenas critérios fiscais, outrossim, deve guiar-se por critérios exclusivamente jurídicos, socorrendo-se para tal dos princípios da Teoria Geral do Direito e dos contratos, excepto nos casos em que o legislador fiscal tenha atribuído às normas um sentido diverso. Se, ainda assim, persistir a dúvida, a interpretação a fazer deve então atender à substância económica do negócio[49], sendo certo que, em nenhum caso a qualificação do negócio jurídico efectuada pelas partes (mesmo que em documento autêntico) vincula a administração tributária (art. 36.º, n.º 4, da LGT).

A administração fiscal tem poderes de correcção da matéria colectável, por exemplo, em sede de tributação do rendimento das pessoas colectivas (IRC)[50] e do rendimento das pessoas singulares (IRS).

No acórdão do STA de 19/02/2003 (recurso n.º 1757/02), no qual estava em causa saber se a administração fiscal podia considerar como proveitos, para efeitos de tributação em sede de IRS, valores diferentes dos constantes da escritura de compra e venda de lotes de terrenos para construção, antes de proferida sentença judicial que conheça da exis-

---

[49] O art. 11.º da LGT, sob a epígrafe interpretação dispõe: *"1. Na determinação do sentido das normas fiscais e na qualificação dos factos a que as mesmas se aplicam são observadas as regras e princípios gerais de interpretação e aplicação das leis. 2. Sempre que, nas normas fiscais, se empreguem termos próprios de outros ramos de direito, devem os mesmos ser interpretados no mesmo sentido daquele que aí têm, salvo se outro decorrer directamente da lei. 3. Persistindo a dúvida sobre o sentido das normas de incidência a aplicar, deve atender-se à substância económica dos factos tributários. 4. As lacunas resultantes de normas tributárias abrangidas na reserva de lei da assembleia da república não são susceptíveis de integração analógica".*

[50] Confrontar os arts. 29.º, n.º 4, 52.º e 65.º, n.º 4, todos do CIRS; os arts. 16.º, n.º 3, 26.º, n.º 2, 47.º, n.º 4, 53.º, n.º 11, 58.º, n.º 11 e 58.º-A, n.º 6, todos do CIRC; e ainda o art. 31.º do CIMT.

tência de negócio simulado, foi decidido que, conforme resulta da primeira parte do art. 39.°, n.° 2 da LGT, a administração fiscal tem poderes para corrigir a matéria tributável e esses poderes não se confundem com a necessidade de existir uma decisão judicial de declaração de nulidade, para tributar o negócio jurídico real constante de documento autêntico[51].

No caso *sub iudice*, a administração fiscal não necessitava pois de obter uma declaração judicial de nulidade da compra e venda, para a poder tributar, porque nunca pôs em causa a existência e validade do negócio jurídico em causa, outrossim, entendeu que um dos seus elementos essenciais – o preço – não era o que realmente foi declarado na escritura.

Entendimento idêntico foi ainda perfilhado no Acordão do STA de 26/02/2003 (recurso n.° 89/03-30), no qual a questão a decidir assentava numa situação de simulação de valor de um negócio de trespasse de uma loja (os contratantes declararam na escritura um preço inferior ao real). Aí se disse que: *"Não é a mesma coisa ignorar um negócio constante de documento autêntico por o entender simulado ou mesmo tributar o que se considera real ou, atendendo ao negócio constante de tal documento, corrigir a matéria colectável que daí resulte, nos termos legais (...) A administração fiscal não pode ignorar tais negócios jurídicos enquanto não for declarada a sua nulidade ou anulabilidade, mas não está impedida de proceder a correcções à matéria colectável introduzindo as que forem pertinentes face aos elementos apurados ou até, se for caso disso, ao método presuntivo"*.

A simulação pode ser arguida a qualquer momento, tendo em vista a realização de uma liquidação adicional, mas naturalmente sempre dentro do prazo geral de caducidade[52].

---

[51] *"O fisco está vinculado à realidade dos efeitos jurídicos dos actos ou negócios realizados pelos particulares, mas não está vinculado à qualificação (nomen iuris) dada pelos sujeitos aos seus próprios actos... o Fisco tem o poder-dever de requalificar ou recaracterizar o acto jurídico de harmonia com a sua verdade material jurídica"* – Alberto Xavier, Tipicidade da Tributação, Simulação e Norma anti-elisiva, Dialéctica, São Paulo, 2001, pág. 37, citado em Gustavo Lopes Courinha, obra citada.

[52] É de 4 anos o prazo geral de caducidade do direito à liquidação (art.45.° da LGT). A liquidação de IRC, ainda que adicional, só pode efectuar-se dentro desse mesmo prazo (art. 93.° do CIRC).

A simulação fiscal (absoluta e relativa) também está tipificada como crime de fraude fiscal no art. 103.°, n.° 1, c), do Regime Geral das Infracções Tributárias (RGIT).

2.3. O planeamento fiscal

Diferentes dos comportamentos de evasão e de fraude fiscal supra descritos são os denominados actos de poupança fiscal, planeamento fiscal ou ainda de gestão fiscal ou engenharia fiscal – *tax planning*.

Com o planeamento fiscal os particulares e as empresas procuram pagar menos imposto, utilizando para o efeito as normas mais apropriadas e adequadas à sua real situação fiscal, mas sempre dentro do quadro jurídico existente.

Em regra, estes actos apenas são praticados pelas empresas de média e grande dimensão, através do recurso aos serviços de consultores e gestores fiscais e mesmo de advogados especialistas.

O contribuinte aproveita o conhecimento profundo das leis fiscais e utiliza as soluções que lhe são mais favoráveis. São portanto comportamentos *intra legem*, não evasivos, que se destinam a diminuir o imposto a pagar, mas sempre dentro do normativo legal existente.

Quando o contribuinte efectua o seu planeamento fiscal é indiferente se o faz de boa ou má fé. A verdade é que ele tem mesmo o dever de agir desta forma, para o seu próprio bem, porque é um imperativo de racionalidade económica e de boa gestão comercial, financeira e fiscal. A poupança fiscal é consequentemente um direito do contribuinte, que assenta no princípio constitucional da liberdade de iniciativa económica.

As próprias leis tributárias contêm normas denominadas de desagravamento (normas negativas de tributação), nomeadamente exclusões tributárias, deduções específicas, abatimentos à matéria colectável, reporte de prejuízos, isenções fiscais, benefícios fiscais e zonas francas de baixa tributação[53] (vg. a zona franca da Madeira). O que pressupõe que a poupança fiscal é inclusivamente sugerida pelo legislador.

---

[53] As zonas de baixa tributação têm normalmente as seguintes características: taxas de imposto reduzidas, ou mesmo nenhuns impostos, sobre alguns ou todos os tipos de rendimento ou de capital; um elevado sigilo bancário e comercial; ausência de controlo cam-

Todavia, como a planificação fiscal provoca uma elevada perda de receitas para os estados, há uma tendência crescente e generalizada no sentido de a procurar impedir, utilizando para tal novos métodos de interpretação das leis, presunções fiscais, introduzindo nos diplomas fiscais normas antiabuso e ainda utilizando conceitos jurídicos de uma forma mais abrangente do que a normalmente utilizada noutros ramos de direito[54].

Há factores externos, derivados da heterogeneidade das leis fiscais dos vários países, que podem facilitar o planeamento fiscal praticado pelas empresas de dimensão internacional. É exemplo o regime dos preços de transferência (artigos 57.º e segs. do CIRC), assente no princípio da independência e no conceito de relações especiais, dada a diversidade de tratamento a que está sujeito nos vários países. *"O regime de preços de transferência é de especial importância no contexto dos grupos multinacionais. Economicamente a realidade é única, do ponto de vista do direito fiscal internacional a situação é múltipla. Os diferentes tratamentos jurídico--fiscais concedidos pelos estados aos rendimentos de um grupo multinacional podem não só acarretar problemas de dupla ou múltipla tributação, mas também carrear vantagens inerentes a dupla ou múltiplas isenções ou deduções fiscais. Situamo-nos aqui na área do planeamento fiscal, às vezes legítimo, outras vezes ilegítimo ou abusivo"*[55].

O Tribunal das Comunidades tem entendido que: *"a prática de um preço mais baixo para um estabelecimento estável como forma de assegurar uma maior quota de mercado numa fase de instalação pode ser uma prática com uma intenção comercial legítima – uma bona fide commmercial reason – que choca com uma norma destinada a evitar a deslocaliza-*

---

bial sobre depósitos estrangeiros em moeda estrangeira; um sector financeiro diversificado; meios de comunicações modernos; diversidade de veículos e produtos fiscais (tais como *holdings*, fundações, sociedades comerciais e seguradoras, poucas ou nenhumas Convenções para Evitar a Dupla tributação e cláusulas de troca de informações e ainda instituições e governos estáveis).

[54] O art. 11.º, n.º 2, da LGT dizer que: "Sempre que, nas normas fiscais, se empreguem termos próprios de outros ramos de direito, devem os mesmos ser interpretados no mesmo sentido daquele que aí têm, salvo se outro decorrer directamente da lei". A este propósito o Dr. Nuno Sá Gomes (obra citada, pág. 39) utiliza uma frase expressiva: *"alargamento de conceitos de direito comum para abranger realidades económicas equivalentes"*.

[55] Glória Teixeira, Jurisprudência Fiscal Anotada, 2001, Almedina, pág. 60.

ção de receitas (...) na linguagem do Tribunal estamos perante uma restrição de uma liberdade fundamental e é preciso por isso saber se a restrição é proporcionada"[56].

3. MEDIDAS DE REACÇÃO CONTRA A EVASÃO E A FRAUDE FISCAL

3.1. Medidas preventivas e de polícia fiscal

Medidas há de carácter preventivo e não punitivo que podem e devem ser usadas pelo Estado para procurar diminuir os comportamentos evasivos e fraudulentos de muitos contribuintes. Desde logo, podem ser adoptadas acções de consciencialização da população, no sentido de a despertar para os benefícios que o pagamento de impostos traz para a sociedade e para os cidadãos em particular.

Não deve igualmente ser descartada a introdução de medidas de cooperação atraentes para as empresas, como por exemplo o perdão fiscal, ainda que parcial, para aquelas que denunciem actos de evasão e de fraude fiscal. O sistema penal português deve incorporar um instrumento jurídico que estimule as denúncias e os arrependimentos.

Outra hipótese a considerar, discutível e polémica, seria tornar públicas as declarações dos contribuintes ou, indo um pouco mais além, publicitando-as mesmo. Esta medida poderia produzir um sentimento de vergonha naqueles contribuintes que, embora desempenhando reconhecida e publicamente determinadas profissões, presumivelmente bem remuneradas e, em regra, privadas, declaram todavia rendimentos bastante inferiores aos efectivamente auferidos. O simples conhecimento da possibilidade de acesso, por parte de qualquer cidadão à sua declaração de rendimentos, concerteza faria este tipo de cidadãos tomarem uma outra atitude perante o Fisco. *Mutatis Mutandis* se aplicaria às empresas que, até por uma razão de imagem perante os investidores, seriam obrigadas

---

[56] José Luís Saldanha Sanches, O abuso de direito na jurisprudência do Tribunal do Luxemburgo: a IV directiva sobre as contas das sociedades e as normas do balanço fiscal, publicado em http://www.fd.ul.pt/

a assumir uma outra postura, necessariamente cumpridora das suas obrigações fiscais.

Contudo, neste particular, por enquanto esbarra-se com o segredo fiscal hiper protegido por inúmeras disposições legais, desde logo, pela própria CRP que, no seu art. 35.°, n.° 4, dispõe que: *"É proibido o acesso a dados pessoais de terceiros, salvo em casos excepcionais previstos na lei"* e as entidades administrativas competentes têm mesmo que garantir a sua protecção (art. 35.°, n.° 2, *in fine*). Também o art. 64.° da LGT[57] estabelece um princípio de confidencialidade a que estão sujeitos os dirigentes, funcionários e agentes da administração tributária quanto aos dados recolhidos sobre a situação tributária dos contribuintes. Este princípio, conforme foi decidido no ACSTA de 20/05/2003 (proc. n.° 0786/03), publicado em http://www.dgsi.pt: *"(...) visa assegurar o direito de reserva à vida privada, consagrada no art. 26.° da CRP, que se encontra salvaguardado no art. 268.°, n.° 2 deste diploma legal e refere-se, como resulta do art. 64.°, n.° 1 da LGT, aos dados relativos à situação tributária do*

---

[57] *"1 – Os dirigentes, funcionários e agentes da administração tributária estão obrigados a guardar sigilo sobre os dados recolhidos sobre a situação tributária dos contribuintes e os elementos de natureza pessoal que obtenham no procedimento, nomeadamente os decorrentes do sigilo profissional ou qualquer outro dever de segredo legalmente regulado. 2 – O dever de sigilo cessa em caso de: a) Autorização do contribuinte para a revelação da sua situação tributária; b) Cooperação legal da administração tributária com outras entidades públicas, na medida dos seus poderes; c) Assistência mútua e cooperação da administração tributária com as administrações tributárias de outros países resultante de convenções internacionais a que o Estado Português esteja vinculado, sempre que estiver prevista reciprocidade; d) Colaboração com a justiça nos termos do Código de Processo Civil e Código de Processo Penal. 3 – O dever de confidencialidade comunica-se a quem quer que, ao abrigo do número anterior, obtenha elementos protegidos pelo segredo fiscal, nos mesmos termos do sigilo da administração tributária. 4 – O dever de confidencialidade não prejudica o acesso do sujeito passivo aos dados sobre a situação tributária de outros sujeitos passivos que sejam comprovadamente necessários à fundamentação da reclamação, recurso ou impugnação judicial, desde que expurgados de quaisquer elementos susceptíveis de identificar a pessoa ou pessoas a que dizem respeito. 5 – Não contende com o dever de confidencialidade a publicação de rendimentos declarados ou apurados por categorias de rendimentos, contribuintes, sectores de actividades ou outras, de acordo com listas que a administração tributária deverá organizar anualmente a fim de assegurar a transparência e publicidade"* (art. 64.° da LGT). Vide ainda o art. 63.°, n.° 2 do mesmo diploma legal.

contribuinte". O procedimento de inspecção tributária é igualmente sigiloso, tendo os funcionários que nele intervirem que guardar rigoroso sigilo sobre os factos relativos à situação tributária do sujeito passivo e outros elementos de natureza pessoal ou confidencial de que tenham conhecimento no exercício, ou por causa, das suas funções (artigo 22.º do Regime Complementar do procedimento de inspecção tributária, do Regulamento de Inspecção Tributária, aprovado pelo Decreto-Lei n.º 413,98, de 31 de Dezembro). Com a agravante de que configura ainda a prática do crime tributário comum, punível com pena de prisão até um ano ou multa até 240 dias (art. 91.º do Regime Geral das Infracções Tributárias – RGIT[58]), a revelação ou aproveitamento dolosos do segredo fiscal. Na eventualidade dessa revelação ou aproveitamento ser negligente, ainda assim o agente é punido a título de contraordenação, em coima variável entre € 50,00 a € 1.000,00 (art. 115.º do RGIT).

Também podem ser adoptadas medidas de incentivo indirecto ao cumprimento das obrigações tributárias[59]. Neste sentido, o Decreto-Lei

---

[58] *"1 – Quem, sem justa causa e sem consentimento de quem de direito, dolosamente revelar ou se aproveitar do conhecimento do segredo fiscal ou da situação contributiva perante a segurança social de que tenha conhecimento no exercício das suas funções ou por causa delas é punido com prisão até um ano ou multa até 240 dias. 2 – O funcionário que, sem estar devidamente autorizado, revele segredo de que teve conhecimento ou que lhe foi confiado no exercício das suas funções ou por causa delas com a intenção de obter para si ou para outrem um benefício ilegítimo ou de causar prejuízo ao interesse público, ao sistema de segurança social ou a terceiros é punido com prisão até três anos ou multa até 360 dias. 3 – A pena prevista no número anterior é aplicável ao funcionário que revele segredo de que teve conhecimento ou que lhe foi confiado no exercício das suas funções ou por causa delas, obtido através da derrogação do sigilo bancário ou outro dever legal de sigilo"* (art. 91.º do RGIT).

[59] *"(...) certo que frases como "se todos pagarmos, todos pagamos menos" ou "é no pagamento de impostos que o seu dinheiro deve estar" (como alguns anúncios mais conhecidos da administração fiscal hoje publicitam) são deontologicamente correctas e duvido que alguém questione a sua justeza. (...) Mas existem também outras formas de tentar combater a fraude e evasão fiscal – através de um convencimento real dos contribuintes e não "à força". Por exemplo, a realização de concursos ou lotarias fiscais com uma periodicidade a definir, com grande cobertura mediática e em que, mediante a apresentação de facturas de compras efectuadas, os contribuintes ganhariam prémios, quer monetários, quer em espécie (como automóveis), naturalmente de acordo com o montante da(s) factura(s) em questão. (...) qual a diferença de um expediente deste género relativamente a jogos populares bem conhecidos como a lotaria, o totoloto ou o totobola? Na verdade,*

n.º 17/2003, de 3 de Fevereiro, aditou ao Estatuto dos Benefícios Fiscais (EBF), aprovado pelo Decreto-Lei n.º 215/89, de 1 de Julho, o artigo 66.º[60], que veio permitir a dedução à colecta de IRS de uma percentagem de 25%, com o limite de € 50,00, do IVA suportado em determinadas des-

---

estamos a falar de jogos cujo produto, para além de poder proporcionar prémios a jogadores afortunados, tem igualmente uma vertente social, pois contribui para melhorar a vida de muitos que não são favorecidos. (...)a possibilidade real de ganhar prémios actuaria sobre os contribuintes portugueses (é a mentalidade infelizmente reinante no país) com uma eficácia que não tem comparação com qualquer anúncio publicitário – por mais bem feito e apelativo que fosse.(...) à semelhança do que acontece nos outros jogos populares tradicionais já referidos, os próprios prémios distribuídos são tributados, angariando receitas adicionais para o Estado.(...) Resultados de experiências do género já realizadas? Não são ainda muito conhecidos (dado que se trata de experiências na sua maioria recentes), mas em Xangai, por exemplo, o número de facturas admissíveis a concursos mais do que triplicou após os primeiras lotarias fiscais apresentadas na televisão – e o número de contribuintes que pedem factura literalmente explodiu. (...) a fraude e evasão fiscal fica, deste modo, muito mais dificultada... além de que tal poderia ajudar a mudar a "tal" cultura ou mentalidade que faz com que, vergonhosamente, só a morte seja encarada como certa no nosso país." A morte e o pagamento de impostos, Miguel Frasquilho, artigo publicado no Jornal de Negócios de 7/01/2004.

[60] *"1 – À colecta do IRS devido pelos sujeitos passivos deste imposto é dedutível uma percentagem de 25%, com o limite de € 50, do IVA suportado nas seguintes despesas, realizadas por qualquer membro do agregado familiar enquanto consumidor final: a) Serviços de alimentação e bebidas; b) Prestações de serviços de beneficiação, remodelação, renovação, restauro, reparação ou conservação de equipamentos domésticos e de imóveis destinados à habitação dos sujeitos passivos e do seu agregado ou arrendamento para habitação; c) Prestações de serviços de reparação de veículos, com excepção de embarcações e aeronaves, desde que efectuadas por prestadores de serviços abrangidos pelo regime simplificado de tributação do IRS ou IRC. 2 – O direito à dedução previsto no número anterior não é aplicável às despesas que sejam dedutíveis no âmbito das categorias B e F do Código do IRS. 3 – O disposto no n.º 1 não é aplicável às prestações de serviços adquiridas através da mobilização de saldos das contas poupança-habitação ou com recurso ao crédito, desde que, em qualquer dos casos, o sujeito passivo beneficie da dedução à colecta prevista no artigo 18.º do Estatuto dos Benefícios Fiscais ou no artigo 85.º do Código do IRS, respectivamente. 4 – As despesas a que se referem as alíneas a), b) e c) do n.º 1 deverão ser comprovadas através de factura ou documento equivalente processado em forma legal. 5 – Para efeitos da dedução prevista na alínea c) do n.º 1, os sujeitos passivos abrangidos pelo regime simplificado do IRS ou do IRC que prestem serviços de reparação de veículos, com excepção de embarcações e aeronaves, devem fazer constar da factura ou documentos equivalente a referência à aplicação do regime"* – art. 66.º do EBF.

pesas pelos sujeitos passivos daquele imposto, ou por qualquer membro do seu agregado familiar, enquanto consumidor final, desde que comprovadas por factura ou documento equivalente. Conforme se menciona no preâmbulo do decreto-lei que criou a referida norma: *"O presente diploma insere-se no objectivo anunciado pelo Governo de promover o reforço dos instrumentos de combate à fraude e evasão fiscais. Estão identificados alguns dos sectores do pequeno comércio e prestações de serviços, nomeadamente os da alimentação e bebidas, reparação de bens de equipamento doméstico e reparação automóvel, onde se registam significativas margens de fuga à tributação em sede de imposto sobre o valor acrescentado (IVA) e de imposto sobre o rendimento, materializada no incumprimento da obrigação de emissão de documento de suporte dos bens fornecidos ou dos serviços prestados, verificando-se que, para esta situação, também concorre o alheamento de alguns consumidores finais relativamente à exigência de recibo ou documento de quitação equivalente dos pagamentos efectuados aos prestadores daqueles bens e serviços. Para além do reforço dos meios inspectivos de acompanhamento das actividades dos operadores dos sectores assinalados, considera-se que uma das formas de prevenir a evasão fiscal neste domínio é a de incentivar os consumidores finais ao cumprimento da obrigação, que, de resto, sobre si impende, de exigir o adequado documento de quitação de todas as importâncias pagas. Para o efeito, é criada uma dedução à colecta do IRS de parte do IVA suportado nas despesas realizadas, e devidamente documentadas, com a aquisição dos referidos bens e serviços"*. Curiosamente, este benefício fiscal foi entretanto revogado pela Lei, n.º 55-B//2004, de 30 de Dezembro, que também aprovou o Orçamento de Estado para 2005.

Para ajudar a detectar a ocorrência de ilícitos fiscais também podem ser promovidas medidas preventivas de polícia fiscal. É o caso da realização de buscas nas sedes das empresas ou nos domicílios dos particulares (inspecção de livros de contabilidade, de declarações de rendimentos do trabalho e de outros documentos fiscalmente relevantes), a abertura de contentores de mercadorias e as apreensões de veículos nas alfândegas. Nesta sede, tratando-se de comportamentos passíveis da prática de crimes tributários cuja moldura penal seja abstractamente superior a três anos de prisão, assume particular pertinência a utilização de eficazes meios de obtenção de prova (sobretudo quando não é possível fazer prova por outra via), como é o caso das escutas telefónicas, ou o acesso e consulta de faxes, emails, ou simples intercepção de comunicações presenciais entre os agentes dos crimes, previsto nos artigos 187.º e seguintes do CPP. Estas intercepções permitem recolher dados fundamentais sobre os actos criminosos.

Igual importância assume a prova digital resultante da utilização da Internet (emails, programas de "chat" e telefonemas efectuados de um computador ligado à Internet para um telefone normal – vg. o serviço facultado pelo sítio http://skype.com, denominado skypeout), assim como a informação fornecida pelas instituições financeiras de *off-shore*, onde regularmente o dinheiro resultante da evasão e da fraude fiscal é depositado com o objectivo de ser lavado.

Neste domínio, o Decreto-lei n.º 93/2003, de 30 de Abril[61], veio regular a forma, a extensão e os limites de cooperação entre a Polícia Judiciária, a Direcção-Geral dos Impostos (DGCI) e a Direcção-Geral das Alfândegas e dos Impostos Especiais sobre o Consumo (DGAIEC), no que

---

[61] Pode ler-se no preâmbulo deste decreto-lei: *"A Lei n.º 32-B/2002, de 30 de Dezembro, que aprovou o Orçamento do Estado para 2003, concedeu ao Governo, no seu artigo 46.º, autorização para legislar em matéria de cooperação entre a Polícia Judiciária, a Direcção-Geral dos Impostos e a Direcção-Geral das Alfândegas e dos Impostos Especiais sobre o Consumo relativamente ao tratamento da informação de natureza tributária e criminal, tendo em vista estabelecer o acesso e análise, em tempo real, à informação pertinente. (...) integraram no âmbito da competência reservada de investigação criminal da Polícia Judiciária os crimes tributários de valor superior a € 500.000,00, que assumam especial complexidade, forma organizada ou carácter transnacional. Reconhece-se, deste modo, que a luta contra a criminalidade tributária é fundamental, não apenas para o saneamento das finanças públicas como também para a realização dos fins constitucionais da tributação em geral, particularmente a repartição justa dos rendimentos e da riqueza, nela se devendo empenhar, de forma coordenada, todas as estruturas do Estado com competência legalmente deferida na matéria. (...) as características daquela criminalidade mais grave impõem, para o seu combate eficaz, o acesso oportuno e conjugado a diferentes fontes de informação, pelo que se procede através do presente diploma à regulamentação das condições de acesso recíproco às bases de dados das autoridades com competências de investigação no âmbito dos crimes tributários, que terá lugar no âmbito da Unidade de Informação Financeira da Polícia Judiciária. Para o efeito, serão instalados terminais informáticos de acesso às bases de dados das entidades envolvidas, a serem operados exclusivamente por funcionários credenciados das mesmas, que ficam sujeitos aos deveres decorrentes do segredo de justiça e do sigilo fiscal e profissional, fixando-se ainda regras de segurança técnica e física e a possibilidade de auditorias técnicas aos sistemas informáticos".*

diz respeito ao acesso e tratamento de informação de natureza tributária relevante para as acções de investigação criminal, inseridas no âmbito das respectivas competências.

O diploma prevê as condições de acesso mútuo às bases de dados das autoridades com competências de investigação no âmbito dos crimes tributários. Ao abrigo deste diploma, foi assinado um protocolo entre a Administração Tributária e a Polícia Judiciária, visando articular as formas concretas de cooperação e coordenação entres as partes, tanto ao nível operacional como à forma de acesso em tempo real à informação de natureza tributária e criminal pertinente, tendo em vista uma maior racionalidade e eficácia no combate à criminalidade tributária.

Esta cooperação abrange os crimes tributários cuja competência para a respectiva investigação seja da Polícia Judiciária[62], nomeadamente os de branqueamento de capitais que tenham subjacentes crimes tributários, e os crimes tributários cuja competência para os respectivos inquéritos se presuma legalmente delegada à DGCI e à DGAIEC. É dada prioridade aos actos criminosos ocorridas em sede de IRC, IRS, IVA, Impostos Especiais sobre o Consumo (IECS) e imposto automóvel (IA).

A troca de informações ao abrigo do acesso às bases de dados processa-se através do Grupo Permanente de Ligação, sediado na Unidade de Informação Financeira da Polícia Judiciária (UIF). Para o efeito, existem terminais informáticos de acesso às bases de dados das entidades envolvidas, que são operados por funcionários credenciados, que ficam sujeitos aos deveres decorrentes do segredo de justiça e do sigilo fiscal e profissional. São também fixadas as regras de tramitação das consultas e de segurança, estando igualmente previstas auditorias técnicas anuais sobre o acesso às bases de dados. O UIF é um Departamento Central da Polícia Judiciária, instalado desde Junho de 2003, que tem como objectivo exclusivo a recolha, centralização, tratamento e difusão nacionais de toda a informação relativa ao branqueamento de capitais e à criminalidade tributária (visa o aperfeiçoamento do combate ao branqueamento de

---

[62] *"A intervenção da Polícia Judiciária tem de ser sempre uma ultima ratio. O seu objecto só pode ser o crime organizado naquelas zonas em que a fraude fiscal se funde com o crime puro e simples, como são os casos das quadrilhas de contrabandistas e da corrupção na DGCI e nas Alfândegas"* – José Luís Saldanha Sanches, obra citada, pág. 82.

capitais e à criminalidade tributária). Este departamento central resultou do processo legislativo que provocou as alterações introduzidas na Lei de Organização da Investigação Criminal (LOIC) e na Lei Orgânica da Polícia Judiciária (LOPJ), respectivamente, Lei n.º 21/2000, de 10 de Agosto e Decreto-Lei n.º 275-A/2000, de 9 de Novembro, nomeadamente tendo em conta as competências atribuídas à Polícia Judiciária em sede de investigação dos crimes tributários de valor superior a € 500.000,00 que revistam especial complexidade, forma organizada ou carácter transnacional.

Anteriormente ainda, o Decreto-Lei n.º 476/99, de 9 de Novembro, redefiniu o estatuto jurídico da Unidade de Coordenação da Luta contra a Evasão e Fraude Fiscal e Aduaneira (UCLEFA). Pode ler-se do preâmbulo deste diploma que: *"a criação desta Unidade, inserida nas preocupações fixadas pelo XIII Governo Constitucional de melhorar os sistemas de inspecção fiscal e aduaneira e destes com outras entidades internas ou externas, tendo em conta a especificidade da matéria tributária e contabilística, foi vocacionada, especialmente, para a luta contra o crime fiscal e aduaneiro, em particular o crime organizado, nacional e internacional (...) impunha-se a criação de uma estrutura que reforçasse a cooperação e aprofundasse a conjugação de meios operacionais e de informação entre as diversas entidades com competências na prevenção e na repressão da evasão e da fraude de âmbito tributário"*.

A UCLEFA é um órgão consultivo e participativo, integrado no Conselho Superior de Finanças, que tem como objectivos fundamentais a cooperação multilateral institucionalizada e o desenvolvimento de acções coordenadas visando a luta contra a evasão e a fraude de âmbito tributário, nomeadamente fiscal, aduaneira e da segurança social. As suas atribuições são, nomeadamente, promover uma eficaz colaboração e articulação entre os diferentes organismos e entidades, cujas actividades se inscrevem no âmbito da prevenção e repressão da evasão e da fraude tributárias; cooperar com outros organismos e entidades, nacionais e internacionais, no combate à fraude noutros domínios, nomeadamente nas áreas económica e financeira; promover a recolha, a centralização, o tratamento e a difusão da informação relativa a tipologias de fraude tributária; promover a identificação de áreas de risco no domínio do sistema tributário, em colaboração com as entidades competentes; impulsionar a elaboração de programas de acção visando as áreas de risco definidas; coordenar a execução dos programas de acção, proceder à avaliação dos resultados obtidos e propor as medidas correctivas que se revelem necessárias; assegurar, directamente com o Conselho Nacional de Fiscalidade, as funções de órgão consultivo e participativo do Conselho Superior de Finanças, designadamente através da elaboração de recomendações visando uma melhoria de eficácia da legislação fiscal e aduaneira, da organização e do funcionamento dos serviços; apoiar as autoridades judiciárias e os serviços de polícia que se confrontam com as infracções de âmbito tributário; estabelecer contactos com organismos de luta antifraude da Comissão Europeia e de outros Estados membros com o objectivo, designadamente, de assegurar uma eficaz protecção dos interesses financeiros nacionais e da União Europeia e exercer outras funções consultivas de que seja incumbida (art. 2.º).

Os assuntos relacionados com as atribuições da UCLEFA têm natureza confidencial, salvo decisão do presidente da UCLEFA ou deliberação da comissão executiva. Os membros dos seus órgãos os demais funcionários e pessoas que neles venham a desempenhar funções encontram-se obrigados ao dever de sigilo (art. 11.º).

3.2. Alargamento de conceitos jurídicos do direito comum, métodos indirectos e cláusulas antiabuso

Os códigos fiscais têm normas de incidência[63] que procuram limitar os comportamentos evasivos, ainda que lícitos (elisivos), dos contribuin-

---

[63] O conceito de prédio para efeitos do art. 2.º do Código do Imposto Municipal sobre Imóveis (IMI), aprovado pelo Decreto-Lei n.º 287/2003, de 12/11, é mais abrangente do que o conceito civilístico do n.º 2 do art. 202.º do Código Civil. A noção de lucro para efeitos da tributação das empresas é também bastante alargado – art. 17.º do CIRC. A noção de transmissão é utilizada no direito fiscal de forma mais abrangente do que é considerada em termos jurídicos, para assim tornar tributáveis um maior leque de operações. Dispõe o art. 2.º do CIS: *"1 – Para efeitos do presente Código, prédio é toda a fracção de território, abrangendo as águas, plantações, edifícios e construções de qualquer natureza nela incorporados ou assentes, com carácter de permanência, desde que faça parte do património de uma pessoa singular ou colectiva e, em circunstâncias normais, tenha valor económico, bem como as águas, plantações, edifícios ou construções, nas circunstâncias anteriores, dotados de autonomia económica em relação ao terreno onde se encontrem implantados, embora situados numa fracção de terri-*

tes, utilizando para o efeito conceitos jurídicos com um sentido mais abrangente do que o que normalmente têm, por forma a abrangerem realidades económicas mais vastas.

No acórdão do Supremo Tribunal Administrativo (STA) proferido em 28/05/2003 (recurso n.º 1968/02), no qual estava em causa saber se numa determinada situação tinha havido lugar, ou não, a transmissão a título gratuito e para efeitos fiscais de determinadas fracções autónomas, tendo em vista a liquidação de imposto sobre sucessões e doações, foi decidido que o que interessa para o direito fiscal é a transferência real e efectiva dos bens e não a transferência jurídica dos bens do direito civil. Ali se disse que para efeitos de transmissão *"O próprio art. 90.º do Código* (anterior Código do Imposto Municipal de Sisa e do Imposto sobre as Sucessões, aprovado pelo Decreto-Lei n.º 41 969, de 24 de Novembro de 1958) *basta-se com a mudança nos possuidores dos bens, sendo desnecessária a mudança nos donos dos bens"*.

A lei fiscal atribui também competência à administração tributária para, em determinadas situações, recorrer à utilização de métodos indirectos para calcular a matéria colectável[64-65], não só ao nível dos impostos

---

tório que constitua parte integrante de um património diverso ou não tenha natureza patrimonial. 2 – Os edifícios ou construções, ainda que móveis por natureza, são havidos como tendo carácter de permanência quando afectos a fins não transitórios. 3 – Presume-se o carácter de permanência quando os edifícios ou construções estiverem assentes no mesmo local por um período superior a um ano. 4 – Para efeitos deste imposto, cada fracção autónoma, no regime de propriedade horizontal, é havida como constituindo um prédio".

[64] Arts. 81.º e segs. da LGT. *"A avaliação indirecta visa a determinação do valor dos rendimentos ou bens tributários a partir de indícios, presunções ou outros elementos de que a administração tributária disponha"* (art. 83.º, n.º 2). *"1 – A avaliação indirecta é subsidiária da avaliação directa. "2 – À avaliação indirecta aplicam-se, sempre que possível e a lei não prescrever em sentido diferente, as regras da avaliação directa"* (art. 83.º). *"A avaliação indirecta só pode efectuar-se em caso de: a) Regime simplificado de tributação, nos casos e condições previstos na lei; b) Impossibilidade de comprovação e quantificação directa e exacta dos elementos indispensáveis à correcta determinação da matéria tributável de qualquer imposto; c) A matéria tributável do sujeito passivo se afastar, sem razão justificada, mais de 30% para menos ou, durante três anos seguidos, mais de 15% para menos, da que resultaria da aplicação dos indicadores objectivos da actividade de base técnico-científica referidos na presente lei; d) Os rendimentos declarados em sede de IRS se afastarem significativamente para*

sobre o rendimento, mas também, por exemplo, no caso do imposto de selo (art. 9.º, n.º 2 do CIS).

---

menos, sem razão justificada, dos padrões de rendimento que razoavelmente possam permitir as manifestações de fortuna evidenciadas pelo sujeito passivo nos termos do artigo 89.º-A; e) Os sujeitos passivos apresentarem, sem razão justificada, resultados tributáveis nulos ou prejuízos fiscais durante três anos consecutivos, salvo nos casos de início de actividade, em que a contagem deste prazo se faz do termo do terceiro ano, ou em três anos durante um período de cinco; f) Existência de uma divergência não justificada de, pelo menos, um terço entre os rendimentos declarados e o acréscimo de património ou o consumo evidenciados pelo sujeito passivo no mesmo período de tributação". (art. 87.º).

[65] No combate à fraude e evasão fiscal é fundamental o controlo das variações patrimoniais (art. 75.º, d) da LGT). Neste sentido, está previsto o recurso à avaliação indirecta da matéria colectável, em determinadas situações em que o contribuinte evidencie sinais exteriores de riqueza. A este propósito dispõe o art. 89.º-A da LGT: *"1 – Há lugar a avaliação indirecta da matéria colectável quando falte a declaração de rendimentos e o contribuinte evidencie as manifestações de fortuna constantes da tabela prevista no n.º 4 ou quando declare rendimentos que mostrem uma desproporção superior a 50%, para menos, em relação ao rendimento padrão resultante da referida tabela. 2 – Na aplicação da tabela prevista no n.º 4 tomam-se em consideração: a) Os bens adquiridos no ano em causa ou nos três anos anteriores pelo sujeito passivo ou qualquer elemento do respectivo agregado familiar; b) Os bens de que frua no ano em causa o sujeito passivo ou qualquer elemento do respectivo agregado familiar, adquiridos, nesse ano ou nos três anos anteriores, por sociedade na qual detenham, directa ou indirectamente, participação maioritária, ou por entidade sediada em território de fiscalidade privilegiada ou cujo regime não permita identificar o titular respectivo; c) Os suprimentos e empréstimos efectuados pelo sócio à sociedade, no ano em causa, ou por qualquer elemento do seu agregado familiar. 3 – Verificadas as situações previstas no n.º 1 deste artigo, bem como na alínea f) do artigo 87.º, cabe ao sujeito passivo a comprovação de que correspondem à realidade os rendimentos declarados e de que é outra a fonte das manifestações de fortuna ou o acréscimo de património ou o consumo evidenciados. 4 – Quando o sujeito passivo não faça a prova referida no número anterior relativamente às situações previstas no n.º 1 deste artigo, considera-se como rendimento tributável em sede de IRS, a enquadrar na categoria G, quando não existam indícios fundados, de acordo com os critérios previstos no artigo 90.º, que permitam à administração tributária fixar rendimento superior, o rendimento padrão apurado nos termos da tabela seguinte: Manifestações de fortuna – Rendimento padrão; 1. Imóveis de valor de aquisição igual ou superior a € 250.000 – 20% do valor de aquisição; 2. Automóveis ligeiros de passageiros de valor igual ou superior a € 50.000 e motociclos de valor igual ou superior a € 10.000 – 50% do valor no ano de matrícula com o abatimento de 20% por cada um dos anos seguintes; 3. Barcos de recreio de valor igual ou superior a € 25.000 – Valor no ano de registo com o abatimento de 20% por cada um dos anos*

Todavia, a decisão da tributação pelos métodos indirectos tem que especificar os motivos da impossibilidade da comprovação e quantificação directas e exacta da matéria tributável, descrever o afastamento da matéria tributável do sujeito passivo dos indicadores objectivos da actividade de base científica (ainda não publicados), fazer a descrição dos bens cuja propriedade ou fruição a lei considera manifestações de fortuna relevantes, indicar a sequência de prejuízos fiscais relevantes ou indicar a existência de uma divergência não justificada de, pelo menos, um terço entre os rendimentos declarados e o acréscimo de património ou o consumo evidenciados pelo sujeito passivo no mesmo período de tributação. Em qualquer dos casos, recorrendo aos métodos indirectos de tributação, a administração tributária tem que dizer quais foram os critérios utilizados na avaliação da matéria tributável[66] (art. 77.º, n.º 4 da LGT). O ónus da prova da verificação dos pressupostos da aplicação dos métodos indirectos cabe à própria administração tributária (cfr. artigos n.ºs 74.º, n.º 3 e 77.º, n.º 4 da LGT).

---

seguintes; 4. Aeronaves de Turismo – Valor no ano de registo com o abatimento de 20% por cada um dos anos seguintes; 5. Suprimentos e empréstimos feitos no ano de valor igual ou superior a € 50.000 – 50% do valor anual. 5 – No caso da alínea f) do artigo 87.º, considera-se como rendimento tributável em sede de IRS, a enquadrar na categoria G, quando não existam indícios fundados, de acordo com os critérios previstos no artigo 90.º, que permitam à administração tributária fixar rendimento superior, a diferença entre o acréscimo de património ou o consumo evidenciados e os rendimentos declarados pelo sujeito passivo no mesmo período de tributação. 6 – A decisão de avaliação da matéria colectável pelo método indirecto constante deste artigo é da exclusiva competência do director-geral dos Impostos, ou seu substituto legal, sem possibilidade de delegação. 7 – Da decisão de avaliação da matéria colectável pelo método indirecto constante deste artigo cabe recurso para o tribunal tributário, com efeito suspensivo, a tramitar como processo urgente, não sendo aplicável o procedimento constante dos artigos 91.º e seguintes. 8 – Ao recurso referido no número anterior aplica-se, com as necessárias adaptações, a tramitação prevista no artigo146.º-B do Código de Procedimento e de Processo Tributário. 9 – Para a aplicação dos n.ºs 3 a 4 da tabela, atende-se ao valor médio de mercado, considerando, sempre que exista, o indicado pelas associações dos sectores em causa".

[66] O art. 88.º da LGT discrimina as anomalias e incorrecções que podem inviabilizar o apuramento da matéria colectável e levar à impossibilidade da sua comprovação e quantificação directa e exacta, como por exemplo a inexistência ou insuficiência de elementos de contabilidade.

Conforme referido supra, a Lei Geral Tributária tem uma cláusula geral antiabuso[67-68] (em sentido amplo, pode ser entendida como uma norma em que existe um restrição a um direito do contribuinte) que se destina a evitar os actos de planeamento fiscal abusivo dos contribuintes. Os códigos fiscais utilizam também fórmulas jurídicas denominadas de normas antiabuso especiais[69-70] – *special anti-abuse rules*

---

[67] O art. 38.º, n.º 2, da LGT estabelece uma cláusula geral antiabuso com a seguinte redacção: *"São ineficazes no âmbito tributário os actos ou negócios jurídicos essencial ou principalmente dirigidos, por meios artificiosos ou fraudulentos e com abuso das formas jurídicas, à redução, eliminação ou diferimento temporal de impostos que seriam devidos em resultado de factos, actos ou negócios jurídicos de idêntico fim económico, ou à obtenção de vantagens fiscais que não seriam alcançadas, total ou parcialmente, sem utilização desses meios, efectuando-se então a tributação de acordo com as normas aplicáveis na sua ausência e não se produzindo as vantagens fiscais referidas".*

[68] *"A classificação de uma norma como "norma anti-abuso" dentro do conjunto das normas que compõe o ordenamento jurídico-tributário e a sua delimitação em relação a outras normas não é fácil. (...) No centro deste conjunto temos a cláusula geral anti-abuso que permite à Administração fiscal, caso consiga demonstrar que uma certa forma jurídica foi utilizada apenas para obter uma redução inaceitável da carga fiscal – inaceitável por se realizar contra uma intenção contrária e claramente expressa pelo legislador fiscal – anular os efeitos fiscais desse negócio jurídico. (...) Hoje prevista pelo art. 38.º da LGT e que tem como eixo metodológico a fraude à lei em matéria fiscal: e por isso se pode considerar como uma projecção fiscal da teoria do negócio indirecto. No sentido de um negócio feito com uma finalidade especial que o desvia da forma que mais facilmente se adaptaria à sua intenção prático-económica, criado por um especialista e que assume, no Direito Fiscal, o objectivo único de redução da dívida fiscal (...) entender como normas anti-abuso, num sentido amplo, todas aquelas normas que vêm colocar limites a uma decisão privada que constituiria, em princípio, o livre exercício de um direito integrando a autonomia privada (...)"* – José Luís Saldanha Sanches, O abuso de direito na jurisprudência do Tribunal do Luxemburgo: a IV directiva sobre as contas das sociedades e as normas do balanço fiscal, publicado em http://www.fd.ul.pt/.

[69] O art. 59.º, n.º 1 do CIRC, sob a epígrafe pagamentos a entidades não residentes sujeitas a um regime fiscal privilegiado, dispõe que: *"Não são dedutíveis para efeitos de determinação do lucro tributável as importâncias pagas ou devidas, a qualquer título, a pessoas singulares ou colectivas residentes fora do território português e aí submetidas a um regime fiscal claramente mais favorável, salvo se o sujeito passivo puder provar que tais encargos correspondem a operações efectivamente realizadas e não têm um carácter anormal ou um montante exagerado"*. O art. 2 da tabela geral do imposto de selo considera que existe facto tributário sujeito a imposto mesmo nos casos em que apenas existe promessa de contrato de arrendamento, desde que tenha havido entrega do imóvel ao promitente-arrendatário. É a seguinte a redacção: *"Arrendamento e subarrendamento,*

(SAAR'S)[71]. Estas cláusulas operam através do recurso a presunções[72] e ficções legais[73] e têm como objectivo principal reprimir a fraude e o

---

incluindo as alterações que envolvam aumento de renda operado pela revisão de cláusulas contratuais e a promessa quando seguida da disponibilização do bem locado ao locatário – sobre a renda ou seu aumento convencional, correspondentes a um mês ou, tratando-se de arrendamentos por períodos inferiores a um mês, sem possibilidade de renovação ou prorrogação, sobre o valor da renda ou do aumento estipulado para o período da sua duração". O art. 61.°, n.° 1, do CIRC, sob a epígrafe subcapitalização, contém também uma cláusula especial anti-abuso, do seguinte teor: *"Quando o endividamento de um sujeito passivo para com entidade não residente em território português com a qual existam relações especiais, nos termos definidos no n.° 4 do artigo 58.°, com as devidas adaptações, for excessivo, os juros suportados relativamente à parte considerada em excesso não são dedutíveis para efeitos de determinação do lucro tributável"*. É ainda o caso dos acréscimos patrimoniais não justificados, previsto no art. 9.°, n.° 1, d) e arts 10.°, n.° 3, a) e 16.°, n.° 3 todos do CIRS. Vide ainda art. n.os 23.°, n.° 5, al a), b), c) e n.° 7 e art. 51.°, n.° 2 do CIRC; arts. 112.°, n.° 3 do CIMI; art. 2.°, n.° 2, al. a) e c) do CIMT.

[70] Mas à medida que novas normas antiabuso especiais são criadas, vai-se também refinando o movimento criativo de contribuintes, procurando novas formas, não previstas na lei, de evitar o pagamento dos tributos, o que torna infindável a actividade do legislador.

[71] *"(…) ao lado dessa cláusula geral encontramos normas específicas com o mesmo objectivo: como a alínea b) do n.° 2 do art. 75.° do Código do IRC exigindo para o reconhecimento de menos-valias provenientes de liquidações a detenção na mão dos sócios das partes sociais da sociedade liquidada pelo menos durante três anos (…) (…) Ou de forma menos nítida as limitações que a lei coloca nas vastas zonas em que o exercício do direito da empresa de definir uma política para a fixação de preços de transferência com outras empresas, utilizar entidades situadas em zonas de baixa fiscalidade, definir a relação entre capital próprio e capital alheio, realizar provisões e amortizações pode conduzir a decisões principalmente influenciadas pela intenção de reduzir o lucro tributável (…) temos por isso as normas dos artigos 58.°, 59.° e 60.° do Código do IRC ou, em termos mais gerais os princípios especiais que impõe a correcção do balanço comercial para dar origem ao balanço fiscal: porque embora haja um preço que é o objectivamente correcto e um nível de provisões que é o imposto pelo princípio da prudência há uma margem inescapável de discricionariedade privada "* – José Luís Saldanha Sanches, O abuso de direito na jurisprudência do Tribunal do Luxemburgo: a IV directiva sobre as contas das sociedades e as normas do balanço fiscal, publicado em http://www.fd.ul.pt/.

[72] *"Presunções são as ilações que a lei ou o julgador tira de um facto conhecido para firmar um facto desconhecido"* (art. 349.° do Código Civil). Por exemplo, o art 6.° do CIRS, sob a epígrafe presunções relativo a rendimentos da categoria E, dispõe: *"1 – Presume-se que as letras e livranças resultam de contratos de mútuo quando não provenham de transacções comerciais, entendendo-se que assim sucede quando o credor originário não for comerciante. 2 – Presume-se que os mútuos e as aberturas de crédito refe-*

abuso do direito de utilização de certas fórmulas evasivas, desta forma impedindo o contorno pelo contribuinte das normas de incidência.

Através do estabelecimento de presunções, o legislador procura trazer para o seio dos factos tributários as formas elisivas mais utilizadas pelos contribuintes. Recorrendo às regras da experiência, o legislador procura sujeitar ao regime de um determinado facto tributável, outros factos regularmente utilizados para escapar a tal imposição[74].

---

ridos na alínea a) do n.° 2 do artigo anterior são remunerados, entendendo-se que o juro começa a vencer-se nos mútuos a partir da data do contrato e nas aberturas de crédito desde a data da sua utilização. 3 – Até prova em contrário, presumem-se mutuados os capitais entregues em depósito não incluídos na alínea b) do n.° 2 do artigo anterior e cuja restituição seja garantida por qualquer forma. 4 – Os lançamentos em quaisquer contas correntes dos sócios, escrituradas nas sociedades comerciais ou civis sob forma comercial, quando não resultem de mútuos, da prestação de trabalho ou do exercício de cargos sociais, presumem-se feitos a título de lucros ou adiantamento dos lucros. 5 – As presunções estabelecidas no presente artigo podem ser ilididas com base em decisão judicial, acto administrativo, declaração do Banco de Portugal ou reconhecimento pela Direcção-Geral dos Impostos". Ainda o art. 40.°, n.° 1 do CIRS, que dispõe que: *"Presume-se que os mútuos e aberturas de crédito referidos no n.° 2 do artigo 6.° são remunerados à taxa de juro legal, se outra mais elevada não constar do título constitutivo ou não houver sido declarada"*.

[73] É o caso do regime da transparência fiscal previsto no art. 6.° do CIRC, segundo o qual, os lucros apurados às pessoas colectivas em sede de IRC, são imputados aos seus sócios. Diz o n.° 1 daquele artigo: *"É imputada aos sócios, integrando-se, nos termos da legislação que for aplicável, no seu rendimento tributável para efeitos de IRS ou IRC, consoante o caso, a matéria colectável, determinada nos termos deste Código, das sociedades a seguir indicadas, com sede ou direcção efectiva em território português, ainda que não tenha havido distribuição de lucros: a) Sociedades civis não constituídas sob forma comercial; b) Sociedades de profissionais; c) Sociedades de simples administração de bens, cuja maioria do capital social pertença, directa ou indirectamente, durante mais de 183 dias do exercício social, a um grupo familiar, ou cujo capital social pertença, em qualquer dia do exercício social, a um número de sócios não superior a cinco e nenhum deles seja pessoa colectiva de direito público"*. Com este regime o legislador também pretende evitar a dupla tributação.

[74] "As presunções consagradas nas normas de incidência tributária admitem sempre prova em contrário" (art. 73.° da LGT). O interessado em elidir a presunção, pode fazê-lo através do procedimento previsto no art. 64.° do CPPT, que dispõe: *"1 – O interessado que pretender ilidir qualquer presunção prevista nas normas de incidência tributária deverá para o efeito, caso não queira utilizar as vias da reclamação graciosa ou impugnação judicial de acto tributário que nela se basear, solicitar a abertura de procedimento contraditório próprio. 2 – O procedimento previsto no número anterior será instaurado no órgão*

Há casos em que o legislador expressamente exclui a aplicação do regime fiscal mais favorável, quando se conclui que as operações destinadas a dele beneficiar tiveram objectivos fiscais evasivos[75]

Mas a eficácia de todas estas medidas antiabuso está dependente da detecção, em tempo útil, pelas autoridades fiscalizadoras competentes (notários, conservadores e funcionários da administração tributária), dos comportamentos evasivos e dependente está, também, das denúncias dos cidadãos sobre factos evasivos de que tomem conhecimento. É que a aplicação das normas antiabuso obedece a um procedimento próprio, previsto no Código de Procedimento e de Processo Tributário[76], que tem

---

periférico local da área do domicílio ou sede do contribuinte, da situação dos bens ou da liquidação, mediante petição do contribuinte dirigida àquele órgão, acompanhada dos meios de prova admitidos nas leis tributárias. 3 – A petição considera-se tacitamente deferida se não lhe for dada qualquer resposta no prazo de seis meses, salvo quando a falta desta for imputável ao contribuinte. 4 – Caso já tenham terminado os prazos gerais de reclamação ou de impugnação judicial do acto tributário, a decisão do procedimento previsto no presente artigo apenas produz efeitos para o futuro".

[75] Quanto ao regime especial aplicável às fusões, cisões, entradas de activos e permutas de partes sociais, dispõe o art. 67.º, n.º 10 do CIRC que: *"O regime especial estabelecido não se aplica, total ou parcialmente, quando se conclua que as operações abrangidas pelo mesmo tiveram como principal objectivo ou como um dos principais objectivos a evasão fiscal, o que pode considerar-se verificado, nomeadamente, nos casos em que as sociedades intervenientes não tenham a totalidade dos seus rendimentos sujeitos ao mesmo regime de tributação em IRC ou quando as operações não tenham sido realizadas por razões económicas válidas, tais como a reestruturação ou a racionalização das actividades das sociedades que nelas participam, procedendo-se então, se for caso disso, às correspondentes liquidações adicionais de imposto".*

[76] Art. 63.º do CPPT: *"1 – A liquidação dos tributos com base em quaisquer disposições antiabuso nos termos dos códigos e outras leis tributárias depende da abertura para o efeito de procedimento próprio. 2 – Consideram-se disposições antiabuso, para os efeitos do presente Código, quaisquer normas legais que consagrem a ineficácia perante a administração tributária de negócios ou actos jurídicos celebrados ou praticados com manifesto abuso das formas jurídicas de que resulte a eliminação ou redução dos tributos que de outro modo seriam devidos. 3 – O procedimento referido no número anterior pode ser aberto no prazo de três anos após a realização do acto ou da celebração do negócio jurídico objecto da aplicação das disposições antiabuso. 4 – A aplicação das disposições antiabuso depende da audição do contribuinte, nos termos da lei. 5 – O direito de audição será exercido no prazo de 30 dias após a notificação, por carta registada, do contribuinte, para esse efeito. 6 – No prazo referido no número anterior, poderá o contribuinte apresentar as provas que entender pertinentes. 7 – A aplicação das disposições antiabuso será prévia e obrigatoriamente autorizada, após a observância do disposto nos números ante-*

que ser obrigatoriamente aberto no prazo de três anos após a realização do acto ou da celebração do negócio jurídico objecto da aplicação das disposições antiabuso. A aplicação das disposições antiabuso tem também que ser prévia e obrigatoriamente autorizada pelo dirigente máximo do serviço.

É óbvio que a cláusula geral antiabuso e as normas antiabuso especiais não podem ser concorrentes em relação a uma mesma situação de facto. Assim, se uma norma especial antiabuso afasta uma determinada situação do campo da elisão fiscal, tendo tal situação sido prevista pelo legislador, isso significa que não poderá aplicar-se a essa mesma situação a cláusula geral antiabuso.

3.3. Levantamento do sigilo bancário

A permissão do acesso pela administração tributária às contas bancárias[77] dos contribuintes, através do levantamento do segredo bancário, é igualmente uma medida fundamental para ajudar à detecção de situações de evasão e sobretudo de fraude tributária[78]. Como refere Saldanha

---

riores, pelo dirigente máximo do serviço ou pelo funcionário em quem ele tiver delegado essa competência. 8 – As disposições não serão aplicáveis se o contribuinte tiver solicitado à administração tributária informação vinculativa sobre os factos que a tiverem fundamentado e a administração tributária não responder no prazo de seis meses. 9 – Salvo quando de outro modo resulte da lei, a fundamentação da decisão referida no n.º 7 conterá: a) A descrição do negócio jurídico celebrado ou do acto jurídico realizado e da sua verdadeira substância económica; b) A indicação dos elementos que demonstrem que a celebração do negócio ou prática do acto tiveram como fim único ou determinante evitar a tributação que seria devida em caso de negócio ou acto de substância económica equivalente; c) A descrição dos negócios ou actos de substância económica equivalente aos efectivamente celebrados ou praticados e das normas de incidência que se lhes aplicam. 10 – A autorização referida no n.º 7 do presente artigo é passível de recurso contencioso autónomo".

[77] *"O controlo rotineiro das contas bancárias como sucede geralmente nos países com menos grau de fraude fiscal é apenas um dos elementos – ainda que um dos principais elementos – da construção dos sistemas de informação onde assenta o controlo da fraude fiscal"* – José Luís Saldanha Sanches, O Roc, Revisores & Empresas, Julho/Setembro de 2000

[78] *"Em França, desde há décadas que está prevista a chamada "vérification approfondie de la situation fiscale d'ensemble" (art. L 12 do "Livre des Procédures Fiscales"),*

Sanches em, O Roc, Revisores & Empresas, Julho/Agosto de 2000, genericamente pode dizer-se que: *"Se a Administração fiscal tiver acesso às contas dos contribuintes o maior perigo para este é que sejam detectados rendimentos não declarados: o que dificilmente poderá ser considerado com um interesse digno de tutela jurídica. Mas vamos comparar os danos causados ao contribuinte pela exposição indevida de uma conta bancária à curiosidade pública com os danos que podem resultar do exercício do poder de não aceitar uma declaração de rendimento"*.

É óbvio que existem aqui dois interesses conflituantes, por um lado, o interesse público do Estado em exercer o "jus puniendi" que, para o efeito, necessita de informações das instituições de crédito sobre as contas do cliente onde eventualmente foram depositados montantes provenientes de condutas que integrarão crimes de fraude fiscal. Por outro lado, há também um justificado interesse em estabelecer um clima de confiança na banca que exige que não sejam divulgadas informações respeitantes à situação económica e às relações privadas de natureza patrimonial ou outra, respeitantes aos clientes das instituições de crédito.

O bem jurídico tutelado pela protecção do segredo bancário é, antes do mais, o da confiança dos clientes na banca (na discrição dos titulares dos órgãos e funcionários das instituições de crédito relativamente às informações que podem obter através do relacionamento entre os clientes e a banca). Contudo, tem-se entendido que o interesse social em que seja combatido o crime e punidos os seus agentes deve prevalecer sobre o interesse protegido pelo sigilo bancário.

O segredo bancário constitui um verdadeiro sigilo profissional cuja violação é punida pelo artigo 195.º do Código Penal (CP)[79], mas o artigo 36.º do mesmo diploma legal também diz que não é ilícito o facto de quem, em caso de conflito no cumprimento de deveres ou de ordens legí-

---

nos termos da qual a administração fiscal procede ao exame da coerência entre, por um lado, os rendimentos declarados e, por outro, a situação patrimonial, a situação de tesouraria e os elementos do "train de vie" dos membros do agregado familiar, para o que pode pedir elementos quer ao contribuinte quer a terceiros. Isso leva ao estabelecimento de um "balance de trésorerie (ou d'enrechissement)" e, na falta de esclarecimento por parte do contribuinte, a inclusão no rendimento tributável do que a doutrina denomina de "enrichessement inexpliqué" – Freitas Pereira, publicação citada.

[79] *"Quem, sem consentimento, revelar segredo alheio de que tenha tomado conhecimento em razão do seu estado, ofício, emprego, profissão ou arte é punido com pena de prisão até 1 ano ou com pena de multa até 240 dias"*. (art. 195.º do CP).

timas da autoridade, satisfizer dever ou ordem de valor igual ou superior ao do dever ou ordem que sacrificar.

O art. 78.º do Regime Geral das Instituições de Crédito e Sociedades Financeiras, aprovado pelo Decreto Lei n.º 298/92, de 31/12, estipula que os membros dos órgãos de administração ou de fiscalização das instituições de crédito, os seus empregados, mandatários, ou outras pessoas que lhes prestem serviço, a título permanente ou ocasional, não podem revelar ou utilizar informações sobre factos ou elementos respeitantes à vida da instituição, ou às relações desta com os seus clientes, cujo conhecimento lhes advenha exclusivamente do exercício das suas funções, ou da prestação dos seus serviços (estando, designadamente, sujeitos a segredo os nomes dos clientes, as contas de depósito e os seus movimentos e outras operações bancárias), excepto mediante a sua autorização expressa, transmitida à instituição bancária.

Fora dos casos referidos, os factos e elementos cobertos pelo dever de segredo só podem ser revelados nos termos previstos na lei penal e de processo penal. Neste sentido, dispõe o artigo 135.º do Código de Processo penal (CPP)[80] que os membros de instituições de crédito podem escusar-se a depor sobre factos abrangidos pelo segredo profissional (n.º 1) mas, havendo fundadas dúvidas sobre a legitimidade da escusa, se a autoridade judiciária concluir pela ilegitimidade desta, pode

---

[80] Deflui do artigo 135.º do Código de Processo Penal, sob a epígrafe segredo profissional: *"1 – Os ministros de religião ou confissão religiosa, os advogados, os médicos, os jornalistas, os membros de instituições de crédito e as demais pessoas a quem a lei permitir ou impuser que guardem segredo profissional podem escusar-se a depor sobre os factos abrangidos por aquele segredo. 2 – Havendo dúvidas fundadas sobre a legitimidade da escusa, a autoridade judiciária perante a qual o incidente se tiver suscitado procede às averiguações necessárias. Se, após estas, concluir pela ilegitimidade da escusa, ordena, ou requer ao tribunal que ordene, a prestação do depoimento. 3 – O tribunal superior àquele onde o incidente se tiver suscitado, ou, no caso de o incidente se ter suscitado perante o Supremo Tribunal de Justiça, o plenário das secções criminais, pode decidir da prestação de testemunho com quebra do segredo profissional sempre que esta se mostre justificada face às normas e princípios aplicáveis da lei penal, nomeadamente face ao princípio da prevalência do interesse preponderante. A intervenção é suscitada pelo juiz, oficiosamente ou a requerimento. 4 – O disposto no número anterior não se aplica ao segredo religioso. 5 – Nos casos previstos nos n.ᵒˢ 2 e 3, a decisão da autoridade judiciária ou do tribunal é tomada ouvido o organismo representativo da profissão relacionada com o segredo profissional em causa, nos termos e com os efeitos previstos na legislação que a esse organismo seja aplicável".*

ordenar ou requerer ao tribunal a prestação do depoimento (n.º 2). O tribunal superior àquele onde o incidente se tiver suscitado pode decidir da prestação do testemunho com quebra do segredo profissional, sempre que esta se mostre justificada face às normas e princípios aplicáveis da lei penal, nomeadamente face ao princípio da prevalência do interesse preponderante (n.º 3).

O art. 182.º, n.º 2, do CPP, por sua vez, dispõe que se a recusa de apresentar à autoridade judiciária documentos ou quaisquer outros objectos se fundar em segredo profissional e havendo justificadas dúvidas sobre a legitimidade da escusa, a autoridade judiciária perante a qual o incidente se tiver suscitado procede às averiguações necessárias.

Assim, o acesso por parte da administração à informação protegida pelo sigilo bancário depende de autorização judicial, excepto nos casos em que a lei admite expressamente a sua derrogação pela própria administração[81], sem dependência daquela autorização[82]. No caso da referida autorização não ter sido concedida à administração tributária[83], o contribuinte pode naturalmente recusar-se a cooperar com ela no acesso aos seus registos bancários.

Em todo o caso, os bancos e as sociedades financeiras devem informar a administração tributária das transferências de fundos transfronteiriças efectuadas pelos seus clientes e têm a obrigação de fornecer ao Fisco,

---

[81] Artigo 146.º-A do CPPT (Processo especial de derrogação do dever de sigilo bancário) *"1. O processo especial de derrogação do dever de sigilo bancário aplica-se às situações legalmente previstas de acesso da administração tributária à informação bancária para fins fiscais. 2. O processo especial previsto no número anterior reveste as seguintes formas: a) Recurso interposto pelo contribuinte; b) Pedido de autorização da administração tributária".*

[82] Art. 63.º, n.º 2, da LGT: *"O acesso à informação protegida pelo sigilo profissional, bancário ou qualquer outro dever de sigilo legalmente regulado depende de autorização judicial, nos termos da legislação aplicável, excepto nos casos em que a lei admite a derrogação do dever de sigilo bancário pela administração tributária sem dependência daquela autorização".*

[83] Art. 63.º, n.º 4, b), da LGT: *"A falta de cooperação na realização das diligências previstas no n.º 1 (Os órgãos competentes podem, nos termos da lei, desenvolver todas as diligências necessárias ao apuramento da situação tributária dos contribuintes) só será legítima quando as mesmas impliquem: b) A consulta de elementos abrangidos pelo segredo profissional, bancário ou qualquer outro dever de sigilo legalmente regulado, salvos os casos de consentimento do titular ou de derrogação do dever de sigilo bancário pela administração tributária legalmente admitidos".*

quando lhes for solicitado, mas sempre sem identificarem os titulares, o valor dos pagamentos com cartões de crédito e de débito, efectuados por seu intermédio a sujeitos passivos que aufiram rendimentos da categoria B de IRS e de IRC[84].

A administração tributária tem o poder de aceder a todas as informações ou documentos bancários, sem dependência do consentimento do titular dos elementos protegidos e sem a sua audição prévia, quando existam indícios da prática de crime em matéria tributária e quando existam factos concretamente identificados que indiciem a falta de veracidade do declarado pelo contribuinte. Nestas situações, o eventual recurso da decisão de acesso a interpor pelo contribuinte terá efeito meramente devolutivo.

Quando o contribuinte se recuse a exibir ou a autorizar a consulta de documentos bancários de suporte de registos contabilísticos e de documentos bancários relacionados com a atribuição de benefícios fiscais[85] ou relativos a regimes fiscais privilegiados[86], havendo necessidade de

---

[84] Dispõe o art. 124.° do CIRS, sob a epígrafe operações com instrumentos financeiros, que: *"As instituições de crédito e sociedades financeiras devem comunicar à Direcção-Geral dos Impostos, até 30 de Junho de cada ano, relativamente a cada sujeito passivo, através de modelo oficial: a) As operações efectuadas com a sua intervenção, relativamente a valores mobiliários e warrants autónomos; b) Os resultados apurados nas operações efectuadas com a sua intervenção relativamente a instrumentos financeiros derivados"*.

[85] Dispõe o art. 14.°, n.° 4 da LGT que: *"Os titulares de benefícios fiscais de qualquer natureza são sempre obrigados a revelar ou a autorizar a revelação à administração tributária dos pressupostos da sua concessão, ou a cumprir outras obrigações previstas na lei ou no instrumento de reconhecimento do benefício, nomeadamente as relativas aos impostos sobre o rendimento, a despesa ou o património, ou às normas do sistema de segurança social, sob pena de os referidos benefícios ficarem sem efeito"*.

[86] A portaria n.° 150/2004, de 13 de Fevereiro, veio estabelecer uma lista de 83 países, territórios e regiões com regimes de tributação privilegiada claramente mais favoráveis. Diz-se no preâmbulo dessa portaria que: *"A luta contra a evasão e fraude internacionais passa também pela adopção de medidas defensivas, tradicionalmente designadas por medidas antiabuso, traduzidas em práticas restritivas no âmbito dos impostos sobre o rendimento e sobre o património, benefícios fiscais e imposto do selo, que têm como alvo operações realizadas com entidades localizadas em países, territórios ou regiões qualificados como «paraísos fiscais» ou sujeitos a regimes de tributação privilegiada. Tendo em conta as dificuldades em definir «paraíso fiscal» ou «regime fiscal claramente mais favorável», o legislador nacional, na esteira das orientações seguidas por outros ordenamen-*

controlar os respectivos pressupostos e apenas para esse efeito, a administração fiscal também pode aceder directamente ao seu conteúdo. Todavia, nestes casos, sempre e só após a audição prévia do contribuinte. Desta decisão o contribuinte também pode recorrer com efeito meramente devolutivo.

A administração tributária poder ainda aceder a todos os documentos bancários, excepto às informações prestadas para justificar o recurso ao crédito, nas situações de recusa de exibição daqueles documentos ou de autorização para a sua consulta e após a audição prévia do contribuinte, quando se verificar a impossibilidade de comprovação e qualificação directa e exacta da matéria tributável e, em geral, quando estejam verificados os pressupostos para o recurso à avaliação indirecta, quando exista uma divergência não justificada de, pelo menos, um terço entre os rendimentos declarados e o acréscimo de património ou o consumo evidenciados pelo sujeito passivo no mesmo período de tributação, quando os rendimentos declarados em sede de IRS se afastarem significativamente, para menos e sem razão justificada, dos padrões de rendimento que permitam as manifestações de riqueza evidenciadas nos termos do artigo 89.°-A da LGT e ainda quando seja necessário, para fins fiscais, comprovar a aplicação de subsídios públicos de qualquer natureza. Todavia, nestas situações, o recurso a interpor pelo contribuinte da decisão de acesso tem efeito suspensivo.

Todas estas decisões da administração tributária têm que ser fundamentadas com expressa menção dos motivos concretos que as justificam e são da competência do Director-Geral dos Impostos ou do Director-Geral das Alfândegas e dos Impostos Especiais sobre o Consumo, ou seus substitutos legais. Quando o recurso interposto pelo contribuinte for provido, os elementos de prova entretanto obtidos pela administração não podem ser utilizados para qualquer efeito em desfavor do contribuinte.

As entidades que se encontrem numa relação de domínio com o contribuinte ficam sujeitas a todo o regime de acesso à informação bancária supra referida, contudo, o acesso da administração tributária à informação

tos jurídico-fiscais, optou, nuns casos, por razões de segurança jurídica, pelo sistema de enumeração casuística e, noutros, por um sistema misto, estando, no entanto, ciente de que tais soluções obrigam a revisões periódicas dos países, territórios ou regiões que figuram na lista".

bancária relativa a familiares ou terceiros que se encontrem numa relação especial com o contribuinte, depende de autorização judicial expressa[87], é também da competência do Director-Geral dos Impostos, só pode ter lugar após audição do visado e deve ser fundamentada com a expressa menção dos motivos que a justifica (art. 63.º-B da LGT).

Para recorrer da decisão da administração tributária que determine o acesso directo à sua informação bancária, o contribuinte tem que justificar sumariamente as razões da sua discordância, em requerimento apresentado no tribunal tributário de 1.ª instância da área do seu domicílio fiscal. A petição deve ser apresentada no prazo de 10 dias a contar da data em que tiver sido notificado da decisão, independentemente da lei atribuir à mesma efeito suspensivo ou devolutivo. A petição não obedece a formalidade especial, não necessita de ser subscrita por advogado e tem que ser acompanhada dos respectivos elementos de prova, que deve ser exclusivamente documental. O Director-Geral dos Impostos ou o Director-Geral das Alfândegas e dos Impostos Especiais sobre o Consumo são notificados para, querendo, deduzirem oposição no prazo de 10 dias, que deve ser acompanhada dos elementos de prova (art. 146.º-B do CPPT).

A este propósito é bem elucidativo o Acordão do Tribunal Central Administrativo Norte[88] (ACTCAN) de 4/11/2004 (proc. n.º 00353/04), publicado em http://www.dgsi.pt, onde se decidiu que: *"face à presunção de veracidade das declarações do contribuinte (art. 75.º da LGT) cabe à administração tributária (AT) o ónus de prova desses pressupostos*[89], *pela*

---

[87] Artigo 146.º-C do CPPT (Tramitação do pedido de autorização da administração tributária) *"1. Quando a administração tributária pretenda aceder à informação bancária referente a familiares do contribuinte ou de terceiros com ele relacionados, pode requerer ao tribunal tributário de 1.ª instância da área do domicílio fiscal do visado a respectiva autorização. 2. O pedido de autorização não obedece a formalidade especial e deve ser acompanhado pelos respectivos elementos de prova. 3. O visado é notificado para, querendo, deduzir oposição no prazo de 10 dias, a qual deve ser acompanhada dos respectivos elementos de prova"*.

[88] No mesmo sentido decidiram os ACTCAN de 22/02/2005 e 3/03/2005, que se encontram publicados no mesmo sítio – http//www.dgsi.pt.

[89] Art. 74.º da LGT: *"1 – O ónus da prova dos factos constitutivos dos direitos da administração tributária ou dos contribuintes recai sobre quem os invoque, excepto nas situações de não sujeição, em que recai sempre sobre os contribuintes. 2 – Quando os elementos de prova dos factos estiverem em poder da administração tributária, o ónus previsto no número anterior considera-se satisfeito caso o interessado tenha procedido à sua*

demonstração ou da existência de indícios da prática de crime doloso em matéria tributária ou da existência de factos gravemente indiciadores da falta de veracidade do declarado, não podendo, por isso, a actuação da AT assentar em meras suspeitas ou suposições.

Com efeito, cabe à AT o ónus da prova da existência dos factos de que depende legalmente que ela possa agir em certo sentido, pois que se trata de factos constitutivos do direito a agir, cuja existência é demandada pelo princípio da legalidade administrativa, de acordo com o qual, brevitatis causa, a administração só pode agir se isso estiver previsto na lei e nada poderá fazer contra a lei. Razão porque lhe compete a prova de que se verificam os factos que integrem o fundamento previsto na lei para que possa derrogar a regra geral do sigilo bancário, o que está de acordo com a regra geral contida no art. 342.º do Código Civil, segundo a qual quem invoca um direito tem o ónus de prova dos respectivos factos constitutivos. Por isso, a lei impõe à AT um especial dever de fundamentação, impondo-lhe a "expressa menção dos motivos concretos" que suportam e justificam o acto, por forma a que o Tribunal possa ajuizar se ela enunciou factos objectivos e concretos, verificados, donde possa concluir- -se pela existência de indícios da prática de crime doloso ou de factos gravemente indiciadores da falta de veracidade do declarado, dos quais depende a quebra do sigilo bancário. Não é suficiente, por isso, que a administração diga que existem indícios da prática de crime doloso ou da falta de veracidade do declarado. É sobretudo necessário que aponte os elementos em que apoia a sua conclusão, de modo a que a esta possa ser objectivamente apreciada e controlada, para que o tribunal possa ajuizar sobre se o juízo administrativo se deve ter por objectiva e materialmente fundamentado. Se não conseguir fazer a prova da realidade dos elementos em que apoiou o seu juízo ou se esses elementos se mostram insuficientes ou inaptos para suportar tal juízo, a questão relativa à legalidade do seu agir terá que ser resolvida contra ela, uma vez que tem de ser ela

---

correcta identificação junto da administração tributária. 3 – Em caso de determinação da matéria tributável por métodos indirectos, compete à administração tributária o ónus da prova da verificação dos pressupostos da sua aplicação, cabendo ao sujeito passivo o ónus da prova do excesso na respectiva quantificação". De acordo com notícia da agência lusa de 12/05/2005, o Governo aprovou uma proposta de lei que volta a colocar o ónus da prova nas situações de não sujeição a imposto do lado da administração tributária.

a suportar a desvantagem de não ter cumprido o ónus de prova que sobre si impendia, de não ter convencido o tribunal quanto à verificação dos pressupostos que lhe permitiam agir (...").

A alegada circunstância de «o valor declarado pelo sujeito passivo para efeitos da liquidação do Imposto Municipal de Sisa parece ser manifestamente inferior ao valor real, face à tipologia do imóvel e valor do mercado» é claramente conclusiva e destituída de suporte factual apto a convencer sobre a adequação e correcção desse juízo sobre a simulação de preço na escritura de compra e venda celebrada pelos ora recorridos. Uma vez que a AT não especificou a tipologia do imóvel, a qualidade dos materiais e dos acabamentos, a sua concreta localização, a sua orientação solar, o valor de mercado para esse tipo de construção e, designadamente, o preço de venda das restantes fracções do mesmo edifício, não se pode extrair qualquer conclusão consistente sobre a existência de "indícios da prática de crime doloso" por celebração de negócio simulado – tipificado no art. 103.º do RGIT como crime de fraude fiscal. A falta desses elementos impede ainda que se dêem por apurados "factos gravemente indiciadores da falta de veracidade do declarado", pois que só podem relevar os elementos factuais que pela sua solidez e consistência traduzam uma séria e intensa probabilidade de que a declaração do contribuinte não corresponde à verdade (sabido que gravemente significa, à luz do Dicionário da Língua Portuguesa, "pesado", "sério", "importante", "intenso"). Daí a total irrelevância da afirmação constante da fundamentação do acto recorrido no sentido de que "parece" que o valor declarado é inferior ao valor real, pois que neste âmbito não se podem admitir juízos subjectivos ou conjecturas. De todo o modo, ficou provado (sem que tivesse sido questionado pela recorrente) que o preço declarado pelos ora recorridos aferido por metro^2 é mais elevado que o declarado pela compra, no mesmo ano, das fracções A e D do mesmo edifício, matéria que é por si, e na ausência de outros dados sobre o valor de mercado do imóvel, susceptível de abalar ou destruir aquele pretenso indício da prática de crime de fraude fiscal ou de falta de veracidade do declarado. (...). Resta como elemento indiciador da prática de crime de fraude por simulação de preço visando o pagamento de uma menor prestação tributária, ou de falta de veracidade do declarado, a circunstância de existir, para além do empréstimo de € 79.800 (igual ao valor de aquisição do imóvel constante da escritura) um outro empréstimo de € 29.900, garantido pelo mesmo imóvel. Porém, tal facto-índice não detém a necessária *aptidão para convencer sobre a adequação do juízo efectuado pela AT, pois que não tem a suficiente solidez para suportar um juízo de elevada probabilidade de que a declaração do contribuinte não corresponde à verdade, sabido como é, pelas regras da experiência comum, que não raras vezes os cidadãos que recorrem ao crédito bancário para aquisição de habitação aproveitam para efectuar, ao abrigo das mesmas condições e garantias desse crédito, um outro empréstimo destinado ao pagamento de despesas pessoais diversas, designadamente com o equipamento da habitação. (...) a AT não pode ancorar-se em conjecturas, tendo antes de alegar e demonstrar elementos factuais suficientemente sólidos para persuadir sobre a grave ou intensa probabilidade de que a declaração do contribuinte não corresponde à verdade (posto que, nestes casos, a conclusão ou prova não se obtém directamente, mas indirectamente, através de um juízo de relacionação normal entre o indício e o tema de prova, mas que tal juízo tem de ter a suficiente consistência e aptidão para criar a certeza sobre a verificação dos pressupostos previstos no art. 63.º-B n.º 2 al. c) da LGT). Na falta de prova da verificação desses pressupostos, não pode manter-se a decisão do DGI que autorizou o acesso da AT à documentação bancária (...)".*

Tendo em vista maior celeridade na identificação das contas bancárias dos contribuintes e clareza quanto à proveniência do rendimento, o novo artigo 63.º-C da LGT (introduzido pela Lei n.º 55-B/2004, de 30 de Dezembro) dispõe que os sujeitos passivos de IRC e os sujeitos passivos de IRS que disponham de contabilidade organizada, estão obrigados a possuir, pelo menos, uma conta bancária através da qual devem ser exclusivamente movimentados os pagamentos e recebimentos respeitantes à actividade empresarial desenvolvida. Devem também ser efectuados através dessa conta todos os movimentos relativos a suprimentos, outras formas de empréstimos e adiantamentos de sócios, bem como quaisquer outros movimentos de ou a favor dos sujeitos passivos. Por outro lado, os pagamentos respeitantes a facturas ou documentos equivalentes de valor igual ou superior a 20 vezes a retribuição mensal mínima devem ser efectuados através de meio de pagamento que permita a identificação do respectivo destinatário, designadamente transferência bancária, cheque nominativo ou débito directo.

3.4. Acesso à informação privilegiada de certas classes de profissionais

Outra medida fundamental, mas polémica, no combate à evasão e à fraude fiscal, é a possibilidade da administração fiscal ter acesso a informação privilegiada de que são portadoras determinadas classes de profissionais, como os Técnicos Oficiais de Contas (TOCS), Revisores Oficiais de Contas (ROCS), consultores e gestores fiscais, contabilistas e advogados.

A possibilidade de se estabelecer que, nos casos em que haja conhecimento por parte daqueles profissionais da existência de indícios ou da prática efectiva de actos ou negócios de evasão ou de fraude fiscal praticados pelos seus clientes, seja obrigatória a sua denuncia às autoridades legalmente incumbidas para a sua investigação, é dificultada pelo segredo profissional a que estão vinculados os titulares dessas profissões (ponto 3.3 supra). O próprio estatuto deontológico que vincula alguns desses profissionais impede-os de violarem esse segredo[90]. Todavia, no estrito inte-

---

[90] O Estatuto da Ordem dos Advogados, aprovado pelo Decreto-Lei n.° 84/84, de 16 de Março, dispõe no seu art. 81, sob a epígrafe segredo profissional que: *"O advogado é obrigado a segredo profissional no que respeita: a) A factos referentes a assuntos profissionais que lhe tenham sido revelados pelo cliente ou por sua ordem ou conhecimento no exercício da profissão; b) A factos que, por virtude de cargo desempenhado na Ordem dos Advogados, qualquer colega, obrigado quanto aos mesmos factos ao segredo profissional, lhe tenha comunicado; c) A factos comunicados por co-autor, co-réu ou co-interessado do cliente ou pelo respectivo representante; d) A factos de que a parte contrária do cliente ou respectivos representantes lhe tenham dado conhecimento durante negociações para acordo amigável e que sejam relativos à pendência. 2. A obrigação do segredo profissional existe quer o serviço solicitado ou cometido ao advogado envolva ou não representação judicial ou extrajudicial, quer deva ou não ser remunerado, quer o advogado haja ou não chegado a aceitar e a desempenhar a representação ou serviço, o mesmo acontecendo para todos os advogados que directa ou indirectamente, tenham qualquer intervenção no serviço. 3. O segredo profissional abrange ainda documentos ou outras coisas que se relacionem, directa ou indirectamente, com os factos sujeitos a sigilo. 4. Cessa a obrigação de segredo profissional em tudo quanto seja absolutamente necessário para a defesa da dignidade, direitos e interesses legítimos do próprio advogado ou do cliente ou seus representantes, mediante prévia autorização do presidente do conselho distrital respectivo, com recurso para o presidente da Ordem dos Advogados. 5. Não podem fazer prova em juízo as declarações feitas pelo advogado com violação de segredo profissional. 6. Sem prejuízo do disposto no n.° 4 o advogado*

resse do Fisco, é necessário chamá-los cada vez mais à colaboração com a administração tributária.

A Lei n.º 11/2004, de 27 de Março, que transpôs a directiva n.º 2001/ /97/CE, do Parlamento Europeu e do Conselho, de 4 de Dezembro (que por sua vez alterou a Directiva n.º 91/308/CEE, do Conselho, de 10 de Junho), relativa à prevenção da utilização do sistema financeiro para efeitos de branqueamento de capitais, veio consagrar um regime jurídico de prevenção e repressão do branqueamento de vantagens de proveniência ilícita, como por exemplo o dinheiro proveniente dos fenómenos de evasão e de fraude fiscal.

O referido diploma estabelece que certas entidades e pessoas, como as instituições financeiras, sociedades, concessionários de exploração de jogo em casinos, comerciantes de bens de elevado valor unitário, revisores oficiais de contas, técnicos oficiais de contas e auditores externos, notários, conservadores de registos, advogados, solicitadores e outros profissionais independentes, que intervenham ou assistam, por conta de um cliente, entre outras, a operações de compra e venda de bens imóveis, estabelecimentos comerciais, participações sociais, gestão de fundos, valores mobiliários ou outros activos pertencentes aos clientes, de abertura e gestão de contas bancárias, de poupança e de valores mobiliários, de criação, exploração ou gestão de empresas e alienação e aquisição de direitos sobre praticantes de actividades desportivas profissionais (art. 20.º), fiquem sujeitos aos deveres de exigir a identificação, recusar a realização de operações, conservar documentos, de exame, de comunicação, de abstenção, de colaboração, de segredo, de criação de mecanismos de controlo e de formação (art. 2.º), nos casos em que essas operações, qualquer que seja o seu valor, se revelem susceptíveis de estarem relacionadas com a prática do crime de branqueamento, tendo em conta, nomeadamente, a sua natureza, a complexidade, o carácter inabitual relativamente à actividade do cliente, os valores envolvidos, a sua frequência, a situação económico-financeira dos intervenientes ou os meios de pagamento utilizados (art. 3.º).

Se do exame das aludidas operações resultar a suspeita ou o conhecimento de determinados factos que indiciem a prática do crime de bran-

---

pode manter o segredo profissional". E o art. 83.º, n.º 1, e) do mesmo diploma refere que: *"Nas relações com o cliente constituem deveres do advogado guardar segredo profissional"*.

queamento, a entidade que detectou essa situação deve informar de imediato o Procurador-Geral da República. As informações assim obtidas apenas podem ser utilizadas em processo penal, não podendo ser revelada a identidade de quem as forneceu (art. 7.º).

Conforme referido, as mesmas entidades devem igualmente abster-se de executar operações de que se suspeite estarem relacionadas com a prática do crime de branqueamento. A entidade que suspeitar que determinada operação possa estar relacionada com a prática desse crime deve informar de imediato o Procurador-Geral da República, podendo este determinar a suspensão da respectiva execução, a menos que a suspensão da operação não seja confirmada pelo juiz de instrução criminal (art. 8.º).

O dever de colaboração consiste na obrigação daquelas entidades prestarem toda a assistência requerida pela autoridade judiciária responsável pela condução do processo ou pela autoridade competente para a fiscalização do cumprimento dos deveres previstos nesta lei, nomeadamente, fornecendo todas as informações e apresentando todos os documentos que lhes forem solicitados (art. n.º 9.º).

As entidades sujeitas aos deveres supra aludidos, bem como os membros dos respectivos órgãos, os que nelas exerçam funções de direcção, gerência ou chefia, os seus empregados, os mandatários e outras pessoas que lhes prestem serviço a título permanente, temporário ou ocasional, não podem revelar ao cliente ou a terceiros o facto de terem transmitido qualquer informação, ou que se encontra em curso uma investigação criminal (art. 10.º).

As informações prestadas de boa fé no cumprimento dos deveres em cima enumerados não constituem violação de qualquer dever de segredo, nem implicam, para quem as preste, responsabilidade de qualquer tipo. Quem, pelo menos por negligência, revelar ou favorecer a descoberta da identidade de quem forneceu as informações, nos termos referidos, é punido com pena de prisão até 3 anos ou com pena de multa (art. 12.º).

No que diz respeito às entidades financeiras, elas estão sujeitas aos aludidos deveres e, nomeadamente, ao dever de exigir a identificação dos clientes, sempre que estabeleçam relações de negócio, em especial quando abram uma conta de depósito ou caderneta de poupança, ofereçam serviços de guarda de valores ou de investimento em valores mobiliários, emitam apólices de seguro ou giram planos de pensões. Devem igualmente exigir a identificação sempre que efectuem transacções ocasionais cujo montante, isoladamente ou em conjunto, atinja ou ultrapasse € 12.500,00 (art. 15.º).

No cumprimento do referido dever de comunicação, as entidades financeiras devem informar o Procurador-Geral da República logo que tomem conhecimento, ou suspeitem, que quaisquer somas inscritas nos seus livros são provenientes da prática de facto ilícito típico ou se apercebam de quaisquer factos que possam constituir indícios da prática do crime de branqueamento.

No caso de operações que revelem especial risco de branqueamento, nomeadamente quando se relacionem com um determinado país ou jurisdição sujeito a contramedidas adicionais decididas pelo Conselho da União Europeia, as entidades de supervisão do respectivo sector podem determinar o dever de comunicação dessas operações ao Procurador-Geral da República, quando o seu montante seja igual ou superior a € 5.000,00 (art. 18.º).

Os revisores oficiais de contas, técnicos oficiais de contas e auditores externos, bem como consultores fiscais e transportadores de fundos que assistam na contabilidade ou auditoria de empresas, sociedades e clientes ou no transporte e guarda de bens ou valores devem proceder à identificação dos clientes sempre que os montantes envolvidos sejam iguais ou superiores a € 15.000,00 (art. 26.º).

Igual obrigação de identificação incumbe aos notários e conservadores de registos que intervenham em actos jurídicos nos quais os montantes envolvidos sejam iguais ou superiores a € 15.000,00 (art. 28.º).

Por sua vez, os advogados e solicitadores que intervenham por conta de um cliente, ou lhe prestem colaboração, para além de deverem proceder à identificação dos seus clientes, devem também identificar o objecto dos contratos e operações, sempre que os montantes envolvidos sejam iguais ou superiores a € 15.000,00 (art. 29.º).

Em cumprimento do dever de exame supra aludido, as entidades referidas, com excepção dos advogados e solicitadores, informam o Procurador-Geral da República de operações que configurem, indiciem ou façam suspeitar da prática de crime de branqueamento logo que delas tenham conhecimento.

No caso concreto dos advogados e solicitadores, essa comunicação é feita, respectivamente, ao bastonário da Ordem dos Advogados e ao presidente da Câmara dos Solicitadores. Todavia, estando em causa, nomeadamente operações de compra e venda de bens imóveis, estabelecimentos comerciais e participações sociais, gestão de fundos, valores mobiliários ou outros activos pertencentes a clientes, abertura e gestão de contas bancárias, de poupança e de valores mobiliários, criação, exploração ou gestão de empresas e alienação e aquisição de direitos sobre praticantes de actividades desportivas profissionais, não são enviadas informações nos termos referidos, se tiverem sido obtidas no contexto da avaliação da situação jurídica do cliente, no âmbito da consulta jurídica, no exercício da sua missão de defesa ou representação do cliente num processo judicial, ou a respeito de um processo judicial, incluindo o aconselhamento relativo à maneira de propor ou evitar um processo (quer as informações sejam obtidas antes, durante ou depois do processo).

Relativamente aos deveres de abstenção e de colaboração que competem aos advogados e solicitadores, logo que lhes for solicitada assistência pela autoridade judiciária, devem comunicá-la à Ordem dos Advogados ou à Câmara dos Solicitadores, facultando a estas os elementos que lhes forem solicitados por aquela autoridade (art. 30.º).

Os funcionários de finanças que no exercício das suas funções tenham conhecimento de factos que indiciem ou fundamentem a suspeita da prática de crime de branqueamento devem também informar o Procurador--Geral da República (art. 31.º).

A fiscalização do cumprimento dos ditos deveres cabe, dentro das respectivas competências de tutela, à Inspecção-Geral de Jogos, Inspecção-Geral de Actividades Económicas, Direcção-Geral dos Registos e do Notariado, Ordem dos Revisores Oficiais de Contas, Câmara de Técnicos Oficiais de Contas, Ordem dos Advogados e Câmara dos Solicitadores (art. 32.º).

Por fim, nos artigos 34.º e seguintes está estabelecido um regime de penalidades pela violação dos referidos deveres pelas entidades colectivas e singulares referidas, não aplicável aos advogados e solicitadores (sujeitos a processo disciplinar autónomo dentro das suas próprias ordens), consistente na aplicação de coimas e de sanções acessórias, em caso de incumprimento dos referidos deveres.

A mesma lei aditou ainda ao Código Penal o artigo 368.º-A que, sob a epígrafe Branqueamento, dispõe: *"1 – Para efeitos do disposto nos números seguintes, consideram-se vantagens os bens provenientes da prática, sob qualquer forma de comparticipação, dos factos ilícitos típicos de lenocínio, abuso sexual de crianças ou de menores dependentes, extorsão, tráfico de estupefacientes e substâncias psicotrópicas,* *tráfico de armas, tráfico de órgãos ou tecidos humanos, tráfico de espécies protegidas, fraude fiscal, tráfico de influência, corrupção e demais infracções referidas no n.° 1 do artigo 1.° da Lei n.° 36/94, de 29 de Setembro, e dos factos ilícitos típicos puníveis com pena de prisão de duração mínima superior a 6 meses ou de duração máxima superior a 5 anos, assim como os bens que com eles se obtenham. 2 – Quem converter, transferir, auxiliar ou facilitar alguma operação de conversão ou transferência de vantagens, por si ou por terceiro, directa ou indirectamente, com o fim de dissimular a sua origem ilícita, ou de evitar que o autor ou participante dessas infracções seja criminalmente perseguido ou submetido a uma reacção criminal, é punido com pena de prisão de 2 a 12 anos. 3 – Na mesma pena incorre quem ocultar ou dissimular a verdadeira natureza, origem, localização, disposição, movimentação ou titularidade das vantagens, ou os direitos a ela relativos. 4 – A punição pelos crimes previstos nos n.ºs 2 e 3 tem lugar ainda que os factos que integram a infracção subjacente tenham sido praticados fora do território nacional, ou ainda que se ignore o local da prática do facto ou a identidade dos seus autores. 5 – O facto não é punível quando o procedimento criminal relativo aos factos ilícitos típicos de onde provêm as vantagens depender de queixa e a queixa não tenha sido tempestivamente apresentada, salvo se as vantagens forem provenientes dos factos ilícitos típicos previstos nos artigos 172.° e 173.°. 6 – A pena prevista nos n.ºs 2 e 3 é agravada de um terço se o agente praticar as condutas de forma habitual. 7 – Quando tiver lugar a reparação integral do dano causado ao ofendido pelo facto ilícito típico de cuja prática provêm as vantagens, sem dano ilegítimo de terceiro, até ao início da audiência de julgamento em 1.ª instância, a pena é especialmente atenuada. 8 – Verificados os requisitos previstos no número anterior, a pena pode ser especialmente atenuada se a reparação for parcial. 9 – A pena pode ser especialmente atenuada se o agente auxiliar concretamente na recolha das provas decisivas para a identificação ou a captura dos responsáveis pela prática dos factos ilícitos típicos de onde provêm as vantagens. 10 – A pena aplicada nos termos dos números anteriores não pode ser superior ao limite máximo da pena mais elevada de entre as previstas para os factos ilícitos típicos de onde provêm as vantagens".*

    A LGT também prevê a responsabilidade subsidiária dos Revisores e Técnicos Oficiais de Contas (e solidária entre eles), pelas dívidas tributárias das sociedades constituídas no período de exercício do seu cargo, ou cujo prazo legal de pagamento ou entrega tenha terminado no mesmo período, quando não provem que não lhes é imputável a falta de pagamento e se a violação dos deveres tributários tiver resultado do incumprimento das suas funções de fiscalização[91] (Art. 24.º, n.os 2 e 3 da LGT). Existe aqui uma desconsideração da personalidade jurídica das sociedades, para fins de responsabilidade. Convocam-se certas pessoas a responder ilimitadamente com o seu património perante os credores sociais, neste caso o Estado.

3.5. Troca e cruzamento de informações entre os vários sectores da administração tributária

Ao nível estrutural é fundamental a existência de um eficaz sistema de troca e cruzamento de informações entre todos os sectores da administração fiscal, alargada à segurança social.

---

[91] Dispõe o art. 24.º da LGT *"1 – Os administradores, directores e gerentes e outras pessoas que exerçam, ainda que somente de facto, funções de administração ou gestão em pessoas colectivas e entes fiscalmente equiparados são subsidiariamente responsáveis em relação a estas e solidariamente entre si: a) Pelas dívidas tributárias cujo facto constitutivo se tenha verificado no período de exercício do seu cargo ou cujo prazo legal de pagamento ou entrega tenha terminado depois deste, quando, em qualquer dos casos, tiver sido por culpa sua que o património da pessoa colectiva ou ente fiscalmente equiparado se tornou insuficiente para a sua satisfação; b) Pelas dívidas tributárias cujo prazo legal de pagamento ou entrega tenha terminado no período do exercício do seu cargo, quando não provem que não lhes foi imputável a falta de pagamento. 2 – A responsabilidade prevista neste artigo aplica-se aos membros dos órgãos de fiscalização e revisores oficiais de contas nas pessoas colectivas em que os houver, desde que se demonstre que a violação dos deveres tributários destas resultou do incumprimento das suas funções de fiscalização; 3 – A responsabilidade prevista neste artigo aplica-se também aos técnicos oficiais de contas em caso de violação dolosa dos deveres de assunção de responsabilidade pela regularização técnica nas áreas contabilística e fiscal ou de assinatura de declarações fiscais, demonstrações financeiras e seus anexos".* Também o art. 78.º do Código das Sociedades Comerciais (CSC) prevê a responsabilidade civil dos titulares dos orgãos sociais para com os credores da sociedade quando, pela inobservância culposa das disposições legais ou contratuais destinadas à protecção destes, o património social se torne insuficiente para a satisfação dos respectivos créditos.

Neste sentido, o Governo, através do Ministro da Segurança Social e do Trabalho, solicitou à Comissão Nacional de Protecção de Dados (CNPD)[92] a emissão de parecer sobre um projecto de decreto-lei autori-

---

[92] Também a Direcção-Geral dos Impostos e a Direcção-Geral das Alfândegas e dos Impostos Especiais sobre o Consumo solicitaram à CNPD a emissão de Parecer sobre um projecto de protocolo relativo à troca de informação com a Polícia Judiciária. Através do parecer n.º 7/2002, de 18 de Setembro de 2002, a CNPD emitiu parecer negativo, aduzindo as conclusões que em seguida se resumem: *"1. Não estando as condições de tratamento de dados – na vertente de comunicação a terceiros – estabelecidas por disposição legal (cf. artigo 28.º n.º 3 da Lei 67/98) ou por autorização da CNPD (artigo 28.º n.º 1 e 30.º da Lei 67/98), o protocolo é um meio inadequado para estabelecer novas condições de tratamento de dados. A CNPD emite, por isso, um parecer negativo em relação aos procedimentos estabelecidos no protocolo (...). 2. o protocolo é extremamente vago em algumas expressões utilizadas, (...) impossibilitam uma concretização do âmbito de actuação das entidades envolvidas em matéria de troca de informação. 3. Em termos de legislação de protecção de dados, nenhuma das entidades envolvidas está autorizada a comunicar dados para as finalidades que são objecto do presente protocolo, nem as respectivas notificações à CNPD admitem a cedência de dados a terceiros, mediante celebração de protocolos. 4. De acordo com doutrina uniforme, o fundamento do segredo fiscal emana da obrigação de respeito pela intimidade da vida privada (art. 26.º da Constituição) e, ao mesmo tempo, da necessidade de estabelecimento de uma relação de confiança entre o contribuinte e a Administração Fiscal. O artigo 26.º n.º 2 da CRP determina que a lei deve estabelecer "garantias efectivas contra a utilização abusiva, ou contrária à dignidade humana, de informações relativas à pessoas e às famílias". O segredo fiscal apresenta-se, para além disso, como uma «garantia dos contribuintes», que deve ser respeitada e regulada por lei, nos termos do artigo 103.º n.º 2 da CRP. 5. O nosso legislador considera, assim, que merece protecção e tutela da intimidade da vida privada, nela se integrando o direito à não divulgação a terceiros dos dados sobre a situação patrimonial e tributária dos cidadãos. 6. Quando está em causa o acesso a informação relativa à intimidade da vida privada, as situações de libertação de sigilo deverão constar expressamente da lei e "limitar-se ao necessário para salvaguardar outros direitos ou interesses constitucionalmente protegidos" (cf. art. 18.º n.º 2 da CRP). 7. Nos termos do artigo 2.º da Lei 5/2002, a quebra de segredo está condicionada à verificação de vários requisitos cumulativos: a) Só é possível na fase de inquérito, instrução e julgamento; b) Só é admissível nos processos relativos a crimes especificados no artigo 1.º; c) Quando houver razões para crer que as respectivas informações têm interesse para a descoberta da verdade; d) A quebra de segredo depende, necessariamente, de despacho fundamentado da autoridade judiciária competente; e) O despacho a que refere a alínea anterior deve "identificar as pessoas abrangidas pela medida e especifica as informações que devem ser prestadas e os documentos que devem ser entregues, podendo assumir forma genérica para cada um dos sujeitos abrangidos quando a especificação não seja possível". 8. É imprescindível – por uma questão de transparência e de informação das entidades envolvidas – que o protocolo*

zado, relativo à interconexão de dados entre a administração fiscal e a segurança social. Nas conclusões apresentadas no parecer n.° 1/2004, de 13 de Janeiro, a CNPD entendeu que os dados tratados para as finalidades enunciadas eram adequados, pertinentes e não excessivos.

Posteriormente, surgiu então o Decreto-Lei n.° 92/2004, de 20 de Abril[93], que veio regular a matéria de interconexão de dados a efectivar

---

consigne, pelo menos, que o acesso à informação fiscal só pode ser pedida e cedida na fase do inquérito, instrução e julgamento e que os funcionários da DGCI e da DGAIEC, que vão manusear os terminais de registos de dados (cf. artigo Y ou alternativa a Y), só podem proceder a consultas e subsequente cedência de dados pessoais de contribuintes, a pedido da Polícia Judiciária, se a solicitação estiver fundamentada em despacho da autoridade judiciária competente. 9. Por isso, a troca de informações entre as entidades envolvidas e, em especial, o acesso aos dados cobertos pelo segredo fiscal (...) – com a amplitude genérica prevista no protocolo viola os direitos fundamentais dos contribuintes e das garantias consignadas na Constituição (artigo 103.° n.° 2) e na Lei Geral Tributária (artigo 64.°), se não for feita nas condições dos artigos 1.° e 2.° da Lei 5/2002. 10. Nem todos os «crimes tributários» previstos no artigo 87.° e seguintes do Regime Geral das Infracções Tributárias, aprovado pela Lei 15/2001, de 5 de Junho, permitem a troca de informação nas condições previstas na Lei 5/2002, de 11 de Janeiro. 11. O regime é diverso se estivermos perante crimes não previstos na Lei 5/2002. Será o caso da generalidade dos crimes tributários previstos no Regime Geral das Infracções Tributárias, aprovado pela Lei n.° 15/2001, de 5 de Junho. Nestas situações é aplicável o regime geral constante das disposições do Código de Processo Penal relativo ao segredo profissional (artigo 182.°). 12. Tal como acontece no regime da Lei 5/2002, só por despacho das autoridades judiciárias – e nunca por iniciativa de qualquer órgão de polícia criminal – podem ser requisitados dados pessoais sobre a situação tributária dos contribuintes. Nestes casos o protocolo deve, obrigatoriamente, para que os responsáveis dos tratamentos exerçam o direito de escusa e controlem a relevância do fornecimento da informação pedida pela Polícia Judiciária na sequência de despacho da autoridade judiciária, estabelecer os mecanismos e procedimentos a adoptar. 13. Em relação à consulta/cedência da informação fiscal que, nos termos deste parecer, se mostra legítima, é necessário que o protocolo especifique as medidas de segurança adoptadas: medidas físicas, técnicas, mecanismos específicos de controlo aos utilizadores do sistema e de auditoria periódica aos terminais".

[93] O art.1.°, sob a epígrafe objecto e finalidade, dispõe que: *"O presente diploma regula a forma, extensão e limites da interconexão a efectivar entre os serviços da administração fiscal e as instituições da segurança social no domínio do acesso e tratamento da informação de natureza tributária e contributiva relevante para assegurar o controlo do cumprimento das obrigações fiscais e contributivas, garantindo a atribuição rigorosa das prestações sociais e a concessão de benefícios fiscais, bem como promovendo a eficácia na prevenção e combate à fraude e evasão fiscal e contributiva no âmbito das respectivas competências".*

entre os serviços da administração fiscal e as instituições da segurança social. Pode ler-se do preâmbulo daquele decreto-lei que: *"A interconexão dos dados que o presente diploma consagra incide sobre o acesso e o tratamento da informação de natureza tributária e contributiva essencial para prosseguir alguns dos principais objectivos do XV Governo Constitucional, designadamente em matéria fiscal e social. Desde logo, o controlo activo do cumprimento das obrigações fiscais e contributivas. Só uma cobrança efectiva de todas as contribuições devidas permite ao Estado sustentar os encargos de uma política social e redistributiva justa (...) mas tal instrumento só poderá dar um verdadeiro contributo para a justiça social se for aplicado no escrupuloso respeito pelos direitos, liberdades e garantias dos cidadãos (...) estabelece a forma, extensão e limites da interconexão a efectivar entre os serviços da administração fiscal e as instituições da segurança social e a Inspecção-Geral de Finanças, atentas as suas competências de âmbito nacional, enquanto serviço de controlo da administração financeira do Estado, em matéria de controlo financeiro e tributário das entidades públicas e privadas, no cumprimento da autorização legislativa ao abrigo da qual é emitido e nos termos da Lei n.° 67/98, de 26 de Outubro, relativa à protecção de dados pessoais. Para além de enunciar de forma precisa o seu objecto e finalidade, este diploma identifica com meridiana clareza as categorias de dados objecto da interconexão. Esta interconexão faz-se mediante a transmissão entre as bases de dados actualmente existentes na Direcção--Geral de Informática e Apoio aos Serviços Tributários e Aduaneiros e no Instituto de Informática e Estatística da Solidariedade, resultando na criação de duas bases de dados autónomas, a base de dados interconectados com a segurança social e a base de dados interconectados com a administração fiscal, às quais só poderão aceder as entidades para tal devidamente autorizadas. O procedimento de interconexão e o acesso aos dados foi definido em consonância e no escrupuloso respeito pelos princípios da adequação, proporcionalidade, pertinência e complementaridade como se pode aferir, nomeadamente, pelas medidas de segurança e tratamento de dados a que acrescem as matérias relativas ao sigilo e direito de acesso e rectificação. Foi ouvida a Comissão Nacional de Protecção de Dados"*.

São objecto de interconexão as seguintes categorias de dados relativas às pessoas singulares e colectivas: cadastro e identificação; tributos fiscais ou parafiscais, designadamente as contribuições e quotizações para a segurança social; rendimentos e despesas; património imobiliário e mobiliário; obrigações acessórias, designadamente início, reinício, alteração, suspensão e cessação da actividade (art. 3, n.º 1). Mas outras categorias de dados de natureza tributária e contributiva poderão igualmente ser objecto de interconexão, desde que previamente autorizadas pela Comissão Nacional de Protecção de Dados (art. 3.º, n.º 3).

As entidades com acesso, em tempo real, às bases de dados para os fins supra referidos são a Direcção-Geral dos Impostos, a Direcção-Geral das Alfândegas e dos Impostos Especiais sobre o Consumo, a Inspecção-Geral de Finanças, o Instituto de Solidariedade e Segurança Social e o Instituto de Gestão Financeira da Segurança Social (art. 5.º, n.º 1).

Os dados pessoais constantes das bases de dados são conservados apenas durante o tempo necessário para a prossecução dos fins a que se destinam, sendo obrigatoriamente destruídos decorrido o prazo de cinco anos após a sua recolha, sem prejuízo da existência de processos judiciais em curso (art. 6.º).

A menos que exista lei especial que contemple a utilização dos dados para finalidades distintas das referidas, o acesso aos dados fica subordinado à identificação de uma das seguintes finalidades: atribuição de prestações sociais; concessão e controlo de usufruição de benefícios, designadamente fiscais; acções de fiscalização; concessão de apoio judiciário; processos de regularização e cobrança de dívidas e verificação de informações relativas ao início, reinício, alteração, suspensão e cessação da actividade (art. 7.º, n.º 3).

As entidades responsáveis pelo tratamento dos dados e todas as pessoas que, no exercício das suas funções, tenham conhecimento dos dados pessoais tratados ao abrigo do presente diploma, ficam obrigadas aos deveres de sigilo e confidencialidade, mesmo após a cessação daquelas funções (art. 9.º).

É reconhecido o direito de acesso dos titulares dos dados às informações que lhes digam respeito e que estejam registadas nas bases de dados, nos termos dos n.os 1 e 2 do artigo 11.º da Lei de Protecção de Dados Pessoais[94], bem como o direito a exigir a rectificação de informações inexac-

---

[94] A Lei da Protecção de Dados Pessoais foi transposta para a ordem jurídica portuguesa pela Directiva n.º 95/46/CE, do Parlamento Europeu e do Conselho, de 24 de Outubro de 1995, relativa à protecção das pessoas singulares no que diz respeito ao tratamento

tas e a inclusão de informações total ou parcialmente omissas (art. 10.°, n.° 1). As entidades com acesso às bases de dados devem garantir a satisfação do requerimento do titular dos dados ou comunicar-lhe o que tiverem por conveniente no prazo de 30 dias (art. 10.°, n.° 4). É subsidiariamente aplicável a todo o regime de troca de informações a mencionada Lei de Protecção de Dados Pessoais.

Tendo em vista o cumprimento do disposto no artigo 123.° do CIRS (os notários, conservadores, secretários judiciais e secretários técnicos de justiça são obrigados a enviar à Direcção-Geral dos Impostos, através de modelo oficial, até ao dia 10 de cada mês, relação dos actos praticados nos seus cartórios e conservatórias e das decisões transitadas em julgado no mês anterior dos processos a seu cargo, que sejam susceptíveis de produzir rendimentos sujeitos a IRS) e do estatuído na alínea a), do n.° 4, do artigo 49.°, do CIMTI[95], a portaria do Ministério das Finanças n.° 975/

---

dos dados pessoais e à livre circulação desses dados. Dispõe o seu art. 11.°, n.os 1 e 2, sob a epígrafe direito de acesso: *"1 — O titular dos dados tem o direito de obter do responsável pelo tratamento, livremente e sem restrições, com periodicidade razoável e sem demoras ou custos excessivos: a) A confirmação de serem ou não tratados dados que lhe digam respeito, bem como informação sobre as finalidades desse tratamento, as categorias de dados sobre que incide e os destinatários ou categorias de destinatários a quem são comunicados os dados; b) A comunicação, sob forma inteligível, dos seus dados sujeitos a tratamento e de quaisquer informações disponíveis sobre a origem desses dados; c) O conhecimento da lógica subjacente ao tratamento automatizado dos dados que lhe digam respeito; d) A rectificação, o apagamento ou o bloqueio dos dados cujo tratamento não cumpra o disposto na presente lei, nomeadamente devido ao carácter incompleto ou inexacto desses dados; e) A notificação aos terceiros a quem os dados tenham sido comunicados de qualquer rectificação, apagamento ou bloqueio efectuado nos termos da alínea d), salvo se isso for comprovadamente impossível. 2 — No caso de tratamento de dados pessoais relativos à segurança do Estado e à prevenção ou investigação criminal, o direito de acesso é exercido através da CNPD ou de outra autoridade independente a quem a lei atribua a verificação do cumprimento da legislação de protecção de dados pessoais".*

[95] *"4 – Os notários devem enviar à Direcção-Geral dos Impostos, em suporte informático, nos termos e prazos previstos no Código do Notariado, os seguintes elementos: a) Uma relação dos actos ou contratos sujeitos a IMT, ou dele isentos, exarados nos livros de notas no mês antecedente, contendo, relativamente a cada um desses actos, o número, data e importância dos documentos de cobrança ou os motivos da isenção, nomes dos contratantes, artigos matriciais e respectivas freguesias, ou menção dos prédios omissos; b) Cópia das procurações que confiram poderes de alienação de bens imóveis em que por renúncia ao direito de revogação ou cláusula de natureza semelhante o representado deixe*

/2004, de 3 de Agosto (com entrada em vigor em 1 de Outubro de 2004), veio estabelecer a obrigatoriedade de envio em suporte informático, através de transmissão electrónica de dados, da relação de todos esses actos públicos, considerando que essa forma de remessa assume um carácter estratégico no combate à evasão e à fraude fiscal, permite uma simplificação dessa obrigação e representa uma assinalável economia de custos. Por outro lado ainda, diz-se que essa forma de envio permite também à administração fiscal a utilização dessa informação de forma imediata no cruzamento de dados e na actualização automática das matrizes prediais e permite aos sujeitos passivos simplificar substancialmente o cumprimento das suas obrigações fiscais, nomeadamente eliminando liquidações indevidas de imposto municipal sobre imóveis (IMI) por atraso na actualização das matrizes prediais.

A Organização para o Desenvolvimento e a Cooperação Económica (OCDE)[96] também tem contribuído para a introdução de mecanismos destinados à troca de informações entre as administrações fiscais dos estados, no que diz respeito essencialmente aos impostos sobre o rendimento.

---

de poder revogar a procuração, bem como dos respectivos substabelecimentos, referentes ao mês anterior; c) Cópia das escrituras de divisões de coisa comum e de partilhas de que façam parte bens imóveis". (Art. 49.°, n.° 4 do CIMTI).

[96] Neste sentido os dois modelos (bilateral e multilateral) de convenção para troca de informações em matéria de impostos, desenvolvida pelo grupo de trabalho do forum mundial da OCDE, dispõe na parte comum: *"Article 1, Object and Scope of the Agreement – The competent authorities of the Contracting Parties shall provide assistance through exchange of information that is foreseeably relevant to the administration and enforcement of the domestic laws of the Contracting Parties concerning taxes covered by this Agreement. Such information shall include information that is foreseeably relevant to the determination, assessment and collection of such taxes, therecovery and enforcement of tax claims, or the investigation or prosecution of tax matters. Information shall be exchanged in accordance with the provisions of this Agreement and shall be treated as confidential in the manner provided in Article 8. The rights and safeguards secured to persons by the laws or administrative practice of the requested Party remain applicable to the extent that they do not unduly prevent or delay effective exchange of information.* O art. 3.° desta convenção modelo enuncia o tipo de impostos a que se aplica o acordo, nomeadamente os impostos sobre o rendimento e o lucro, sobre as sucessões e doações e também os impostos indirectos.

3.6. Sedimentação das leis tributárias e celeridade na sua aplicação

É imperioso acabar com a mudança constante e em reduzido espaço de tempo das normas e diplomas tributários (uma verdadeira inflação fiscal[97]), que só serve para aumentar as dificuldades de interpretação das leis e acaba por incentivar os comportamentos evasivos. As leis fiscais devem ser coerentes, objectivas e de preferência devem estar codificadas[98], limitando dessa forma a possibilidade de interpretações variadas (deve haver maior aproximação entre a interpretação literal e a teológica).

O combate contra a evasão e a fraude fiscais não reside não criação de novas leis, mas sim na efectiva aplicação do regime legal existente[99]. É necessário incrementar os actos de inspecção tributária (v.g. art. 63.º da LGT) a realizar junto dos contribuintes com maiores probabilidades teóricas de fuga ao pagamento dos impostos[100], agilizar os processos de execução fiscal[101] bem como de todas as decisões tributárias.

---

[97] *"Por inflação fiscal queremos ilustrar a voracidade do legislador fiscal que todos os anos utiliza a Lei de Orçamento de Estado para introduzir vastas alterações na legislação fiscal "(...) como se pode combater eficazmente a fraude e evasão fiscal com a constante mudança da lei? Suponho que até mesmo a Administração Tributária tenha dificuldade em manter-se actualizada. É caso para perguntarmos o que será sido feito dos princípios da simplicidade e estabilidade que nortearam a Reforma Fiscal de 1989?"* – Pedro Pais de Almeida, artigo publicado no Semanário Económico de 11/10/2002.

[98] A legislação fiscal avulsa também compromete a coerência, a unidade, a certeza e a transparência do sistema.

[99] *"Ganha cada vez mais consenso na sociedade portuguesa, a vários níveis, a constatação de que a grande prioridade em matéria fiscal não é propriamente continuar a mexer nas lei fiscais mas aplicar o sistema que já existe, aplicação que se tornou a questão central de justiça fiscal sem a resolução da qual falar de Estado de direito, de Europa, de cidadania, de economia de mercado, de competitividade, é mero palavreado de circunstância"* – Freitas Pereira, publicação citada.

[100] *"(...) exercício da fiscalização tributária, área em que devem ser implementados os princípios e procedimentos próprios da auditoria.(...) aplicação rigorosa de princípios éticos e deontológicos por parte do inspector tributário, designadamente a independência e a isenção no exercício da função inspectiva, aos critérios de selecção dos contribuintes e áreas a fiscalizar, que devem ser objectivos, transparentes e basear-se numa análise de risco e ao controlo da qualidade das acções exercidas, de modo a que sejam credíveis e eficazes (...) levar a cabo acções de fiscalização incidindo sobre contribuintes de acordo*

Constata-se que o número de penhoras que são feitas nos processos de execução fiscais são muito inferiores ao número de execuções pendentes e esse facto descridibiliza o processo fiscal e dá animo aos prevaricadores, incentiva-os a continuar a realizar actos e negócios evasivos ilícitos e mesmo fraudulentos. De acordo com a edição *on-line* do jornal Público, de 03/01/2005 (http://www.publico.pt), a Direcção-Geral da Informática e Apoio aos Serviços Tributários e Aduaneiros (DGITA) foi incumbida de desenvolver uma aplicação informática que permita a penhora de depósitos bancários por meios electrónicos. A aplicação visa conceder à administração fiscal meios de identificar de forma célere as contas bancárias no conjunto do sistema financeiro para, em caso de necessidade, se proceder à sua penhora. Actualmente, a administração já pode aceder a essas contas, mas tem que o fazer instituição a instituição e conta a conta. Para esse efeito, a administração fiscal pretende a colaboração do conjunto da banca. "A DGCI tem vindo a desenvolver contactos com a Associação Portuguesa de Bancos (APB) com vista à elaboração de um protocolo para a efectivação da penhora de depósitos bancários. Como este projecto tem uma prioridade elevada para a DGCI, espera-se que a assinatura do refe-

---

com critérios de risco de evasão fiscal é um primeiro passo na direcção certa (...). Por outro lado, desconhece-se que controlo da qualidade é exercido em relação ao trabalho inspectivo, mais parecendo que muitas vezes se tem trabalhado para as estatísticas de número de acções realizadas e montante de correcções à matéria colectável pois é sabido que muitas destas correcções são depois objecto de reclamação por parte do contribuinte e verifica-se que são insustentáveis sob o ponto de vista técnico e vêm a ser pura e simplesmente anuladas (...)". – Freitas Pereira, publicação citada.

[101] *(...) A eficácia do controlo exercido é também frequentemente posta em causa pela falta de sequência dada ao mesmo em termos de cobrança dos impostos em falta, o que se prende sobretudo com a questão das execuções fiscais. (...) O que se tem passado em Portugal nesta área – e há tantos anos que todos os governos têm a sua quota de responsabilidade – é um verdadeiro escândalo, pelo fenómeno em si mesmo, pela cultura de impunidade fiscal que fomenta e pelas suspeitas de corrupção e compadrio que têm vindo a público. Segundo os dados publicados pela Direcção-Geral dos Impostos, os processos de execução fiscal existentes no final de 2001 totalizavam 2.044.793, a que correspondia uma dívida por cobrar de 1.718,5 milhões de contos. A evolução tem sido assustadora: no ano de 2001 o saldo global desses processos terá aumentado 12% face a 2000, correspondendo a um acréscimo de 184 milhões de contos, ou seja, à média de 15,3 milhões de contos por mês. Qualquer combate à evasão e fraude fiscais estará condenado em grande parte ao fracasso se este contínuo avolumar de processos não for resolvido (...)* – Freitas Pereira, publicação citada.

rido protocolo ocorra no início de 2005, de forma a permitir logo de seguida a sua operacionalidade. A APB entregou já um projecto de protocolo. Da parte da APB o processo não é novo nem tem tido desenvolvimentos. Efectuou-se uma reunião há dois ou três meses entre o ministério e os bancos (não com a APB), admitindo-se que possa ter sido entregue um projecto de protocolo, possivelmente próximo do assinado com o ministério das Finanças.

Deve consagrar-se a responsabilização dos funcionários[102] pelos atrasos na liquidação dos impostos (que muitas vezes leva à caducidade do direito de liquidação) e na promoção das execuções fiscais. Pode também estabelecer-se o impedimento dos contribuintes executados e nomeados fiéis depositários dos bens penhorados, continuarem a tê-los na sua posse e a usufrui-los. Por fim, uma vez efectuada a penhora dos bens, devem implementar-se modalidades de venda céleres e transparentes (sem favorecimento secreto na venda por negociação particular dos bens[103]), sempre por forma a dar maior credibilidade e eficiência à administração tributária, fomentando por essa forma um temor saudável pelo incumprimento das obrigações tributárias e, também por essa via, aumentar o número das receitas fiscais.

É também fundamental o Estado incentivar e promover uma maior mobilidade dos funcionários da administração fiscal e da segurança social, para dessa forma evitar a sedimentação de conhecimentos com contribuintes que possam ser eventualmente tentados a praticar actos de corrupção[104]. É igualmente necessário que o Governo faça publicar

---

[102] O Estado devia instituir um controlo efectivo dos funcionários em geral. Aliás *"(...) a inexistência de um controlo sistemático dos serviços e dos funcionários (...) é de tal modo inexistente, que os recentes megaprocessos de corrupção no Fisco tiveram origem em denúncias anónimas de dirigentes e funcionários do mesmo Fisco (...)"* – Maria José Morgado, José Vegar, obra citada, pág. 78.

[103] *"Um exemplo: um prédio avaliado em € 179 500 foi vendido por € 9 000 (...) um imóvel avaliado em € 500 000 foi vendido por € 37 000. Em ambos os casos, o comprador vende-os poucos dias depois, pelo triplo do preço. Por detrás deste comprador de fachada, na gíria de palha, encontra-se quase sempre uma leiloeira"* – Maria José Morgado, José Vegar, obra citada, pág. 78.

[104] *"Da mesma forma que a cultura da administração fiscal não a leva a reagir à fraude ostensiva dos contribuintes, também a mantém apática perante a corrupção quase pública de alguns dos seus membros"* – José Luís Saldanha Sanches, obra citada, pág. 109.

os indicadores de rendimentos médios por sector de actividade de base técnico-científica[105].

Ao nível judicial é necessário tornar mais céleres os processos relativos à fraude fiscal e à corrupção económica, o que pode ser conseguido com a atribuição a esses processos de carácter urgente.

4. A ILICITUDE FISCAL DE NATUREZA CRIMINAL

Quando os actos evasivos dos contribuintes são particularmente gravosos, podem ser passíveis de sanções punitivas de natureza contra-ordenacional ou mesmo criminal, com a consequente aplicação de coimas, multas[106] ou penas prisão, de acordo com a menor ou maior gravidade do delito. São os chamados ilícitos fiscais penais. Estas normas punitivas de direito tributário resultam da prática de infracções fiscais em sentido estrito e são normas secundárias.

Sem prejuízo de mais à frente se voltar a esta questão quanto ao crime de fraude fiscal, sempre se refere que não existe unanimidade na doutrina e na jurisprudência quanto ao bem jurídico protegido pelas normas penais fiscais. Segundo alguns autores, o bem jurídico a proteger é a ofensa ao património ou Erário Público, segundo outros, trata-se de salvaguardar a verdade fiscal. Outros ainda, entendem que o bem jurídico a tutelar nos crimes fiscais é similar ao tutelado em crimes idênticos previstos no Código Penal, integrando contudo um bem jurídico mais amplo que é a confiança da administração fiscal na verdadeira capacidade contribu-

---

[105] *"Urge que se estabeleçam os, há muito, anunciados indicadores de base técnico-científica para os diferentes sectores de actividade, espécie de termos de referência por onde se aferiria a normalidade e a anormalidade das situações para efeitos de eventual aplicação de métodos indirectos de avaliação da matéria colectável [art. 87.º, alínea c), e art. 89.º, da Lei Geral Tributária]. Por outro lado, o regime simplificado de tributação em IRS e IRC tal como se encontra definido é um regime perverso, fonte de arbitrariedades e injustiças, que, em parte, só podem ser ultrapassadas através da publicação desses indicadores"* – Freitas Pereira, publicação citada.

[106] A multa fiscal, além de sanção de carácter penal, deve ser encarada, sob o ponto de vista financeiro, como uma receita. Por isso o trânsito em julgado da sentença que a aplicou constitui o Estado no direito de arrecadar o respectivo montante e o arguido na obrigação de o pagar – Alfredo José de Sousa, obra citada.

tiva dos contribuintes[107-108]. Por fim, há quem entenda que o bem jurídico presente neste tipo de crimes é constituído pelas receitas fiscais no seu conjunto e a base normativa cuja violação integra o desvalor da acção é constituída pelos deveres de colaboração que acompanham o dever geral de pagar imposto, que é um dever fundamental de cidadania que, relacionando a conduta típica com as receitas fiscais e as respectivas finalidades, confere-lhe ressonância e desvalor ético-social[109].

De qualquer modo, o que está em causa neste tipo de infracções é a defesa da própria relação jurídica tributária, mais concretamente da prestação tributária[110], sendo certo que para o seu apuramento e constituição é absolutamente necessário o comportamento dos sujeitos passivos do imposto.

Tendo por base a teoria geral da infracção criminal, pode dizer-se que a infracção fiscal *strito sensu*, de natureza criminal ou contra-ordenacional, emerge de um comportamento humano (por acção ou omissão) negador dos interesses ou valores tutelados pela norma. Essa conduta humana tem que ser voluntária (imputável à vontade do agente), mas o seu conteúdo específico é irrelevante.

Excluem-se assim do conceito de acção os actos reflexos e os cometidos em estado de inconsciência. Concretizando: o contribuinte que durante o prazo em que deveria ter cumprido uma obrigação fiscal não o fez porque esteve internado num hospital em estado grave, não comete qualquer infracção fiscal, como também não a comete aquele que deixou de pagar no prazo legal o imposto de uma sociedade, porque foi obrigado a afastar-

---

[107] Alfredo José de Sousa, obra citada.

[108] *"O tipo objectivo do crime de fraude fiscal basta-se como o atentado à verdade ou transparência corporizado nas diferentes modalidades previstas no artigo 23.º n. 1 do Regime Jurídico das Infracções Fiscais não Aduaneiras, consumando-se o crime mesmo que nenhum enriquecimento venha a ter lugar; assim punem-se desde logo os actos preparatórios destinados a obter uma vantagem patrimonial indevida entre o obrigado tributário e o Estado, quer a esses actos se siga ou não o resultado lesivo para o património fiscal."* – ACRP de 03/04/2002, proc. n.º 0110306, publicado em http://www.dgsi.pt.

[109] Augusto Silva Dias, Crimes e Contra-Ordenações Fiscais, citado no Acordão do STJ de 29/01/2004 (recurso n.º 24/02).

[110] *"(...) os crimes fiscais mesmo correspondentes a crimes comuns, não dão origem a um damnum emergens, mas apenas a um lucrum cessans"*, Nuno Sá Gomes, obra citada, pág. 103.

-se da gestão da mesma, sem por essa via ter tido acesso às suas instalações e contabilidade.

Para existir uma infracção fiscal é também necessário que o referido comportamento humano seja ilícito, no sentido em que negue ou viole os interesses ou valores especificamente contemplados na norma fiscal, pela forma descrita no respectivo tipo legal de crime ou contraordenação, e também típico, porque tem obrigatoriamente que resultar de uma norma fiscal que impõe o dever de agir ou de se abster de certa conduta, cuja violação será objecto de uma sanção de tipo criminal ou contra-ordenacional.

Por fim, para a punibilidade do agente é ainda imprescindível que ele tenha agido com culpa. A culpa, em sentido lato, é um juízo de censura ético-jurídico ao sujeito da infracção por não ter agido de modo distinto, podendo e devendo fazê-lo. Ela pressupõe obviamente a imputabilidade do agente. Este tem que ser capaz juridicamente, em razão da idade e da capacidade psíquica, para entender o conteúdo normativo do acto praticado e ter agido dentro do livre exercício da sua vontade.

Depois, existem causas de exclusão da ilicitude e da culpa do agente que, naturalmente, apenas relevam no campo penal ou contra-ordenacional, deixando incólume a liquidação do tributo respectivo e a obrigatoriedade do seu pagamento.

As normas de infracção tributária são normas jurídicas de natureza sancionatória, por isso são de lhes aplicar os princípios de Direito Penal. Elas fazem parte do direito penal económico e diferem naturalmente das normas de contencioso, que disciplinam os processos de impugnação judicial e de execução fiscal e que se encontram vertidos no Código de Procedimento e de Processo Tributário, aprovado pelo Decreto-Lei n.º 433/99, de 26 de Outubro.

O Direito Penal Fiscal pode ser resumidamente definido como o conjunto de normas que prevêem as sanções correspondentes à violação das obrigações fiscais, ou seja, dos comandos contidos em leis fiscais. A definição de quais são os comportamentos dos contribuintes passíveis de procedimento criminal é uma questão de política criminal, que compete aos governos decidir.

Os denominados crimes tributários podem ser cometidos de várias formas. Os mais graves, em regra, são praticados em organização criminosa, revestem natureza internacional e estão normalmente interligadas com a prática de outros crimes, como a corrupção, o tráfico de droga e o tráfico de pessoas.

A gravidade objectiva e subjectiva de algumas infracções fiscais justificam evidentemente a sua inclusão no direito penal. O elevado montante de rendimentos que às vezes são ocultados, chega a compensar aos prevaricadores o risco de serem condenados numa sanção pecuniária administrativa. As gravíssimas manobras fraudulentas neles utilizadas tornam irrisórias algumas infracções previstas no direito penal comum (por exemplo o crime de ofensa à integridade simples ou de injúria) e ao serem criminalizadas, mesmo com penas de prisão, em nada chocam o sentimento de justiça. Como bem decidiu o ACSTJ de 21/04/2004 (proc. n.º 259/04, 3.ª Secção, publicado em Sumários de Acórdãos do Supremo Tribunal de Justiça, n.º 80, Abril de 2004): *"I – As infracções tributárias quando possuem uma expressão quantitativa de relevo, constituem um tipo de criminalidade altamente lesiva de interesses da comunidade, geradora de alguma indignação por parte daqueles que, muitas vezes com enormes sacrifícios pessoais, pagam os seus impostos ao Estado. II – Tratando-se de quantias de vulto – mais de 7000 contos –, a aplicação directa de uma pena de multa, que se traduz monetariamente numa reduzida parcela em relação ao montante devido ao Estado, pode contribuir para um amolecimento da consciência colectiva do dever de cumprimento das obrigações fiscais. III – Razões de prevenção geral justificam, nestes casos, a opção feita pela pena de prisão, substituída por multa"*.

Foi devido ao aumento exponencial da prática de comportamentos fiscais fraudulentos que o Estado sentiu necessidade de adoptar leis especiais sobre a matéria, chamadas de direito tributário punitivo e destinadas a punir criminalmente os respectivos infractores. Mas a verdade é que a criminalização destas condutas não tem sido suficientemente dissuasora da sua prática e a aplicação de penas de prisão tem sido muito diminuta, quer nos países europeus, quer nos Estado Unidos da América.

Este tipo de criminalidade parece, à primeira vista, não afectar directamente o cidadão e os seus autores, porque não provoca danos imediatamente visíveis, mas a verdade é que eles são muito elevados. A nova política de criminalizar determinadas condutas dos cidadãos, de extrema gravidade e altamente lesivas para o Erário público veio, de algum modo, contribuir para uma maior consciência social do dever de cumprir as obrigações fiscais e também tem funcionado como meio preventivo, posto que a tipificação criminal de certos comportamentos sempre serve para dissuadir algumas pessoas da sua prática.

Lamentavelmente, os efeitos nem sempre são os pretendidos, porque o sistema penal é demasiado lento, pesado e desadequado. A eficácia das instâncias fiscalizadoras é ainda reduzida e o Direito Penal ainda continua a proteger mais os direitos individuais do arguido em detrimento dos direitos colectivos da sociedade.

Apesar da evasão e da fraude fiscal serem actualmente problemas que afectam em comum os países da União Europeia[111], atendendo à existência de um mercado de livre circulação de pessoas e bens, a verdade é que, neste particular, cada país continua a possuir o seu próprio sistema jurídico interno, como normas jurídico-penais fiscais próprias e com sanções diversas e diferentes níveis de poder e eficácia na investigação e na aplicação prática das leis.

Por exemplo, em cada país as autoridades de investigação têm diferentes níveis de acesso às contas e demais registos bancários dos contribuintes, o que também é um factor impeditivo da harmonização da tributação directa ao nível comunitário. Esta falta de interligação entre os diversos sistemas legais ajuda a fomentar e a aumentar a evasão e a fraude fiscal.

O Tratado que instituiu a Comunidade Europeia[112] (TUE) definiu uma base jurídica explícita para as acções da Comunidade e dos Estados-

---

[111] *"Pela sua própria natureza, é difícil de quantificar a fraude. No entanto, tem-se calculado que a UE regista uma quebra nas receitas dos direitos agrícolas, direitos aduaneiros e IVA de várias centenas de milhões de euros todos os anos. Do seu orçamento total (que inclui estas receitas mais as contribuições dos Estados-Membros para cobrir as diferenças), calcula-se que 1%, ou seja, mil milhões de euros por ano, vai parar aos bolsos de pessoas indevidas"* – in Portal Digital da União Europeia.

[112] O art. 280.° do TUE dispõe: *"1. A Comunidade e os Estados-Membros combaterão as fraudes e quaisquer outras actividades ilegais lesivas dos interesses financeiros da Comunidade, por meio de medidas a tomar ao abrigo do presente artigo, que tenham um efeito dissuasor e proporcionem uma protecção efectiva nos Estados-Membros. 2. Para combater as fraudes lesivas dos interesses financeiros da Comunidade, os Estados-Membros tomarão medidas análogas às que tomarem para combater as fraudes lesivas dos seus próprios interesses financeiros. 3. Sem prejuízo de outras disposições do presente Tratado, os Estados-Membros coordenarão as respectivas acções no sentido de defender os interesses financeiros da Comunidade contra a fraude. Para o efeito, organizarão, em conjunto com a Comissão, uma colaboração estreita e regular entre as autoridades competentes. 4. O Conselho, deliberando nos termos do artigo 251.° e após consulta ao Tribunal de Contas, adoptará as medidas necessárias nos domínios da prevenção e combate das fraudes lesivas dos interesses financeiros da Comunidade, tendo em vista*

-Membros no domínio da luta contra a fraude e outras actividades ilícitas lesivas dos interesses financeiros da Comunidade.

Por decisão da Comissão da União Europeia de 28 de Abril de 1999[113], foi criado o Organismo Europeu de Luta Antifraude (OLAF), adoptado pelo Conselho da União Europeia em 25 de Maio de 1999[114].

O OLAF[115] tem como objectivo reforçar o alcance e a eficácia do combate à fraude no seio da Comunidade Europeia, através da realização

---

proporcionar uma protecção efectiva e equivalente nos Estados-Membros. Estas medidas não dirão respeito à aplicação do direito penal nacional, nem à administração da justiça nos Estados-Membros. 5. A Comissão, em cooperação com os Estados-Membros, apresentará anualmente ao Parlamento Europeu e ao Conselho um relatório sobre as medidas tomadas em aplicação do presente artigo."

[113] Decisão n.º 1999/352/CE, CECA.

[114] Regulamento n.º 1074/1999.

[115] *"A cooperação entre a Guarda Nacional Republicana (GNR) e o OLAF remonta aos meados da década de 90, através da então UCLAF, tendo-se estreitado de forma particularmente significativa a partir de 1996. Em Janeiro desse ano, e na sequência de uma apreensão efectuada pela Brigada Fiscal de cerca de 15 milhões de cigarros e do respectivo navio de transporte, foi possível, graças à excelente colaboração entre as duas Instituições, reconstituir o circuito dos cigarros desde a sua origem e, com isto, estabelecer uma ligação às tabaqueiras americanas, conforme veio a sustentar anos mais tarde a UE. A cooperação prosseguiu com visitas de parte a parte, com realização de acções conjuntas, de que é exemplo o Seminário realizado em Lisboa em Outubro de 1996 subordinado ao tema "A luta contra a fraude no quadro da circulação comunitária de mercadorias; vigilância e fiscalização da fronteira externa comunitária", com promoção e financiamento em formação de pessoal e assistência técnica, bem como através da permanente troca de informações em matéria de contrabando de cigarros e de álcool. No domínio operacional a Brigada Fiscal foi responsável pela investigação que conduziu ao desmantelamento, no ano de 2000, da mais importante rede que operava em Portugal para introdução ilícita de cigarros pela via marítima; no ano de 2001 concluiu a maior investigação até agora realizada no nosso País no domínio das bebidas alcoólicas, que levou à acusação de 167 pessoas por fraude fiscal, com prejuízos causados ao Estado português e à UE que rondam os 65 milhões de Euros. A colaboração da Guarda Nacional Republicana com as estruturas da UE vocacionadas para a luta contra a criminalidade em geral, e contra a fraude fiscal e aduaneira em particular, é uma realidade que, nos dias de hoje, mais que um desejo é, sobretudo, uma necessidade. Neste contexto, o OLAF assume um papel particularmente importante enquanto gerador de sinergias, elemento aglutinador de vontades e experiências e difusor de acções, resultados e informações com impacto na opinião pública, através da Rede de Comunicadores Antifraude (OAFCN)".* – Luis Manuel Ferraz Pinto de Oliveira, Major-General, Comandante-Geral Interino da Guarda Nacional Republicana, artigo publicado no site Europa.

de inquéritos administrativos relacionados com a luta contra a fraude e da análise de factos relacionados com as actividades de operadores que violem disposições comunitárias. Do mesmo passo, colabora também com os estados comunitários e cria legislação no domínio da protecção dos interesses comunitários e da luta contra a fraude. Este organismo representa a Comissão Europeia e auxilia-a junto das autoridades policiais e judiciárias. A tendência vai no sentido do aumento progressivo da sua importância[116].

5. O CRIME DE FRAUDE FISCAL

5.1. Antecedentes históricos

Desde o século XIX começaram a existir no nosso sistema legal infracções fiscais aduaneiras e não aduaneiras de natureza administrativa e criminal. O Código Penal de 1886[117] previa crimes aduaneiros, como o contrabando de mercadorias, o descaminho, os actos fraudulentos destinados a evitar o pagamento de impostos e direitos alfandegários, a falsificação de valores selados[118] e o uso de marcas, cunhos ou selos falsos.

---

[116] A proposta de regulamento do Conselho que altera o Regulamento n.º 1074//1999, relativo aos inquéritos efectuados pelo OLAF, refere que ele deve reforçar a sua eficácia operacional, nomeadamente concentrando-se nas directrizes fixadas no seu programa de trabalho anual quanto às prioridades das políticas e actividades de combate à fraude e solicitar às autoridades competentes que se ocupem dos casos de menor importância ou que não são abrangidos pelas suas prioridades de acção. Lá se diz também que, enquanto estiver a decorrer um inquérito interno do OLAF, as instituições, órgãos e organismos não devem proceder à instauração de inquéritos paralelos.

[117] Dispunha o art. 279.º: *"Contrabando é a importação ou exportação fraudulenta de mercadorias, cuja entrada ou saída seja absolutamente proibida"*. E o art. 280.º dizia: *"Descaminho é todo e qualquer acto fraudulento que tenha por fim evitar, no todo ou em parte, o pagamento dos direitos e impostos estabelecidos sobre a entrada, saída ou consumo de mercadorias"*.

[118] O crime vinha previsto no art. 229.º do CP de 1886 que, sob a epígrafe falsificação de valores selados ou de objectos timbrados exclusivos do Estado, dizia: *"À mesma pena (dois a oito anos de prisão maior) haverá aquele que falsificar papel selado, estampilhas de selo ou postais, ou outros objectos timbrados, cujo fornecimento seja exclusivo do Estado, e os que dolosamente os introduzirem no reino, emitirem, passarem, expuserem à venda ou deles fizerem uso"*.

Com a reforma fiscal iniciada em 1958, as penas de prisão foram banidas. Todos os códigos fiscais começaram então a incluir um capítulo relativo a penalidades, onde se previam transgressões fiscais puníveis apenas com pena de multa, não convertível em prisão[119]. Os anteriores crimes fiscais como falsificação e a simulação foram revogados.

O Códigos do Imposto Municipal de Sisa e do Imposto sobre as Sucessões e Doações, aprovado pelo Decreto-Lei n.º 41 969, de 24 de Novembro de 1958, o Código do Imposto de Mais-Valias, aprovado pelo Decreto-Lei n.º 46 373, de 9 de Junho de 1965 e o Código do Imposto Complementar, aprovado pelo Decreto-Lei n.º 45 399, de 30 de Novembro de 1963, consideravam a simulação fiscal como uma transgressão fiscal punível com pena de multa. Quando a multa aplicada pelo chefe de Repartição de Finanças competente não fosse paga voluntariamente pelo contribuinte, era então aplicada como sanção pelo Tribunal das Contribuições e Impostos[120], em

---

[119] O art. 147.º do Código da Contribuição Industrial, aprovado pelo Decreto-Lei n.º 45 103, de 1/7 de 1963, dispunha: *"A recusa de exibição da escrita e dos documentos com ela relacionados, assim como a sua ocultação, destruição, inutilização, falsificação ou viciação, serão punidas com multa de 20 000$00 a 500 000$00, ou de 5 000$00 a 100 000$00, consoante se trate de contribuintes dos grupos A ou B, na qual incorrerão, solidariamente entre si, os directores, administradores, gerentes, membros do conselho fiscal, liquidatários, administradores da massa falida e técnicos de contas, que forem responsáveis, sem prejuízo do procedimento criminal que no caso couber (...)"*. O art. 109.º do Código de Imposto de Transacções, aprovado pelo Decreto-Lei n.º 47 066, de 1/07 de 1966, dizia: *"A inexistência ou a recusa de exibição dos livros, facturas e demais documentos exigidos neste código, assim como a sua ocultação, destruição, inutilização, falsificação ou viciação, serão punidas com a multa de 5 000$00 a 500 000$00, na qual incorrerão, solidariamente entre si, os directores, administradores, gerentes, membros do conselho fiscal, liquidatários, administradores da massa falida, técnicos de contas e guarda-livros, ou outros que forem responsáveis, sem prejuízo do procedimento criminal que no caso couber"*. O Código do Imposto Profissional, aprovado pelo Decreto-Lei n.º 44 305, de 27/05 de 1962, dispunha no seu art. 63.º: *"A recusa de exibição dos arquivos ou da escrita e a de apresentação de quaisquer elementos com eles relacionados, exigidas nos termos dos §§ 1.º e 2.º do artigo 54.º, assim como a sua ocultação, destruição, inutilização, falsificação ou viciação, por parte de entidades que não sejam serviços públicos, serão punidas com multa de 2 500$00 a 100 000$00, na qual incorrerão, solidariamente entre si, os directores, administradores, gerentes, membros do conselho fiscal, liquidatários ou administradores da massa falida que forem responsáveis, sem prejuízo do procedimento criminal que no caso couber"*.

[120] Referia-se no texto de aprovação do Código de Processo das Contribuições e Impostos que: *"a aplicação de sanções é, fundamentalmente, uma função judicial e só nos*

processo de transgressão previsto no Código de Processo das Contribuições e Impostos, aprovado pelo Decreto-Lei n.° 45 005, de 27 de Maio de 1963.

Entretanto entrou em vigor do Código Penal de 1982, aprovado pelo Decreto-Lei n.° 400/82, de 23 de Setembro, e voltaram a tipificar-se os crimes de falsificação de valores selados[121] e de contrafacção ou falsificação de selos, cunhos, marcas ou chancelas.

Tendo em vista combater o aumento da evasão e da fraude fiscal, o Decreto-Lei n.° 619/76, de 27 de Julho[122], veio instituir a regra de que aos factos mais graves de delitos fiscais, designadamente os casos de viciação, falsificação, destruição e abuso de confiança, deveriam ser aplicadas penas de prisão (até 12 meses) e não apenas de multa. Esta lei veio também operar uma unificação das infracções tributárias que até aí se encontravam vertidas nos vários capítulos especiais sobre penalidades,

---

casos em que se tenha em vista obter um constrangimento efectivo ou uma acção imediata ou de obtenção de resultados de rápida eficiência é que se admite que as autoridades administrativas apliquem sanções de natureza penal ou realizadoras de fins idênticos aos das próprias penas. Um dos objectos da acção judicial das contribuições e impostos, na parte em que exceda aquelas características da rapidez de efeitos e simplicidade, é, pois, o julgamento das infracções fiscais". Dispunha o art. 6.° daquele diploma: "A aplicação de sanções pela violação das leis tributárias só pode ser efectuada mediante julgamento dos tribunais das contribuições e impostos".

[121] O art. 245.°, n.° 1, sob a epígrafe Falsificação de valores selados, dispunha: *"Quem, com intenção de os empregar ou os pôr em circulação, por qualquer forma, incluindo a exposição à venda como legítimos ou intactos, praticar contrafacção, ou falsificação de valores selados ou timbrados, cujo fornecimento seja exclusivo do Estado Português, nomeadamente papel selado, papel selado de letra, selos fiscais ou postais, será punido com prisão de 1 a 5 anos".*

[122] Dizia-se no preâmbulo do diploma: *"O legislador fiscal português sempre se preocupou bastante com os fenómenos da evasão e da fraude fiscal. A tais factos sempre corresponderam sanções mais ou menos gravosas, embora punidas só com multa. Para as combater mais eficazmente há que criminalizar as infracções tributárias mais graves – punindo-as com a pena de prisão – especialmente aquelas em que o contribuinte, através do seu comportamento, procurou viciar, falsificar ou destruir os elementos de escrita, os registos ou os documentos destinados a comprovar a sua situação tributária. A mesma atitude se deve ter perante o contribuinte que não passou recibos quando legalmente estava obrigado e não mantém em ordem os talões durante o prazo legal (...). A mesma atitude se tem de ter perante o contribuinte que recebeu ou deduziu o imposto e não o entregou nos cofres do Estado. O mesmo tratamento se deve adoptar para com aqueles que simulam os contratos ou transacções ou praticam outros actos gravemente lesivos dos interesses da Fazenda Nacional".*

vazados nos diplomas específicos de cada imposto, reintroduzindo o sistema de crimes e transgressões fiscais anterior à reforma fiscal de 1963.

Através da Lei n.° 89/89, de 11/09, o Governo foi autorizado a legislar sobre infracções fiscais[123]. Logo no art. 2.° daquela lei considerou-se que integravam o tipo de ilícito criminal fiscal, sempre que existisse dolo, a fraude fiscal dirigida à uma diminuição das receitas fiscais ou à obtenção ou manutenção de um benefício fiscal injustificado, através de falsas declarações, da ocultação ou alteração de factos ou valores fiscalmente relevantes para a avaliação ou controlo da matéria colectável. Também integravam a prática daquele ilícito a realização de actos simulados ou a viciação, falsificação, ocultação, destruição, danificação, inutilização ou recusa de exibição de livros de escrituração ou qualquer documento exigido pela lei fiscal, bem como o uso de tais livros ou documentos, sabendo-os viciados ou falsificados por terceiros.

O Decreto-Lei n.° 376/A/89, de 25 de Outubro, veio instituir o Regime Fiscal das Infracções Fiscais Aduaneiras (RJIFA), tipificando várias contraordenações e crimes aduaneiros, nomeadamente vários tipos de contrabando, os crimes de fraude no transporte de mercadorias em regime suspensivo; fraude às garantias aduaneiras; frustração de créditos aduaneiros; quebra de marcas e selos; receptação de mercadorias objecto de infracção fiscal aduaneira; auxílio material e associação criminosa.

Com o escopo de combater ainda melhor a fraude fiscal, em 1990 o Decreto-Lei n.° 619/76 foi substituído pelo Regime Jurídico das Infracções Fiscais Não Aduaneiras (RJIFNA), aprovado pelo Decreto-Lei n.° 20-A//90, de 15 de Janeiro e que entrou em vigor em Fevereiro de 1990. Este diploma procedeu à unificação, harmonização e sistematização da matéria relativa às infracções tributárias, mas retirou a característica de crimes a este ilícitos, passando a considerá-los como transgressões fiscais puni-

---

[123] Artigo 1.°: *"É concedida ao Governo autorização legislativa para aprovar o regime jurídico das infracções fiscais, aplicável a todos os impostos, contribuições parafiscais e demais prestações tributárias, independentemente de quem for o credor tributário, bem como aos benefícios fiscais"*. Artigo 2.°: *"No uso da autorização conferida pelo artigo anterior pode o Governo, em matéria penal, adaptar os princípios gerais, os pressupostos da punição, as formas de crime e as causas de suspensão do procedimento e da extinção da responsabilidade criminais, tipificando novos ilícitos penais e definindo novas penas, tomando para o efeito como ponto de referência a dosimetria do Código Penal, ainda que podendo alargá-la ou restringi-la"*.

veis com multas, apenas transformadas em prisão como medida alternativa da multa. Nele se tipificaram alguns crimes como a fraude fiscal[124], o abuso de confiança fiscal, a frustração de créditos fiscais e a violação do sigilo fiscal.

O RJIFNA foi posteriormente alterado pelo Decreto-Lei n.º 394/93, de 24 de Novembro (que veio a ser mais tarde alterado pelo Decreto-Lei n.º 140/95, de 14 de Junho – que introduziu alguns tipos de crimes contra a Segurança Social – e ainda pelo Decreto-Lei n.º 127-B/97, de 20/12), que veio criminalizar de novo a evasão fiscal ilegítima e a fraude fiscal, fixando uma pena de prisão até 5 anos e incluiu também alguns novos tipos autónomos de contra-ordenações. Estas alterações provocaram uma maior acentuação da ressonância ética dos crimes fiscais e a previsão da sua punição com a pena de prisão a título principal, representou a consciência de que a danosidade dos crimes tributários é muitas vezes superior à dos crimes comuns, atendendo, desde logo, à crescente prática daqueles crimes.

Com o Decreto-Lei n.º 124/96[125], de 10 de Agosto, denominado de "Plano Mateus", foi criado um sistema destinado a incentivar a regularização de dívidas fiscais e à segurança social, cujo prazo de cobrança voluntária tivesse terminado até 31 de Julho de1996. A aplicação deste regime estava dependente de requerimento do interessado, no qual ele solicitasse a aplicação das medidas previstas.

Na sequência do referido diploma, a Lei n.º 51-A/96, de 9 de Dezembro (que alterou o RGIFNA), veio determinar que, nos casos em que as

---

[124] O art. 23.º, n.º 1, do RJIFNA, sob a epígrafe fraude fiscal, dispunha: *"Constituem fraude fiscal as condutas ilegítimas tipificadas no presente artigo que visem a não liquidação, entrega, ou pagamento do imposto ou a obtenção indevida de benefícios fiscais, reembolsos ou outras vantagens patrimoniais susceptíveis de causarem diminuição das receitas tributárias"*.

[125] Referia-se no preâmbulo: "A regularização das dívidas fiscais e à segurança social constitui objectivo do XIII Governo Constitucional. Este propósito resulta de situações de incumprimento acumuladas ao longo dos primeiros cinco anos da década de 90, que, a manterem-se, continuarão a produzir efeitos nocivos, quer no plano financeiro, quer no plano da concorrência. (...) ...permita recuperar parte importante dos créditos dos entes públicos e contribuir para um reenquadramento das entidades devedoras nos circuitos económicos normais, criando ao mesmo tempo condições para a viabilização económica das que evidenciem uma situação financeira desequilibrada, dificilmente reversível sem o recurso a medidas excepcionais. (...)".

dívidas ao Fisco tivessem dado origem a procedimento judicial por crime de natureza fiscal, fosse efectuada a suspensão do processo de averiguações e do processo penal fiscal (art. 2.º), desde que o arguido tivesse obtido da administração fiscal autorização para efectuar o pagamento dos impostos em prestações e efectuasse esse pagamento pontualmente. A referida lei previa ainda a possibilidade de extinção da responsabilidade criminal, se o pagamento do imposto em dívida fosse feito integralmente e com os acréscimos legais[126].

Todavia, quer a suspensão, quer a extinção do processo, não operavam se estivesse em causa a prática de crime de fraude fiscal em que se verificasse alguma das circunstâncias previstas nas alíneas c) a f) do n.º 3 do art. 23.º[127] do RGIFNA.

5.2. Regime legal em vigor

5.2.1. *Disposições gerais*

Actualmente vigora o Regime Geral das Infracções Tributárias (RGIT), aprovado pelo artigo 1.º da Lei n.º 15/2001, de 5 de Junho, que introduziu novos tipos de crime e de contraordenações, reformulou a

---

[126] O art. 1.º dizia que: *"O presente diploma e aplicável aos crimes de fraude fiscal, abuso de confiança fiscal e frustração de créditos fiscais que resultem das condutas ilícitas que tenham dado origem às dívidas abrangidas pelo disposto no Decreto-Lei n.º 225/94, de 5 de Setembro, e no Decreto-Lei n.º 124/96, de 10 de Agosto"*. E o art. 3.º dispunha que: *"O pagamento integral dos impostos e acréscimos legais extingue a responsabilidade criminal"*.

[127] Art. 23.º, n.º 3 do RJIFNA: *"Para efeitos do número anterior considera-se que tem lugar a ocultação ou alteração de factos ou valores quando se verifique qualquer das seguintes circunstâncias: a) A vantagem patrimonial ilegítima for superior a 1 000 contos para as pessoas singulares e 2 000 contos para as pessoas colectivas ou entes fiscalmente equiparados; b) O agente se tiver conluiado com terceiros que estejam sujeitos a obrigações acessórias para efeitos de fiscalização tributária; c) O agente for funcionário público e tiver abusado gravemente das suas funções; d) O agente se tiver socorrido do auxílio do funcionário público com grave abuso das suas funções; e) O agente falsificar ou viciar, ocultar, destruir, inutilizar ou recusar entregar, exibir ou apresentar livros e quaisquer outros documentos ou elementos probatórios exigidos pela lei fiscal"; f) O agente usar os livros ou quaisquer outros elementos referidos no número anterior sabendo-os falsificados ou viciados por terceiros".*

organização judiciária tributária e apresenta um tratamento uniforme e unitário das infracções tributárias, o que originou uma simplificação processual e um reforço as garantias dos contribuintes. Relativamente ao regime antecessor (RJIFNA), verifica-se em geral um agravamento das penas de prisão e de multa.[128]

Este diploma aplica-se às infracções das normas que regulam as prestações tributárias, os regimes tributários aduaneiros e fiscais, os benefícios fiscais e franquias aduaneiras e as contribuições e prestações para a segurança social (art. 1.º, n.º 1 do RGIT).

Até à sua entrada em vigor, era entendimento quase unânime entre a doutrina e a jurisprudência que os crimes fiscais não eram susceptíveis de serem praticados em associação criminosa, por não integrarem o "escopo criminoso" que é elemento típico do crime de associação criminosa (previsto no art. 299.º do CP). Entendia-se que só poderiam integrar este crime os casos em que a actividade da associação fosse dirigida à prática de crimes comuns do chamado direito penal clássico ou primário. Quanto aos crimes pertencentes ao direito penal secundário, concretamente o direito penal económico e fiscal, achava-se que eles não se revestiam de suficiente ressonância ética para que pudessem integrar o elemento típico do "escopo criminoso". Hoje este problema está definitivamente resolvido com a inclusão expressa do crime de associação criminosa[129] no RGIT.

---

[128] *"É mais grave o enquadramento dos mesmos factos no tipo de crime fiscal (qualificada) previsto e punido pelos artigos 14.º, 103.º e 104.º n.ºs 1 e 2 do Regime Geral das Infracções Tributárias, do que o seu enquadramento no tipo de crime fiscal (simples) previsto e punido pelos artigos 23.º, n.ºs 1, 2 alíneas a) e b), 3 alíneas a) b) e f) e 4 do Regime Jurídico das Infracções Fiscais Não Aduaneiras. Condenado o arguido por tal crime, previsto no Regime Jurídico das Infracções Fiscais Não Aduaneiras (vigente à data da prática dos factos), na pena de 10 meses de prisão suspensa na sua execução pelo período de 4 anos sob condição de, no prazo de 2 anos, pagar ao estado o imposto em dívida (cerca de 46.000.000$00), e na pena de 17 meses de prisão face à lei nova (Regime Geral das Infracções Tributárias), também suspensa na sua execução, sob condição de pagar aquela quantia no prazo de 3 anos, é de considerar concretamente mais favorável a regime do Regime Jurídico das Infracções Fiscais Não Aduaneiras apesar da lei nova permitir tal pagamento num prazo mais dilatado, até porque o arguido face à sua situação económica dificilmente poderá cumprir a condição imposta"* – ACTRP de 14/05/2003 (proc. n.º 0340033) publicado em http://www.dgsi.pt.

[129] Dispõe o art. 89.º do RGIT: *"1 – Quem promover ou fundar grupo, organização ou associação cuja finalidade ou actividade seja dirigida à prática de crimes tributários é punido com pena de prisão de um a cinco anos, se pena mais grave não lhe couber, nos*

O RGIT reúne ao nível substantivo os crimes tributários comuns[130], os crimes aduaneiros[131], os crimes fiscais[132], os crimes contra a segurança social[133], as contraordenações aduaneiras[134] e as contraordenações fiscais[135].

---

termos de outra lei penal. 2 – Na mesma pena incorre quem fizer parte de tais grupos, organizações ou associações ou que os apoiar, nomeadamente fornecendo armas, munições, instrumentos de crime, armazenagem, guarda ou locais para as reuniões, ou qualquer auxílio para que se recrutem novos elementos. 3 – Quem chefiar ou dirigir os grupos, organizações ou associações referidos nos números anteriores é punido com pena de prisão de dois a oito anos, se pena mais grave não lhe couber, nos termos de outra lei penal. 4 – As penas referidas podem ser especialmente atenuadas ou não ter lugar a punição se o agente impedir ou se esforçar seriamente para impedir a continuação dos grupos, organizações ou associações, ou comunicar à autoridade a sua existência, de modo a esta poder evitar a prática de crimes tributário".

[130] A burla tributária; a frustração de créditos; a associação criminosa; a desobediência qualificada; a violação de segredo – arts. 87.º a 91.º do RGIT.

[131] O contrabando; o contrabando de circulação; o contrabando de mercadorias de circulação condicionada em embarcações; a fraude no transporte de mercadorias de regime suspensivo; a introdução fraudulenta no consumo; a violação das garantias aduaneiras; a quebra de marcas e selos; a recepção de mercadorias objecto de crime aduaneiro; o auxílio material – arts. 92.º a 102.º do RGIT.

[132] A fraude; a fraude qualificada; o abuso de confiança – arts. 103.º a 105.º do RGIT.

[133] A fraude contra a segurança social; o abuso de confiança contra a segurança social – arts. 106.º e 107.º do RGIT.

[134] O descaminho; a introdução irregular no consumo; a recusa de entrega, exibição ou apresentação de documentos e mercadorias; a violação do dever de cooperação; a aquisição de mercadorias objecto de infracção aduaneira – arts. 108.º a 112.º do RGIT.

[135] A recusa de entrega, exibição ou apresentação de escrita e de documentos fiscalmente relevantes; a falta de entrega da prestação tributária; a violação do segredo fiscal; a falta ou atraso de declarações; a falta ou atraso na apresentação ou exibição de documentos ou de declarações; a falsificação, viciação e alteração de documentos fiscalmente relevantes; as omissões e inexactidões nas declarações ou em outros documentos fiscalmente relevantes; a inexistência de contabilidade ou de livros fiscalmente relevantes; a não organização da contabilidade de harmonia com as regras de normalização contabilística e atrasos na sua execução; a falta de apresentação, antes da respectiva utilização, dos livros de escrituração; a violação do dever de emitir ou exigir recibos ou facturas; a falta de designação de representantes; o pagamento indevido de rendimentos; o pagamento ou colocação à disposição de rendimentos ou ganhos conferidos por ou associados a valores mobiliários; a inexistência de prova da apresentação da declaração de aquisição e alienação de acções e outros valores mobiliários ou da intervenção de entidades relevantes; a transferência para o estrangeiro de rendimentos sujeitos a tributação; a impressão de documentos por tipografias não autorizadas – arts. 113.º a 127.º do RGIT.

Ao nível processual, está nele contemplado o direito adjectivo relativo ao processo de contraordenação tributária e ao processo penal tributário e um processo de inquérito autónomo, aos quais se aplicam muitas das regras do processo penal comum.

Aos crimes e às contra-ordenações fiscais (infracções tributárias na asserção do art. 2.º, n.º 1, do RGIT, que diz: *"Constitui infracção tributária todo o facto típico, ilícito e culposo declarado punível por lei tributária anterior"*[136-137]) aplicam-se subsidiariamente, para além do regime próprio (RGIT), as disposições do Código Penal, do Código de Processo Penal, do Código Civil, do Código de Procedimento e de Processo Tributário, o Regime Geral das Contra-Ordenações, bem como toda a respectiva legislação complementar (art. 3.º do RGIT).

A infracção tributária considera-se praticada no momento e no lugar em que o agente actuou ou devia ter actuado[138], ou naquele em que o resultado típico se tiver produzido (art. 5.º do RGIT)[139].

5.2.2. *Responsabilidade criminal das pessoas colectivas e singulares que actuem em seu nome*

Encontra-se consagrada a responsabilidade criminal cumulativa das pessoas colectivas e dos titulares dos seus orgãos e representantes (apenas no caso dos crimes e não das contra-ordenações). É um afloramento do princípio geral da teoria da infracção penal que diz que são autores todos os que pelo seu comportamento dão causa à sua realização. Como o dolo pressupõe um conhecimento e uma vontade dirigidos, só pode ser imputado a pessoas físicas, todavia, o conhecimento e a vontade das pessoas

---

[136] Este normativo tem subjacente o princípio da irretroactividade da lei penal enunciado no art. 29.º, n.º 1, da CRP que, sob a epígrafe aplicação da lei criminal, diz: *"Ninguém pode ser sentenciado criminalmente senão em virtude de lei anterior que declare punível a acção ou a omissão, nem sofrer medida de segurança cujos pressupostos não estejam fixados em lei anterior"*. O princípio da irretroactividade da lei penal está também previsto no art. 1.º, n.º 1 do Código Penal, aprovado pelo Decreto-Lei n.º 400/82, de 23 de Setembro.

[137] Esta norma geral assenta no velho brocardo latino *nullum crimen nulla poena sine lege*.

[138] As infracções omissivas consideram-se praticadas na data em que terminou o prazo para o cumprimento dos deveres tributários (art. 5.º, n.º 2 do RGIT).

[139] O Código Penal tem duas disposições equivalentes nos arts. 3.º e 7.º.

colectivas é o das pessoas individuais titulares dos seus orgãos. Uma vez que estes actuam no exercício das respectivas funções orgânicas, as infracções fiscais que pratiquem devem ser imputáveis, a título de dolo ou negligência, simultaneamente a eles próprios e à pessoa colectiva, em íntima comparticipação.

O agente responde criminalmente quanto actuou como titular de um órgão, membro ou representante de uma pessoa colectiva, mesmo que seja uma sociedade irregularmente constituída ou uma mera associação de facto e ainda quando actue em representação legal ou voluntária de outrem (art. 6.°, n.° 1, do RGIT).

As pessoas colectivas, incluindo as sociedades irregulares e outras entidades fiscalmente equiparadas, são responsáveis pelas infracções fiscais e contraordenacionais cometidas pelos seus orgãos ou representantes, quando eles actuem em seu nome e no interesse colectivo. Excepciona-se naturalmente o caso em que o agente tiver actuado contra as ordens ou instruções da pessoa colectiva, situação em que será ele o único responsável (art. 7.°, n.os 1 e 2 do RGIT).

Quando existe exclusivamente responsabilidade contra-ordenacional da pessoa colectiva é excluída a responsabilidade individual do agente (contrariamente ao estabelecido no RJIFNA) (art. 7.°, n.° 4 do RGIT)[140].

Foi decidido no ACTRP, de 16 de Junho de 2004 (processo n.° 0440429, publicado em http://www.dgsi.pt) que *"(...) ao prever a responsabilidade penal das pessoas colectivas simultaneamente com a responsabilidade individual dos respectivos gerentes, que actuam em representação daquelas, em seu nome e no interesse colectivo, os arts. 7.°, n.° 1 e 3, 103.° n.° 1, al. c.), 104.° n.° 1 al. d) e e), e 2, da Lei n.° 15/2001, de 5 de Junho, não violam o princípio ne bis in idem consagrado no art. 29.° 5 da Constituição. A responsabilização criminal da pessoa colectiva, derivada do disposto no art. 7.° do RGIT, ao lado da responsabilização individual dos seus gerentes, não é inconstitucional, pois não beliska minimamente o princípio non bis in idem: o que a Constituição proíbe rigorosamente é que o mesmo facto dê origem a duplo julgamento da mesma pessoa, e não, como ocorre no caso, a dupla penalização, de pessoas juridicamente distintas"*.

---

[140] Mas se a multa ou a coima for aplicada a uma entidade sem personalidade jurídica, responde o seu património e, na sua falta ou insuficiência, solidariamente o património de cada um dos seus associados (art. 7.°, n.° 5, do RGIT).

5.2.3. Responsabilidade civil dos administradores, gerentes e representantes pelas multas e coimas

A LGT atribui um dever de boa prática tributária aos administradores, gerentes e representante das pessoas colectivas[141] e o RGIT consagra a responsabilidade[142] subsidiária[143] dos administradores, gerentes e outras pessoas que exerçam, ainda que apenas de facto, funções de administração em pessoas colectivas e sociedades, mesmo que irregularmente constituídas, ou em outras entidades fiscalmente equiparadas, relativamente às multas e coimas aplicadas às infracções praticadas no período de exercício do seu cargo e ainda por factos anteriores, quando tiver sido por culpa deles que o património da pessoa colectiva se tornou insuficiente para o respectivo pagamento (art. 8.º, n.º 1, a), do

---

[141] *"Aos representantes de pessoas singulares e quaisquer pessoas que exerçam funções de administração em pessoas colectivas ou entes fiscalmente equiparados incumbe, nessa qualidade, o cumprimento dos deveres tributários das entidades por si representadas"* (art. 32.º da LGT).

[142] *"A responsabilidade é solidária se forem várias as pessoas a praticarem os actos ou omissões culposos de que resulte a insuficiência do património das entidades em causa"* (art. 8.º, n.º 2, do RGIT).

[143] A LGT consagra no art. 24.º uma responsabilidade subsidiária idêntica destes mesmos sujeitos individuais, relativamente às dívidas tributárias das sociedades. Sob a epígrafe responsabilidade dos membros de corpos sociais e responsáveis técnicos, dispõe: *"1 – Os administradores, directores e gerentes e outras pessoas que exerçam, ainda que somente de facto, funções de administração ou gestão em pessoas colectivas e entes fiscalmente equiparados são subsidiariamente responsáveis em relação a estas e solidariamente entre si: a) Pelas dívidas tributárias cujo facto constitutivo se tenha verificado no período de exercício do seu cargo ou cujo prazo legal de pagamento ou entrega tenha terminado depois deste, quando, em qualquer dos casos, tiver sido por culpa sua que o património da pessoa colectiva ou ente fiscalmente equiparado se tornou insuficiente para a sua satisfação; b) Pelas dívidas tributárias cujo prazo legal de pagamento ou entrega tenha terminado no período do exercício do seu cargo, quando não provem que não lhes foi imputável a falta de pagamento. 2 – A responsabilidade prevista neste artigo aplica-se aos membros dos órgãos de fiscalização e revisores oficiais de contas nas pessoas colectivas em que os houver, desde que se demonstre que a violação dos deveres tributários destas resultou do incumprimento das suas funções de fiscalização. 3 – A responsabilidade prevista neste artigo aplica-se também aos técnicos oficiais de contas em caso de violação dolosa dos deveres de assunção de responsabilidade pela regularização técnica nas áreas contabilística e fiscal ou de assinatura de declarações fiscais, demonstrações financeiras e seus anexos".*

RGIT)[144]. Considera-se ainda solidariamente responsável pelo pagamento das coimas e multas, quem colaborar dolosamente na prática da infracção tributária, independentemente da sua responsabilidade criminal pela infracção (art. 8.º, n.º 6 do RGIT)[145].

Os responsáveis subsidiários pelo pagamento de multas podem intervir no processo penal tributário (arts. 35.º e segs. do RGIT) e gozam dos direitos de defesa dos arguidos compatíveis com a defesa dos seus interesses (art. 49.º do RGIT).

Os responsáveis solidários e subsidiários pelo pagamento das multas não figuram como co-autores no processo penal tributário, onde elas foram aplicadas à pessoa colectiva e aos seus orgãos, por isso, só em sede de execução de tal multa e perante a falta ou insuficiência de bens penhoráveis do executado pode ser efectivada a sua responsabilidade pelo respectivo montante.

5.2.4. *Disposições comuns aplicáveis aos crimes tributários*

O cumprimento pelo arguido da sanção que lhe for aplicada naturalmente não o exonera do pagamento da prestação tributária em dívida e dos respectivos acréscimos legais (art. 9.º do RGIT).

Encontra-se consagrado o princípio da especialidade[146] das normas tributárias, segundo o qual aos responsáveis pelas infracções tributárias

---

[144] A responsabilidade dos administradores, gerentes e outras pessoas que exerçam poderes de facto também existe relativamente a multas ou coimas devidas por factos anteriores, em que a decisão definitiva só seja notificada durante o período do exercício do seu cargo, mas neste caso, desde que lhes seja imputável a falta de pagamento (art. 8.º, n.º 1, b)).

[145] O RGIT atribui ainda responsabilidade solidária pelo pagamento das multas e coimas às pessoas a quem se achem subordinados aqueles que, por conta deles, cometeram infracções fiscais, excepto se tiverem tomado as providências necessárias para que eles tivessem cumprido a lei (art. 8.º, n.º 3). Esta responsabilidade solidária é também extensiva aos pais e representantes legais de menores ou incapazes, quanto às infracções por estes cometidas (art. 8.º, n.º 4).

[146] *"(...) julgo justificar a especialidade da tipificação penal fiscal, face à comum, será a circunstância de, nas infracções essencialmente fiscais, o infractor procura evitar a amputação do seu próprio património atingido pela tributação, não procurando, ao contrário do que sucede, em regra, nos correspondentes crimes comuns, um enriquecimento à custa do Estado"*, Nuno Sá Gomes, obra citada, pág. 103. Ainda segundo este autor, é também esta a razão que justifica a existência de um regime punitivo dos crimes fiscais especialmente atenuado, chamando-lhes crimes especiais *sui generis* privilegiados.

previstas no RGIT apenas podem ser aplicadas as sanções previstas nas respectivas normas, desde que não tenham sido praticadas infracções de outra natureza (art. 10.º do RGIT). Tal significa que os tipos penais fiscais, ainda que correspondentes a tipos penais comuns (por exemplo os crimes comuns de falsas declarações, falsificação de documentos, abuso de confiança e frustração de créditos), excluem a aplicação desses tipos penais comuns, quando o facto ilícito for praticado com finalidade exclusivamente fiscal, atentos os princípios *non bis in idem*[147] e *lex specialis derrogat lex generalis*.

No Acórdão n.º 3/2003 do STJ (recurso extraordinário para fixação de jurisprudência, com três votos de vencido) foi decidido que: *"Na vigência do Regime Jurídico das Infracções Fiscais não Aduaneiras (...), não se verifica concurso real entre o crime de fraude fiscal, previsto e punido pelo artigo 23.º daquele Regime Jurídico das Infracções Fiscais não Aduaneiras, e os crimes de falsificação e de burla, previstos no Código Penal, sempre que estejam em causa apenas interesses fiscais do Estado, mas somente concurso aparente de normas, com prevalência das que prevêem o crime de natureza fiscal (...) é perfeitamente plausível que, através da factualidade que determina a fraude fiscal, se possam cometer outras infracções para além daquela. Mister é que se tenham violado interesses ou bens jurídicos substancialmente diferentes e se não caia, por isso, numa situação de consunção».".* Existe assim um concurso aparente de normas penais[148]. Todavia, de acordo com a parte final daquela norma,

---

[147] Dispõe o art. 29.º, n.º 5, da CRP que: *"Ninguém pode ser julgado mais do que uma vez pela prática do mesmo crime".*

[148] *"I – Integra o crime de fraude fiscal – então previsto e punido pelo artigo 23.º n.º 2, do Regime Jurídico das Infracções Fiscais Não Aduaneiras (...), em concurso aparente com os crimes de burla e falsificação, impondo-se a aplicação daquela lei (lei especial), em detrimento da lei geral (Código Penal), a conduta do arguido que mediante a emissão de facturas falsas (não correspondentes a qualquer transacção comercial) recebeu do Estado, indevidamente, dinheiro a título de reembolso do Imposto sobre o Valor Acrescentado."* – ACRP de 20/05/98, proc. n.º 9810469, publicado em http://www.dgsi.pt. *"I – Na emissão de factura, em que não há correspondência com a transacção que titula, com a intenção de obter proventos em sede de Imposto sobre o Valor Acrescentado, por reembolso, ou em sede de Imposto sobre o Rendimento das Pessoas Colectivas, por diminuição da matéria colectável, existe um mero concurso aparente entre o crime de "fraude fiscal" (...) e os crimes de falsificação de documento, previsto e punido pelo artigo 228.º n.º 1 alínea a) e de burla, do artigo 313.º n.º 1 ambos do Código Penal de 1982, impondo- -se, em tal caso, a aplicação exclusiva da lei especial, o dito Regime Jurídico das Infrac-*

este princípio não se aplica, sempre que o mesmo facto ilícito, além de configurar a prática de um crime fiscal e de preencher também o tipo legal do crime comum, ofender, não apenas os interesses do Fisco, mas ainda outros interesses jurídicos diferentes, designadamente os interesses de outros credores ou até interesses do Estado, distintos dos da Fazenda Nacional. Aliás, assim foi decidido no Acordão do TRP de 18/03/98 (processo n.º 9840078) com o sumário publicado em http://www.dgsi.pt: *"Sendo a conduta do agente violadora dos diversos bens jurídicos protegidos na incriminação dos crimes de falsificação, burla e fraude fiscal, verifica-se uma situação de concurso real entre aquelas infracções"*. Para as infracções previstas no RGIT aplicam-se, assim, somente as sanções aí previstas, a despeito de ter sempre de admitir-se a possibilidade de concurso com infracções de outra natureza, que não poderão deixar de ser as de natureza não tributária

As penas principais aplicáveis às pessoas singulares pela prática de crimes tributários são de prisão até oito anos[149] (caso de associação criminosa do artigo 89.º, n.º 2 do RGIT) ou de multa de 10 a 600 dias. Aos crimes tributários praticados por pessoas colectivas, ainda que irregularmente constituídas, e a outras entidades fiscalmente relevantes, naturalmente apenas são aplicadas penas de multa, que variam entre 20 e 1920 dias (art. 12.º do RGIT).

O juiz fixa a pena de multa (sobre a qual não incide qualquer adicional) de acordo com a situação económica e financeira do arguido, correspondendo cada dia de multa a uma quantia entre € 1 e € 500 para pessoas singulares e entre € 5 e € 5 000, tratando-se de pessoas colectivas ou entidades equiparadas (art. 15.º do RGIT).

ções Fiscais Não Aduaneiras, em detrimento da lei geral, o Código Penal, pese embora a moldura abstracta de qualquer dos indicados crimes comuns ser mais grave". – ACRP de 13/10/99, proc. n. 9910641, publicado em http://www.dgsi.pt. *"I – O reembolso a título do Imposto sobre o Valor Acrescentado e a diminuição de tributação do Imposto sobre o Rendimento das Pessoas Colectivas, provenientes de emissão de facturas que simulavam fornecimentos e prestações de serviços inexistentes, do que resultou somente a defraudação dos interesses do fisco, configura apenas o crime de fraude fiscal em concurso aparente com o crime de burla. II – Extinto por prescrição o procedimento criminal pelo delito fiscal não pode prosseguir o procedimento pelo crime de burla"*. – ACTRP de 25/10/2000, proc. n.º 9911204, publicado em http://www.dgsi.pt

[149] Com o RGIT o máximo da pena (8 anos) previsto para os crimes fiscais aproximou-se do previsto para os crimes contra o património em geral.

A execução da pena de prisão pode ser suspensa[150], desde que o arguido efectue o pagamento da prestação tributária e os acréscimos, ou o montante dos benefícios indevidamente obtidos, em prazo a fixar pelo juiz até ao limite de cinco anos subsequentes ao trânsito em julgado da decisão condenatória. No caso de o entender oportuno, o juiz pode ainda fazer depender a suspensão da pena do pagamento de uma quantia estabelecida até ao limite máximo previsto para a pena de multa.

Se o arguido condenado em pena de prisão suspensa não efectuar o pagamento das quantias supra referidas, o juiz pode revogar-lhe a suspensão da execução da pena, exigir-lhe garantias de cumprimento do pagamento daquelas quantias ou prorrogar-lhe o período de suspensão até metade do prazo fixada para a concreta suspensão, neste último caso, sempre sem poder exceder o prazo máximo de suspensão admissível, que é de cinco anos (art. 14.º do RGIT). Trata-se de situações em que o contribuinte, repondo a verdade fiscal e pagando as quantias em dívida, obtém uma clemência penal fiscal.

No ACSTJ (proc. n.º 1094/03, 3.ª Secção) de 04/06/2003 (Sumários de Acórdãos do Supremo Tribunal de Justiça, 2003) foi decidido que *"I – A obrigação de pagamento à Fazenda Nacional dos impostos em dívida e respectivos juros, como condição da suspensão da execução da*

---

[150] *"A legalidade e conformidade constitucional do condicionamento da pena suspensa, nomeadamente, ao pagamento da indemnização devida ao lesado, de há muito foi atestada pelo Tribunal Constitucional, que, no acórdão de 4 de Novembro de 1987, considerou que em caso de revogação da suspensão por falta de pagamento não se poderá falar de prisão em resultado do não pagamento de uma dívida, já que a causa primeira da prisão é a prática de um «facto punível», salientando-se ali também que, em qualquer caso, a revogação da suspensão da pena é apenas uma das faculdades concedidas ao tribunal pela lei, para o caso de, durante o período da suspensão, o condenado deixar de cumprir, com culpa, qualquer dos deveres impostos na sentença. Posição que o Prof. Figueiredo Dias subscreve quando opina: «já se suscitou entre nós a questão – absolutamente infundada – de saber se o condicionamento da suspensão pelo pagamento da indemnização não configuraria, quando aquele pagamento não viesse a ser feito, uma (inconstitucional) prisão por dívidas! A alegação foi (obviamente) afastada pelo ACTC de 87NOV02, com o argumento irrecusável de que, nesse caso, a prisão é cumprida por força da condenação nela, feita pelo tribunal ao determinar a pena. Só uma completa incompreensão do que seja uma pena de substituição pode ter conduzido a tal equívoco». Não há assim qualquer ilegalidade no condicionamento da pena suspensa, mormente quando, como no caso, tal condição se reporta à reposição do «mal do crime»".* – ACSTJ de 12/12/2002 (proc. n.º 02P4218), publicado em http://www.dgsi.pt.

pena imposta pela prática de crime fiscal (art. 14.°, n.° 1 do RGIT) não constitui uma verdadeira indemnização, mas antes uma mera condição da pena de substituição, reforçando o conteúdo reeducativo e pedagógico da censura. II – "Tal pagamento, consoante aquele dispositivo legal, é obrigatório, já que aí se prescreve que a suspensão é sempre condicionada ao pagamento, até ao limite de cinco anos subsequentes à condenação, da prestação tributária e acréscimos legais, do montante dos benefícios indevidamente obtidos, o que constitui uma especificidade em elação ao regime geral consubstanciado no art. 50.°, do CP".

Também no ACSTJ de 23/10/2003 (proc. n.° 3208/03, da 5.ª secção, publicado em Sumários de Acórdãos do Supremo Tribunal de Justiça, 2004) lavrou-se que: *"(...) II – A lei penal tributária, ao exigir que a suspensão fique subordinada ao pagamento integral da prestação tributária, deixa subentendido o repúdio dessa "substituição" se a obrigação condicionante não for viável, designadamente se representar para o condenado uma obrigação cujo cumprimento for inexigível ou, mais precisamente, não for razoavelmente de exigir". "III – Em caso de suspensão condicionada, justificar-se-á sob pena de o processo (e com ele, assim desincentivado, o próprio condenado) entrar em letargia durante o período do pagamento condicionante – que o tribunal estabeleça um apertado calendário de entregas à administração fiscal, por conta da prestação tributária e respectivos acréscimos, de mensalidades de montante que, proporcionado ao valor global da dívida, antecipe a sua integral satisfação ao cabo do prazo fixado" "IV – concluindo-se pela inviabilidade, num juízo prognóstico de razoabilidade, da satisfação da condição legal, será de repudiar a substituição da prisão por suspensão (pois que esta, sem o pagamento integral da prestação tributária não realiza de forma adequada e suficiente – na perspectiva do próprio RGIT – as finalidades da punição), haverá que se retroceder, revendo-se porventura a solução a seu tempo provisoriamente adiantada, à questão da opção entre a prisão (ainda que suspensa) e a multa (que, numa primeira abordagem, se rejeitara no pressuposto de que a suspensão – se condicionada – satisfaria adequada e suficientemente as finalidades de punição " "V – Se o tribunal – quando substituiu a prisão por prisão suspensa e condicionou a suspensão ao pagamento integral da prestação tributária – não tomou posição explícita sobre se esse dever representava, ou não, para o condenado (tendo em conta a sua situação laboral e patrimonial) uma obrigação razoavelmente exigível, deixou de se pronunciar sobre uma questão – a da razoabilidade prática da obrigação condicionante – que devia ter apreciado, assim viciando a sentença, nessa parte, de nulidade (art. 379.º, n.º 1, al. c), do CPP)".*

Aos agentes dos crimes tributários podem ser aplicadas, cumulativamente com as penas principais, penas acessórias[151], como é o caso, entre outras, da interdição temporária para o exercício de certas actividades ou profissões, a perda de benefícios fiscais concedidos[152], o encerramento de estabelecimento e a própria dissolução da pessoa colectiva. A aplicação das penas acessórias tem que observar os pressupostos previstos no Código Penal[153] e, em particular, as regras próprias previstas do art. 17.º

---

[151] Deflui do art. 16.º do RGIT: *"São aplicáveis, cumulativamente, aos agentes dos crimes tributários as seguintes penas acessórias: a) Interdição temporária do exercício de certas actividades ou profissões; b) Privação do direito a receber subsídios ou subvenções concedidos por entidades ou serviços públicos; c) Perda de benefícios fiscais concedidos, ainda que forma automática, franquias aduaneiras e benefícios concedidos pela administração da segurança social ou inibição de os obter; d) Privação temporária do direito de participar em feiras, mercados, leilões ou arrematações e concursos de obras públicas, de fornecimento de bens ou serviços e de concessão, promovidos por entidades ou serviços públicos ou por instituições particulares de solidariedade social comparticipadas pelo orçamento da segurança social; e) Encerramento de estabelecimento ou de depósito; f) Cassação de licenças ou concessões e suspensão de autorizações; g) Publicação da sentença condenatória a expensas do agente da infracção; h) Dissolução da pessoa colectiva; i) Perda de mercadorias, meios de transporte e outros instrumentos do crime".*

[152] Doutrinariamente, não é pacífica a admissibilidade desta sanção acessória. A este propósito refere Nuno Sá Gomes, obra citada, a págs. 43 e segs.: *"Sendo o Direito Fiscal um ramo de direito público que tutela o interesse público à correcta percepção dos impostos, é óbvio que a violação dos deveres tributários, qualificada, legalmente, como infracção fiscal, sancionada com penas fiscais, revela uma particular intensidade do interesse público que foi violado, por o infractor pôr em especial risco, ou atentar abertamente, contra a desejada correcta percepção do imposto. Mas, por outro lado, traduzindo-se os benefícios fiscais em factos extrafiscais impeditivos do nascimento da obrigação tributária com o seu conteúdo normal, de natureza excepcional, daí decorre que, no critério do legislador fiscal, a não percepção do imposto, verificados que sejam os pressupostos e condicionalismos do desagravamento, tutela um interesse público extrafiscal superior, em princípio, ao da própria percepção do imposto (...) Não é outro, de facto, o sentido normativo de todos os desagravamentos fiscais de qualquer natureza e regime jurídico...) coexistem, em tensão dialéctica, dois interesses públicos contraditórios(...)".*

[153] O art. 65.º do Código Penal diz, sob a epígrafe princípios gerais: *"1 – Nenhuma pena envolve como efeito necessário a perda de direitos civis, profissionais ou*

do RGIT[154]. Assim, por exemplo, a pena acessória de interdição temporária para o exercício de profissão, deve ser aplicada quando a infracção tributária tiver sido praticada com flagrante abuso da profissão exercida pelo agente.

---

políticos. 2 – A lei pode fazer corresponder a certos crimes a proibição do exercício de determinados direitos ou profissões". Vêm depois enumeradas naquele diploma diversas penas acessórias como a proibição do exercício de funções (art. 66.°), a suspensão do exercício de funções (art. 67.°) e a proibição de conduzir veículos motorizados (art. 69.°).

[154] Dispõe o art. 17.° do RGIT, sob a epígrafe pressupostos de aplicação das penas acessórias: *"1 – As penas a que se refere o artigo anterior são aplicáveis quando se verifiquem os pressupostos previstos no Código Penal, observando-se ainda o disposto nas alíneas seguintes: a) A interdição temporária do exercício de certas actividades ou profissões poderá ser ordenada quando a infracção tiver sido cometida com flagrante abuso da profissão ou no exercício de uma actividade que dependa de um título público ou de uma autorização ou homologação da autoridade pública; b) A condenação nas penas a que se referem as alíneas b) e c) deverá especificar os benefícios e subvenções afectados, só podendo, em qualquer caso, recair sobre atribuições patrimoniais concedidas ao condenado e directamente relacionadas com os deveres cuja violação foi criminalmente punida ou sobre incentivos fiscais que não sejam inerentes ao regime jurídico aplicável à coisa ou direito beneficiados; c) O tribunal pode limitar a proibição estabelecida na alínea d) a determinadas feiras, mercados, leilões e arrematações ou a certas áreas territoriais; d) Não obsta à aplicação da pena prevista na alínea e) a transmissão do estabelecimento ou depósito ou a cedência de direitos de qualquer natureza relacionados com a exploração daqueles, efectuada após a instauração do processo ou antes desta mas depois do cometimento do crime, salvo se, neste último caso, o adquirente tiver agido de boa fé; e) O tribunal pode decretar a cassação de licenças ou concessões e suspender autorizações, nomeadamente as respeitantes à aprovação e outorga de regimes aduaneiros económicos ou suspensivos de que sejam titulares os condenados, desde que o crime tenha sido cometido no uso dessas licenças, concessões ou autorizações; f) A publicação da sentença condenatória é efectuada mediante inserção em dois jornais periódicos, dentro dos 30 dias posteriores ao trânsito em julgado, de extracto organizado pelo tribunal, contendo a identificação do condenado, a natureza do crime, as circunstâncias fundamentais em que foi cometido e as sanções aplicadas; g) A pena de dissolução de pessoa colectiva só é aplicável se esta tiver sido exclusiva ou predominantemente constituída para a prática de crimes tributários ou quando a prática reiterada de tais crimes mostre que a pessoa colectiva está a ser utilizada para esse efeito, quer pelos seus membros, quer por quem exerça a respectiva administração. 2 — As penas previstas nas alíneas a), b), d), e) e f) e a inibição de obtenção de benefícios fiscais, franquias aduaneiras e benefícios concedidos pela administração da segurança social, prevista na alínea c), todas do artigo anterior, não podem ter duração superior a três anos, contados do trânsito em julgado da decisão condenatória".*

Consideram-se perdidos a favor da Fazenda Nacional alguns dos objectos[155] e instrumentos que tenham sido utilizados na prática ou para a prática dos crimes tributários. Caso esses instrumentos não pertencerem ao agente do crime, ele deverá ser condenado a pagar quantia equivalente ao seu valor.

O procedimento criminal por crime tributário prescreve no prazo de cinco anos a contar da data da prática dos factos[156], mas quando o limite máximo da pena de prisão for igual ou superior a cinco anos (no máximo oito) o prazo é de 10 anos[157] (art. 21.º do RGIT). Todavia, o prazo de prescrição do procedimento criminal é reduzido ao prazo de caduci-

---

[155] É o caso das mercadorias, meios de transporte utilizados para as transportar, ou valor equivalente destes, no caso de não pertencerem ao agente. O mesmo sucede ainda com as armas e outros instrumentos utilizados para a prática dos crimes aduaneiros (arts. 18.º a 20.º do RGIT). As mercadorias, as armas e os meios de transporte utilizados no crime, assim como os instrumentos utilizados para a prática do crime, que sejam apreendidos ficam depositados nas estâncias aduaneiras ou em depósitos públicos. Mediante autorização da autoridade judiciária os referidos objectos podem ser utilizados provisoriamente pela Guarda fiscal que os tiver aprendido, até à declaração de perda ou de restituição (art. 38.º, n.ºs 1 e 2 do RGIT).

[156] *"Haverá que julgar extinto por prescrição o procedimento criminal por crime de fraude fiscal previsto e punido pelo artigo 23.º n.ºs 1 alínea a), 2 alínea a) e d) e 3 alínea a) do Decreto-Lei n.º 20-A/90, de 15 de Janeiro, por terem decorrido 5 anos desde a data da prática dos factos, sendo que o único facto interruptivo (notificação do despacho que recebeu a acusação) teve lugar para além desse prazo de 5 anos. A data da consumação do crime é a da comunicação aos Serviços de Imposto sobre Valor Acrescentado, por parte do arguido, do forjado crédito de Imposto sobre o Valor Acrescentado invocado"* – ACTRP de 05/04/2000, processo n.º 9911120, publicado em http://www.dgsi.pt. *"I – O director distrital de finanças é um órgão de polícia criminal, no sentido amplo que deve ser dado ao conceito do artigo 1.º n.º 1 alínea c) do Código de Processo Penal. II – O acto de constituição de arguido lavrado por ele faz interromper o prazo do procedimento criminal"* – ACTRP de 15/10/2003, processo n.º 0312712, publicado em http://www.dgsi.pt. *"O procedimento criminal por crime de fraude fiscal extingue-se, por efeito da prescrição, logo que sobre a sua prática sejam decorridos cinco anos, estabelecendo o Regime Jurídico das Infracções Fiscais Não Aduaneiras, como lei especial, um prazo diferente do do Código Penal"* – Acordão do TRP de 05/01/2000 (processo n.º 9940921), publicado em http://www.dgsi.pt

[157] O art. 118.º, n.º 1, b), do Código Penal, dispõe que o procedimento criminal extingue-se por efeito de prescrição, logo que sobre a prática do crime tiverem decorrido 10 anos, quando estiverem em causa crimes puníveis com pena de prisão com limite máximo igual ou superior a 5 anos, mas inferior a 10.

dade[158] do direito à liquidação da prestação tributária, quando a infracção depender de prévia liquidação.

O prazo de prescrição do procedimento criminal interrompe-se e suspende-se nos termos estabelecidos no Código Penal[159], mas a suspensão da prescrição verifica-se ainda no caso de ter sido intentado procedimento, contestação técnica aduaneira ou processo tributário em que se discuta situação tributária de cuja definição dependa a qualificação criminal dos factos e quando estiver a correr processo de impugnação judicial ou tiver havido oposição à execução (arts. 42.º, n.º 2 e 47.º do RGIT).

A prescrição é uma das causas da extinção da responsabilidade penal fiscal. Se tiver decorrido o supra aludido prazo legal sem que o procedimento judicial para a aplicação da pena tenha sido instaurado ou, tendo-o

---

[158] O art. 45.º da LGT estabelece como regra um prazo de caducidade do direito à liquidação dos tributos de 4 anos. Esse prazo pode ser reduzido nos casos de *"erro evidenciado na declaração do sujeito passivo"* e no caso de ter havido reporte de prejuízos da sociedade. A caducidade suspende-se com a notificação ao contribuinte da nota de liquidação.

[159] Art. 120.º do Código Penal: *"1 – A prescrição do procedimento criminal suspende-se, para além dos casos especialmente previstos na lei, durante o tempo em que: a) O procedimento criminal não puder legalmente iniciar-se ou continuar por falta de autorização legal ou de sentença a proferir por tribunal não penal, ou por efeito da devolução de uma questão prejudicial a juízo não penal; b) O procedimento criminal estiver pendente a partir da notificação da acusação ou, não tendo esta sido deduzida, a partir da notificação da decisão instrutória que pronunciar o arguido ou do requerimento para aplicação de sanção em processo sumaríssimo; c) Vigorar a declaração de contumácia; ou d) A sentença não puder ser notificada ao arguido julgado na ausência; e) O delinquente cumprir no estrangeiro pena ou medida de segurança privativas da liberdade. 2 – No caso previsto na alínea b) do número anterior a suspensão não pode ultrapassar 3 anos. 3 – A prescrição volta a correr a partir do dia em que cessar a causa da suspensão".* Art. 121 do CP: *"1 – A prescrição do procedimento criminal interrompe-se: a) Com a constituição de arguido; b) Com a notificação da acusação ou, não tendo esta sido deduzida, com a notificação da decisão instrutória que pronunciar o arguido ou com a notificação do requerimento para aplicação da sanção em processo sumaríssimo; c) Com a declaração de contumácia; d) Com a notificação do despacho que designa dia para audiência na ausência do arguido. 2 – Depois de cada interrupção começa a correr novo prazo de prescrição. 3 – A prescrição do procedimento criminal tem sempre lugar quando, desde o seu início e ressalvado o tempo de suspensão, tiver decorrido o prazo normal de prescrição acrescido de metade. Quando, por força de disposição especial, o prazo de prescrição for inferior a 2 anos o limite máximo da prescrição corresponde ao dobro desse prazo".*

sido, o respectivo processo tiver estado parado, a extinção da responsabilidade penal fiscal justifica-se por duas razões, por um lado, a paz jurídica do arguido, que não deve ver a indefinição da sua responsabilidade prolongar-se para além de certo tempo, por outro lado, a presunção de que o Estado, titular do *ius puniendi*, se desinteressou da definição dessa responsabilidade, por entretanto terem perdido actualidade os fins preventivo e repressivo das penas a aplicar.

A este propósito, é interessante a decisão tirada no Acordão do TRP de 15/10/2003 (processo n.° 0312712), que pode ser consultado em http://www.dgsi.pt. Aí se decidiu que o director distrital de finanças é um órgão de polícia criminal, no sentido amplo que deve ser dado ao conceito do artigo 1.°, n.° 1, alínea c), do Código de Processo Penal (CPP), pelo que o acto de constituição de arguido lavrado por ele faz interromper o prazo de prescrição do procedimento criminal: *"Afigura-se indiscutível que a Administração Fiscal não é uma autoridade judiciária. Porém, o art. 43.°, n.os 1 e 2 do RJIFNA, em vigor na data dos factos, atribuía ao agente da administração fiscal, quando investigava um crime fiscal, os poderes e as funções de órgão de polícia criminal".*

Quando o agente repuser a verdade sobre a sua situação tributária e o crime for punível com pena de prisão igual ou inferior a três anos, a pena pode ser dispensada[160] se, cumulativamente, a ilicitude do facto e a culpa do agente não forem muito graves, a prestação tributária e os demais acréscimos legais tiverem sido pagos ou tiverem sido restituídos os benefícios injustificadamente obtidos e se à dispensa da pena não se opuserem razões de prevenção[161]. É uma medida de clemência penal fiscal. A este propó-

---

[160] *"I – A dispensa de pena prevista no artigo 22.° da Lei n.° 15/2001, de 5 de Junho pode ser aplicada a pessoas colectivas. II – As normas da Lei n.° 15/2001 que prevêem simultaneamente a responsabilidade penal das pessoas colectivas e a dos respectivos gerentes não violam o artigo 29.° n.° 5 da Constituição"* – ACTRP de 16-06-2004 (proc. n.° 0440429) publicado em http://www.dgsi.pt.

[161] O art. 44.° do RGIT prevê a possibilidade do arquivamento do processo no caso de estar expressamente prevista na lei a dispensa de pena para o crime em causa. Respiga-se daquele normativo, sob a epígrafe arquivamento em caso de dispensa da pena *"1 — Se o processo for por crime relativamente ao qual se encontre expressamente prevista na lei a possibilidade de dispensa da pena, o Ministério Público, ouvida a administração tributária ou da segurança social e com a concordância do juiz de instrução, pode decidir-se pelo arquivamento do processo, se se verificarem os pressupostos daquela dispensa. 2 — Se a acusação tiver sido já deduzida, o juiz de instrução, enquanto esta decorrer,*

sito, referiu-se no ACSTJ de 29/01/2003 (processo n.º 02P983) publicado em http://www.dgsi.pt que: *"(...) essa norma deve ser interpretada no sentido de que o seu conteúdo não abrange nem implica a derrogação do princípio consagrado no nosso sistema penal de que a falta de cumprimento das condições da suspensão não determina automaticamente a revogação desta, antes impondo a lei ao juiz que averigue do carácter culposo desse incumprimento e que, mesmo verificando a existência de culpa (sem o que a revogação não é possível), considere a possibilidade de alguma das legalmente previstas soluções alternativas à revogação. Só sendo determinável tal revogação nas situações de acentuada gravidade expressamente previstas na lei penal (cf. arts. 55.º e 56.º do C.P. (...), e sendo o art. 56.º do C.P. aplicável ex vi dos arts. 4.º, n.º 1, do RJIFNA e 3.º, alínea a) do RGIT)"*.

A dispensa da pena também pode ser aplicada a pessoas colectivas condenadas em pena de multa, conforme foi decidido no ACTRP, de 16 de Junho de 2004 (processo n.º 0440429): *"Como o art. 22.º, da Lei 15/2001, apenas refere o crime for punível com pena de prisão igual ou inferior a três anos, cumpre questionar se a medida de dispensa de pena pode ter lugar, ou não, quanto aos crimes tributários cometidos por pessoas colectivas, punidos, como se sabe, com penas de multa. (...) a referência que é feita no art. 22.º n.º 1 do RGIT, a pena de prisão igual ou inferior a três anos, ao respectivo tipo legal, e daí retirar que a intenção do legislador foi definir os tipos legais a que pretendia aplicar a dispensa, abrangendo quer as pessoas singulares, que são punidas nessa moldura, quer as pessoas colectivas que são aí punidas na moldura equivalente de multa. esta última solução a que nos parece mais razoável, art. 9.º do Código Civil, e a que se justifica até por um argumento de identidade de razão. Como explicar, que sendo uma pessoa singular e uma pessoa colectiva condenadas, pela mesma disposição legal, em virtude da mesma*

---

pode, com a concordância do Ministério Público e do arguido, ouvida a administração tributária ou da segurança social, decidir- se pelo arquivamento do processo, se se verificarem os pressupostos da dispensa da pena". A este propósito foi decidido no ACTRP de 01-10-2003 (proc. n.º 0312396), publicado em http://www.dgsi.pt: *"competia ao Ministério Público, e só, assumir a iniciativa do arquivamento do processo até ao julgamento. Não o tendo feito, não pode o tribunal, depois de o processo ter transitado para a fase de julgamento, substitui-lo em tal iniciativa". A iniciativa tem de caber ao MP, embora para o arquivamento seja necessária a concordância do juiz de instrução e do assistente".*

conduta, a pena da pessoa singular possa ser dispensada e a da pessoa colectiva não?"

A pena é especialmente atenuada[162] se o agente repuser a verdade fiscal e pagar a prestação tributária e os demais acréscimos legais até à decisão final, ou no prazo nela fixado (art. 22.º do RGIT).

5.2.5. *O Processo Penal Tributário*

A notícia do crime tributário pode ser adquirida pelo Ministério Público ou pela administração tributária ou órgãos da segurança social com competência delegada, pelos órgãos de polícia criminal, pelos agentes tributários e da segurança social ou através de simples denúncia.

A denúncia por crime tributário deve conter, na medida do possível, a indicação dos factos que constituem o crime, o dia, a hora, o local e as circunstâncias em que ele foi cometido, bem como a identificação do agente, dos ofendidos e deve reunir todas as provas conhecidas, nomeadamente testemunhas e documentos.

Qualquer autoridade judiciária que, no decurso de um processo por crime não tributário, tome conhecimento de indícios de crime tributário, deve comunicá-los ao Ministério Público ou ao órgão da administração tributária ou da segurança social competente. O mesmo se aplica ao agente da administração tributária ou da segurança social que adquira notícia de crime tributário no exercício das suas funções, ou fora delas.

Quando não seja adquirida pelas entidades competentes para o inquérito, a notícia do crime deve ser transmitida ao Ministério Público ou ao órgão da administração tributária ou da segurança social com competência delegada para o inquérito (art. 35.º da LGT).

---

[162] *"I – O facto de na data do julgamento já terem decorrido mais de seis anos sobre o momento da prática dos factos (crime de fraude fiscal), e apesar de o arguido ter bom comportamento, não se justifica a atenuação especial da pena prevista no artigo 73.º n.º 2 alínea d) do Código Penal de 1982, por não ter ficado provada a existência de uma acentuada diminuição da ilicitude do facto ou da culpa do agente (o comportamento deste indicia uma obstrução à realização da justiça por ter faltado, alternadamente com o seu co--arguido, sucessivamente, à audiência de julgamento, por esse facto adiada por oito vezes e à qual só compareceu após passagem de mandados de detenção, além de que não diminuiu o alarme social do crime, sendo premente a necessidade de medidas que evitem a evasão fiscal"* – ACTRP de 17-12-97 (proc. n.º 9741027) publicado em http://www.dgis.pt.

O Ministério Público é assistido tecnicamente em todas as fases do processo, mesmo em relação aos actos de inquérito que não sejam delegados, pela administração tributária ou da segurança social, que podem designar para cada processo um agente da administração ou um perito tributário (art. 50.º, n.º 1 do RGIT).

Em caso de flagrante delito de factos consubstanciadores da prática de crime tributário punível com pena de prisão, os agentes da administração tributária e os orgãos de polícia criminal procedem à detenção da pessoa que os estiver a praticar ou tiver acabado de praticar (art. 36.º do RGIT).

Com a notícia do crime é obrigatoriamente aberto um inquérito sob a direcção do Ministério Público (art. 40.º do RGIT), que pode delegar competências para a prática dos actos de investigação nos orgãos da administração tributária e da segurança social. Determinados poderes e funções no inquérito presumem-se mesmo delegadas àqueles orgãos (art. 40.º, n.º 2 do RGIT)[163], nomeadamente a recolha da notícia dos crimes e a tentativa de impedimento das suas consequências, a descoberta dos seus agentes e a efectivação dos actos necessários e urgentes destinados a assegurar os meios de prova (art. 55.º do CPP *ex vi* art. 40.º, n.º 2, do RGIT).

---

[163] *Dispõe o art. 41.º do RGIT, sob a epígrafe competência delegada para a investigação, que: "1 — Sem prejuízo de a todo o tempo o processo poder ser avocado pelo Ministério Público, a competência para os actos de inquérito a que se refere o n.º 2 do artigo 40.º presume-se delegada: a) Relativamente aos crimes aduaneiros, no director da direcção de serviços antifraude, nos processos por crimes que venham a ser indiciados no exercício das suas atribuições ou no exercício das atribuições das alfândegas e na Brigada Fiscal da Guarda Nacional Republicana, nos processos por crimes que venham a ser indiciados por estes no exercício das suas atribuições; b) Relativamente aos crimes fiscais, no director de finanças que exercer funções na área onde o crime tiver sido cometido ou no director da Direcção de Serviços de Prevenção e Inspecção Tributária nos processos por crimes que venham a ser indiciados por aquela no exercício das suas atribuições; c) Relativamente aos crimes contra a segurança social, nos presidentes das pessoas colectivas de direito público a quem estejam cometidas as atribuições nas áreas dos contribuintes e dos beneficiários. 2 — Os actos de inquérito para cuja prática a competência é delegada nos termos do número anterior podem ser praticados pelos titulares dos órgãos e pelos funcionários e agentes dos respectivos serviços a quem tais funções sejam especialmente cometidas. 3 — Se o mesmo facto constituir crime tributário e crime comum, pode o Ministério Público determinar a constituição de equipas também integradas por elementos a designar por outros órgãos de polícia criminal para procederem aos actos de inquérito".*

Os actos de inquérito que tenham sido delegados nos órgãos da administração tributária, da segurança social ou da polícia criminal, devem estar concluídos no prazo máximo de oito meses, a contar da data em que tiver sido adquirida a notícia do crime. Todavia, no caso de ter sido intentado procedimento, contestação técnica aduaneira ou processo tributário, em que se discuta situação tributária de cuja definição dependa a qualificação criminal dos factos, o prazo de oito meses suspende-se e o inquérito não é encerrado, enquanto não for praticado acto definitivo ou for proferida decisão final sobre a referida situação tributária. De todo o modo, a investigação não é concluída enquanto não for apurada a situação tributária ou contributiva da qual dependa a qualificação criminal dos factos, sendo certo que o seu procedimento tem prioridade sobre outros da mesma natureza.

Quando a investigação levada a cabo durante o inquérito está concluída, o órgão competente emite parecer fundamentado e remete-o ao Ministério Público juntamente com o auto de inquérito (art. 42.° do RGIT). Em seguida, se o Ministério Público constatar existir prova bastante de não se ter verificado o crime, de o arguido não o ter praticado, de ser legalmente inadmissível o procedimento ou de não haver indícios suficientes da verificação do crime ou de quem foram os seus agentes, profere despacho de arquivamento (art. 277.°, n.° 1 e 2 do CPP *ex vi* art. 43.°, n.° 1 do RGIT). Se, por outro lado, durante o inquérito tiverem sido recolhidos indícios suficientes de se ter verificado o crime e de quem foi o seu agente, o Ministério Público profere despacho de acusação no prazo de 10 dias (art. 283.°, n.° 1 do CPP *ex vi* art. 43, n.° 1 do RGIT). Antes de proferir qualquer um dos referidos despachos, o Ministério Público pode entender ser ainda necessária a prática de novos actos de inquérito (art. 43.°, n.° 2 do RGIT).

Se o inquérito for arquivado ou não for deduzida a acusação, essa decisão é comunicada à administração tributária ou da segurança social, para efeito de eventual procedimento por contra-ordenação (art. 45.° do RGIT). Aliás, em qualquer fase do processo, as respectivas decisões finais são sempre comunicadas à administração tributária ou da segurança social (art. 50.°, n.° 2 do RGIT).

Se estiver a correr processo de impugnação judicial ou tiver havido lugar a oposição à execução, nos termos do Código de Procedimento e de Processo Tributário, o processo penal tributário suspende-se até que transitem em julgado as respectivas sentenças. E isto é assim porque naturalmente o dano para o Fisco só existe se a vantagem patrimonial pretendida pelo agente for fiscalmente indevida, ou seja, fiscalmente ilícita.

No caso de suspensão do processo penal tributário, o processo que lhe deu causa tem prioridade sobre todos os outros da mesma espécie (art. 47.º do RGIT)[164].

5.2.6. *O crime em especial*

O crime de fraude fiscal vem enunciado nos arts. 103.º e 104 do RGIT, com a seguinte redacção: *"Art. 103.º (Fraude) 1 – Constituem fraude fiscal, punível com pena de prisão até três anos ou multa até 360 dias, as condutas ilegítimas tipificadas no presente artigo que visem a não liquidação, entrega ou pagamento da prestação tributária ou a obtenção indevida de benefícios fiscais, reembolsos ou outras vantagens patrimoniais susceptíveis de causarem diminuição das receitas tributárias. A fraude fiscal pode ter lugar por: a) Ocultação ou alteração de factos ou valores que devam constar dos livros de contabilidade ou escrituração, ou das declarações apresentadas ou prestadas a fim de que a administração fiscal especificamente fiscalize, determine, avalie ou controle a matéria colectável; b) Ocultação de factos ou valores não declarados e que devam ser revelados à administração tributária; c) Celebração de negócio simulado, quer quanto ao valor, quer quanto à natureza, quer por interposição, omissão ou substituição de pessoas. 2 – Os factos previstos nos números anteriores não são puníveis se a vantagem patrimonial ilegítima for inferior a € 7 500*[165]. *3 – Para efeitos do disposto nos números anteriores, os valores a considerar são os que, nos termos da legislação aplicável, devam constar de cada declaração a apresentar à administração tributária". "art. 104.º (Fraude qualificada) 1 – Os factos previstos no artigo anterior são puníveis com prisão de um a cinco anos para as pessoas singulares e multa de 240 a 1200 dias para as pessoas colectivas quando se verificar a acumulação de mais de uma das*

---

[164] *"A sentença proferida em processo de impugnação judicial e a que tenha decidido da oposição de executado, nos termos do Código de Procedimento e de Processo Tributário, uma vez transitadas, constituem caso julgado para o processo penal tributário apenas relativamente às questões nelas decididas e nos precisos termos em que o foram"* (art. 48.º do RGIT).

[165] Podem ser puníveis como contraordenação fiscal.

seguintes circunstâncias: a) O agente se tiver conluiado com terceiros que estejam sujeitos a obrigações acessórias para efeitos de fiscalização tributária; b) O agente for funcionário público e tiver abusado gravemente das suas funções; c) O agente se tiver socorrido do auxílio do funcionário público com grave abuso das suas funções; d) O agente falsificar ou viciar, ocultar[166], *destruir, inutilizar ou recusar entregar, exibir ou apresentar livros, programas ou ficheiros informáticos e quaisquer outros documentos ou elementos probatórios exigidos pela lei tributária; e) O agente usar os livros ou quaisquer outros elementos referidos no número anterior sabendo-os falsificados ou viciados por terceiro; f) Tiver sido utilizada a interposição de pessoas singulares ou colectivas residentes fora do território português e aí submetidas a um regime fiscal claramente mais favorável; g) O agente se tiver conluiado com terceiros com os quais esteja em situação de relações especiais. 2 – A mesma pena é aplicável quando a fraude tiver lugar mediante a utilização de facturas ou documentos equivalentes por operações inexistentes ou por valores diferentes ou ainda com a intervenção de pessoas ou entidades diversas das da operação subjacente. 3 – Os factos previstos nas alíneas d) e e) do n.º 1 do presente preceito com o fim definido no n.º 1 do artigo 103.º não são puníveis autonomamente, salvo se pena mais grave lhes couber.*

Sinteticamente, pode definir-se fraude fiscal como toda a acção ou omissão destinada a impedir, reduzir ou retardar o pagamento de uma obrigação tributária. Subjectivamente o crime de fraude fiscal é um crime doloso (dolo específico – visa uma diminuição das receitas fiscais ou a obtenção de um benefício fiscal injustificado)[167].

Objectivamente são sancionadas as condutas que consistem na ocultação ou alteração de factos ou valores que devam constar dos livros de contabilidade e das declarações apresentadas ou prestadas à administração

---

[166] A ocultação ou alteração de factos ou valores através da falsificação ou viciação dos livros e quaisquer outros documentos ou elementos probatórios exigidos pela lei fiscal pode traduzir-se na omissão de registo de receitas ou na contabilização de custos inexistentes ou superiores aos reais a coberto de "facturas falsas". Os conceitos de falsificação ou viciação de documentos ou elementos probatórios, ou o seu uso pelo agente, bem como de ocultação, destruição, danificação ou inutilização de tais documentos devem ser interpretados à luz dos arts. 255.º a 259.º do CP, atenta a regra do art. 3.º do RGIT.

[167] *(...) o crime de fraude fiscal não fica perfeito apenas com a declaração falsa, exigindo-se uma intenção específica ou uma situação factual de perigo concreto"* – ACSTJ de 21/05/2003 (proc. n.º 03P132), publicado em http://www.dgsi.pt

fiscal para que ela fiscalize, determine, avalie ou controle a matéria colectável, ou ainda de factos que não tenham sido declarados e que devam ser revelados à administração tributária. Também preenche o tipo objectivo do crime de fraude fiscal a celebração de negócio simulado, quer quanto ao valor, quer quanto à natureza, quer por interposição, omissão ou substituição de pessoas. Neste caso, a fraude fiscal abrange quer a simulação relativa, quer a absoluta.

Os reembolsos fraudulentos só são punidos como fraude fiscal se houver diminuição efectiva de receitas fiscais. Se se tratarem de reembolsos obtidos mediante operações fictícias, em que não seja devido imposto, há apenas burla e não fraude fiscal.

Conforme referido, o crime de fraude fiscal tem dois elementos de natureza objectiva e dois elementos de natureza subjectiva. Os elementos de natureza objectiva são o comportamento traduzido na apresentação de declarações de imposto nas quais factos ou valores que delas devam constar tenham sido objecto de alteração (intencional), ocultação[168] (encobrimento fáctico) ou de celebração de negócio jurídico simulado e o evento perigoso (o crime de fraude fiscal é um crime de perigo) que é dirigido a uma diminuição das receitas fiscais ou à obtenção de um benefício fiscal injustificado. Daqui também resulta que a fraude fiscal pode ser comissiva ou omissiva.

Os elementos de natureza subjectiva são o dolo e a ilicitude e estão presentes na intenção de não liquidação, entrega ou pagamento do imposto ou na obtenção indevida de benefícios fiscais, reembolsos ou outras vantagens patrimoniais.

O bem jurídico especialmente protegido com o crime de fraude fiscal é a ofensa ao património ou Erário Público[169] ou seja, ao direito do Estado ao cumprimento dos deveres fiscais por parte dos cidadãos. Mas

---

[168] Só há ocultação ou alteração dos factos ou valores criminalizados se eles estiverem sujeitos a tributação. Também por isso o processo penal fiscal suspende-se enquanto não estiver decidida, com trânsito em julgado, eventual impugnação judicial ou oposição à execução que tenha sido deduzida (art. 47.º, n.º 1, do RGIT)

[169] *"I – Um sócio de uma sociedade por quotas, prejudicado por actos delituosos alegadamente perpetrados por outros sócios no exercício da gerência da mesma sociedade, não tem legitimidade para se constituir assistente. II – Relativamente aos crimes de fraude e abuso de confiança fiscal, o bem jurídico especialmente tutelado é de eminente interesse público"*. ACRP de 03/06/1998, processo n.º 9810265, publicado em http://www.dgsi.pt.

entendimento diferente tem por vezes sido adoptado pela doutrina e jurisprudência. Neste sentido no ACTRP de 03/04/02 (publicado em http://www.dgsi.pt) diz-se que: *"O tipo objectivo do crime de fraude fiscal basta-se como o atentado à verdade ou transparência corporizado nas diferentes modalidades previstas no artigo 23.° n.° 1 do Regime Jurídico das Infracções Fiscais não Aduaneiras, consumando-se o crime mesmo que nenhum enriquecimento venha a ter lugar"*[170]. Existem portanto diferentes posições quanto ao bem jurídico protegido pelo crime de fraude fiscal, bem expressas no ACSTJ de 21/05/2003 (proc. n.° 03P132), publicado em http://www.dgsi.pt, donde se respiga: *"Relativamente aos modelos de organização dos crimes fiscais, tem-se distinguido três: o que centra a ilicitude no dano causado ao erário público, dando relevo na estrutura do ilícito ao desvalor do resultado; o que centra a ilicitude na violação dos deveres de colaboração dos contribuintes com a Administração e, por consequência, na violação dos deveres de informação e de verdade fiscal, dando prevalência ao desvalor da acção; o que se apoia em razões mistas, resultantes da combinação dos anteriores modelos. O legislador preferiu o modelo misto de prestação do património fiscal do Estado e de valores de verdade e lealdade fiscal, paradigma a que obedece ao direito português (cf. Figueiredo Dias/Costa Andrade, O crime de fraude Fiscal..., in Direito Penal Económico e Europeu..., pág. 419 e segs., n.° 427 e segs; Augusto Silva Dias, Crimes e Contra-ordenações fiscais, na mesma colectânea de textos, pág. 445 e segs.)"*.

O crime de fraude fiscal é um crime de perigo concreto, o que significa que se punem os próprios actos preparatórios[171], mesmo antes de se consumar o prejuízo do Estado. Todavia, conforme referido supra, o perigo de dano só existe se a vantagem patrimonial fiscal pretendida pelo agente for fiscalmente indevida, fiscalmente ilícita, ou seja, se os factos estiverem efectivamente sujeitos a tributação[172].

---

[170] Na doutrina há também quem considere que o bem jurídico protegido consiste na confiança da administração na capacidade contributiva dos contribuintes – neste sentido anotação de Helena Moniz ao Acordão do STJ de 15/12/93, citação de Patrícia Noiret Silveira da Cunha, obra citada.

[171] A tentativa é punível por aplicação subsidiária do art. 23.°, n.° 1 do C.P, quando ao crime é abstractamente aplicável pena de prisão superior a 3 anos, o que sucede no caso da fraude qualificada.

[172] A ocultação de riqueza fiscalmente legítima que resulte de poupança fiscal realizada através de negócios fiscalmente menos onerosos ou técnicas contabilísticas lícitas

O objectivo é penalizar as condutas ilegítimas[173] dos contribuintes que visam a não liquidação, entrega ou pagamento da prestação tributária ou a obtenção indevida de benefícios fiscais, reembolsos[174] ou outras vantagens patrimoniais susceptíveis de causarem diminuição das receitas fiscais.

Portanto, o crime consuma-se[175] mesmo que não chegue a haver dano ou vantagem patrimonial indevida (a ocorrência do resultado determina apenas a agravação da pena. A medida da pena configura a única e esgotante sede de relevância jurídico-penal do resultado lesivo do património fiscal), ponto é que se prove que as condutas comportam um risco típico, uma possibilidade séria de produção de tais eventos. O resultado[176] é antecipado para o momento anterior ao do dano material, para o momento em que o património fiscal do Estado é colocado em risco, sendo certo que o resultado fica dependente tão-só de mero acaso[177]. Foi assim

---

não pode ser punida como crime. Também por isso o processo penal fiscal suspende-se nos termos supra referidos, enquanto não for decidida impugnação judicial ou oposição à execução que eventualmente tenham sido deduzidas (art. 47.º do RGIT).

[173] Nomeadamente através de ocultação ou alteração de factos ou valores que devam constar dos livros de contabilidade ou escrituração, ou das declarações apresentadas ou prestadas a fim de que a administração fiscal especificamente fiscalize, determine, avalie ou controle a matéria colectável, ocultação de factos ou valores não declarados e que devam ser revelados à administração tributária e a celebração de negócio simulado, quer quanto ao valor, quer quanto à natureza, quer por interposição, omissão ou substituição de pessoas.

[174] Conforme referido, os reembolsos têm que resultar numa diminuição efectiva das receitas fiscais. Se tal não suceder existirá apenas o crime de burla comum e não o crime de fraude fiscal.

[175] No caso do IRC que é autoliquidado, a consumação verifica-se quando o contribuinte entrega a declaração, a coloca no correio ou a envia pela Internet. Quando é a administração a liquidar o imposto, como no caso do IRS, é na altura da liquidação que o crime se consuma.

[176] O resultado lesivo relevante para efeitos de direito penal fiscal pode assumir várias formas: pode traduzir-se no não pagamento puro e simples de um imposto devido, pode resultar na liquidação e pagamento de um imposto em montante inferior ao legalmente previsto, pode consistir na obtenção de um benefício fiscal à margem da lei, pode ser a obtenção de um reembolso sem suporte legal. Contudo, configura sempre tanto um enriquecimento indevido como, reflexamente, um prejuízo infligido ao Estado.

[177] *"(...) o que mais avulta no desenho da incriminação é o facto de ela assegurar uma "tutela avançada" ao património público fiscal. Para maximizar e reforçar a protecção deste património, a lei portuguesa antecipa a intervenção preventiva e repressiva do*

decidido no ACTRP de 19/03/2003 (proc. n.º 0210683), publicado em http://www.dgsi.pt, que: *"Com efeito, situando-se a tónica do tipo objectivo do crime de Fraude Fiscal, como acima se viu, na violação do dever do cidadão contribuinte de colaboração com a administração fiscal, prestando com verdade e transparência as suas declarações, não se poderá deixar de considerar que o crime imputado aos arguidos se perfectibilizou com a entrega dessa inexacta declaração, isto é, no dia 1/5/1991 (...) a produção de um eventual resultado é, em si mesma, irrelevante, sendo certo, aliás, que, com a apresentação da declaração, ficaram reunidos todos os elementos necessários para se definir, concretizadamente, o resultado visado pelo agente)"*

Contudo, resulta da lei que os factos só são qualificados como crime se a vantagem patrimonial indevida[178] obtida pelo agente for superior a € 7.500,00. Até ao referido limite, a verdade é que a conduta apenas pode subsumir-se na prática de uma contraordenação fiscal.

Os esquemas fraudulentos utilizados pelos contribuintes para se eximirem ao pagamento dos impostos, ou obterem reembolsos indevidos são diversos. Alguns dos mais praticados destinam-se a evitar o pagamento do IVA ou obter o seu reembolso indevido. Por exemplo, um empresário exportador cria uma empresa fictícia (empresa ecrã) que vende determinados produtos (geralmente de elevado valor económico), acrescido do IVA sobre o respectivo preço, a uma empresa importadora, também ela fictícia. Esta segunda empresa, por sua vez, vende os mesmos produtos com uma comissão de dez por cento, novamente acrescido do IVA. Aparentemente estes dez por cento foram o lucro da segunda empresa, todavia, se ambas as empresas forem do mesmo empresário e se a primeira não pagar im-

---

direito penal para um momento em que apenas se efectiva a lesão da verdade e transparência exigidas nas relações fisco-contribuinte (...) São, de resto, estas notas que já vimos, reconduzem a fraude fiscal à categoria dogmática dos chamados crimes de resultado cortado ou de tendência interna transcendente" – ACSTJ de 21/05/2003 (proc. n.º 03P132), publicado em http://www.dgsi.pt.

[178] A vantagem patrimonial indevida traduz-se num aumento de património ou numa não diminuição patrimonial. Consiste no montante de imposto que o contribuinte deixou de pagar (diferença quantitativa entre a receita efectuada e a que deveria ter sido arrecadada nos cofres do Estado), bem como no valor que indevidamente tenha recebido em caso de reembolso. Deve existir uma conexão entre a vantagem visada e o dano causado. A vantagem patrimonial deve ser indevida, relativamente à qual o agente não tem qualquer pretensão jurídica.

posto, o empresário recebe o dinheiro do imposto. Se as duas primeiras empresas são fictícias e pertencem a um testa de ferro (um qualquer indigente), o empresário nem sequer poderá vir a ser acusado criminalmente. Esta é usualmente designada por fraude baseada num esquema em cascata.

Também é muito praticada a denominada fraude em carrossel. Em regra, começa com a criação de uma rede internacional de empresas (chamadas de caixas de correio) que são registadas em *off-shore* para ocultar a identidade dos seus proprietários. Estes irão simular grandes quantidade de trocas comerciais (carrosséis), normalmente de produtos de elevado valor económico, durante um curto período de tempo. Ao longo desse período, essas empresas emitem declarações fiscais falsas e, em consequência, obtêm reembolsos de IVA indevidos.

Por vezes ainda são efectuadas importações e exportações de bens, utilizando para o efeito entrepostos fiscais registados em nome de empresas cujos sócios gerentes são marginais. As mercadorias importadas, depois de recebidas, são lançadas em circulação sem o pagamento do imposto devido. Quando as autoridades competentes iniciam o processo de cobrança do imposto, vêm a descobrir que o entreposto já se encontra encerrado, que a empresa não tem património e que o paradeiro dos sócios da empresa é desconhecido.

O regime suspensivo de IVA nas operações intracomunitárias (não é pago no acto e no país de aquisição ao grossista, outrossim no país onde a mercadoria é vendida ao consumidor) também por vezes dá origem a aproveitamentos fraudulentos. O empresário domiciliado em Portugal preenche a documentação declarando que a mercadoria se destina a um qualquer país comunitário (beneficia de isenção «ilegal» de IVA) e, ao invés daquela mercadoria seguir para esse país, é introduzida no circuito comercial em Portugal. Deste modo, o comerciante criminoso não paga o IVA e pode, inclusive, praticar preços mais baixos que irão provocar concorrência desleal a outras empresas do ramo. Por outro lado ainda, o Fisco pode ser duplamente defraudado, se o sujeito em questão deduzir o IVA das facturas que passar aos seus clientes, assim obtendo reembolsos indevidos daquele imposto (apropriação indevida).

5.2.6.1. *O crime praticado através de facturas falsas*

Dispõe o artigo 476.° do Código Comercial, aprovado pela Carta de Lei de 28 de Junho de 1888, que: "O vendedor não pode recusar ao comprador a factura das cousas vendidas e entregues, com o recibo do preço ou da parte de preço que houver embolsado".

Por sua vez, do artigo 28, n.º 1, alínea b), do Código do Imposto sobre o Valor Acrescentado (IVA), aprovado pelo Decreto-Lei n.º 394-B/84, de 26 de Dezembro, respiga-se que: *"Para além da obrigação do pagamento do imposto, os sujeitos passivos (...) são obrigados, sem prejuízo do previsto em disposições especiais, a: b) Emitir uma factura ou documento equivalente por cada transmissão de bens ou prestação de serviços (...) bem como pelos pagamentos que lhes sejam efectuados antes da data da transmissão de bens ou da prestação de serviços"*. O artigo 35.º do mesmo diploma, estatui que a factura deve ser emitida o mais tardar no quinto dia útil seguinte ao do momento em que o imposto é devido[179].

O crime de fraude fiscal praticado através de facturas falsas, agora autonomizado pelo RGIT no art. 104, n.º 2, é provavelmente a modalidade de fraude fiscal mais praticada pelos contribuintes. Através da emissão de facturas que não titulam ou não correspondem a verdadeiras operações comerciais, procura-se documentar falsos custos para assim obter uma diminuição ilícita dos lucros e apresentar encargos fiscais que farão diminuir a matéria colectável sobre a qual incidirá o imposto de IRC a pagar. Outras vezes ainda, o escopo é obter reembolsos fiscais indevidos do IVA.

---

[179] Diz o art. 35.º do CIVA o seguinte: *"(...) 5 – As facturas ou documentos equivalentes devem ser datados, numerados sequencialmente e conter os seguintes elementos: a) Os nomes, firmas ou denominações sociais e a sede ou domicílio do fornecedor de bens ou prestador de serviços e do destinatário ou adquirente, bem como os correspondentes números de identificação fiscal dos sujeitos passivos de imposto; b) A quantidade e denominação usual dos bens transmitidos ou dos serviços prestados, com especificação dos elementos necessários à determinação da taxa aplicável; as embalagens não efectivamente transaccionadas deverão ser objecto de indicação separada e com menção expressa de que foi acordada a sua devolução; c) O preço, líquido de imposto, e os outros elementos incluídos no valor tributável; d) As taxas aplicáveis e o montante de imposto devido; e) O motivo justificativo da não aplicação do imposto, se for caso disso; f) A data em que os bens foram colocados à disposição do adquirente, em que os serviços foram realizados ou em que foram efectuados pagamentos anteriores à realização das operações, se essa data não coincidir com a da emissão da factura (...) 10 – As facturas ou documentos equivalentes podem, sob reserva de aceitação pelo destinatário, ser emitidos por via electrónica, desde que seja garantida a autenticidade da sua origem e a integridade do seu conteúdo, mediante assinatura electrónica avançada ou intercâmbio electrónico de dados (...)".*

Uma parte importante da doutrina[180] e da jurisprudência têm entendido (neste sentido, por exemplo os ACSTJ de 4 de Maio de 1994, processo n.º 45029 e o processo n.º 975/98, de 1 de Junho de 1998; no sentido contrário, o Acórdão n.º 3/2003[181] do STJ, recurso extraordinário para fixação de jurisprudência, com dois votos de vencido) que, nos casos em que, para obter um reembolso indevido, o agente se apropria de uma parte do património do Estado, utilizando meios adequados a provocar astuciosamente um estado de erro ou engano que induzem a administração a praticar um acto que causa ao Erário Público um prejuízo patrimonial, existe o recurso a um meio fraudulento estranho à actividade fiscal do Estado, equivalente a qualquer outro artifício fraudulento produzido noutra esfera de actividade estatal.

Daí que os reembolsos de imposto por esta via obtidos são-no de forma «absolutamente» indevida, já que nenhuma relação fiscal se estabeleceu entre o agente e o Estado. O artifício fraudulento constituído pelas facturas falsas surge aqui como alheio à relação fiscal (*"não podem ser diminuídas as receitas fiscais, mas apenas aumentado o património do agente da infracção à custa do Estado"*[182]) porque o agente não actua na veste de contribuinte e não visa a diminuição das receitas tributárias, mas sim obter um enriquecimento ilegítimo, mediante a determinação do Estado à prática de actos que lhe causam prejuízo patrimonial. Por isso, dizem estes autores que nestas situações não está presente o elemento subjectivo do crime de fraude fiscal (específico complexo), que é a intenção do agente de obter para si ou para outrem vantagem patrimonial indevida, visando uma diminuição das receitas fiscais ou a obtenção de um benefício fiscal injustificado. Como não está presente a relação jurídica fiscal, pressuposta pela fraude fiscal, tendo como sujeito activo o Estado e sujeito passivo o contribuinte, devedor do imposto ou responsável pelo cumprimento de alguma obrigação relacionada com a cobrança do imposto, não se verifica a prática do crime de fraude fiscal, mas sim a prática do crime de burla comum, concluindo ainda inexistir nestas situações concurso de normas do Código Penal e do RGIT.

---

[180] Neste sentido Nuno Sá Gomes, obra citada, págs. 241 e segs..

[181] Genericamente decidiu-se neste aresto que o Estado nunca pode ser burlado, porque a burla só pode ter lugar relativamente a pessoas individuais ou de direito privado.

[182] Nuno Sá Gomes, obra citada, pág. 249.

Com a consignação expressa do crime de fraude fiscal praticado mediante a utilização de facturas ou documentos equivalentes, por operações verdadeiramente inexistentes, o legislador veio admitir claramente a hipótese de o crime de fraude fiscal poder ser praticado através da denominada simulação absoluta, conforme já era defendido por alguma doutrina antes da entrada em vigor do RGIT.

Mas o crime de fraude fiscal também pode existir relativamente a facturas com valores declarados diferentes dos realmente praticados pelas partes (em negócios jurídicos verdadeiros) ou ainda com a intervenção de pessoas ou entidades diversas das da operação subjacente. Por vezes, portanto, são emitidas facturas falsas com a intenção de defraudar o Fisco e que têm por base negócios jurídicos verdadeiros.

As facturas falsas podem ser emitidas e fornecidas por uma pessoa ou empresa a pessoas ou empresas inexistentes (trata-se de uma falsificação total, porque nem sequer existe operação económica. São situações em que obviamente não há qualquer negócio jurídico); podem ser entregues pelo mesmo emitente a empresas existentes, mas com desconhecimento destas e ainda podem ser emitidas por uma pessoa conluiada com aquela que as vai utilizar, incorporando-as esta última na sua contabilidade para diminuir os encargos fiscais do imposto de IRC e ou obter reembolsos ilegítimos do imposto de IVA. Este acordo acabado de referir, não raro, implica o pagamento pelo utilizador da factura de uma quantia ao emitente (ou então é gratuito, como é o caso das facturas denominadas de favor), muitas vezes um indigente que, incentivado e auxiliado por outrem, colectou-se como comerciante em nome individual ou constituiu uma sociedade unipessoal com o único e especial escopo de emitir facturas falsas.

Nestes dois últimos casos, em que existe conhecimento da operação pelo emitente e pelo utilizador, a falsificação pode existir apenas quanto ao valor da transacção económica, que efectivamente existiu, ou ser também total, nos casos em que inexiste qualquer transacção comercial.

Na eventualidade de o utilizador da factura falsa ter pago o IVA ao emitente da mesma, não poderá vir a deduzi-lo ao IVA que tiver que entregar ao Estado em resultado da sua actividade económica[183]. Por sua vez, se o emitente tiver entregue ao Estado o IVA que recebeu do utilizador,

---

[183] Deflui do art. 19.º, n.º 3, do CIVA que: "Não poderá deduzir-se imposto que resulte de operação simulada ou em que seja simulado o preço constante da factura ou documento equivalente".

também não o poderá vir a recuperar, pelo facto de ele ter resultado de um acto de falsificação.

O emitente da factura falsa é co-autor[184] do crime de fraude fiscal juntamente com o utilizador e, se tiver recebido dinheiro pela factura falsa, trata-se de um rendimento resultante de uma actividade ilícita que como tal deve ser tributado[185] como rendimento ou proveito, em sede de IRS ou de IRC.

A falsidade da factura pode ser material (afecta a genuinidade ou autenticidade da factura) ou intelectual (afecta a verdade no conteúdo da factura). A falsidade material consiste numa alteração física, total ou parcial, de uma factura realmente existente, através da viciação dos elementos relativos à data, texto ou assinaturas, sendo distinta da simulação, porque aquela diz respeito à materialidade do próprio documento e esta refere-se à formação do contrato.

Por outro lado, a falsidade intelectual da factura pressupõe uma desconformidade entre o que é declarado e o que foi escrito. Há uma alteração da verdade do conteúdo do documento, através de uma declaração falsa de factos ou operações inexistentes. Ambas têm naturalmente relevância criminal.

A falsidade fiscal não se confunde com a simulação, porque a primeira diz respeito ao próprio documento e nesta última, o documento que a incorpora é verdadeiro (um documento autêntico que incorpora um acto simulado é em si mesmo verdadeiro, apesar de incorporar uma declaração falsa[186]), ou seja, retrata a exacta declaração, que todavia não reproduz a vontade real dos declaratários.

Conforme referido supra, um documento falso (por exemplo uma factura) pode não resultar de um contrato simulado, por exemplo quando é forjado para provar uma operação que não existiu na realidade. Muitas vezes as facturas são utilizadas apenas para justificar transacções para

---

[184] *"É punível como autor quem executar o facto, por si mesmo ou por intermédio de outrem, ou tomar parte directa na sua execução, por acordo ou juntamente com outro ou outros, e ainda quem, dolosamente, determinar outra pessoa à prática do facto, desde que haja execução ou começo de execução."* (art. 26.º do CP).

[185] *"O carácter ilícito da obtenção de rendimentos ou da aquisição, titularidade ou transmissão dos bens não obsta à sua tributação quando esses actos preencham os pressupostos das normas de incidência aplicáveis"* – (art. 10.º da LGT).

[186] É o caso de uma escritura pública de compra e venda, que não deixa de ser verdadeira, pelo facto do preço estipulado ser diferente do realmente acordado entre as partes. O que é falso é a declaração das partes, não o documento.

efeitos fiscais, sem que se tenha na verdade verificado qualquer negócio jurídico. Nesta distinção poderá radicar a prática de um crime de fraude fiscal ou apenas de falsificação de documentos, tudo depende da utilização que das mesmas seja feita.

Por outro lado, na simulação existe uma divergência entre a vontade real e a declarada, mas o documento que a contém é verdadeiro (v.g. uma compra e venda simulada quanto ao valor).

Sobre a quem incumbe o ónus da prova quanto à existência dos custos titulados pelas facturas ou de reais operações económicas por detrás das mesmas, foi decidido no ACTCAN de 01-07-2004 (proc. n.º 00010/04) publicado em http://www.dgsi.pt: *"É hoje entendimento pacífico que o acto tributário como acto administrativo que é face ao princípio da legalidade administrativa em que a AF aparece em situação de paridade com o contribuinte não goza da presunção de legalidade, daí que, de acordo com o princípio da repartição do ónus da prova e com o actual principio de legalidade administrativa incumba à AF a prova da verificação de todos os elementos constitutivos das decisões favoráveis ou desfavoráveis ao contribuinte designadamente a existência dos factos tributários e respectiva quantificação tendo sempre em conta o nº 2 do artigo 121.º do CPT* (**actual art. 100.º do CPPT**). *No caso que nos ocupa a liquidação teve como fundamento o facto de a AF – repete-se – não ter aceite como custos os gastos titulados por facturas que a AF face aos elementos do processo considera falsas. Ora num caso como este à AF basta fazer prova de que se constatam elementos objectivos e credíveis que legitima a correcção, já que numa situação destas, a de facturas fictícias, cabe ao contribuinte o ónus de provar a existência dos factos tributários que elas titulavam, ou seja, fundamentar a sua qualificação e relevância dos gastos como custos dedutíveis fiscalmente. (...) não sendo possível, muitas vezes, senão na maior parte das vezes, ter a certeza sobre a existência do facto tributário, daí não resulta que o contribuinte não seja tributado. Para que essa tributação não se verifique será necessário que o contribuinte alegue e prove factos (prova concludente) que ponham em dúvida (fundada) os pressupostos em que assentou o juízo de probabilidade elevado, avançado pela Administração, para prova da existência do facto tributário ou da sua quantificação"*[187] – o negrito é da nossa lavra.

---

[187] Também no ACSTA de 27/10/2004 (proc. n.º 0819/04) publicado em www.dgsi.pt se decidiu que: *"(...) II – Tendo a Administração Fiscal, por considerar seriamente indi-*

Por vezes sucede que o utilizador destrói as facturas falsas, quando pressente ou descobre que está a ser investigado pelo Fisco e contabiliza como despesas confidencias os falsos fornecimentos de serviços e de mercadorias. Com este procedimento destinado a dificultar a fiscalização, o agente pratica dois tipos de crime, o crime de fraude fiscal (fraude qualificada, através da falsificação da escrita, previsto no artigo 104.º, n.º 1, d)) e o crime danificação ou subtracção de documento e notação técnica, previsto no artigo 259.º do CP[188].

As facturas falsas podem dar lugar apenas a contraordenações fiscais, nas situações em que o agente tenha agido apenas com dolo genérico ou negligência, por exemplo, nos casos em que a falsificação é dirigida a prejudicar terceiros e só reflexamente atinge o Fisco.

Por outro lado, nos casos em que há operações económicas verdadeiras, mas os fornecedores não emitem as competentes facturas, substituindo-as por quaisquer outros documentos (documentos internos – v.g. simples recibo), que não são falsos, aqueles que os utilizem tendo em vista documentar fiscalmente custos de actividades económicas, estarão incursos unicamente na prática de uma contraordenação fiscal e esses custos apenas relevam para efeitos do apuramento do lucro tributável, desde que sejam confirmados por outros meios de prova apresentados pelo contribuinte.

Não existe concurso real entre o crime de fraude fiscal e o de falsificação de documentos. A falsificação é um dos elementos ou circunstância do tipo penal fiscal. Conforme foi decidido no ACTRP de 27/05/98 (processo n.º 9710541, sumário publicado em http://www.dgsi.pt): "(...)

---

*ciado não se terem efectivamente realizado as operações consubstanciadas em determinadas facturas, existentes na escrita do contribuinte, não considerado como custos os montantes delas constantes, não precisa de demonstrar a falsidade de tais documentos, bastando-lhe evidenciar a consistência daquele juízo, incumbindo ao contribuinte provar a realidade das ditas operações".

[188] "1 – Quem, com intenção de causar prejuízo a outra pessoa ou ao Estado, ou de obter para si ou para outra pessoa benefício ilegítimo, destruir, danificar, tornar não utilizável, fizer desaparecer, dissimular ou subtrair documento ou notação técnica, de que não pode ou não pode exclusivamente dispor, ou de que outra pessoa pode legalmente exigir a entrega ou apresentação, é punido com pena de prisão até 3 anos ou com pena de multa. 2 – A tentativa é punível. 3 – É correspondentemente aplicável o disposto no n.º 4 do artigo 256.º. 4 – Quando sejam particulares os ofendidos, o procedimento criminal depende de queixa". – (art. 259.º do CP).

ao deixar assim de entregar a quantia cobrada a título de Imposto sobre o Valor Acrescentado e ao ocultar o real valor do rendimento e do imposto, incorre apenas em fraude fiscal (...) configurando a falsificação de documentos um mero concurso aparente, surgindo" neste quadro da fraude fiscal, como um crime contra a verdade", mediando "entre as duas incriminações uma nítida relação de especialidade".[189]

6. MEDIDAS LEGISLATIVAS PREVISTAS PARA COMBATER A EVASÃO E A FRAUDE FISCAL DURANTE O ANO DE 2005

A Lei n.º 55-A/2004, de 30 de Dezembro, que aprovou as Grandes Opções do Plano para o ano de 2005, no que diz respeito à matéria fiscal, começa por enunciar as reformas que o Governo levou a cabo durante o ano de 2004, nomeadamente: a revisão da tributação das transmissões gratuitas com a extinção do Imposto sobre as Sucessões e Doações; a abolição do Imposto Municipal de Sisa, substituído pelo IMT (com taxas e escalões mais ajustados à realidade e maior eficácia no combate a fenómenos de evasão fiscal); a realização de acções de formação profissional dirigidas a todos os funcionários da Administração Fiscal responsáveis pela aplicação dos novos impostos, bem como a todos os peritos avaliadores a nível nacional; a redução da taxa do IRC de 30% para 25%; o aperfeiçoamento das normas de incidência tributária em sede dos impostos sobre o rendimento; a desmaterialização de documentos, através da fusão de algumas guias de receita e a uniformização dos seus prazos de entrega, por forma a reduzir os custos; a disponibilização de soluções informáticas electrónicas com o objectivo de facilitar o cumprimento das declarações periódicas de diversos impostos; o melhoramento do controlo das dívidas tributárias, com a definição de novos procedimentos de instauração, pagamento e compensação; a conclusão do processo de controlo da cobrança

---

[189] Também no ACTRP de 19/01/2000 (processo n.º 9941103, publicado no mesmo site) se decidiu que: *"Em caso de facturas falsas (com vista à dedução de Imposto sobre o Valor Acrescentado e de Imposto sobre o Rendimento das Pessoas Singulares) existe apenas crime de fraude fiscal e não também de burla e falsificação de documentos, havendo uma relação de especialidade entre o crime de fraude fiscal e de falsificação e um concurso aparente entre aquele e o de burla".*

local e a continuação do processo de controlo de toda a actividade inspectiva, com a instalação de aplicações informáticas vitais, concretamente, o Sistema de Execuções Fiscais (SEF) para as dívidas tributárias em fase de cobrança coerciva, o Sistema Local de Cobrança (SLC) para o controlo e gestão dos tributos ao nível das Tesourarias de Finanças, o Documento dc Correcção Único (DCU) que permite agregar todas as correcções efectuadas pela Inspecção Tributária, possibilitando uma visão de conjunto das acções inspectivas, o Programa de controlo dos contribuintes devedores, que integra toda a informação fiscalmente relevante sobre estes, e permite a realização de penhoras de forma mais expedita.

Quanto às medidas políticas em matéria fiscal que o Governo se propõe concretizar em 2005, afirma-se que a acção governativa norteará as suas decisões com vista à prossecução de cinco objectivos: eficácia e suficiência de receitas, equidade tributária, neutralidade económica, simplicidade e capacidade concorrencial. Tendo em vista atingir esses objectivos, afirma-se que importa garantir a visibilidade e a consolidação dos regimes fiscais, garantindo a sua estabilidade e a sua adequada, sustentada e efectiva aplicação no combate aos fenómenos da fraude e evasão tributárias; a progressiva extinção de regimes especiais de tributação, considerados desajustados face ao novo quadro económico nacional e mundial; um sistema fiscal que assegure a efectiva equidade horizontal do tecido social, designadamente pelo alargamento justo da base tributária; a simplificação da legislação em matéria fiscal, reduzindo o excesso de regulamentação e de procedimentos, na medida em que o actual quadro constitui um sério constrangimento à eficiência e à eficácia da Administração Fiscal e representa um ónus para os cidadãos cumpridores.

No programa do Governo o IRS é apresentado como uma prioridade. Relativamcnte ao IRC é referido que qualquer alteração da taxa que venha a ser feita, não pode dissociar-se da necessidade de uma base tributária alargada, pelo que se torna necessário analisar a possibilidade de aproximação da taxa legal à taxa efectiva de tributação.

De acordo com a possibilidade orçamental, menciona-se que tudo será feito no sentido de racionalizar, reduzir ou eliminar algumas deduções à colecta, de forma a permitir um ajustamento gradual dos escalões que oneram excessivamente rendimentos baixos e médios.

Ao nível da despesa fiscal procurar-se-á reduzir progressivamente os benefícios fiscais e observar rigor e exigência na atribuição de novos benefícios de natureza contratual.

É referido que em 2005 pretende-se cumprir quatro grandes pilares de actuação: combater a fraude e a evasão tributárias, considerando essa luta como a grande preocupação para os próximos anos, que absorverá os recursos humanos e técnicos disponíveis, de forma a minimizar a erosão tributária visível em alguns sectores. Nesse sentido irão continuar a ser desenvolvidas acções destinadas à construção de painéis de análise de risco, com a finalidade de dirigir a acção da inspecção tributária para os sectores e empresas que apresentem valores críticos. Para esse fim, estão previstas as seguintes orientações estratégicas: reforçar a cooperação entre a DGCI, a DGAIEC e a PJ em matéria de troca de informações e de experiências no domínio da criminalidade fiscal, definir um programa integrado de reforço ao combate e evasão fiscais com medidas de carácter legislativo, operativo e tecnológico, em que os serviços de inspecção tributária assumam um papel privilegiado; efectivar o cruzamento informático de dados entre a Administração Fiscal e a Segurança Social, com o objectivo de controlar activamente o cumprimento das obrigações fiscais e contributivas e de efectuar atempadamente a detecção de situações irregulares; segmentar o universo de contribuintes, por tipo de actividade e grau de risco, com vista ao estabelecimento de estratégias diferenciadas de combate à fraude e evasão fiscais; reforçar a cooperação com as administrações fiscais comunitárias, através do intercâmbio de dados e da intensificação do controlo inspectivo das transmissões intracomunitárias de bens, em especial nos sectores de maior risco, visando a concepção de estratégias de actuação conjuntas; aumentar a capacidade de resposta da Administração Fiscal no domínio da inspecção tributária, pelo reforço dos seus meios e de software adequado para tratamento de informação; redefinir um código de ética aplicável aos funcionários da Administração Fiscal, para reforçar as condições de isenção no exercício das respectivas funções; aumentar as capacidades e as competências operacionais dos funcionários da inspecção tributária, através da atribuição de meios necessários a um adequado exercício da sua actividade externa e modernizar a Administração Tributária.

Menciona-se também a intenção de apostar fortemente na correcção das insuficiências dos sistemas de detecção de infracções fiscais da DGCI, através das seguintes acções: desenvolvimento das aplicações informáticas que apoiam o controlo do cumprimento das obrigações declarativas, com especial relevo para a declaração anual de informação contabilística e fiscal, bem como a emissão centralizada de avisos em caso de incumprimento declarativo; aumentar a operacionalidade dos sistemas informáticos de apoio à aplicação das penalidades previstas no RGIT, disponibilizando automatismos de apoio ao processo de aplicação de coimas e instrução dos processos de contra-ordenações; instalação do Sistema de Execuções Fiscais (SEF) em todos os serviços de finanças do país; prosseguir com a modernização dos impostos sobre o património, com destaque para a informatização das matrizes prediais e de todos os processos subsequentes em matéria de zonamento e de critérios de avaliação, para a automatização da produção de informação e a facilidade do seu acesso a todos os contribuintes; continuação das acções tendentes à desmaterialização dos documentos de cobrança e de declarações, pela utilização das novas tecnologias electrónicas, tendo por objectivo minimizar os custos sociais e administrativos inerentes ao cumprimento das obrigações tributárias.

Será promovida a melhoria do desempenho dos serviços tributários, através da análise crítica das reclamações e será generalizado o recurso à análise, comparação e divulgação das melhores práticas, nacionais e internacionais, a nível dos diferentes serviços que compõem a administração tributária. Para o efeito, serão constituídas equipas de trabalho, com a finalidade de divulgar e monitorizar novos e melhores métodos de trabalho a todos os níveis da Administração Fiscal. As acções de modernização e melhoria da qualidade dos serviços, bem como os resultados alcançados, serão divulgados.

A actividade legislativa visará a simplicidade, a eficácia e competitividade face aos outros países da União Europeia, tendo em vista promover o desenvolvimento económico e social, através da simplificação e clarificação das leis fiscais, que desse modo facilitará a sua compreensão pelos contribuintes e permitirá um maior combate aos comportamentos fraudulentos e evasivos.

Está prevista a revisão e a codificação da legislação tributária avulsa, a extinção de regimes especiais e alguns benefícios fiscais no âmbito dos impostos sobre o rendimento, a simplificação das normas do CIRC e a sua aproximação às normas de tributação das sociedades existentes nos países da União Europeia, que são os nossos mais directos competidores.

Prevê-se a alteração do processo de controlo dos pedidos de reembolso de IVA, com vista à simplificação dos procedimentos instituídos e o reforço do respectivo controlo, bem como o desenvolvimento da efectiva participação dos profissionais de contas na verdade declarativa em matéria tributária, contribuindo para o reforço da componente ética das respectivas profissões.

Legislar-se-á no sentido de possibilitar a interconexão de dados entre os serviços da Administração Tributária e os serviços públicos responsáveis pelo registo de veículos, barcos e aeronaves de recreio, com o objectivo de controlar os sinais exteriores de riqueza e proceder à inventariação de patrimónios.

Durante o transacto ano de 2004 o Estado português desenvolveu esforços e promoveu algumas medidas contra a evasão e a fraude fiscais, quer ao nível nacional, quer ao nível comunitário e internacional.

Através da resolução n.° 24/2004, aprovada em 5 de Fevereiro de 2004, sob o tema Revisão do Programa de Estabilidade e Crescimento para 2004-2007, a Assembleia da República começou por recomendar ao Governo que, entre outras coisas *"9 – (...) deve continuar a ser dada prioridade absoluta à prevenção e ao combate à fraude e à evasão fiscais, bem como ao alargamento da base tributária (...)"*.

Ao nível da tributação internacional, a resolução da Assembleia da República n.° 5/2004, aprovou o Acordo Quadro de Cooperação entre a República Portuguesa e a República Democrática de Timor-Leste, assinado em Dili em 20 de Maio de 2002. Respiga-se do artigo 15.°, n.° 1 que: *"Os Estados Contratantes desenvolverão a cooperação no domínio fiscal, designadamente através de uma convenção para evitar a dupla tributação e prevenir a evasão fiscal, a acordar entre os dois Estados"*. Através da Resolução da Assembleia da República n.° 47/2004, foi aprovada a Convenção entre a República Portuguesa e a República da Estónia para Evitar a Dupla Tributação e Prevenir a Evasão Fiscal em Matéria de Impostos sobre o Rendimento e o Protocolo Adicional a ela anexo, assinados em Tallin em 12 de Maio de 2003. Pela resolução da Assembleia da República n.° 48/2004, foi aprovada a Convenção entre a República Portuguesa e a República da Eslovénia para Evitar a Dupla Tributação e Prevenir a Evasão Fiscal em Matéria de Impostos sobre o Rendimento e o Património e seu Protocolo Adicional, assinados em Liubliana em 5 de Março de 2003. Por fim, com a resolução da Assembleia da República n.° 49/2004, foi aprovada a Convenção entre a República Portuguesa e a República Eslovaca para Evitar a Dupla Tributação e Prevenir a Evasão Fiscal em Matéria de Impostos sobre o Rendimento, assinada em Bratislava em 5 de Junho de 2001.

O Orçamento de Estado para 2005 foi aprovado pela Lei n.º 55-B//2004, de 30 de Dezembro[190], que entrou em vigor em 1 de Janeiro de 2005. Esta lei procedeu também à alteração de várias normas dos diplomas fiscais, bem como à incorporação no ordenamento jurídico português de algumas directivas da União Europeia em matéria fiscal.

Muitas das alterações ora efectuadas apresentam como objectivo primordial evitar os comportamentos de evasão e fraude fiscal. Neste sentido, passaram a considerar-se incrementos patrimoniais enquadrados na categoria G do CIRS (art. 9.º, n.º 3 do CIRS), a diferença entre o acréscimo de património ou consumo evidenciados e os rendimentos declarados pelo sujeito passivo no mesmo período de tributação quando, durante a realização de avaliação indirecta levada a cabo por se ter constatado a existência de uma divergência não justificada de, pelo menos, um terço entre os rendimentos declarados e o acréscimo de património ou o consumo evidenciados pelo sujeito passivo no mesmo período de tributação, não existam indícios fundados que permitam à administração tributária fixar rendimento superior (arts. 87.º, f) e 89.º-A, n.º 5, da LGT).

Sob o título de incentivos à regularização de capitais colocados no exterior, consigna-se na mesma lei que o Governo apresentará à Assembleia da República uma proposta de lei no sentido de possibilitar aos sujeitos passivos singulares residentes em território português e que sejam titulares de património mobiliário que esteja fora do território nacional, ficarem libertados das obrigações declarativas e outras de natureza exclusivamente tributária, relativamente aos juros e demais vantagens económicas referentes ao seu património mobiliário situado no exterior, desde que efectuem o pagamento de imposto de montante correspondente a 5 % do valor daqueles bens (art. 28.º).

O Governo fica também autorizado a rever o regime simplificado de tributação, nomeadamente a definir os indicadores objectivos de actividade (art. 29, n.º 2) e a rever o regime de renúncia à isenção de IVA nas transmissões e no arrendamento de bens imóveis ou partes autónomas destes, realizados entre sujeitos passivos de imposto, consagrando para o efeito normas antiabuso que obstem à concretização de negócios que envolvam entidades com relações especiais e ou sujeitos passivos sem

---

[190] O art. 2.º desta lei começa por dizer que: *"Durante o ano de 2005, o Governo é autorizado a cobrar as contribuições e impostos constantes dos códigos e demais legislação tributária em vigor e de acordo com as alterações previstas na presente lei"*.

direito integral de dedução e que visem impedir, minorar ou retardar a tributação em IVA (art. 30.º, n.º 10).

Também em sede de IVA, o Governo pode vir a proibir e sancionar a emissão ou apresentação ao cliente de talões de venda ou outro suporte não autorizado, consagrando também obrigações de registo de todas as operações realizadas, independentemente da emissão de factura ou de documento equivalente, bem como do registo das facturas expedidas e recebidas. Pode o Governo ainda alargar os prazos de registo das transmissões de bens e das prestações de serviços e considerar ilícita a emissão e apresentação ao cliente de outros suportes para além da factura ou do documento equivalente (art. 30.º).

Foi aditado ao Código do IVA o artigo 72.º-A, que estatui que nas transmissões de bens ou prestações de serviços realizadas ou declaradas com a intenção de não entregar nos cofres do Estado o imposto correspondente, são também responsáveis solidários pelo pagamento do imposto, as pessoas singulares ou colectivas que exerçam actividades de produção, comércio ou prestação de serviços e que intervenham em operações relacionadas com esses bens ou com esses serviços, desde que tivessem ou devessem ter conhecimento dessas circunstâncias (art. 31.º, n.º 12.º). É estabelecida a presunção elidível de que existe conhecimento de que o imposto não foi integralmente entregue nos cofres do Estado, sempre que o preço devido pelos bens ou serviços em causa seja inferior ao preço mais baixo que seria razoável pagar em situação de livre concorrência.

É aditado ao Estatuto dos Benefícios Fiscais o art. 33.º-A, que dispõe que relativamente às instituições de crédito e às sociedades financeiras que não exerçam em exclusivo a sua actividade nas zonas francas da Madeira e da ilha de Santa Maria, pelo menos 85% do lucro tributável da sua actividade global considera-se que resulta de actividades exercidas fora do âmbito institucional daquelas zonas francas.

De acordo com a nova redacção do art. 63.º-B da LGT, a administração tributária, para além dos casos já consignados, passa a ter um poder geral de aceder a todas as informações ou documentos bancários, com a prévia autorização dos Directores Gerais tributários, mas sem dependência do consentimento do titular dos elementos protegidos, quando existam indícios da prática de crime em matéria tributária em geral e quando existam factos concretamente identificados indiciadores da falta de veracidade do declarado pelo contribuinte.

O ónus da prova dos factos constitutivos dos direitos da administração tributária ou dos contribuintes continua a recair sobre quem os invoque, todavia, perante as situações de não sujeição, passa agora a recair sobre os contribuintes (art. 74.º da LGT).

Foi aditado à LGT o art. 63.º-C, donde se respiga que os sujeitos passivos de IRC, bem como os sujeitos passivos de IRS que disponham de contabilidade organizada, estão obrigados a possuir, pelo menos, uma conta bancária, através da qual devem ser exclusivamente movimentados os pagamentos e recebimentos respeitantes à actividade empresarial desenvolvida. Também devem ser efectuados através dessa conta todos os movimentos relativos a suprimentos e outras formas de empréstimos e adiantamentos de sócios, bem como quaisquer outros movimentos de ou a favor dos sujeitos passivos.

Os pagamentos respeitantes a facturas ou documentos equivalentes de valor igual ou superior a 20 vezes a retribuição mensal mínima têm que ser efectuados através de meio de pagamento que permita a identificação do respectivo destinatário, designadamente, através de transferência bancária, cheque nominativo ou débito directo.

O regime da suspensão e interrupção do prazo de caducidade do direito de liquidação dos tributos, constante do artigo 46.º da LGT, foi revisto, interrompendo-se agora a caducidade, entre outras, também nas seguintes situações: com a obtenção de notícia da prática de ilícito tributário de natureza criminal; com a interposição de recurso contra a decisão da administração tributária que determine o acesso a informação bancária; com a frustração da notificação postal, sempre que a mesma seja enviada para o domicílio fiscal do contribuinte registado no cadastro da administração tributária; com a interposição de reclamação ou recurso judicial contra decisão de órgão da administração tributária proferida no âmbito do procedimento de inspecção tributária; com a apresentação de petição, reclamação, recurso ou impugnação judicial que tenha por objecto a avaliação, determinação ou quantificação da matéria colectável e ainda com a notificação ao sujeito passivo ou obrigado tributário de omissões ou inexactidões praticadas nas declarações ou nos documentos comprovativos dos factos, valores ou situações nelas constantes, incluindo as praticadas nos livros de contabilidade e escrituração.

Ao nível das alterações operadas no CPPT, prevê-se agora a possibilidade de, quer a penhora de bens móveis sujeitos a registo, quer a penhora de bens imóveis, poderem ser efectuadas por comunicação electrónica à conservatória do registo predial, nos termos já previstos no Código de Processo Civil (nova redacção dos artigos 230.° e 231.° do CPPT).

Foram transpostas as directivas comunitárias sobre a cooperação administrativa e troca de informações – Directivas n.os 2003/93/CE e 2004/56/CE, alterando, por essa via, o Decreto-Lei n.° 127/90, de 17 de Abril. Agora a autoridade competente em Portugal prestará à autoridade competente de outro Estado membro, relativamente a uma determinada situação concreta, as informações importantes e necessárias à correcta determinação, entre outros, dos impostos sobre o rendimento e o património, do imposto especial sobre o consumo de álcool e de bebidas alcoólicas e do imposto especial sobre o consumo de tabacos manufacturados. Todavia, nenhuma informação poderá ser prestada se impuser a obrigação de efectuar diligências ou de transmitir informações, quando a promoção dessas diligências ou a recolha das informações solicitadas violar a legislação ou a prática administrativa nacionais ou o Estado membro que as solicitar não se encontrar em situação de fornecer o mesmo tipo de informações.

A recolha de informações é realizada nas modalidades e nos limites previstos pelas normas portuguesas, devendo a autoridade portuguesa ou a autoridade a que se tenha dirigido proceder como se agisse por conta própria ou a pedido de uma autoridade nacional.

As informações podem ser reveladas para efeitos de processo judicial, ou de processo que implique a aplicação de sanções contraordenacionais, contravencionais ou administrativas, relacionado com a determinação ou o controlo administrativo da determinação do imposto ou com ele relacionados, mas apenas às pessoas que tenham intervenção directa nesses processos. As informações recebidas apenas podem ser utilizadas para fins fiscais ou para efeitos de processo fiscal.

As informações também só podem ser utilizadas em audiências públicas ou em julgamento, se a autoridade competente do Estado membro requerido não se opuser, no momento em que presta as informações pela primeira vez.

Quando a situação fiscal de uma ou mais pessoas sujeitas a obrigações fiscais apresentar um interesse comum ou complementar para Portugal e para outro ou outros estados membros, estes estados podem acordar em proceder a controlos simultâneos nos seus territórios, destinados à troca de informações, sempre que estas se afigurem mais eficazes do que os controlos efectuados por um único estado membro.

Tendo em vista precisamente melhorar a eficácia no combate à fraude e à evasão fiscal, o Governo ficou autorizado a, depois de ouvida a Comissão Nacional de Protecção de Dados, rever os diplomas que respeitam à atribuição e gestão, pela Direcção Geral dos Impostos, do número de identificação fiscal, tanto em relação às pessoas singulares, como em relação às pessoas colectivas e equiparadas, tendo em vista integrá-los num diploma único; estabelecer a interconexão de dados entre os serviços da administração fiscal, da segurança social e da Polícia Judiciária para facilitar o acesso, em tempo real, pela Polícia Judiciária, aos dados registados na administração fiscal e na segurança social, que sejam relevantes para as investigações sobre crimes tributários, branqueamento de capitais e financiamento do terrorismo; estabelecer a interconexão de dados entre os serviços da administração fiscal e das conservatórias do registo automóvel e das conservatórias do registo predial para facilitar o acesso, em tempo real, da administração fiscal aos registos de compras e vendas de veículos e aos registos de compras e vendas de propriedade imobiliária, para efeitos de cruzamento dessas informações com os registos tributários dos contribuintes e da segurança social e verificação da veracidade das suas declarações.

Mais se refere, que o acesso, a comunicação e o tratamento de dados entre as entidades referidas, realiza-se com cessação do dever do sigilo fiscal e profissional, nos termos do n.° 2 do artigo 64.° da LGT e do dever de confidencialidade previsto no artigo 76.° da Lei n.° 32/2002, de 20 de Dezembro. A finalidade do tratamento da informação e as categorias dos titulares e dos dados a analisar, bem como as condições da respectiva comunicação e interconexão com as entidades envolvidas, são concretizadas nos termos previstos na Lei n.° 67/98, de 26 de Outubro (art. 48.°).

7. CONCLUSÃO

A luta contra a evasão e a fraude fiscal será sempre uma tarefa infindável porque, por mais soluções que o legislador encontre, novos métodos evasivos e fraudulentos serão utilizados por alguns contribuintes para se furtarem ao pagamento dos tributos ou, ao menos, diminuírem o montante a pagar.

Este combate sem tréguas pode também significar uma oportunidade de negócio para empresas ligadas às novas tecnologias. Neste sentido, uma empresa chamada WeDo Consulting está há mais de um ano em conversações com os Ministérios das Finanças e da Segurança Social para conseguir vender-lhes uma ferramenta informática de combate à fraude e evasão fiscal[191].

Entendo que o pagamento das obrigações tributárias representa, antes de mais, uma questão de consciência cívica, pelo que o fundamental é que os cidadãos, individualmente, ou como representantes societários, tenham noção da importância de colaborarem activamente para o desenvolvimento da comunidade em que vivem inseridos e da qual são os primeiros a beneficiar, pagando os seus impostos.

Por isso, não posso concordar com afirmações como a seguinte: *"De facto, a forma de liquidação do IVA pressupõe – quando efectivamente recebido – uma entrada de meios monetários. Parece-nos que, a partir deste ponto, qualquer passo deve ser dado com as maiores cautelas. Mal andaria o gestor que após cada venda, separasse de imediato o que respeita a entrada de IVA, o que se destina a pagar as matérias- -primas incorporadas nos produtos vendidos, o que será necessário para pagar os salários, etc. Da mesma maneira que o resultado da venda do produto A não terá de se destinar a realizar o pagamento das respectivas matérias-primas incorporadas (...) também não nos parece que da não entrega de valores respeitantes a IVA liquidado se possa inferir sempre uma actuação culposa na insuficiência do património (...)*[192].

Entendo que bem anda o gestor que separe de imediato o valor do IVA após cada venda, porque o dinheiro não é seu, é do Estado. Ele limita- -se a "cobrar" o imposto e não tem o direito de utilizar as quantias daquele

---

[191] "A WeDo Consulting desenvolveu uma aplicação informática que permite cruzar todos os dados, comparar o perfil dos beneficiários e contribuintes e verificar a sua consistência nos diferentes sistemas, desde a Segurança Social à Direcção Geral de Informática e Apoio aos Serviços Tributários e Aduaneiros. «O contribuinte deve ser agregado para se conseguir detectar a fraude», disse (...) o consultor WeDo. (...) Têm enfrentado principalmente obstáculos legais, como o sigilo bancário, que têm atrasado a evolução das negociações" – Publicado no Jornal de Negócios on-line de 18/12/2004.

[192] Maria Dulce Soares, Jurisprudência Fiscal Anotada, 2002, Almedina, págs. 92 e segs.

imposto para os seus fins empresariais, ainda que sejam os mais louváveis, assim como não tem o direito de receber juros sobre uma quantia que não é sua. O gestor não pode desenvolver uma actividade especulativa com esse dinheiro, porque não é uma entidade licenciada para tal, nem para isso foi mandatado pelo Estado. Daí que, da não entrega de valores respeitantes a IVA liquidado, sempre, mas sempre, se pode inferir (presumir) uma actuação culposa (salvaguardadas naturalmente as causas de exclusão de culpa vertidas na lei penal), em caso de insuficiência do património da empresa ou do prestador de serviços, porque se tratam de patrimónios autónomos que não podem nem devem ser confundidos (o património da empresa e o do Estado). O sujeito passivo do imposto deve agir como fiel depositário daquelas importâncias e, como tal, por elas deve ser responsabilizado. E isto independentemente de se vir a provar, ou não, gestão danosa da sua actividade. Não se trata sequer de uma questão inerente ao risco empresarial. São coisas distintas, e como tal devem ser tratadas.

Termino este trabalho consciente de que muito mais haveria para dizer sobre o complexo tema que escolhi. Contudo, dificuldades de tempo inerentes ao desempenho da minha actividade profissional, por vezes intensa, de modesto advogado generalista de clientela individual e de pequena empresa, bem como dificuldades insuperáveis, por falta de bases, em tratar as questões e problemas de cariz económico, financeiro e contabilístico, impediram-me de colher mais elementos de estudo, bem como de melhor poder estudar os temas tratados e outros, de não somenos importância, estou certo, relacionados com a fascinante problemática da evasão fiscal e do crime de fraude fiscal, em particular. Daí que, com as condicionantes referidas, é este o trabalho possível, mas esforçado, que com muita honra submeto à apreciação do Ilustre Júri deste Primeiro Curso de Pós-Graduação em Direito Fiscal, ministrado pela Faculdade de Direito da Universidade do Porto.

BIBLIOGRAFIA

Doutrina

GLÓRIA TEIXEIRA, *O Estado e os Impostos, Comentário e Crítica*, separata do livro Teoria do Estado Contemporâneo, Verbo.

JURISPRUDÊNCIA FISCAL ANOTADA, SUPREMO TRIBUNAL ADMINISTRATIVO, José Luís Saldanha Sanches, Glória Teixeira, Jaime Esteves e João Silva Rodrigues, Almedina 2001.

JURISPRUDÊNCIA FISCAL ANOTADA, SUPREMO TRIBUNAL ADMINISTRATIVO, Diogo Feio, João Silva Rodrigues, Maria Dulce Soares, Maria Odete Oliveira, Ricardo Garção Soares e Rita Tavares de Pina, Almedina 2002.

NUNO SÁ GOMES, *Evasão Fiscal, Infracção Fiscal e Processo Penal Fiscal*, 2.ª edição revista, actualizada e ampliada, Rei dos Livros 2000.

GUSTAVO LOPES COURINHA, *A cláusula Geral Anti-Abuso no Direito Tributário, Contributos para a sua compreensão*, Almedina 2004.

EDUARDO HENRIQUES DA SILVA CORREIA e ANTÓNIO FURTADO DOS SANTOS, *Código Penal Português, actualizado segundo a reforma de 1954*, Coimbra 1954.

MANUEL LOPES MAIA GONÇALVES, *Código Penal Português, na Doutrina e na Jurisprudência*, 3.ª edição, Almedina 1977.

MAGISTRADOS DO MINISTÉRIO PÚBLICO DO PORTO, *Código Penal Português, Notas de Trabalho*, Porto Editora 1983.

ALFREDO JOSÉ DE SOUSA, "Infracções Fiscais: Crimes e Transgressões; O Processo de Transgressão Fiscal", *Caderno de Ciência e Técnica Fiscal* n.º 142, Centro de Estudos Fiscais.

ELIANA GERSÃO, "Revisão do sistema Jurídico relativo à Infracção Fiscal", *Caderno de Ciência e Técnica Fiscal* n.º 112, Centro de Estudos Fiscais.

NUNO SÁ GOMES, "Reflexões sobre a natureza, legitimidade, constitucionalidade e eficácia das sanções extintivas, suspensivas e impeditivas dos desagravamentos fiscais em caso de condenação por infracção tributária", *Caderno de Ciência e Técnica Fiscal* n.º 145, Centro de Estudos Fiscais.

PATRÍCIA NOIRET SILVEIRA DA CUNHA, "A Fraude Fiscal No Direito Português", *Revista Jurídica* n.º 22, Março de 1998.

CENTRO DE ESTUDOS FISCAIS, *Boletim de Ciência e Técnica Fiscal* n.º 395, Direcção-Geral dos Impostos, 1999.

PROCURADORIA-GERAL DA REPÚBLICA, *Pareceres*, volume VI, Os segredos e a sua tutela.

Jurisprudência

ACSTA de 28/05/2003 (recurso n.º 1968/02),
ACSTA de 19/02/2003 (recurso n.º 1757/02) e
ACSTA de 26/02/2003 (recurso n.º 89/03-30), facultados nas aulas do módulo de contencioso tributário do I Curso de Pós-Graduação em Direito Fiscal da Faculdade de Direito da Universidade do Porto.

ACSTA de 27/10/2004 (proc. n.º 0819/04),
ACSTA de 20/05/2003 (proc. n.º 0786/03),
ACSTA de 22/09/2004 (proc. n.º 119/04) e
ACTCAN de 01/07/2004 (proc. n.º 00010/04), publicados em http://www.dgsi.pt

ACSTJ de 4/05/94 (recurso n.º 45.029) e
ACSTJ de 3/10/96 (recurso n.º 235/96), publicados na Revista Fiscal de Março/Abril de 1997.

ACSTJ de 21/04/2004 (proc. n.º 259/04), publicado em Sumários de Acórdãos do Supremo Tribunal de Justiça, n.º 80, Abril de 2004.
ACSTJ de 04/06/2003 (proc. n.º 1094/03), publicado em Sumários de Acórdãos do Supremo Tribunal de Justiça, 2003.
ACSTJ de 23/10/2003 (proc. n.º 3208/03), publicado em Sumários de Acórdãos do Supremo Tribunal de Justiça, 2004.

ACSTJ de 08/01/03 (recurso n.º 171/00),
ACSTJ de 29/01/05 (recurso n.º 24/02),
ACSTJ de 3/2003, (recurso n.º 35/02),
ACSTJ de 29/01/2003, (processo n.º 02P983),
ACSTJ de 12/12/2002 (proc. n.º 02P4218),
ACSTJ de 21/05/2003 (proc. n.º 03P132),
ACSTJ de 4/05/1994 (processo n.º 45029) e
ACSTJ de 1/06/1998, (processo n.º 975/98) e todos publicados em http://www.dgsi.pt

ACTRP de 18/03/98 (processo n.º 9840078),
ACTRP de 19/01/2000 (processo n.º 9941103),
ACTRP de 07/01/04 (processo n.º 0314528),
ACTRP de 03/04/2002 (processo n.º 0110306),
ACTRP de 14/05/2003 (processo n.º 0340033),
ACTRP, de 16/05 /2004 (processo n.º 0440429),
ACTRP de 20/05/98 (processo n.º 9810469),
ACTRP de 13/10/99 (processo n.º 9910641),
ACTRP de 25/10/2000 (processo n.º 9911204),
ACTRP de 05/01/2000 (processo n.º 9940921),
ACTRP de 15/10/2003 (processo n.º 0312712),
ACTRP de 16-06-2004 (processo n.º 0440429),
ACTRP de 17-12-97 (processo n.º 9741027),
ACTRP de 05/04/2000 (processo n.º 9911120),

ACTRP de 01-10-2003 (processo n.º 0312396),
ACTRP de 03/06/1998 (processo n.º 9810265),
ACTRP de 03/04/02, (processo n.º 7634265),
ACTRP de 19/03/2003 (proc. n.º 0210683),
ACTRP de 27/05/98 (processo n.º 9710541) e
ACTRP de 19/01/2000 (processo n.º 9941103), publicados em http://www.dgsi.pt

Outras publicações

GLÓRIA TEIXEIRA, "Combate à Evasão Fiscal, Medidas prioritárias", publicado na *Revista semanal "Mais-Valia"*, 2004.

FREITAS PEREIRA, "Sistema fiscal, algumas prioridades", *Revista O Economista*, 2002.

PEDRO PAIS DE ALMEIDA, artigo publicado no *Semanário Económico* de 12 de Julho de 2002.

MARIA JOSÉ MORGADO e JOSÉ VEGAR, *Fraude e Corrupção em Portugal, O inimigo sem rosto*, 3.ª edição, Dom Quixote 2003.

JOSÉ LUÍS SALDANHA SANCHES, *O abuso de direito na jurisprudência do Tribunal do Luxemburgo: a IV directiva sobre as contas das sociedades e as normas do balanço fiscal*, publicado em http://www.fd.ul.pt/

JOSÉ LUÍS SALDANHA SANCHES, *O Natal do Sinaleiro e outras crónicas*, Dom Quixote, 1.ª edição, Março de 2004.

JOSÉ LUÍS SALDANHA SANCHES, "O Roc", *Revisores & Empresas*, Julho/Setembro de 2000.

JOSÉ ALVES RODRIGUES, *Código do Imposto Municipal de Sisa e do Imposto Sobre as Sucessões e Doações (actualizado)*, Rei dos Livros, 1999.

MINISTÉRIO DA JUSTIÇA, *Reforma do Contencioso Administrativo: colectânea de legislação*, Secretaria-Geral do Ministério da Justiça, 2003.

IRS, IRC, CIMI, CIMT e EBF – 2004, Dislivro, 2004.

I.R.S, I.R.C e C.A, compilação organizada por NUNO TEIXEIRA MATOS, PEDRO MESQUITA CALDEIRA e RUI BARREIRA, 1.ª edição, actualizada, SPB – Editores, Lda., 1997.

DIOGO LEITE CAMPOS, BENJAMIM SILVA RODRIGUES, JORGE LOPES DE SOUSA, *Lei Geral Tributária, comentada e anotada*, Vislis, 1998.

JOÃO RICARDO CATARINO, *Impostos sobre o património*, Vislis, 2004.

JOSÉ ALVES RODRIGUES, *Código e Tabela Geral do Imposto do Selo (actualizados e anotados)*, Editora Rei dos Livros, 2004.

Imposto Sobre o Valor Acrescentado – IVA, Vida Económica, 2.ª edição, 1996.

Código de Processo Tributário, Almedina, 1997.

Código Civil, Almedina, 2002.

Código Penal e legislação penal avulsa, Quid Júris, 1995.

Código de Processo Civil, Quid Júris, 2003.

Sítios nacionais:

http://www.dre.pt/
http://www.dgsi.pt/
http://www.ctoc.pt/
http://policiajudiciaria.pt/
http://www.martinsalfaro.net/
http://www.inforfisco.pt/
http://www.negocios.pt/
http://www.publico.pt
http://www.ine.pt/
http://www.diarioeconomico.com
http://clubefiscal.portugalmail.pt/
http://www.doutrina.net
http://www.jornalfiscal.pt/
http://www.ancontribuintes.pt/
http://www.direito-fiscal.blogspot.com

Sítios Internacionais:

http://www.oecd.org/home/
http://www.secretariat.efta.int/
http://www.europa.eu
http://www.fiduciarygroup.com

A TRIBUTAÇÃO DO *FACTORING*

UMA ABORDAGEM CRÍTICA
NUMA PERSPECTIVA NACIONAL E INTERNACIONAL

Duarte Abrunhosa e Sousa

ABREVIATURAS

BCE	–	Banco Central Europeu
CC	–	Código Civil
CIRC	–	Código do Imposto sobre o Rendimento das Pessoas Colectivas
CIRS	–	Código do Imposto sobre o Rendimento das Pessoas Singulares
CIS	–	Código de Imposto de Selo
CIVA	–	Código do Imposto sobre o Valor Acrescentado
CPCI	–	Código de Processo e Contribuição de Impostos
CPT	–	Código de Processo Tributário
IOF	–	Imposto sobre Operações de Crédito, Câmbio e Seguro, ou relativas a Títulos ou Valores Mobiliários
IRC	–	Imposto sobre o Rendimento das Pessoas Colectivas
IRS	–	Imposto sobre o Rendimento das Pessoas Singulares
IS	–	Imposto de Selo
IVA	–	Imposto sobre o Valor Acrescentado
LGT	–	Lei Geral Tributária
OCDE	–	Organização para a Cooperação e Desenvolvimento Económico
STJ	–	Supremo Tribunal de Justiça
RGICSF	–	Regime Geral das Instituições de Crédito e Sociedades Financeiras
TCE	–	Tratado da Comunidade Europeia
TJCE	–	Tribunal de Justiça das Comunidades Europeias
TRL	–	Tribunal da Relação de Lisboa
UE	–	União Europeia

*Dedico este trabalho a quem sempre depositou fé em mim:
Mãe, Olinda e Joana… Este trabalho é vosso.*

1. INTRODUÇÃO

Quando a estrutura empresarial de um Estado se encontra alicerçada em pequenas e médias empresas (PME's), várias são as soluções a encontrar por forma a garantir a sua solvabilidade.

Como sustenta PESTANA VASCONCELOS, o *factoring*, o *leasing*, o *forfaiting* e o *swap* são contratos introduzidos na Europa na década de sessenta, emanados da prática económico-financeira norte-americana[1]. O velho continente encontrava-se ainda num período de reabilitação económica após a Segunda Grande Guerra. A presença norte-americana na Europa, em virtude do plano Marshall, facilitou a introdução da sua prática financeira nas trocas comerciais.

Acresce que, nesta mesma época, começou a florescer o seguro de crédito. Foi na Bélgica e na França que este contrato de seguro teve o seu maior crescimento nos tempos modernos[2].

Deste modo, observando a instabilidade da actual conjuntura económica mundial, não é difícil retirar a conclusão de que todos os contratos acima mencionados são de uma enorme utilidade enquanto parceiro comercial das mais variadas empresas, pois através destes, estas empresas transferem algumas das suas responsabilidades e riscos para outra entidade que, regra geral, é uma instituição de crédito ou uma sociedade financeira.

Para mais, tornou-se prática corrente o pagamento diferido no tempo das trocas comerciais. Este pagamento diferido traduz-se na facturação com vencimentos a 30, 60, 90 ou 120 dias. Assim, em termos concretos, estamos perante verdadeiras vendas a crédito por parte de empresas fornecedoras de bens ou de prestadores de serviços.

---

[1] VASCONCELOS, Luís Miguel, *Dos Contratos de Cessão Financeira (Factoring)*, Boletim da Faculdade de Direito, Stvdia Ivridica 43, Coimbra Editora, 1999, pág. 13.

[2] Para uma abordagem histórica do seguro de crédito, v. BASTIN, Jean, *O Seguro de Crédito no Mundo Contemporâneo*, Cosec, 1983, págs. 15 a 47.

Dentro deste contexto, temos de analisar as dificuldades sentidas pelas empresas com estes pagamentos. O maior problema será a falta das quantias facturadas, mas ainda não vencidas. As empresas permanecem durante o período de diferimento do pagamento com meras expectativas sobre os seus créditos, muito embora tenham o dever de cumprir pontualmente as suas obrigações. Mais ainda, o risco da falta de solvabilidade dos devedores corre por conta destas empresas, que suportam também o dever de liquidar o IVA calculado sobre facturas ainda não vencidas ou pagas. Desta forma, o ónus que recai sobre estas empresas é enorme e torna-se muitas vezes insustentável.

Agrava esta situação o facto de o pagamento diferido no tempo ser uma solução quase obrigatória devido à lógica de mercado. Cada vez mais as facilidades de pagamento são um atractivo extra para a realização das trocas comerciais. Assim, é impossível a qualquer empresa sobreviver no mercado sem proceder à facturação com vencimento a 30, 60, 90 ou 120 dias, ou com descontos para os clientes que pagarem a pronto.

Posto isto, foi gradual a introdução dos contratos acima mencionados na economia mundial. Assim, as empresas que tinham como objecto a realização destes contratos tornaram-se os mais adequados parceiros comerciais para as mais variadas actividades económicas.

O contrato de cessão financeira, mais conhecido por *factoring*[3], tem-se assumido como um dos mais importantes auxílios das empresas. O volume de negócios que se depara perante as várias sociedades de *factoring*, começa a ser cada vez mais relevante ao nível do PIB de todos os Estados Ocidentais. Aliás, Portugal não foge à regra. A implementação destas sociedades em território nacional tem sido um sucesso. Nos últimos anos, o peso do *factoring* no PIB do Estado português tem subido constantemente[4]:

– 7,6% em 2000;
– 8,3% em 2001;

---

[3] Para uma melhor análise da designação deste contrato, v. VASCONCELOS, Luís Miguel, *Dos Contratos, cit.*, págs. 18 a 20, nota de rodapé n.º 6; v. VELLOZO-FERREIRA, Damião, *Sociedades de Factoring. Sociedades de Capital de Risco*, Rei dos Livros, 1990, pág. 19, nota de rodapé n.º 7.

[4] V. Quadro disponível em *Fórum Empresarial*, n.º 89, ano VIII, Julho 2004, pág. 33.

– 8,5% em 2002 e
– 9,3% em 2003.

Segundo a Associação Portuguesa de Empresas de *Factoring*, no ano de 2003, 12,180 milhões de euro de créditos foram tomados pelas dez sociedades de *factoring* a operar em Portugal[5]. Já em 2004, este sector teve um volume de negócios que ascendeu a 14,170 milhões de euros, representando mais de 10% do PIB, sendo que, em Espanha, não chega aos 5%[6]. Assim, a taxa de crescimento ascendeu a 20,78% no ano de 2004[7]. ANÍBAL MARQUES, Presidente da Associação Portuguesa de Empresas de *Factoring*[8], afirma mesmo que não há qualquer paralelo a nível europeu e mundial[9]. Portanto, este contrato tem demonstrado uma enorme vitalidade nestes últimos anos de crise. Aliás, é em tempos de crise que a cessão financeira consegue o maior crescimento. A este factor deve juntar-se o facto de que, como sustenta ANÍBAL MARQUES, em Portugal *"paga-se normalmente tarde"*[10].

No dia 26 de Junho de 2003, o TJCE, no seu acórdão MKG[11], veio dissipar algumas dúvidas na abordagem do contrato de *factoring* em sede IVA. Neste acórdão, o TJCE pronunciou-se sobre dois pontos: em primeiro lugar, que as sociedades de *factoring* seriam sujeitos passivos de IVA, beneficiando do respectivo direito à dedução; em segundo lugar, que quando há uma simples cessão de créditos, com o risco de incumprimento do devedor assumido pela sociedade de *factoring,* a comissão facturada aos seus clientes é uma *"cobrança de dívida"*, nos termos do art. 13.°, B,

---

[5] V. *Fórum Empresarial, cit.*, pág. 33.

[6] MARQUES, Aníbal, *Crédito Especializado: Factoring e Leasing*, suplemento integrante da edição do Expresso n.° 1683, de 29 de Janeiro de 2005, pág. 3.

[7] O que contrasta com o crescimento na ordem dos 10,60% que se verificou no ano de 2004, v. tabela disponível em *Crédito Especializado: Factoring e Leasing*, cit, pág. 6.

[8] Por decisão tomada em Assembleias Gerais a 21 de Janeiro de 2005, houve uma fusão entre a Apelease – Associação Portuguesa de Empresas de *Leasing* e a APEF – Associação Portuguesa de Empresas de *Factoring*, sendo que passou a designar-se Associação Portuguesa de *Leasing* e *Factoring* (ALF).

[9] MARQUES, Aníbal, *Crédito Especializado: Factoring e Leasing, cit., loc. cit.*.

[10] MARQUES, Aníbal, *Fórum Empresarial, cit.*, pág. 35.

[11] Acórdão de 26 de Junho de 2003, MKG, C-305/01.

alínea d), ponto 3, *in fine*, da Sexta Directiva 77/388, sendo, deste modo, uma excepção à isenção concedida por esta disposição.

Desta forma, torna-se cada vez mais importante analisar este contrato do ponto de vista tributário. Como já vimos, o volume de negócios realizados em Portugal com sociedades de *factoring* é enorme. No entanto, existe uma lacuna no âmbito da tributação dos seus serviços. Assim, surge um problema – devido às enormes potencialidades deste contrato, são vários os seus campos de actuação. Esta diversidade gera dificuldades em definir o facto tributário a liquidar em cada uma das suas diferentes características. Aliás, os problemas tributários do *factoring* são frequentemente sublinhados por ANÍBAL MARQUES, que refere as evidentes lacunas da legislação portuguesa neste campo[12].

Com este trabalho pretendemos esclarecer o conceito de contrato de *factoring* e procurar entender como se processa a sua tributação. Neste sentido, é nosso objectivo estudar também as implicações que o acórdão MKG do TJCE pode ter na legislação fiscal portuguesa e na posição assumida pela administração fiscal. Para este efeito, socorremo-nos do exemplo espanhol, na medida em que a lei espanhola do IVA foi alterada (*Ley 37/1992, de 28 Dezembro*), no início do ano de 2004[13], no sentido de se adaptar à jurisprudência comunitária, pelo que deixou de existir qualquer incompatibilidade com o referido acórdão do TJCE.

Assim, como objecto do nosso estudo, vamos começar por entrar no conceito de contrato de *factoring* em termos civilísticos e comerciais, passando por todas as questões tributárias inerentes a este contrato e às sociedades que praticam esta actividade.

Por conseguinte, dentro destes pressupostos, pretendemos levar a água ao nosso moinho e clarificar estas dúvidas e lacunas que ainda rodeiam o contrato de *factoring* em Portugal.

---

[12] V. MARQUES, Aníbal, *Fórum Empresarial, cit.*, pág. 35; MARQUES, Aníbal, *Crédito Especializado: Factoring e Leasing*, cit., pág. 5.

[13] A referida alteração à Lei Espanhola do IVA foi introduzida pela *"Ley 62/2003"*, de 30 de Dezembro.

2. O CONTRATO DE *FACTORING*

2.1. Conceito

Antes de tudo, devemos identificar as partes de um contrato de *factoring*. Em primeiro lugar, temos o **factor** ou cessionário[14], uma instituição de crédito a quem os créditos dos seus clientes vão ser cedidos com ou sem adiantamentos.

Em segundo lugar, o **aderente** ou cedente, enquanto fornecedor de bens ou prestador de serviços, que recorre a uma sociedade de *factoring* com vista a ceder-lhe os seus créditos e a usufruir da sua assistência qualificada.

Finalmente, temos o **devedor** do cliente do factor. Esta parte é a devedora do crédito cedido ao factor.

Para uma melhor abordagem ao estudo do contrato de *factoring*, não podemos deixar de tentar apreender o seu conteúdo técnico. Para atingir esse objectivo, temos de compreender que este contrato tem uma importante função jurídico-económica. Desta forma, vamos analisar o conceito que resulta da experiência prática, da jurisprudência e da doutrina jurídica.

2.1.1. *Perspectiva Prática*

Do ponto de vista eminentemente prático, podemos começar por realçar a definição de *factoring* dada pelo Presidente da Associação Portuguesa de Empresas de *Factoring*. Para ANÍBAL MARQUES, *"numa linguagem prática, o factoring é um conjunto de serviços financeiros composto por uma função financeira, na medida em que as empresas de factoring fazem adiantamento sobre o volume de facturação dos seus clientes. Tem ainda uma componente seguradora de risco de crédito, uma vez que, quando tomamos os créditos dos nossos clientes sem direito de regresso, estamos a assumir o risco comercial do comprador. É um produto com três componentes distintas: a componente de financiamento, uma componente seguradora de riscos de crédito comerciais e uma componente de serviços*

---

[14] Por vezes também designado como *"cessionário financeiro"*, v. CORDEIRO, António Menezes, *Da Cessão Financeira (Factoring)*, Lex – Edições Jurídicas, Lisboa, 1994.

de gestão e cobrança"[15]. Deste conceito, podemos aferir a forte vertente de prestação de serviços que é atribuída pelo seu autor. Assim, na apreensão prática do contrato de *factoring*, começa a ganhar espaço o conjunto de serviços prestados pelo operador aos seus clientes. Esta prestação de serviços é uma componente importante do contrato de *factoring*.

Continuando numa abordagem meramente prática do contrato em estudo, um dos operadores do mercado português estabelece que o *factoring* é *"um apoio financeiro continuado, através da aquisição de créditos a curto prazo, resultantes das vendas regulares da (...) empresa sobre os seus clientes"*[16]. Este operador defende ainda que o recurso a este contrato tem como objectivo suprir necessidades de tesouraria das empresas. De uma forma directa, afirmam que o *factoring* não aumenta o endividamento porque as empresas clientes trocam os seus activos por liquidez[17]. É dada alguma relevância, nesta exposição, ao papel que estas sociedades podem ter enquanto parceiro económico fundamental nas trocas comerciais, nomeadamente através dos financiamentos concedidos.

Outro operador português acentua três vertentes fundamentais do contrato de *factoring*: seguro de crédito, simplificação administrativa com ganhos de eficiência e antecipação de pagamento[18]. Assim, este operador salienta as maiores vantagens do recurso ao contrato de *factoring*.

Ainda no seguimento destas vantagens apresentadas, outro operador nacional dá o seu contributo afirmando que o *factoring* permite: reduzir os custos fixos da empresa aderente devido à diminuição da sua carga administrativa, aumentar a eficácia da cobrança dos créditos, limitar a exposição do aderente a riscos comerciais, facilitar a obtenção de liquidez e libertar a empresa aderente da prática de serviços em que não é especializada[19].

Assim, com a exposição das ideias fornecidas pelos práticos desta actividade, podemos concluir que são evidentes as vantagens atribuídas pelos operadores aos seus serviços. Dentro deste contexto, as principais funções do contrato de *factoring* na óptica do aderente são quatro:

1. Seguro de crédito;
2. Financiamento;

---

[15] MARQUES, Aníbal, *Fórum Empresarial* cit., pág. 34.
[16] Disponível em http://www.euroges.pt/eol/public/factoring.htm
[17] Disponível em http://www.euroges.pt/eol/public/factoring.htm
[18] Disponível em http://www.bnpfactor.pt/html_p/botao_22.html
[19] Disponível em http://www.hellerfactoring.pt/duvidas/duvidas.htm

3. Maior eficácia da cobrança dos créditos e
4. Diminuição da carga administrativa.

Em suma, as sociedades de *factoring* afirmam as qualidades dos seus serviços com o objectivo de valorizarem a sua posição enquanto parceiro comercial ideal. Ora aqui estará o ponto fulcral apresentado pelos operadores – *factoring* é um contrato atípico e com inúmeras potencialidades que visa adaptar-se ao mercado actual. A sua grande competitividade encontra-se no facto de se traduzir, por vezes, num verdadeiro financiamento prestado ao aderente[20].

A forte implementação das sociedades de *factoring* em Portugal, demonstra, de forma inequívoca, que os seus argumentos têm surtido efeito.

2.1.2. *Perspectiva Jurisprudencial*

No seio da jurisprudência, os tribunais portugueses tem sido profícuos, muito embora sigam os caminhos traçados pela doutrina. Contudo, a última tendência da jurisprudência do STJ, na abordagem do contrato de *factoring*, tem sido muito discutível. Com a posição recente deste Tribunal, são colocadas dúvidas quanto à verdadeira natureza da cessão financeira.

No entender de RUI PINTO DUARTE, a jurisprudência sobre *factoring* confirma, como a doutrina aponta, que a cessão de créditos é a forma jurídica em que este contrato se baseia[21].

Pese embora o contrato de *factoring* tenha começado a influenciar com maior segurança as trocas comerciais, essencialmente nos últimos anos, a jurisprudência do STJ apenas começou a aprofundar os seus problemas na última década. Como exemplo desse facto, temos o acórdão

---

[20] Quanto à questão específica do financiamento, faremos uma abordagem mais à frente no nosso estudo. Relativamente ao problema de os aderentes recorrerem ao *factoring* essencialmente por uma função de financiamento, v. SOARES, Quirino, *"Contratos Bancários"*, Scientia Ivridica – Revista de Direito Comparado Português e Brasileiro, Janeiro//Abril 2003, Tomo LII, Número 295, pág. 121 e ss..

[21] DUARTE, Rui Pinto, *"A Jurisprudência Portuguesa sobre o Factoring – Algumas Observações"*, Themis – Revista da Faculdade de Direito da UNL, 2000, Ano I, n.º 2, pág. 273 e 274.

de 6 de Fevereiro de 1997[22], decidido ainda na vigência do Decreto-Lei 56/86[23]. Aqui se estabelece como objecto do contrato a cessão de créditos e se determinam como responsabilidades de uma sociedade de *factoring*: o risco inerente à futura cobrança dos créditos cedidos, a da eventual inadimplência do devedor do aderente e a da concessão de financiamento ao cedente.

Por outro lado, o acórdão do STJ de 6 de Outubro de 1998[24], expressa bem as características do contrato em estudo:

1) Duradouro;
2) Oneroso;
3) Sinalagmático e
4) Atípico.

Para além de estabelecer as características do contrato de *factoring*, este acórdão define-o enquanto cedência de uma parte – o cliente – à outra – o cessionário financeiro ou factor – de um crédito seu sobre terceiro – o devedor – mediante remuneração. Esclarece ainda que se trata de um *"contrato-quadro organizatório"* cuja estrutura está centrada em posteriores vendas a crédito por parte do aderente. Tem como elementos primordiais o seguro de crédito e a prestação de serviços, assim como uma função financeira.

Este mesmo Tribunal, num acórdão de 25 de Maio de 1999[25], configurou o contrato de *factoring* como o contrato em que *"uma das partes (...) adquire créditos a curto prazo que a outra parte tem sobre os seus clientes, derivados da venda de produtos ou de prestação de serviços nos mercados, assentando, assim, o seu núcleo central numa cessão de créditos com função financeira"*. De realçar neste acórdão a importância dada à função financeira do contrato de *factoring*. Aliás, como já vimos

---

[22] Acórdão do STJ, de 06 de Fevereiro de 1997, disponível em http://www.dgsi.pt – Quanto a este acórdão, podemos encontrar algumas semelhanças com a definição dada pelo mesmo Tribunal no acórdão de 25 de Maio de 1999.

[23] O Decreto-Lei 56/86, de 18.03.1986, regulou o contrato de *factoring* até a aprovação do Decreto-Lei 171/95 de 18.07.1995. Para mais informações sobre o enquadramento legal do contrato de *factoring*, v. ponto 2.6.1. do presente estudo.

[24] Acórdão do STJ, de 6 de Outubro de 1998, *in* Boletim do Ministério da Justiça, 480, 435.

[25] Acórdão do STJ, de 25 de Maio de 1999, *in* Colectânea de Jurisprudência, 1999, 2, 107.

acima, parecem ter particular relevância para o aderente os adiantamentos acordados.

Continuando a análise à jurisprudência do STJ, cumpre analisar o seu acórdão de 26 de Setembro de 2002[26]. Neste acórdão, o Tribunal refinou a sua classificação de contrato de *factoring* definindo-o como *"aquele em que uma das partes se obriga a ceder à outra a totalidade dos seus créditos a curto prazo resultantes de fornecimentos de bens ou prestações ou serviços promovidos por si em território nacional, no âmbito da sua actividade comercial normal, sobre terceiro seu cliente, identificado nas condições particulares do contrato, ou em lista anexa, e em que a segunda contraente se obrigou a aceitar a cessão de créditos da primeira sobre os devedores que expressamente declarasse, nos termos e condições estabelecidos no contrato"*. Aqui, já não é tida em conta apenas a função financeira do contrato, mas essencialmente o forte vínculo que este gera para ambas as partes. Para esse efeito, os magistrados estabeleceram que o aderente se obriga a ceder os seus créditos ao factor, assim como este se obriga aceitar a sua cessão dentro dos termos acordados. Desta forma, em termos genéricos, estão descritas as obrigações para ambas as partes de um contrato de *factoring*. Acresce ainda que cada uma destas obrigações existe na dependência da outra, daí que este contrato seja, como já mencionámos, sinalagmático.

O mesmo Tribunal, num acórdão de 05 de Junho de 2003[27], salientou que, pese embora o contrato de *factoring* tenha uma *"natureza essencialmente comercial"*, tal facto não invalida que assuma a natureza de uma cessão de créditos, nos termos do disposto no art. 577.º e ss. do Código Civil. Aí reside a sua natureza jurídica.

O acórdão de 27 de Maio de 2004[28] qualifica o *factoring* como uma actividade parabancária[29]. De facto, esta qualificação vai no sentido do entendimento de Quirino Soares que acentua a função financeira do con-

---

[26] Acórdão do STJ, de 26 de Setembro de 2002, *in* Colectânea de Jurisprudência, 2002, 3, 57.
[27] Acórdão do STJ, de 5 de Junho de 2003, *in* www.dgsi.pt
[28] Acórdão do STJ, de 27 de Maio de 2003, *in* www.dgsi.pt
[29] O *factoring* era uma actividade parabancária. Com a entrada em vigor do Regime Geral das Instituições de Crédito e Sociedades Financeiras, no dia 01.01.1993, as sociedades de *factoring* passaram a ser instituições de crédito, o que não invalida que a sua actividade não seja parabancária. Mais à frente no nosso estudo temos o ponto 2.6.2. sobre a evolução das sociedades de *factoring*.

trato de *factoring*[30]. Para mais, o já referenciado Decreto-Lei 56/86 qualificava também a actividade do *factoring* como parabancária[31].

Para finalizar, cumpre analisar o acórdão de 4 de Março de 2004. Refere esta decisão judicial que, *"no contrato de factoring, a transmissão das facturas tem uma função estruturante do negócio, pois a cessão de créditos derivada daquele contrato é, ao fim e ao cabo, uma venda de facturação do aderente ou cedente"*. Pois bem, esta perspectiva do Tribunal parte, no nosso entender, de um pressuposto viciado. As facturas são importantes num contrato de *factoring* enquanto documento indicador do crédito cedido. O art. 7.°, n.° 2 do Decreto-Lei 171/95[32] dispõe que a cedência dos créditos deve ser acompanhada pela transmissão das correspondentes facturas, suporte documental equivalente ou título cambiário. Parece-nos que não se retira que a cedência realizada no contrato de *factoring* é uma cedência de facturas. Embora estes documentos sejam importantes para a realização da cessão, certo é que existe uma transmissão de um crédito. Ou seja, o aderente cede ao factor créditos que detém sobre os seus devedores e não as correspondentes facturas. As facturas são um documento com forte finalidade fiscal e que documentam um crédito. Porém, este existe independentemente de factura. Deste modo, salvaguardando o devido respeito, acreditamos que a decisão judicial em análise, parte de um pressuposto que subverte a cessão financeira na sua natureza jurídica. A transmissão de um crédito não pode ficar dependente da transmissão da respectiva factura. A factura é somente *"um documento de segundo grau, pressupondo a existência de um negócio jurídico com base no qual é redigida"*[33] e não o crédito em si mesmo. Portanto, a factura, enquanto acto jurídico, é uma mera declaração de ciência[34].

---

[30] SOARES, Quirino, *cit.*, pág. 121 e ss..

[31] V. Art. 1.° do Decreto-Lei 56/86. Já o Decreto-Lei 46302 de 27 de Abril de 1965 identificava o contrato de *factoring* como uma das actividades parabancárias típicas. Como já mencionamos, a partir de 1993, as sociedades de *factoring* assumiram a designação de instituições de crédito. Porém, a actividade do *factoring* continua a ser uma actividade parabancária, ou mesmo bancária.

[32] Para uma melhor abordagem a este artigo do Decreto-Lei 171/95, v. ponto 2.6.1..

[33] VASCONCELOS, Luís Miguel, *Dos Contratos cit.*, pág. 273, nota de rodapé n.° 676, *in fine*.

[34] VASCONCELOS, Luís Miguel, *op. cit, loc. cit.*.

2.1.3. *Perspectiva Doutrinária*

Na doutrina portuguesa, o contrato de *factoring* tem sido estudado por um número crescente de juristas. Naturalmente que o fomentar das cessões financeiras conjugado com os seus problemas correntes, tem estimulado vários juristas a analisarem este contrato atípico.

No âmbito deste nosso estudo, é fundamental identificarmos a natureza jurídica do contrato de *factoring*. Para esse efeito, cumpre fazer algumas aproximações à doutrina portuguesa, assim como a alguma doutrina internacional.

Para começar, uma breve abordagem à doutrina estrangeira pode revelar-se importante, até porque apenas podemos analisar mais à frente o acórdão MKG se tivermos uma perspectiva geral do fenómeno da actividade do *factoring*.

A proximidade da cessão financeira e do seguro de crédito, proporcionou algumas considerações de JEAN BASTIN[35]. Para este autor belga, o *factoring* é um misto de operações comerciais e financeiras[36]. Porém, JEAN BASTIN analisa este contrato de uma forma comparativa com o seguro de crédito, pelo que nos vamos abstrair de expor neste momento a sua posição completa[37].

Na nossa pesquisa, encontramos um completo estudo de LUIS LAPIQUE, GONZALO LUCAS e JOSÉ LUIS REYS[38]. Para estes autores, o contrato de *factoring* é um meio para melhorar a eficiência de uma empresa. Por conseguinte, consideramos pertinente salientar a sua definição deste contrato como *"Acuerdo en el que una de las partes presta un conjunto de servicios administrativos, financieros y de garantía de cobro a otra parte sobre las ventas que ésta realiza"*[39]. Neste contexto, o contrato de *factoring* é entendido como uma prática reiterada de serviços a um cliente, sendo

---

[35] BASTIN, Jean, *O Seguro de Crédito – A Protecção contra o Incumprimento*, Cosec, 1994, págs. 59 e ss..

[36] BASTIN, Jean, *op. cit, loc. cit.*.

[37] Para uma melhor abordagem da relação entre o contrato de *factoring* e o seguro de crédito, v. ponto 2.8.6. da nossa exposição.

[38] LAPIQUE, Luis, LUCAS, Gonzalo e REYS, José Luis, *Factoring – Un medio para mejorar la eficiencia de la empresa*, estudo uruguaio publicado na internet, disponível em http://www.adm.com.uy/eventos/des2001/mayo2001/Presentation16_05_01.ppt

[39] LAPIQUE, Luis, LUCAS, Gonzalo e REYS, José Luis, slide de exposição n.º 5, disponível em http://www.adm.com.uy/eventos/des2001/mayo2001/Presentation16_05_01.ppt

esses serviços de índole administrativa, financeira e de garantia. Deste modo, entendem estes autores que do contrato em análise resultam serviços prestados, mesmo quando está em causa a função de garantia da cobrança do crédito.

Ainda dentro de alguma doutrina estrangeira, podemos retirar que a cessão de créditos é o elemento fundamental no *factoring*. Aliás, para GIORGIO FOSSATI e ALBERTO PORRO, sem cessão de créditos, não existe *factoring*[40]. Assim, estes autores italianos entendem que este contrato é consensual, sinalagmático e a título oneroso[41].

Aliás, Itália tem uma estrutura empresarial muito semelhante à portuguesa, daí o sucesso da cessão financeira neste país. Acresce que, como alertou PESTANA VASCONCELOS, as empresas italianas recorrem ao contrato de *factoring* essencialmente pela sua vertente financeira, pelo que os serviços prestados pelo factor não são muito importantes[42]. Neste sentido, MENEZES CORDEIRO, salienta que é a doutrina italiana que tem focado *"o incremento dos serviços do factor"*, nomeadamente enquanto segurador, expedidor, empresa de consultadoria e de estudos de mercado, empresa de publicidade, contencioso, empresa de contabilidade, entre outros[43].

Para finalizar a nossa pequena abordagem sobre o *factoring* em Itália, é importante referir que o maior problema jurisprudencial que este contrato levou para os tribunais italianos foi o debate relativamente à forma da notificação a efectuar ao devedor[44].

---

[40] FOSSATI, Giorgio e PORRO, Alberto, *Il Factoring – aspetti economici, finanziari e giuridici*, terza edizione, giuffrè editore, 1985, pág. 168.

[41] Referem estes autores italianos: *"Il contratto di factoring non è previsto dal nostro ordinamento positivo e la sua figura atipica lo pone fra i contratti inominati. Esso è un particolare contratto consensuale (perchè si forma col semplice consenso delle parti), sinallagmatico (poichè ciascuna parte si sottone ad un'obbligazione verso l'altra) e a titolo oneroso. Esso interessa quindi tre persone distinte:*
  a) *il factor;*
  b) *il cliente del factor;*
  c) *Il debitore tale cliente."* – V. FOSSATI, Giorgio e PORRO, Alberto, *Il Factoring*, cit., pág. 21.

[42] VASCONCELOS, Luís Miguel, *Dos Contratos* cit., pág. 91.

[43] CORDEIRO, António Menezes, *Da Cessão* cit., pág. 64.

[44] Para um estudo mais aprofundado da jurisprudência italiana sobre a forma da notificação ao devedor, v. VASCONCELOS, Luís Miguel, *Dos Contratos* cit., pág. 92. Para uma abordagem da notificação em Portugal, v. ponto 2.5. do nosso estudo.

No Reino Unido, o contrato de *factoring* já começa a ser bastante desenvolvido pela doutrina. R. M. GOODE, define um factor como *"one who purchases debs due from trade costumers, causes notice of the assignment to be given to the debters, collects in the accounts himself and, within defined limits, accepts the risks of debtor default by buying on a non recourse basis"*[45]. Daqui decorre que este autor britânico entende que, regra geral, o contrato de *factoring* realizado no seu país é celebrado sem recurso, sendo que será com recurso quando os créditos não forem aprovados pelo factor.

Em França, a cessão financeira teve sérias dificuldades iniciais para se introduzir na prática comercial, nomeadamente devido à concorrência do desconto cambiário[46], à vontade das empresas protegerem o seu negócio e a uma desconfiança quanto aos poderes de controlo e investigação das sociedades de *factoring*[47].

Da doutrina francesa, destacamos PIERRE JUDE, que define *factoring* como uma técnica em virtude da qual uma organização especializada (neste caso, o factor) se compromete por contrato assumir de forma irrevogável, todos ou parte dos créditos comerciais de um fornecedor de bens ou serviços (o aderente)[48]. Desta posição, destacamos a expressão *"técnica"* utilizada que não nos parece ser a mais indicada. MENEZES CORDEIRO salienta as fragilidades da doutrina francesa quanto ao estudo do *factoring*, essencialmente devido à tardia implementação neste país e falta de base legal que o sustente[49].

---

[45] GOODE, R. M., *Commercial Law*, Penguin Books, pág. 858.

[46] Quanto ao desconto cambiário e a cessão financeira, v. ponto 2.8.7. do nosso estudo.

[47] VASCONCELOS, Luís Miguel, *Dos Contratos cit.*, pág. 85 e ss..

[48] JUDE, Pierre, *Technique et Pratique du Factoring*, Clet Editions Banque, 1984, pág. 10.

[49] CORDEIRO, António Menezes, *Da Cessão cit.*, pág. 51 e ss. – O contrato de *factoring* em França está sustentado na subrogação, porque o instituto da cessão de créditos francês não é compatível com a cessão em massa, devido à forma que a lei impõe para a notificação do devedor. O art. 1690.º do *Code Civil* estabelece que a notificação deve ser judicial e realizada por um oficial de diligências. Assim sendo, a forma desta notificação impede que a cessão financeira possa ser uma cessão de créditos na ordem jurídica francesa. Para uma melhor análise deste tema, v. JUDE, Pierre, *Technique et Pratique du Factoring, cit.*, pág. 16 e ss. e VASCONCELOS, Luís Miguel, *Dos Contratos loc. cit..*

Salientamos também a importância da doutrina alemã, devido à recepção quase pioneira do contrato de *factoring* neste território. Em consequência, na Alemanha, os estudos e a jurisprudência[50] sobre este contrato estão mais avançados do que em qualquer outro país europeu. Aqui, o contrato de *factoring* traduz-se numa cessão global de créditos futuros, desde que determináveis.

Na Alemanha, a cessão financeira tem essencialmente três funções: função de financiamento, função de seguro e função de prestação de serviço[51]. A conjugação destas funções vai criar várias modalidades de contrato de *factoring*. Em virtude do acórdão MKG ser decisão de uma decisão a título prejudicial requerida pelo Tribunal Alemão, cumpre-nos fazer referência às duas modalidades de contrato de *factoring* neste país. Por um lado, temos o *factoring* próprio (*echte Factoring*)[52], no qual temos uma transferência do risco de incumprimento do devedor. Assim, nesta modalidade, estaríamos, para uma parte da doutrina alemã, perante uma compra e venda de créditos. Por outro lado, o *factoring* impróprio (*unechte Factoring*), onde o factor não assume o risco de inadimplência. A sua natureza seria a de um empréstimo[53].

Em Portugal, os estudos sobre a cessão financeira começam a aumentar de forma proporcional à importância que este contrato tem vindo a adquirir em nosso país.

Um estudo importante sobre o contrato de *factoring* foi o de TERESA ANSELMO VAZ em 1987[54]. Esta autora sublinha que a relação contratual entre o factor e o aderente determina a aquisição de créditos do segundo pelo primeiro, sendo que o factor obriga-se ainda a prestar serviços ao aderente[55]. Aliás, esta autora, perante a complexidade do contrato de *factoring*, afirma mesmo que esta actividade *"engloba uma série de obrigações que, isoladamente consideradas, se integrariam em negócios jurídicos*

---

[50] Na Alemanha, a doutrina e a jurisprudência têm um problema acrescido: neste país, os fornecedores apenas vendem a crédito mediante reserva de propriedade sobre os bens alienados, até efectivo e integral pagamento.

[51] CORDEIRO, António Menezes, *Da Cessão cit.*, pág. 45.

[52] *Factoring* próprio e *factoring* impróprio são as expressões utilizadas na tradução portuguesa do acórdão MKG.

[53] CORDEIRO, António Menezes, *Da Cessão, cit.*, pág. 42 e ss..

[54] VAZ, Teresa Anselmo, *"O contrato de Factoring"*, Revista da Banca, 1987.

[55] VAZ, Teresa Anselmo, *"O contrato de Factoring", cit.*, pág. 53.

distintos, como sejam a compra e venda e o mútuo"[56], sendo que salvaguarda que este contrato deve ser tomado num *"contexto unitário"*[57].

Importa salientar que se retira do estudo em análise que na actividade de *factoring* há uma cessão de créditos comerciais de empresas[58]. MENEZES CORDEIRO também reforça esta ideia quando menciona que a cessão financeira tem uma natureza comercial[59]. Esta natureza resulta do facto de apenas recorrerem ao *factoring* comerciantes ou sociedades comerciais, ou por ser um contrato objectivamente comercial[60]. Para mais, este último autor afirma ainda que a cessão financeira é um contrato bancário, na medida em que é praticada por instituições de crédito[61].

Neste sentido, PESTANA VASCONCELOS configura o contrato de cessão financeira como um contrato em que *"uma das partes (...) transfere ou se obriga a transferir ao outro contraente (...) a totalidade ou parte dos seus créditos comerciais a curto prazo (30, 90 ou 180 dias), presentes ou futuros, resultantes da venda ou prestação de serviços, da totalidade ou de parte (...) dos seus clientes"*[62]. Este autor vai acrescentar que a referida transmissão de créditos vai ter como objectivo a administração e cobrança pelo factor e a eventual concessão de adiantamentos sobre o valor dos créditos cedidos, a que se vai acrescer a assunção do risco de rédito por parte do factor[63]. Daqui, ao contrário do que sustenta TERESA ANSELMO VAZ, não resulta qualquer promessa de compra e venda de créditos do aderente para o factor.

---

[56] VAZ, Teresa Anselmo, *"O contrato de Factoring"*, cit., pág. 55.
[57] VAZ, Teresa Anselmo, *loc. cit.*.
[58] VAZ, Teresa Anselmo, *cit.*, pág. 57. Esta autora define contrato de *factoring* como a *"convenção pela qual uma das partes (aderente) se obriga a ceder à outra (factor) a totalidade dos créditos a curto prazo, presentes e futuros, <u>provenientes da sua actividade comercial</u>* (sublinhado nosso) *conexos com o fornecimento de bens ou prestação de serviços, vinculando-se, por sua vez, esta última a proceder à cobrança dos créditos assim cedidos, podendo, além de assumir o risco do não cumprimento por parte do devedor cedido, reembolsar antecipadamente à data do seu vencimento o respectivo montante"*.
[59] CORDEIRO, António Menezes, *Da Cessão, cit.*, pág. 17.
[60] CORDEIRO, António Menezes, *loc. cit.* – cfr. ABREU, Coutinho de, *Curso de Direito Comercial*, Vol. I, Almedina, 2000, pág. 40 e ss..
[61] CORDEIRO, António Menezes, *loc. cit.* – Analisar ainda ponto 2.6.2. do nosso estudo, onde analisamos com maior pormenor as sociedades de *factoring*.
[62] VASCONCELOS, Luís Miguel, *Dos Contratos cit.*, pág. 19 e ss..
[63] VASCONCELOS, Luís Miguel, *Dos Contratos cit., loc. cit.*.

Parece ser aceite pela nossa doutrina que a função de financiamento é fundamental na estrutura da cessão financeira. Aliás, PINTO MONTEIRO e CAROLINA CUNHA sublinham, inclusivamente, que *"a característica mais saliente do factoring em Portugal é, sem dúvida, a sua indissociabilidade da ideia de financiamento"*[64], pelo que se retira daqui o papel que os adiantamentos assumem neste tipo de contrato.

Passamos agora para a análise sumária das vantagens e desvantagens do contrato de *factoring*.

Segundo ANTÓNIO SARMENTO BATISTA, as vantagens deste contrato são as seguintes[65]:

1. Possuírem os factores um grupo de profissionais com experiência em cobranças e muita informação e meios ao seu alcance;
2. Permite uma melhor gestão de tesouraria para os aderentes;
3. Garante poupanças para os aderentes por entregarem todo o processo de cobrança ao factor.

Pelo contrário, este mesmo autor apresenta como desvantagens do *factoring*[66]:

1. O problema de os aderentes eventualmente perderem clientes[67];
2. As dificuldades que podem causar as suspensões dos créditos relativamente aos clientes menos cumpridores.

Independentemente da análise das vantagens e desvantagens, este autor salienta que as duas funções básicas do *factoring* são o procedimento de cobrança e o meio de financiamento disponibilizado[68], pelo que salienta a prestação de serviços e a função financeira do factor.

Torna-se fundamental, neste momento, aferir também da questão da tipicidade e atipicidade do contrato de *factoring* em Portugal. Para PINTO

---

[64] MONTEIRO, António Pinto e CUNHA, Carolina, *Sob o Contrato cit.*, pág. 5.

[65] BATISTA, António Sarmento, *A Gestão do Crédito como Vantagem Competitiva*, Vida Económica, 2.ª Edição, 1996, pág. 252 e 253.

[66] BATISTA, António Sarmento, *A Gestão cit., loc. cit..*

[67] Como aliás já referia MENEZES CORDEIRO. v. CORDEIRO, António Menezes, *Da Cessão, cit.*, pág. 15.

[68] BATISTA, António Sarmento, *A Gestão cit., loc. cit..*

MONTEIRO e CAROLINA CUNHA, este contrato detém uma tipicidade social, na medida em que se manifesta na realidade social de forma constante e reiterada[69]. Quanto a esta tipicidade, parece que a generalidade da doutrina não tem qualquer dúvida. Estas surgem, porém, quanto à sua (a)tipicidade legal. PINTO MONTEIRO e CAROLINA CUNHA defendem[70] que a existência de um tipo legal não implica um tipo obrigatoriamente fechado, na medida em que as fronteiras da sua existência não devem ser estanques. Estes autores argumentam que a legislação específica deste contrato abraça *"um núcleo essencial, ainda que mínimo"*[71], com base no qual se individualiza o tipo legal do contrato de *factoring*. Pelo contrário, autores como MENEZES CORDEIRO, sustentam que, apesar da existência de um diploma legal afecto ao *factoring*, deste resultam elementos insuficientes para a mera definição legal deste contrato. O *factoring* permanece, assim, estruturalmente atípico[72].

2.1.4. Conclusões

Julgamos ter identificado as dificuldades na conceitualização deste contrato em todas as vertentes: prática, jurisprudencial e doutrinal. Posto isto, vamos entender que o contrato de *factoring* traduz-se num contrato pelo qual duas partes (um factor e um aderente) acordam manter uma relação contratual permanente, que implica a obrigação do aderente ceder a totalidade ou parte dos créditos sobre os seus devedores, com vista a que a sua gestão e cobrança seja efectuada pelo factor, e a obrigação deste último aceitar a sua cessão, dentro dos pressupostos previamente acordados, prestando ao aderente os referidos serviços de gestão e cobrança e, quando solicitado, adiantamentos sobre os créditos cedidos. O factor é remunerado através das comissões de *factoring* e de garantia e os juros sobre os adiantamentos. De salientar que um contrato de *factoring*, seja qual for a sua modalidade, implica sempre, no mínimo, uma prestação de serviços de cobrança.

---

[69] MONTEIRO, António Pinto e CUNHA, Carolina, *Sob o Contrato cit.*, pág. 13.
[70] MONTEIRO, António Pinto e CUNHA, Carolina, *Sob o Contrato cit.*, pág. 15 e ss..
[71] MONTEIRO, António Pinto e CUNHA, Carolina, *Sob o Contrato cit.*, pág. 20.
[72] CORDEIRO, António Menezes, *Da Cessão, cit.*, pág. 17.

2.2. O Contrato-Quadro

A estrutura do *factoring* está alicerçada num contrato-quadro. Assim sendo, antes de começarmos a nossa análise ao contrato de *factoring* propriamente dito, temos de explorar um pouco o conceito contrato-quadro.

O contrato-quadro é o negócio jurídico que dá inicio às relações entre aderente e factor e aos consequentes *"contratos de segundo grau"*[73]. Este tipo de contrato gera a obrigação de as partes celebrarem, no futuro, contratos condicionados ao que foi anteriormente estipulado. Como refere PESTANA DE VASCONCELOS, *"o contrato-quadro desempenha (...) uma importante função organizatória das relações entre as partes, tanto presentes como futuras, sendo mesmo o instrumento organizatório por excelência"*[74]. Daqui decorre que todas as relações contratuais futuras entre aderente e factor vão estar numa posição de dependência face ao que foi acordado no contrato-quadro. Assim, é neste contrato que se vão estabelecer as condições em que as cessões dos créditos se vão realizar.

A relação duradoura que resulta deste contrato organizatório vai estabelecer a necessidade de se fazer acompanhar, como sustenta MENEZES CORDEIRO[75], de fortes deveres de lealdade e de cooperação. Aliás, mesmo R. M. Goode refere que *"Relations between the factor and the trader (client) are governed by a detailed master agreement (...) which regulates the terms upon which the factor will purchase receivables due to the client from those to whom he supplies goods or services (costumers)"*[76].

Por conseguinte, defende-se aqui a tese de que existe, previamente à efectivação das diversas cessões de créditos, um contrato organizatório, em oposição com as ideias amparadas por alguma doutrina, que tem entendido que o *factoring* é um contrato promessa de cessão de créditos[77].

---

[73] Expressão utilizada por PESTANA DE VASCONCELOS e que corresponde aos contratos posteriores onde se estabelecem a transferência dos créditos (contratos analisados no ponto seguinte da nossa exposição) – v. VASCONCELOS, Luís Miguel, *Dos Contratos cit.*, pág. 355 e ss..

[74] VASCONCELOS, Luís Miguel, *Dos Contratos cit.*, pág. 162.

[75] CORDEIRO, António Menezes, *Da Cessão cit.*, pág. 82.

[76] GOODE, R. M., *loc. cit.*.

[77] Alguma doutrina defende que o contrato de *factoring* estabelece uma cessão de créditos futuros, desde que determináveis. Dentro deste contexto, a cessão seria válida com a consequente transmissão dos créditos, quando estes surgissem na esfera jurídica do

Aliás, TERESA ANSELMO VAZ menciona que o contrato de *factoring* é um contrato de execução continuada[78], consubstanciando-o como uma promessa unilateral de cessão de créditos[79].

Concluindo, a estrutura do contrato-quadro serve como suporte para as futuras relações entre o factor e o aderente. Assim, temos um contrato de cessão financeira que tem um papel organizatório relativamente a posteriores cessões de créditos entre as partes.

2.3. Cessão de Créditos com Recurso

Após a celebração do contrato-quadro entre o aderente e o factor, ficamos perante quatro modalidades possíveis para a transmissão dos créditos. Começamos pela primeira modalidade dos *"contratos de segundo grau"* – contratos de *factoring* com recurso. Dentro desta modalidade, podemos fazer uma distinção em duas sub-modalidades: contrato com recurso e antecipação e contrato com recurso e sem antecipação.

Cumpre-se agora expor as referidas sub-modalidades:

2.3.1. *O Contrato de* **Factoring** *com Recurso e com Antecipação*

Neste tipo de contrato, temos uma cessão de crédito com direito de regresso do factor sobre o aderente. Deste modo, assegura o factor que, em caso de incumprimento por parte do devedor, o crédito seja retransmitido ao aderente, sendo debitado da conta corrente deste o seu valor e a comissão de cessão financeira[80]. O aderente garante o cumprimento por parte do devedor na data estipulada para o vencimento do crédito. Aliás, como sustenta PESTANA VASCONCELOS, o factor não precisa de recorrer à via judicial para provar a falta de meios do devedor para cumprir, pelo que lhe bastará

---

cedente (aderente). O envio das facturas ou dos títulos cambiários seriam obrigações acessórias contratualmente acordadas. – v. MONTEIRO, António Pinto e CUNHA, Carolina, *"Sob o Contrato de Cessão Financeira ou de «Factoring»"*, Boletim da Faculdade de Direito, Universidade de Coimbra, Volume Comemorativo, Coimbra, 2002, pág. 22.

[78] VAZ, Teresa Anselmo, *"O contrato de Factoring"*, cit., pág. 61.
[79] VAZ, Teresa Anselmo, *"O contrato de Factoring"*, cit., pág. 88.
[80] VASCONCELOS, Luís Miguel, *Dos Contratos*, cit., pág. 334.

a mora deste último para que possa exercer o seu direito de regresso sobre o aderente[81].

No contrato de *factoring* com recurso pode haver antecipações por conta do crédito cedido. Nestas situações, o contrato pode prever que o factor, sempre que solicitado para tal pela contraparte[82], proceda a adiantamentos sobre o valor nominal do crédito até determinado montante, que nunca poderá exceder a posição credora do aderente[83]. Aqui, haverá lugar a pagamento dos juros sobre o adiantamento.

Assim, conclui-se que um contrato com estas características satisfaz duas finalidades fundamentais: a gestão e a cobrança de créditos e o financiamento do aderente. A primeira traduz-se claramente numa prestação de serviços e a segunda num contrato de mútuo[84]. Acrescentamos que PESTANA VASCONCELOS atribui correspectividade entre a obrigação da cobrança e gestão dos créditos por parte do factor e a obrigação de pagar a respectiva comissão por parte do aderente. Este autor realça, ainda, correspectividade existente entre a concessão de adiantamentos e o pagamento de juros sobre esses adiantamentos. Desta maneira, PESTANA VASCONCELOS fundamenta a existência de um sinalagma nas obrigações que resultam deste tipo de contrato de *factoring*[85].

2.3.2. *O Contrato de* **Factoring** *com Recurso e sem Antecipação*

Este contrato tem uma amplitude de finalidades inferior ao anterior. Aqui, o factor e o aderente celebram um contrato no âmbito do qual o

---

[81] VASCONCELOS, Luís Miguel, *Dos Contratos, cit.*, pág. 335.

[82] Em Itália, pese embora os contratos estipulem que o adiantamento tem de ser solicitado pelo aderente, o que acontece é que as sociedades de *factoring*, aquando da aprovação do crédito, procedem prontamente ao adiantamento. – v. VASCONCELOS, Luís Miguel, *Dos Contratos, cit.*, pág. 96.

[83] V. art. 7.º, n.º 2 do Decreto-Lei 171/95 e ponto 2.6.1. do presente estudo.

[84] VASCONCELOS, Luís Miguel, *Dos Contratos, cit.*, pág. 379; ver ainda VAZ, Teresa Anselmo, *O Contrato, cit.*, pág. 71 e UVA, João de Sousa *Factoring – Um Instrumento de Gestão*, Texto Editora, 1991, pág. 17. Este último refere que o factor é um prestador de serviços e um intermediador financeiro.

[85] VASCONCELOS, Luís Miguel, *Dos Contratos, cit.*, pág. 378 – Neste mesmo sentido, v. também MONTEIRO, António Pinto e CUNHA, Carolina, *"Um Exemplo das Novas Tendências do Direito Comercial: O contrato de locação financeira entre a origem civilística e a comercialidade"*, Faculdade de Direito da Universidade de Coimbra, Texto n.º 530, pág. 27.

segundo cede ao primeiro um crédito com o objectivo de proceder à gestão e cobrança deste último. Neste caso, o factor não tem a obrigação de garantir o risco de incumprimento do devedor, nem de proceder a qualquer adiantamento.

Se houver incumprimento por parte do devedor, o crédito será retransmitido para o aderente, sendo cobrada uma comissão de cessão financeira. Acresce que o factor deve prestar todas as informações sobre a sua actuação com vista à cobrança do crédito cedido, na medida em que temos uma mera obrigação de meios e não de resultado.

Nesta versão do contrato de *factoring* é importante o acentuar da função de gestão e cobrança de créditos por parte do factor. Aqui, não existe qualquer função financeira. O aderente não recorre aos serviços de *factoring* com vista a obter financiamento, mas sim com o objectivo de garantir uma melhor gestão e cobrança dos seus créditos, assim como o de diminuir o peso da sua carga administrativa.

PESTANA VASCONCELOS entende, quanto a esta categoria do contrato de *factoring*, que estamos perante um mandato comercial sem representação[86]. Neste contrato, uma das partes (o factor) obriga-se a praticar actos jurídicos de administração e cobrança, por conta de outrem (o aderente), sendo que, para esse efeito, o aderente lhe transmite a titularidade do crédito[87]. Assim, a transmissão do crédito é um elemento do próprio contrato.

2.4. O Contrato de *Factoring* sem Recurso

O contrato de *factoring* tem ainda uma outra modalidade bastante mais complexa quanto ao âmbito das suas funções. Neste sentido, passamos a fazer uma exposição sobre o contrato de *factoring* sem recurso, que também existe em duas sub-modalidades:

---

[86] VASCONCELOS, Luís Miguel, *Dos Contratos, cit.*, pág. 406.
[87] VASCONCELOS, Luís Miguel, *Dos Contratos, cit.*, pág. 401 – Para uma análise mais completa sobre o contrato de *factoring* com recurso sem antecipação e o mandato, v. op. cit., pág. 394 e ss..

2.4.1. *O Contrato de* Factoring *sem Recurso e com Antecipação*

Aqui temos uma cessão financeira na qual o aderente cede um crédito, sem que o factor tenha direito de regresso, solicitando de seguida, nos termos do contrato celebrado, um adiantamento por conta desse crédito. Após o vencimento do crédito, com o cumprimento do devedor, o factor coloca à disposição do aderente o restante montante não adiantado sobre esse crédito. Dessa quantia, são subtraídas as comissões de cobrança e de garantia e os juros sobre o adiantamento. Em caso de incumprimento do devedor, o factor, após um período de mora previamente acordado, paga o restante montante não adiantado ao qual é deduzido as referidas comissões e juros[88].

Deste tipo de contrato resulta então um elemento importante: a garantia que é prestada pelo factor. Assim, este contrato distingue-se dos acima referidos porque existe aqui uma função de seguro de crédito – a *"garantia factoring"*[89].

Quanto à qualificação deste contrato, é pertinente fazer uma pequena aproximação à figura da compra e venda de créditos, sustentada pela maioria da doutrina alemã[90]. Para estes autores, estaríamos perante uma *"típica troca de direito pelo preço"*[91]. Aqui, a antecipação seria somente o adiantamento do preço acordado[92]. PESTANA VASCONCELOS critica esta posição da doutrina alemã, na medida em que não seria de aceitar que o aderente *"trocasse um crédito por montante pecuniário inferior ao valor nominal do direito cedido, pagando ainda uma comissão de cessão financeira, uma comissão de garantia e os juros"*[93].

Conclui-se, deste modo, que este contrato é o mais completo no seio da figura da cessão financeira. Engloba todas as suas funções, pelo que os aderentes procuram este contrato quando pretendem descentralizar a gestão e a cobrança dos seus créditos para o factor, obter uma garantia contra o risco de incumprimento dos seus devedores e garantir financiamen-

---

[88] VASCONCELOS, Luís Miguel, *Dos Contratos cit.*, pág. 341.
[89] Expressão utilizada por PESTANA VASCONCELOS – VASCONCELOS, Luís Miguel, *Dos Contratos cit.*, pág. 412.
[90] Esta questão é importante para melhor compreensão do acórdão MKG.
[91] VASCONCELOS, Luís Miguel, *Dos Contratos cit.*, pág. 413.
[92] VASCONCELOS, Luís Miguel, *Dos Contratos loc. cit.*.
[93] VASCONCELOS, Luís Miguel, *Dos Contratos cit.*, pág. 414 e ss.. Ver também outras críticas à doutrina da compra e venda – *loc. cit.*.

tos. Assim, temos presentes simultaneamente um contrato de mandato, uma fiança comercial e um contrato de mútuo[94].

2.4.2. *O Contrato de* **Factoring** *sem Recurso e sem Antecipação*

Neste contrato, o aderente vai ceder ao factor créditos a curto prazo sobre os seus devedores para que este proceda à sua gestão e cobrança. Como contrapartida, o factor recebe uma comissão, calculada sobre o valor do crédito. Se o devedor não cumprir, o factor entrega ao aderente o valor do crédito, ao qual vai retirar, para além da mencionada comissão, uma quantia suplementar por garantir o risco de incumprimento do devedor[95]. Assim, esta modalidade assume a dupla natureza de mandato e fiança[96].

Daqui se retira alguma proximidade do *factoring* com o seguro de crédito[97].

Muitas vezes, porém, os contratos de *factoring* celebrados sem recurso e sem antecipação sofrem, por acordo das partes, uma mutação na sua natureza, passando a abranger antecipações. É uma mera evolução do contrato que é estimulada pelo aderente que, por vezes, sente necessidades de tesouraria e requer um adiantamento sobre os créditos cedidos.

Outras vezes, o aderente não tem mesmo interesse no financiamento. Assim, recorrendo a este tipo de contrato de *factoring*, as empresas pretendem descentralizar as suas funções de cobrança e gestão de dívidas para o factor e garantir que o risco de incumprimento do devedor corra por conta deste ente financeiro. É, desta forma, um contrato que pode ser bastante útil para empresas médias, com uma pequena base administrativa e uma grande facturação. Com este contrato conseguem obter uma maior eficácia na cobrança dos seus créditos, ter gastos administrativos mais reduzidos e assegurar que o factor garanta o incumprimento dos seus devedores a curto prazo.

---

[94] VASCONCELOS, Luís Miguel, *Dos Contratos loc. cit.*.
[95] Garantia esta que PESTANA VASCONCELOS designa de comissão de garantia.
[96] VASCONCELOS, Luís Miguel, *Dos Contratos cit.*, pág. 406 e ss..
[97] V. ponto 2.8.6. do nosso estudo, onde nos debruçamos sobre as semelhanças entre o seguro de crédito e o *factoring*. Analisar também VASCONCELOS, Luís Miguel, *Dos Contratos cit.*, pág. 403 e ss..

2.5. A Notificação

Numa análise rigorosa do contrato de *factoring*, torna-se importante destacar **o papel da notificação ao devedor do aderente**, por forma a que a cessão de créditos possa produzir os seus efeitos jurídicos.

Dispõe o art. 583.º, n.º 1 do CC[98] que a cessão de créditos produz efeitos em relação ao devedor apenas quando lhe for notificada, ou quando for por este aceite. Porém, o n.º 2 do mesmo artigo salvaguarda que se o devedor pagar ao cedente ou celebrar com este algum negócio jurídico sobre o crédito antes da notificação ou da aceitação, este pagamento ou negócio é oponível ao cessionário se este provar que o devedor tinha conhecimento da cessão.

Normalmente, na prática, a notificação feita ao devedor é realizada quer pelo factor, quer pelo aderente. Assim, os devedores têm sido notificados duas vezes. Esta referência é importante, na medida em que a notificação poderia ser feita quer pelo cedente, quer pelo cessionário[99]. No entanto, nos contratos de *factoring* está estipulado, regra geral, que a notificação deve ser efectuada pelo aderente.

Quanto à forma, ao contrário do que acontece noutras ordens jurídicas[100], a notificação ao devedor pode ser judicial ou extrajudicial. Deste modo, como referem PIRES DE LIMA E ANTUNES VARELA, para que possamos considerar que houve notificação, bastará uma simples declaração negocial nos termos do art. 217.º do CC[101].

Outro problema que cada vez mais se torna comum é a cedência de um crédito a mais do que uma pessoa[102]. O art. 584.º CC visa evitar que

---

[98] Devemos referir que, como sustenta CAROLINA CUNHA, a cessão de créditos regulada no CC foi concebida para transmissões isoladas, cuja composição de interesses é diferente daquela que resulta de contratos de *factoring*, pois aqui a cessão é um mero veículo à prestação de determinados serviços. v. CUNHA, Carolina, *"Contrato de Factoring: Quem Paga Mal, Paga Duas Vezes? – Acórdão do STJ de 26.09.2002, Proc. 1460/02"*, Cadernos de Direito Privado, n.º 3, Julho/Setembro de 2003, pág. 48.

[99] Neste sentido, v. LIMA, Pires de e VARELA, Antunes, *Código Civil Anotado*, Vol. I, 4.ª Edição, Coimbra Editora, 1987, anotação ao art. 583.º, pág. 599. Acresce ainda que a responsabilidade da notificação é quase sempre aderente por via do estipulado no contrato.

[100] Nomeadamente na francesa – v. ponto 2.1.3. do nosso estudo.

[101] LIMA, Pires de e VARELA, Antunes, *Código loc. cit.*.

[102] Neste caso, a cedência a mais do que uma sociedade de *factoring*.

tal situação se torne frequente, determinando que nestas situações prevalece a cessão que for notificada em primeiro lugar ao devedor, ou que por este tenha sido aceite. O legislador pretendeu dar uma *"importância capital"*[103] à notificação, pois nestas situações define qual a cedência de créditos que deverá produzir os seus efeitos jurídicos.

Em consequência, quando um aderente cede os seus créditos a mais do que um factor, apenas produz efeitos, como vimos, a cedência notificada em primeiro lugar. Deste modo, a sociedade de *factoring* que não tenha sido a primeira a notificar o devedor, terá de ser ressarcida de todos os danos sofridos pelo incumprimento contratual. A isto acresce que os contratos de *factoring* costumam conter cláusulas de exclusividade do aderente, sendo que a violação desta cláusula é também passível de gerar responsabilidade contratual do cedente[104]. Acresce que os contratos de *factoring* costumam conter cláusulas de exclusividade com os seus aderentes, pelo que estes não podem ceder créditos a outro factor, daí que o incumprimento contratual pode ser também gerado pela violação desta cláusula.

Similarmente, no Reino Unido, refere R. M. Goode, *"The factor wins unless the subsequent assignee advanced without notice of the factoring agreement and was the first to give notice of the assigment to the debtor concerned"*[105].

Outra questão importante, é a dos meios de defesa oponíveis pelo devedor. Nos termos do disposto no art. 585.° CC, *"o devedor pode opor ao cessionário, ainda que este os ignorasse, todos os meio de defesa que lhe seria lícito invocar contra o cedente, com ressalva dos que provenham de facto posterior ao conhecimento da cessão"*. O legislador português pretendeu proteger o devedor, munindo-o de todas as excepções que poderia opor ao cedente, relativamente ao cessionário. Apenas é aberta uma excepção quando o meio de defesa tenha origem num facto posterior à cessão. Assim, o art. 585.° *in fine "harmoniza-se"*[106] com o n.° 2 do art. 583.°,

---

[103] LIMA, Pires de e VARELA, Antunes, *Código, cit.*, anotação ao art. 584.°, pág. 600.
[104] VASCONCELOS, Luís Miguel, *Dos Contratos, cit.*, pág. 299 – Para este Autor, o cedente que transmite duas vezes o mesmo crédito, dispõe de um direito alheio. Neste sentido, faz referência ao facto de se aplicar às transmissões de créditos comerciais o disposto no art. 467.°, n.° 2 do Código Comercial.
[105] GOODE, R. M., *Commercial Law, cit.*, pág. 870.
[106] LIMA, Pires de e VARELA, Antunes, *Código, cit.*, anotação ao art. 585.°, pág. 601.

na medida em que são atribuídos efeitos jurídicos ao conhecimento da cessão por parte do devedor quando, regra geral, apenas se produzem com a sua notificação ou aceitação.

A relevância que tem o art. 7.º do Decreto-Lei 171/95 na estrutura do contrato de *factoring*[107] tem correspondência com o teor do art. 586.º CC. Neste último artigo está configurado que o cedente é obrigado a entregar ao cessionário os documentos e outros meios probatórios do crédito que estejam na sua posse e em cuja conservação não tenha interesse legítimo. Já o Decreto-Lei 171/95, no referido art. 7.º, especifica que esses documentos devem ser facturas[108] ou título cambiário. PIRES DE LIMA E ANTUNES VARELA afirmam que esta obrigação se destina a *"facilitar o exercício do direito cedido"*[109].

Importa agora, após esta exposição, discernir qual o momento em que o direito de crédito se transmite para a esfera jurídica do cessionário. Para este efeito, PESTANA VASCONCELOS distingue o momento da aquisição do direito com o da sua eficácia[110]. A cessão de créditos não será um negócio em si mesmo, mas um mero efeito de um determinado contrato, em que a transferência do crédito surgirá como uma prestação a que a contraparte fica vinculada a partir da conclusão do negócio[111]. Desta forma, a notificação ou aceitação do devedor da cessão de créditos previamente acordada é um requisito de eficácia da transmissão do crédito relativamente a este. Pelo que a cessão será logo eficaz perante todos os terceiros, excepto aqueles que também adquiriram o mesmo crédito antes da sua notificação ou aceitação.

Releva ainda o facto de ao cessionário serem transmitidas todas as garantias e outros acessórios do crédito cedido pela sua contraparte, salvo aqueles que dela sejam inseparáveis[112].

---

[107] V. ponto 2.3.1. do nosso estudo.
[108] Ou suporte documental equivalente.
[109] LIMA, Pires de e VARELA Antunes, *Código, cit.*, anotação ao art. 586.º, pág. 602.
[110] VASCONCELOS, Luís Miguel, *Dos Contratos, cit.*, pág. 289.
[111] VASCONCELOS, Luís Miguel, *Dos Contratos, cit.*, Pág. 292.
[112] Para um estudo mais aprofundado sobre este tema, v. VASCONCELOS, Luís Miguel, *Dos Contratos, cit.*, pág. 301 e ss. – v. ainda o art. 582.º CC.

2.6. Enquadramento Legal do Contrato de *Factoring* e das sociedades de *Factoring*

É relevante, neste momento do nosso estudo analisar a evolução da lei portuguesa reguladora do contrato de cessão financeira e das sociedades de *factoring*. A sua relevância torna-se, actualmente, maior, pois Portugal é o único país europeu que tentou regular legislativamente a cessão financeira.

Para esse efeito vamos dividir o tema em duas partes distintas:

– o contrato de *factoring*;
– as sociedades de *factoring*:

2.6.1. *Quanto ao Contrato de* Factoring

O contrato de *factoring* teve, pela primeira vez, um regime legal com o Decreto-Lei 56/86, de 18 de Março[113]. O seu art. 1.º dispunha que o *factoring* consiste na aquisição de créditos a curto prazo, derivados da venda de produtos ou da prestação de serviços nos mercados interno e externo. Este diploma estende a esta actividade *"as acções complementares de colaboração da empresa que a ela se dedica com os seus clientes, designadamente de estudos dos riscos de crédito e de apoio jurídico, comercial e contabilístico à boa gestão dos créditos transaccionados"*[114].

O referido Decreto-Lei menciona que o factor devia pagar aos aderentes o valor dos créditos nas datas dos vencimentos destes ou na data de um vencimento médio presumido que fosse estipulado no contrato de *factoring*[115]. Podia, contudo, o factor pagar antecipadamente aos vencimentos a totalidade ou parte dos créditos cedidos ou possibilitar, mediante a prestação de garantia ou outro meio idóneo, a cobrança antecipada por intermédio de instituições bancárias[116]. No entanto, o legislador português

---

[113] Menezes Cordeiro constatou, durante a vigência deste diploma, que o direito português era o único que regulava a cessão financeira através de legislação avulsa. Todavia, este autor concluiu que deste Decreto-Lei não era possível retirar qualquer definição de *factoring* – v. CORDEIRO, António Menezes, *Da Cessão, cit.*, pág. 16.

[114] V. art. 1.º, n.º 2 do Decreto-Lei 56/86, de 18 de Março.
[115] V. art. 4.º, n.º 1 do Decreto-Lei 56/86, de 18 de Março.
[116] V. art. 4.º, n.º 2 do Decreto-Lei 56/86, de 18 de Março.

entendeu que era importante impedir que o *factoring* se transformasse num mero contrato de mútuo, pelo que estabeleceu que os pagamentos antecipados de créditos pelo factor não poderiam exceder a posição credora do aderente na data da efectivação do pagamento[117].

Quanto à forma de pagamento dos seus serviços, o factor far-se-ia cobrar através de comissões de *factoring* calculadas sobre o montante dos créditos adquiridos, juros, nos casos de pagamento antecipado ou comissões de garantia[118]. Competia ao Banco de Portugal regular as comissões e os juros a cobrar pelo factor. Assim, eram frequentes os Avisos do Banco de Portugal reguladores da actividade do *factoring* durante a vigência do Decreto-Lei 56/86.

Este diploma regulava quer o contrato de *factoring*, quer as sociedades de *factoring*. Com o aparecimento do Regime Geral das Instituições de Crédito e Sociedades Financeiras (RGICSF)[119] que passou a regular estas sociedades, muitas das suas normas se tornaram obsoletas, conduzindo ao surgimento do Decreto-Lei 171/95, de 18 de Julho.

Começando pelo preâmbulo deste último diploma, o legislador defende a clarificação e desregulamentação do contrato de *factoring*. No seu art. 2.º, o *factoring* é equiparado à cessão financeira. Porém, os conceitos mais importantes estão no seu art. 7.º[120]. Neste artigo, é imposta a forma escrita ao contrato. Assim, este contrato deve ser sempre celebrado por escrito e dele deve constar também o conjunto de relações do factor com cada aderente. Como elemento estruturante, acrescentamos ainda que a transmissão de créditos no âmbito de contratos de *factoring* deve ser acompanhada de facturas ou da transmissão de outro suporte documental ou título cambiário[121], sendo que o Decreto-Lei 171/95 veio acrescentar a este artigo estes títulos de crédito.

---

[117] V. art. 4.º, n.º 3 do Decreto-Lei 56/86, de 18 de Março.

[118] V. art. 5.º, n.º 1 do Decreto-Lei 56/86, de 18 de Março.

[119] Diploma aprovado pelo Decreto-Lei 298/92, de 31 de Dezembro, com a última alteração pelo Decreto-Lei 201/2002, de 26 de Setembro.

[120] Corresponde, com pequenas alterações, ao art. 3.º do Decreto-Lei 56/86.

[121] Como já foi analisado no ponto 2.1.2. da nossa exposição, este art. 7.º, n.º 2 pode causar alguns problemas na interpretação da importância do documento que acompanha o crédito. O STJ já afirmou que o *factoring* se traduz numa cedência de facturas.

2.6.2. *Quanto às Sociedades de* Factoring

O Decreto-Lei n.º 46.302, de 27 de Abril, fez a primeira referência da lei portuguesa às sociedades de *factoring*. Neste diploma, as instituições que exerciam a actividade de *factoring* foram qualificadas como parabancárias, passando a ser regidas pelo regime que era aplicável a estas últimas.

Apenas em 1986, devido ao Decreto-Lei 56/86, passou a existir um regime específico para as sociedades de *factoring*, pese embora o diploma continuasse ainda a atribuir a esta actividade o estatuto de parabancária[122]. Durante a vigência deste Decreto-Lei, as sociedades de *factoring* tinham de ter como objecto social exclusivo o exercício da actividade de *factoring*. Segundo o seu art. 6.º, estas sociedades deviam constituir-se sob a forma de sociedade anónima. Acresce que o seu capital social de ser realizado em, pelo menos, 100.000 contos (sem prejuízo de realizações em outro tipo de bens acima deste valor)[123]. Estabelecia o art. 8.º do Decreto-Lei 56/86 que seriam obrigatoriamente nominativas ou ao portador (registadas) as acções representativas de, pelo menos, 80% do capital social. Este mesmo artigo, no seu n.º 2, salvaguardava que nenhum accionista poderia deter, directamente ou por interposta pessoa, mais de 20% do capital social de uma sociedade de *factoring*.

Ainda durante a vigência do Decreto-Lei 56/86, a constituição de uma sociedade de *factoring* necessitava de autorização do Ministério das Finanças, concedida mediante Portaria[124]. Para a concessão da referida autorização era necessário um parecer favorável do Banco de Portugal e que se verificassem necessidades económico-financeiras nacionais, regionais ou locais. Quanto a demais critérios, encontravam-se especificados no art. 10.º, n.º 2.

Com o RGICSF, passaram a existir dois tipos de entidades financeiras: as instituições de crédito e as sociedades financeiras. Neste diploma, as sociedades de *factoring* foram incluídas na categoria de instituições de crédito. Desta forma, as disposições do Decreto-Lei 56/86 quanto a estas sociedades tornaram-se conflituantes com o RGICSF.

---

[122] V. Preâmbulo e arts. 1.º e 2.º do Decreto-Lei 56/86, de 18 de Março.
[123] V. art. 7.º do Decreto-Lei 56/86, de 18 de Março.
[124] V. art. 9.º do Decreto-Lei 56/86, de 18 de Março.

Posto isto, apenas as sociedades de *factoring* e os bancos podem praticar a cessão financeira. O art. 8.º do RGICSF impõe, aliás, um princípio da exclusividade da prática desta actividade. Devemos acrescentar também que as sociedades acima referidas continuam a adoptar a forma de sociedade anónima[125]. PESTANA VASCONCELOS acrescenta ainda que os contratos de cessão financeira são actos objectivamente comerciais, pelo que as sociedades de *factoring* são, inerentemente, sociedades comerciais[126].

As sociedades de cessão financeira apenas se podem financiar através de fundos próprios ou dos seguintes recursos[127]:

1. Emissão de obrigações de qualquer espécie;
2. Financiamentos concedidos por outras instituições de crédito;
3. Suprimentos e outras formas de empréstimos e adiantamentos entre uma sociedade e os respectivos sócios e as operações de tesouraria, quando legalmente permitidas, entre sociedades que se encontrem numa relação de domínio ou de grupo.

Assim, relativamente à regulamentação das sociedades de *factoring*, no RGICSF, o legislador português tentou libertá-las da rigidez do Decreto-Lei 56/86. O actual Decreto-Lei 171/95 demitiu-se, em grande parte, de disciplinar os aspectos mais relevantes destas sociedades, pois passou a aplicar-se-lhes o RGICSF[128]. Aliás, como sustenta MENEZES CORDEIRO, normalmente os bancos, embora possam exercer a actividade de *factoring*, optam por criar suas afiliadas para esse exercício[129]. Este autor defende ainda a exclusividade da actividade da cessão financeira para as sociedades de *factoring*[130], situação que de facto se justifica por razões de sã concorrência no mercado e especialização.

---

[125] V. art. 14.º, n.º 1, al. b) do RGICSF.
[126] Para melhor analisar esta questão, v. VASCONCELOS, Luís Miguel, *Dos Contratos, cit.*, pág. 124 e ss..
[127] V. art. 5.º do Decreto-Lei 171/95, de 18 de Julho.
[128] Neste mesmo sentido, v. MONTEIRO, António Pinto e CUNHA, Carolina, *Sobre o Contrato cit.*, pág. 22.
[129] CORDEIRO, António Menezes, *Manual de Direito Bancário*, Almedina, 2.ª Edição, 2001, pág. 282.
[130] CORDEIRO, António Menezes, *loc. cit.*.

2.7. O *Factoring* Internacional

Com a globalização do comércio, torna-se cada vez mais frequente que as empresas de um determinado país estabeleçam as suas relações comerciais com empresas de outros países. Desta forma, os problemas subjacentes às transacções comerciais internacionais são comuns dos das transacções nacionais, com uma agravante: o desconhecimento do direito do Estado importador e as dúvidas sobre o cumprimento atempado dos seus devedores[131]. Para mais, além de um risco de incumprimento destes devedores, a empresa tem ainda de suportar o risco cambiário, o risco de catástrofe e o risco político.

Posto isto, cumpre fazer uma aproximação ao contrato de *factoring* internacional:

Quando uma determinada empresa decide estabelecer relações comerciais com empresas estrangeiras, pode socorrer-se do contrato de *factoring*. Para o efeito, o aderente exportador deve recorrer a um factor da sua nacionalidade (com o qual tenha um contrato de cessão financeira de exportação) e pedir aprovação dos seus futuros créditos sobre um devedor de outra nacionalidade. Esta sociedade de *factoring* vai ter de recorrer a outro factor do país importador (com o qual tem um *Inter Factors Agreement*[132]) através de um pedido de cobertura do risco dos créditos. Este pedido é analisado pelo factor do país importador que conhece muito melhor o mercado. Depois toma a decisão de aprovar o crédito ou não. Aprovando-o, o aderente exportador deve enviar para a empresa importadora a factura original com a indicação de que o crédito foi transmitido para um factor da sua nacionalidade, pelo que é a este que deverá ser efec-

---

[131] PESTANA VASCONCELOS salienta que o *factoring* internacional é importante essencialmente porque, no comércio internacional, existe um desconhecimento do parceiro contratual e de outros ordenamentos jurídicos. v. VASCONCELOS, Luís Miguel, *"O Contrato de Cessão Financeira (Factoring) no Comércio Internacional"*, Estudos em Homenagem ao Prof. Doutor Jorge Ribeiro de Faria, Coimbra Editora, n.º especial, 2003, pág. 412.

[132] As sociedades de *factoring* celebram contratos entre si por forma a regular as suas relações em questões de *factoring* internacional. Estabelecem estes contratos a obrigação mútua de cessão de todos os créditos cedidos pelos seus aderentes que resultem de contratos de fornecimento de bens ou de prestações de serviços, celebrados entre estes e empresas da nacionalidade do outro factor – v. VASCONCELOS, Luís Miguel, *Dos Contratos cit.*, pág. 29.

tuado o pagamento. Deve também enviar uma cópia dessa factura para o factor exportador. Aquando da recepção da cópia da factura, o factor exportador entrará em contacto com o factor importador, confirmando a realização da operação nos termos acordados. Assim, a sociedade de *factoring* importadora pode, caso lhe seja solicitado, proceder a adiantamentos ao aderente por conta deste crédito cedido. Ao invés, os outros serviços, nomeadamente o da cobrança do crédito e do risco de incumprimento, serão prestados pelo factor importador[133]. Aliás, as qualidades deste tipo de contrato são bem expressas por PESTANA VASCONCELOS: *"Na verdade, num único contrato com um único ente financeiro, o exportador pode obter um conjunto diverso, mas articulado de serviços, permitindo-lhe que se concentre no aspecto central da sua actividade"*[134].

Agora que analisamos o procedimento do contrato de *factoring*, vamos ver o contexto jurídico internacional em que se insere.

No ano de 1988, surgiu a Convenção *Unidroit* sobre o contrato de cessão financeira internacional[135]. Esta Convenção foi criada com vista a dar resposta à crescente importância das trocas comerciais internacionais. Desta forma, tenta ser o mais abrangente possível. No seu art. 1.º, n.º 2, al. b), a Convenção dispõe que o factor tem de praticar, pelo menos, duas destas funções:

1. financiamento do aderente;
2. gestão das contas;
3. cobrança dos créditos e
4. garantia do risco de incumprimento dos devedores.

Deste modo, o objectivo foi o de não tomar parte quanto ao conteúdo do *factoring*, na medida em que as funções por este desempenhadas e as finalidades que preenche podem ser diferentes de Estado para Estado. Aliás, quanto a esta norma, PESTANA DE VASCONCELOS afirma mesmo que

---

[133] Para uma melhor abordagem do procedimento do contrato de *factoring* internacional – v. VASCONCELOS, Luís Miguel, *Dos Contratos cit.*, pág. 30 e 31.

[134] VASCONCELOS, Luís Miguel, *"O Contrato de Cessão Financeira (Factoring) no Comércio Internacional"*, cit., pág. 444.

[135] A Convenção *Unidroit* sobre o contrato de cessão financeira internacional (*UNIDROIT – Convention on International Factoring*) foi aprovada no dia 28 de Maio, de 1988, em Otava (Canadá).

os seus redactores optaram por descrever um tipo em vez de elaborar um conceito[136].

A convenção dispõe ainda sobre a necessidade de notificação dos devedores no seu art. 1.º, n.º 2, al. c). No n.º 4 deste artigo, é determinado que a notificação deve revestir-se de forma escrita.

O devedor é obrigado, nos termos da Convenção, a pagar ao factor da sua nacionalidade, sempre que a cessão lhe tenha sido devidamente notificada[137].

Por conseguinte, concluímos que o contrato de *factoring* internacional é bastante complexo, pois implica interactividade entre sociedades de *factoring* de várias nacionalidades. Com esta cessão financeira, o comércio internacional pode fluir, podendo os riscos comerciais correr por conta dos factores, na medida em que existe uma estrutura contratual que dá resposta às suas necessidades de mercado. Aliás, este tipo de contrato de *factoring* vai promover neutralidade nas vendas, independentemente de serem nacionais ou internacionais[138]. Acresce ainda que a Convenção *Unidroit* fornece uma base legal, de âmbito internacional, a este contrato.

2.8. O Contrato de *Factoring* e Outros Contratos Financeiros

Como já mencionamos, são muitos os contratos que resultaram da prática financeira norte-americana e que se introduziram na prática comercial europeia.

Os contratos mais relevantes e que decidimos destacar neste estudo são a locação financeira (*leasing*), o *swap*, o *franchising*, o *forfaiting*, o seguro de crédito e o contrato de agência, assim como o desconto cambiário. Todos estes contratos têm uma função financeira importante, pelo que se podem considerar contratos de estrutura semelhante à do *factoring*. Assim sendo, passamos a expor cada um deles, fazendo considerações sobre o seu conteúdo.

---

[136] VASCONCELOS, Luís Miguel, *Dos Contratos cit.*, pág. 36.
[137] Art. 8.º, n.º 1 da Convenção *Unidroit* sobre o contrato de cessão financeira internacional.
[138] VASCONCELOS, Luís Miguel, *"O Contrato de Cessão Financeira (Factoring) no Comércio Internacional"*, *cit.*, pág. 444.

2.8.1. *O Contrato de* **Factoring** *e a Locação Financeira* **(Leasing)**

Para começar, vamos fazer uma aproximação comparativa do contrato em análise com a locação financeira. A locação financeira, mais conhecida na linguagem corrente por *leasing*, é o contrato pelo qual o titular de uma empresa, necessitando de um bem de equipamento, em vez de o comprar, acorda com uma instituição financeira que esta o adquira por sua indicação, com o compromisso de depois lhe ceder a utilização desse bem, por um determinado prazo e mediante o pagamento de uma renda que permita a amortização feita pelo adquirente e a cobertura do seu lucro[139].

Em consequência, podemos concluir que o *leasing* tem uma forte componente financeira para as empresas que a ele recorrem. A sua finalidade é a aquisição de bens de forma ligeira, por forma a evitar grandes custos. QUIRINO SOARES apresentou este contrato na sua vertente parabancária, enquanto solução credível para os cofres de qualquer empresa[140].

Tal como o contrato de *factoring*, também o *leasing* visa financiar uma empresa, muito embora de forma distinta. No primeiro contrato, a sua função financeira traduz-se nos eventuais adiantamentos por conta dos créditos cedidos. No segundo, o financiamento verifica-se na compra do bem por parte da instituição financeira, para gozo do locatário. Deste modo, ambos os contratos são ideais enquanto suportes financeiros de empresas, independentemente de se depararem ou não com dificuldades de tesouraria, pelo que são uma alternativa muito favorável para manter estabilizados os custos, ano após ano.

2.8.2. *O Contrato de* **Factoring** *e o Contrato de* **Swap**

O contrato de *swap* é um contrato atípico, assim como o *factoring*. MARIA CLARA CALHEIROS faz referência à definição de *swap* dada por

---

[139] MONTEIRO, António Pinto e CUNHA, Carolina, "*Um Exemplo das Novas Tendências do Direito Comercial: O contrato de locação financeira entre a origem civilística e a comercialidade*", Faculdade de Direito da Universidade de Coimbra, Texto n.º 530, pág. 3.

[140] SOARES, Quirino, *cit.*, págs. 123 e ss..

BOULAT e CHABERT: *"Os swap são uma família de contratos, pelos quais se estabelece um obrigação recíproca de pagar, de acordo com modalidades pré-estabelecidas, na mesma divisa ou em diferentes divisas, certas quantias de dinheiro calculadas por referência aos fluxos financeiros ligados a activos e passivos monetários, reais ou fictícios, ditos subjacentes"*[141]. Aqui, existe a cobertura de um risco financeiro. Ambas as empresas envolvidas têm interesses económicos adjacentes a esta permuta, sendo a principal função deste contrato a financeira. Desta forma, quer o *factoring* quer o *swap*, embora distintos, possuem essa forte função financeira que os torna bastante atraentes quando se trata de fazer as melhores opções de mercado para uma empresa. Aliás, o recurso ao *swap* implica, como já foi referido, um importante risco financeiro devido às oscilações das divisas e das taxas de juro. No *factoring*, umas das grandes finalidades do aderente é transmitir o risco comercial dos seus devedores para o aderente, enquanto no *swap* existe uma assunção de um risco financeiro de terceiro.

2.8.3. *O Contrato de* Factoring *e o Contrato de* Franchising

O contrato de *franchising* apresenta-se como o *"contrato mediante o qual o produtor de bens e ou serviços concede a outrem, mediante contrapartidas, a comercialização dos bens, através da utilização da marca e demais sinais distintivos do primeiro e em conformidade com o plano, método e directrizes prescritas por este, que lhe fornece conhecimentos e regular assistência"*[142]. Com este contrato, o franquiador passa a controlar e a dirigir, através de empresas independentes, a distribuição de bens ou serviços, como se tratasse de uma relação com uma filial. No entanto, esta relação é desprovida dos custos e riscos que se verificariam se os franquiados fossem efectivamente suas filiais. Acresce que o franquiador tem a possibilidade de proceder ao controlo dos serviços prestado pelo franquiado[143]. Na verdade, tem-se entendido que o controlo exercido pelo

---

[141] CALHEIROS, Maria Clara, *O Contrato de Swap*, Coimbra Editora, 2000, pág. 126 e ss..

[142] MONTEIRO, António Pinto, *Contrato de Distribuição Comercial*, Almedina, 2002, pág. 122.

[143] MONTEIRO, António Pinto, *Contrato, cit.*, pág.122 e ss..

franquiador é necessário e essencial para garantir a eficácia da fórmula concedida[144].

As contrapartidas do franquiador podem ser realizadas de várias formas, no entanto, é frequente existirem compensações mensais proporcionais ao volume de negócios do franquiado[145].

Quer o *franchising* quer o *factoring* são contratos que visam transportar para outra entidade determinados encargos. No *franchising*, o franquiador, por razões de estratégia financeira, opta por conceder a outrem a comercialização dos seus bens ou serviços. No *factoring*, o aderente opta por transferir para o factor a cobrança dos seus créditos e o risco comercial dos seus credores, podendo obter ainda adiantamentos por conta dos créditos cedidos. Ambos os contratos implicam uma transferência, para outra entidade, de actividades que seriam da responsabilidade que seria do franquiador/aderente. Desta forma, com o recurso ao *franchising* e ao *factoring*, as empresas conseguem diminuir os seus custos em investimentos que podem ser suportados por terceiros, evitando assim todos os riscos a que estariam sujeitos.

2.8.4. O Contrato de **Factoring** e o **Contrato de Agência**

A lei define agência como *"o contrato pelo qual uma das partes se obriga a promover por conta da outra a celebração de contratos de modo autónomo e estável, mediante retribuição, podendo ser-lhe atribuída uma certa zona ou um determinado círculo de clientes"*[146]. Neste contrato, parecem claras algumas semelhanças com o *franchising*, pese embora este último seja um contrato de distribuição e o primeiro um contrato de promoção de negócios[147]. Acresce ainda que, como defende PESTANA VASCONCELOS, o agente é retribuído por essa actividade, ao contrário do franquiado que paga a assistência do franquiador[148].

---

[144] RIBEIRO, Ana Paula, *O Contrato de Franquia (Franchising) – No Direito Interno e Internacional*, Tempos Editores, pág. 24 e ss..

[145] Para uma melhor análise das obrigações pecuniárias do franquiado face ao franquiador, v. VASCONCELOS, Luís Miguel, *O Contrato de Franquia (Franchising)*, Almedina, 2000, pág. 34 e ss..

[146] V. art. 1.º do Decreto-Lei n.º 178/86, de 3 de Julho.

[147] VASCONCELOS, Luís Miguel, *O Contrato, cit.*, pág. 45.

[148] VASCONCELOS, Luís Miguel, *O Contrato, loc. cit.*.

Deste modo, o que foi referido sobre o *franchising* aplica-se agora ao contrato de agência no que se refere à transferência, para outrem, da pratica de uma actividade que deveria ser praticada pela própria empresa. Neste sentido, sublinhamos o já referenciado no ponto anterior quanto ao *factoring*.

2.8.5. *O Contrato de* **Factoring** *e o Contrato de* **Forfaiting**

Neste âmbito, o contrato de *forfaiting* tem alguns pontos de contacto com o *factoring*. *Forfaiting* consiste na compra de títulos com vencimento futuro (prazos médios e longos), originado em actividades mercantis, especialmente exportação, sem direito de regresso[149]. Embora ainda pouco desenvolvido em Portugal, este contrato apresenta-se como uma actividade concorrente do *factoring* internacional, na medida em que permite que os exportadores possam transmitir o risco de atrasos nos pagamentos dos compradores. Temos, portanto, um desconto de títulos de crédito sem direito de regresso sobre o exportador.

Existem, assim, bastantes semelhanças com o *factoring*, pois ambos os contratos perspectivam garantir a posição do aderente sobre devedores com adiantamentos sobre o valor dos créditos. No *forfaiting*, porém, os prazos são muito mais longos.

GIORGIO FOSSATI e ALBERTO PORRO sublinham igualmente as grandes diferenças entre *factoring* e *forfaiting*. Para além da já mencionada diferença quanto aos prazos dos créditos, estes autores reforçam que o *forfaiting* se aplica exclusivamente aos bens de investimento, enquanto o *factoring* abrange essencialmente bens de consumo. Acrescentam ainda que o *forfaiting* garante o risco político e monetário inerente às exportações. Já no *factoring*, a assunção deste risco não decorre automaticamente. Finalmente, no *factoring* internacional, para termos uma cessão, é necessário que haja uma aceitação do crédito por parte de um factor do país importador que assuma o risco comercial do devedor seu nacional, situação que não se verifica no *forfaiting*, na medida em que não existe, neste contrato qualquer limitação deste tipo[150].

---

[149] Disponível em http://www.ipv.pt/econogloss/f.htm
[150] Para uma melhor abordagem da comparação deste contrato v. FOSSATI, Giorgio e PORRO, Alberto, *cit.*, pág. 36.

2.8.6. *O Contrato de* **Factoring** *e o Seguro de Crédito*

Este contrato de seguro apresenta muitas semelhanças com o contrato de *factoring*. Aliás, o seu objecto pode muitas vezes confundir-se. JEAN BASTIN definiu seguro de crédito como *"um sistema de seguro que permite aos credores, mediante o pagamento de um prémio, cobrir-se contra o não pagamento dos crédito devidos por pessoas previamente identificadas e em estado de incumprimento"*[151]. Ora, uma das funções do contrato de *factoring* é segurar o crédito, muito embora não seja a única. Deste modo, o conceito de seguro de crédito será sempre menos lato do que o de *factoring*.

Não é difícil entender que estes dois contratos são actividades paralelas e concorrentes. O contrato de *factoring* é, todavia, uma actividade mais onerosa para o aderente, na medida em que os seus serviços são mais abrangentes. Implicam não só o seguro de crédito, como também a maior eficácia na cobrança de dívidas, a diminuição da carga administrativa e o financiamento. Aliás, o financiamento é a grande diferença entre estes dois contratos. No *factoring*, este financiamento é efectuado através de adiantamentos fornecidos pelo factor ao aderente por conta da cedência do crédito. Aos invés, no seguro de crédito, temos uma mera assunção do risco de incumprimento dos devedores por parte da seguradora. Pelo que o financiamento[152] no seguro surge apenas perante o incumprimento do devedor e assume a forma de pagamento. Aliás, seguindo ANTÓNIO MENEZES CORDEIRO, podemos mesmo afirmar que o *factoring* transcende o mero seguro[153].

Ainda numa comparação entre o seguro de crédito e *factoring*, ANTÓNIO SARMENTO BATISTA estabelece como objectivo do primeiro garantir aos credores os prejuízos sofridos por incumprimento do devedor e como objectivo do segundo cobrir o risco de não pagamento de facturas que comprou a um fornecedor de bens ou serviços no momento das suas emissões[154]. Ora, por razões já expostas, discordamos parcialmente deste autor, pois, pese embora concordemos com a distinção que faz entre seguro de crédito e contrato de *factoring*, não podemos aderir à posição na medida

---

[151] BASTIN, Jean, *O Seguro*, cit., pág. 87.
[152] Não é, em temos rigorosos, um financiamento.
[153] CORDEIRO, António Menezes, *Da Cessão*, cit., pág. 88.
[154] BATISTA, António Sarmento, *A Gestão* cit., pág. 284 a 285.

em que defende a assunção, por parte do factor, do risco de não pagamento de facturas do aderente.

Assim, defendemos que a grande distinção entre estes dois contratos reside na existência ou não de uma função financeira.

2.8.7. O Contrato de Factoring e o Desconto Cambiário[155]

Temos de começar por aceitar que pelo menos, aparentemente, a fronteira entre o contrato de *factoring* e o desconto cambiário é muito ténue. Mas, mesmo assim, a distinção entre as duas figuras é possível.

No desconto bancário, é transmitido, para uma instituição bancária, um crédito incorporado num título cambiário. Neste sentido, este contrato tem semelhanças importantes com o contrato de *factoring* com recurso[156], na medida em que, em caso de incumprimento do devedor, o banco tem direito de regresso sobre o descontário[157].

Acresce ainda que o contrato de *factoring* tem como elemento estruturante a obrigação de o aderente entregar ao factor facturas ou documentos equivalentes, assim como títulos de crédito. Desta forma, como refere JOÃO CABOZ SANTANA, no desconto, o crédito é representado por um título negocial, ao contrário do que sucede no *factoring*, pois aqui os créditos cedidos podem ser titulados por outros documentos que não títulos de crédito[158].

O desconto bancário implica uma forte componente financeira. As empresas recorrem a este tipo de contrato para obterem financiamento, aproveitando-se da *"negociabilidade"*[159] de um título de crédito sobre um terceiro.

---

[155] Também designado por desconto bancário.
[156] V. ponto 2.3. do nosso estudo.
[157] O cliente do banco é responsável subsidiário pelo pagamento da letra, pelo que apenas lhe poderá ser exigido o seu pagamento após o incumprimento do aceitante – v. Acórdão do STJ, de 12 de Janeiro de 1994, *in* Colectânea de Jurisprudência, 1994, 1, 40.
[158] SANTANA, João Caboz, *O Contrato de Factoring – sua caracterização e relações factor-aderente*, Edições Cosmos, 1995, pág. 39.
[159] PATRÍCIO, José Simões, *Direito de Crédito – Introdução*, Lex – Edições Jurídicas, Lisboa, 1994, pág. 31.

A grande diferença entre o desconto e o *factoring* reside na maior amplitude de funções deste último[160]. E acresce que, na cessão financeira, os créditos cedidos podem estar titulados apenas em facturas[161].

2.8.8. Conclusões

Todos os contratos acima referenciados são contratos financeiros ao serviço do comércio jurídico. A sua finalidade é tornar mais fáceis as relações comerciais entre as várias empresas ou entre estas e os seus devedores. O *factoring* tem fortes semelhanças com o *forfaiting*, o seguro de crédito e o desconto bancário. O *forfaiting* e o seguro de crédito têm a mesma função de assunção de risco do incumprimento dos devedores das empresas, sendo que o factoring tem uma maior abrangência quanto às suas potencialidades.

Relativamente aos outros contratos financeiros, foram analisados pelo facto de se apresentarem como fortes alternativas para maximizar as contas de uma empresa. O *factoring* acentua a sua finalidade na cobrança das dívidas e eventuais adiantamentos, outros amortizam investimentos, mas todos se tornaram parceiros comerciais por excelência para a estabilidade de qualquer empresa de maior ou menor dimensão.

Posto isto, a estes contratos acima descritos chamamos contratos descentralizadores de funções para terceiros, na medida em que todos eles, na óptica de uma empresa, transferem para uma outra entidade actividades que seriam, *a priori*, sua responsabilidade[162]. Para mais, com estes contratos, os seus aderentes pretendem também transferir riscos correntes da sua actividade (cambial, de investimento ou do incumprimento dos devedores).

Ressaltamos esta característica no *factoring*, porque é um contrato descentralizador de funções para terceiro na sua plenitude. O aderente transmite para o factor:

1. A responsabilidade pelo risco dos seus créditos;

---

[160] No desconto bancário, o descontário apenas pretende obter financiamento. Pelo contrário, no *factoring*, o aderente obtém outros serviços para além do financiamento, nomeadamente a gestão e cobrança dos seus créditos.

[161] Também desta opinião, v. CORDEIRO, António Menezes, *Da Cessão, cit.*, pág. 89.

[162] Já neste sentido v. VAZ, Teresa Anselmo, *cit.*, pág. 53.

2. A respectiva cobrança;
3. Gestão da conta de clientes;

Por conseguinte, com este contrato, o aderente vai transferir, para um terceiro especializado, todas estas actividades, por fortes razões de estratégia comercial ou por necessidades de tesouraria.

3. A TRIBUTAÇÃO DO *FACTORING*

Com a afirmação do Estado Social, são cada vez maiores as necessidades a serem satisfeitas pelos Estados[163].

Para que os Estados possam efectuar as suas despesas públicas, necessitam de financiamento. Esse financiamento provém, em grande parte, dos impostos arrecadados.

Uma eficaz e equilibrada angariação de receitas derivadas dos impostos, resultará num maior equilíbrio das contas públicas. Assim, nenhum Estado pode deixar de tributar todos os factos relevantes[164], até porque, como sustenta CASALTA NABAIS, grande parte dos meios pecuniários são obtidos junto dos agentes económicos privados[165]. Neste contexto, temos impostos sobre os rendimentos e sobre a despesa.

Os impostos sobre os rendimentos tributam os rendimentos dos contribuintes, sejam estes pessoas singulares, sejam pessoas colectivas. Os impostos sobre a despesa tributam os rendimentos dos contribuintes quando se manifestam na aquisição de bens ou de prestação de serviços.

---

[163] AMORIM PEREIRA menciona ainda que *"os Estados modernos têm a incumbência de muitas das necessidades colectivas, das necessidades que não exigem, para sua satisfação, qualquer actividade do consumidor"*. – v. PEREIRA, Alberto Amorim, *Noções de Direito Fiscal*, Quid Juris?, 23, Porto, 1981, pág. 13; NUNO SÁ GOMES afirma que o Estado para prosseguir os seus fins, tem necessidade de obter meios económicos para esse fim, Acrescenta ainda que o imposto é a mais importante receita pública. – v. GOMES, Nuno Sá, *Manual de Direito Fiscal*, Cardernos de Ciência e Técnica Fiscal, n.º 168, Vol. I, Lisboa, 1993, pág. 11 e ss..

[164] A não ser que o legislador opte por isentar um determinado sujeito passivo ou um determinado acto.

[165] NABAIS, José Casalta, *Direito Fiscal*, Almedina, 2000, pág. 27.

Por conseguinte, sendo o contrato de *factoring* um contrato que assume, como já analisamos[166], uma posição cada vez mais sólida no comércio jurídico, cumpre aos Estados acompanhar a sua evolução aplicando-lhe os impostos devidos. Não deixa, no entanto, de ser uma tarefa difícil não só pela amplitude de funções que este contrato abrange, mas também devido à sua atipicidade legal.

O legislador fiscal português tem vindo a ignorar uma parte dos factos tributáveis decorrentes de um contrato de *factoring*. Todavia, neste ponto da nossa exposição vamos fazer uma análise positiva da tributação deste contrato. Acresce ainda que os factores, enquanto sociedades anónimas, são sujeitos passivos do imposto sobre o rendimento das pessoas colectivas (IRC), pelo que do fenómeno da cessão financeira, resulta ainda mais uma fonte de receita para o Estado. Deste modo, vamos fazer uma aproximação à tributação, quer do contrato de *factoring*, quer das instituições de crédito que têm a cessão financeira como objecto social.

3.1. A Tributação do Contrato de *Factoring* em sede de Imposto de Selo

3.1.1. *O Imposto de Selo*

Para iniciarmos o estudo tributário do contrato de *factoring*, temos de começar pelo imposto que, neste momento, se lhe aplica.

Em primeiro lugar, importa salientar que o imposto de selo é o imposto mais antigo do sistema fiscal português[167]. A antiguidade deste tributo expressa a sua resistência à evolução dos sistemas fiscais, senão veja-se:

a) É um imposto de evasão difícil;
b) Tem uma aceitação relativamente fácil por parte dos devedores;
c) Os seus custos de cobrança são reduzidos; e
d) Possui grande flexibilidade em termos de fixação da incidência[168].

---

[166] V. introdução do nosso estudo, v. ponto 1. do nosso estudo.

[167] LOBO, Carlos Baptista, *"O Novo Código do Imposto de Selo – Alguns aspectos iniciais de enquadramento"*, Ciência e Técnica Fiscal, n.º 400, Outubro-Dezembro, 2000, pág. 249; VÁRIOS, *Guia do Fisco 2004*, Ano 10, n.º 10, Abril de 2004, BPI, pág. 365.

[168] LOBO, Carlos Baptista, *cit.*, pág. 252.

Todas estas características do imposto de selo fizeram com que não tivesse desaparecido com a implementação do IVA e com as sucessivas reformas do sistema fiscal português. Não negamos, contudo, que o peso deste imposto tenha diminuído, até porque acabou por ser ultrapassado na sua incidência pelo IVA. Em consequência, podemos afirmar que o imposto de selo é *"uma forma de tributação residual, visando essencialmente atingir manifestações de capacidade contributiva não abrangidos por outros impostos"*[169].

Posto isto, o imposto de selo tem continuado a ser um tributo fundamental na actividade financeira, nomeadamente nas áreas bancária e seguradora, pelo que entendemos que é por aqui que devemos começar o nosso percurso pela tributação do *factoring*.

Para alguns autores estamos perante um imposto que é um misto de tributação directa e indirecta, pese embora não ponham em causa que se trate de um imposto indirecto[170]. Para outros, é o preço do serviço prestado pelo Estado[171]. Existe no imposto de selo como que uma manifestação da capacidade contributiva dos sujeitos passivos relevante para o legislador[172].

Na verdade, no imposto do selo, temos o selo do documento e o selo da operação.

No selo do documento, o valor do imposto a pagar é fixo, pelo que não depende do valor do negócio a que se aplica. Este selo implica um documento escrito.

Relativamente ao selo da operação, o imposto varia conforme o valor do negócio a que se refere.

Quanto à incidência territorial do imposto de selo, aplica-se o princípio da territorialidade[173]. Assim, de acordo com este princípio que

---

[169] VÁRIOS, *Guia do Fisco 2004*, pág. 366.

[170] RODRIGUES, José Avelino, *O Sistema Fiscal Português*, Quid Juris, n.º 11, Porto, 1979, pág. 54; Para uma distinção entre impostos directos e indirectos, v. NABAIS, José Casalta, *cit.*, pág. 58 e ss..

[171] LOBO, Carlos Baptista, *cit.*, pág. 251.

[172] LOBO, Carlos Baptista, *loc. cit.*.

[173] Para uma abordagem mais aprofundada do princípio da territorialidade, v. TEIXEIRA, Glória, *A Tributação do Rendimento – Perspectiva Nacional e Internacional*, Almedina, 2000, pág. 31; TEIXEIRA, António Braz, *Princípios de Direito Fiscal*, Vol. I, 3.ª Edição, Almedina, pág. 162 e ss..

resulta do disposto no art. 4.º, n.º 1 do CIS, o tributo em estudo aplica-se a todos os actos, contratos, documentos, títulos, livros, papéis e outros factos previstos na Tabela Geral[174], desde que ocorridos em território nacional.

Relativamente à incidência subjectiva, de acordo com o art. 2.º do CIS, *"são sujeitos passivos do imposto as entidades legalmente incumbidas da sua liquidação e pagamento"*. Este facto não impede que estes sujeitos passivos possam fazer repercutir o pagamento do imposto para outras entidades. Para este efeito, o legislador deu uma ajuda através do art. 3.º do CIS, quando dispôs que o imposto constitui encargo das entidades com interesse económico. Deste modo, foram criadas presunções por forma a retirar eventuais dúvidas sobre a responsabilidade no encargo do imposto – com particular interesse para o presente estudo, destacamos as presunções de que o interesse económico nas concessões de crédito pertence ao utilizador do crédito[175] e nas restantes operações financeiras realizadas por instituições de crédito, aos seus clientes[176]. Ainda assim, a liquidação do imposto de selo vai ser da responsabilidade dos sujeitos passivos indicados no art. 2.º, n.º 1 do CIS[177]. Salvaguarda o n.º 2 do art. 23.º, contudo, que quando o imposto for devido por operações de crédito ou garantias prestadas por um conjunto de instituições de crédito ou de sociedades financeiras, a sua liquidação pode ser efectuada globalmente por qualquer uma daquelas entidades.

As taxas a pagar em sede de imposto de selo estão previstas na tabela anexa em vigor no momento em que o imposto é devido. Acresce que não pode haver acumulação de taxas do imposto relativamente ao mesmo acto ou facto estabelecido no art. 1.º, n.º 1 do CIS, pelo que, em caso de acumulação de taxas, aplica-se a que tiver o maior valor nominal ou percentagem.

---

[174] Tabela em anexo ao CIS onde constam os valores a tributar em sede de imposto de selo a cada um dos factos. A utilização de uma tabela de incidência em anexo é uma regra contrária à dos outros impostos portugueses. v. VÁRIOS, *Guia do Fisco 2004, cit.*, pág. 368.
[175] Cfr. Art. 3.º, n.º 3, al. f) do CIS.
[176] Cfr. Art. 3.º, n.º 3, al. g) do CIS.
[177] Cfr. Art. 23.º, n.º 1 do CIS.

3.1.2. *A Tributação do Contrato de* **Factoring**

Após uma pequena abordagem ao imposto de selo, vamos analisar em que medida é tributado o contrato de *factoring* em sede deste imposto. A Tabela Geral do imposto de selo refere-se às operações financeiras no seu ponto 17. Resulta deste ponto, no seu n.º 1, que é tributada a utilização de crédito, sob a forma de fundos, quando concedida a qualquer título, nomeadamente a cessão de créditos, o *factoring* e as operações de tesouraria, desde que envolvam qualquer tipo de financiamento ao cessionário, aderente ou devedor. Segundo a circular n.º 15/2000[178], no seu ponto 23, esta enumeração é meramente exemplificativa e não taxativa. Acrescenta ainda este ponto 17.1. que se considera sempre como nova concessão de crédito a prorrogação do prazo do contrato. Quanto à taxa aplicável, varia conforme o prazo do crédito. Se o crédito for concedido por um prazo inferior a um ano, por cada mês ou fracção, aplica-se a taxa de 0,04%[179]. Caso o crédito tenha um prazo igual ou superior a um ano, é aplicada a taxa de 0,5%. Se o crédito for concedido por um prazo igual ou superior a cinco anos, a taxa é de 0,6%[180]. Porém, o que frequentemente acontece na actividade de *factoring* é que os financiamentos são concedidos nos termos do ponto 17.1.4. da Tabela Geral do imposto de selo. Aqui está previsto que o crédito, quando utilizado sob a forma de conta corrente, descoberto bancário ou qualquer outra forma em que o prazo de utilização não seja determinado ou determinável, é tributado à taxa de 0,04% sobre a média mensal obtida através da soma dos saldos em dívida apurados diariamente, durante o mês, divididos por 30. Assim, a incidência do imposto vai para além do clássico financiamento (através dos contratos de mútuo e abertura de crédito), na medida em que abrange os eventuais adiantamentos das sociedades de *factoring*[181]. Parece-nos, no entanto, estranho que a administração fiscal considere que o contrato de *factoring* seja tributado em sede de imposto de selo apenas quando com recurso[182]. Enten-

---

[178] Circular de 5 de Julho de 2000.
[179] Cfr. ponto 17.1.1. da Tabela Geral do imposto de selo.
[180] Cfr. ponto 17.1.2. da Tabela Geral do imposto de selo.
[181] VÁRIOS, *Guia do Fisco 2004*, *cit.*, pág. 385.
[182] VÁRIOS, *Guia do Fisco 2004*, *loc. cit.*; MATEUS, J. Silvério, FREITAS, L. Corvelo de, *Os Impostos sobre o Património Imobiliário. O Imposto de Selo. Anotados e Comentados.*, Engifisco, 2005, págs. 735 e 736.

demos que o que resulta da lei é que a tributação da cessão financeira deverá ser realizada sempre que haja um adiantamento de uma sociedade de *factoring* ao aderente, independentemente de ser com ou sem recurso, pois em qualquer destes contratos estamos perante uma concessão de um crédito. Na verdade, terá entendido a administração fiscal que o financiamento prestado pelo factor a um aderente num contrato de *factoring* sem recurso seria um adiantamento por conta do preço do crédito. Ora, em coerência com a primeira parte do nosso estudo, defendemos que a cessão financeira não é um contrato de compra e venda de créditos, pelo que será de afastar esta interpretação da administração fiscal. Aliás, o factor é sempre ressarcido quando procede a um adiantamento em sede de juros[183]. Pelo que se pode afirmar que a tributação da cessão financeira se torna bastante lacunosa[184]. Na verdade, esta posição da administração fiscal é claramente influenciada pelo conceito de *factoring* da doutrina alemã. A assimilação deste conceito germânico subverte a real natureza da cessão financeira. Acresce que a circular n.° 15/2000 veio referir no seu ponto 24, quanto à tributação da cessão de créditos, que o facto tributário não seria a cessão propriamente dita, mas o financiamento a esta associado. Acrescenta ainda esta circular que as taxas a serem aplicadas são correspondentes ao período pelo qual deve durar o financiamento. No entanto, na prática, os factores têm, regra geral, pago o imposto de selo independentemente de se tratar de um contrato de *factoring* com ou sem recurso.

Parece-nos também que, da letra da lei, resulta que deve haver tributação de imposto de selo nos juros cobrados pelo factor do montante

---

[183] Neste sentido, PESTANA VASCONCELOS não tem dúvidas que o contrato de *factoring* sem recurso com adiantamento contenha elementos de um contrato de mútuo, através do qual realiza a sua função financeira – v. VASCONCELOS, Luís Miguel, *Dos Contratos cit.*, pág. 423 e ss.; ponto 2.4.1. da nossa exposição.

[184] Aquando da reforma do imposto do selo, já JOÃO FERNANDES defendia que a tributação da cessão de créditos era uma matéria a clarificar. Neste caso, a sua posição crítica abrangeu essencialmente um problema de interpretação do ponto 17.1. da Tabela Geral do imposto do selo. Resultava desta disposição que apenas haveria tributação quando o cessionário fosse o financiado e não o cedente. Veio a administração fiscal, através da circular n.° 15/2000, de 5 de Julho, interpretar a referida norma, afirmando que ao alargar a tributação ao cessionário, visava tributar apenas o financiamento e não a operação da cessão de créditos. – FERNANDES, João, *"Imposto de Selo – Comentário Crítico sobre o Novo Código"*, Fisco, n.° 90/91, Setembro de 2000, ano XI, pág. 38 e 39.

adiantado. Esta interpretação resulta do disposto no ponto 17.2.1. da Tabela Geral do imposto de selo. Aqui, serão tributados à taxa de 4% sobre o valor dos juros cobrados pelo financiamento.

As várias vertentes de um contrato de *factoring* vão-se encaixando na referida tabela. Nos termos do ponto 17.2.4., deverão ser tributadas à taxa de 4% as comissões e contraprestações por serviços financeiros, onde se incluirá a já referida comissão de garantia. Surge-nos aqui a dúvida sobre o alcance destas normas e a sua aplicação à cessão financeira. No entanto, não nos choca admitir que as comissões de cessão financeira sejam tributadas nos termos do disposto no pontos 17.2.4..

Para finalizar, cumpre fazer uma alusão ao ponto 5 da circular 15//2000, que refere que os juros cobrados por instituições de crédito sediadas em Portugal a sucursais suas estabelecidas noutro Estado não membro da UE estão sujeitos a imposto de selo, por força do princípio da territorialidade explícito no art. 4.º, n.º 1 do CIS. Apenas assim não acontecerá se houver alguma isenção, nos termos da parte final da al. e) do n.º 1 do art. 6.º do CIS.

3.1.3. *Conclusões*

Posto isto, concluímos que o imposto de selo continua pouco claro na sua relação com o contrato de *factoring*. Os factores salvaguardam muitas vezes a sua posição repercutindo o montante a pagar de imposto de selo para os aderentes. Esta repercussão é acordada logo no contrato-quadro. Porém, consideramos essencial que o legislador adopte uma conduta de clarificação do teor do CIS no que se trata de tributar a cessão de créditos, e principalmente o *factoring*, na medida em que é um contrato com uma importância extrema na economia nacional.

Não nos parece que seja fácil de abdicar, para as estruturas administrativas fiscais, do conceito tradicional de contrato de *factoring* sem recurso enquanto contrato de compra e venda de créditos. Porém, não deixamos de repudiar esta posição por estas razões:

1. Uma sociedade de *factoring* ao adquirir um crédito do aderente sem direito de regresso, está a garantir o incumprimento do seu devedor;
2. Garante o factor também todo um serviço de cobrança do crédito, relativamente ao qual o aderente fica totalmente dispensado;

3. Como contrapartida de um adiantamento por conta do crédito solicitado pelo aderente, o factor cobra juros bancários durante o período entre a data em que o financiamento foi concedido até a data de vencimento previsível de cada crédito cedido;
4. O aderente recebe necessariamente do factor uma quantia inferior ao valor global do crédito cedido.

Assim sendo, estranhamos, tal como PESTANA VASCONCELOS[185], que aos aderentes sejam cobrados juros por conta do adiantamento do preço acordado. Estranhamos ainda mais porque não conseguimos conceber porque razão, neste eventual contrato de compra e venda de créditos, o aderente teria de ver reduzida a prestação do factor – o pagamento integral do valor nominal do crédito.

Como já analisámos[186], a doutrina portuguesa não se encontra muito influenciada pela posição maioritária na Alemanha, pelo não se entende que seja posição da administração fiscal que o contrato de *factoring* sem recurso não deva ser tributado. Aliás, este entendimento é mesmo lesivo para os seus interesses, na medida em que deixa de ser tributado o financiamento de uma parte das cessões de crédito realizadas no âmbito da cessão financeira, com a inerente perda de receitas para o Estado.

Finalizamos, mencionando apenas que urge reformar a tributação do contrato de *factoring*, e avançamos, desde já, que essa reforma pode não passar apenas pelo imposto de selo.

3.2. A Relevância das Contribuições para a Segurança Social no Contrato de *Factoring*

3.2.1. *O Decreto-Lei 411/91, de 17 de Outubro*

Relativamente às contribuições para a segurança social, estas podem ter implicações em sede de contrato de *factoring*.

O Decreto-Lei 411/91, de 17 de Outubro, dispõe no seu art. 11.° que o Estado e outras pessoas colectivas de direito público só podem conceder

---

[185] VASCONCELOS, Luís Miguel, *Dos Contratos cit.*, pág. 423 e ss..
[186] V. ponto 2.1.3. da nossa exposição.

algum subsídio ou proceder a um pagamento superior a € 5.000[187] a contribuintes do regime geral de segurança social de inscrição obrigatória, com empregados por conta de outrem, mediante a apresentação de declaração comprovativa da situação contributiva destas perante as instituições de previdência ou de segurança social que as abranjam[188]. Considera o legislador que têm a situação contributiva regularizada os contribuintes que não sejam devedores de contribuições[189], ou os contribuintes devedores de contribuições cuja dívida tenha sido objecto de autorização judicial ou extrajudicial para o seu pagamento em prestações e enquanto estejam a ser cumpridas as condições dessa autorização[190]. Assim, para que as entidades privadas possam vir a ser ressarcidas por algum pagamento superior a € 5.000, por parte do Estado ou de uma pessoa colectiva de direito público, têm de demonstrar que a sua situação contributiva se encontra regularizada. Para esse efeito, necessitam de uma declaração comprovativa, sendo que a administração tem 10 dias a contar da data do requerimento para a emitir. A validade desta declaração pode ser de 4 a 6 meses[191]. Posto isto, se resultar desta declaração a existência de dívidas às instituições de previdência e de segurança social, devem o Estado ou outras pessoas colectivas de direito público reterem o montante em débito, até ao limite máximo de 25% do total cedido[192]. Assim, as importâncias retidas devem ser depositadas à ordem do Instituto de Gestão Financeira da Segurança Social[193].

Estamos perante, como defende ILÍDIO DAS NEVES, de uma retenção, muito embora distinta do direito de retenção previsto nos arts. 754.º e ss.

---

[187] O citado Decreto-Lei refere-se a esc. 1.000.000$00, pelo que fizemos uma conversão para o Euro por arredondamento.

[188] Estamos perante uma forma de extinção da obrigação contributiva – v. NEVES, Ilídio das, *Direito da Segurança Social – Princípios Fundamentais Numa Análise Prospectiva*, Coimbra Editora, 1996, pág. 422 e 423.

[189] A letra da lei refere-se a dívidas à segurança social relativamente às quais são acrescidos juros moratórios. Porém, se o contribuinte tiver regularizado as contribuições, mas ainda estiverem por liquidar os juros, considera-se que se encontra em situação de incumprimento. Sobre os juros, v. art. 16.º do Decreto-Lei 411/91, de 17 de Outubro.

[190] Cfr. art. 13.º do Decreto-Lei 411/91, de 17 de Outubro.

[191] Cfr. art. 14.º do Decreto-Lei 411/91, de 17 de Outubro.

[192] Cfr. art. 11.º, n.º 2 do Decreto-Lei 411/91, de 17 de Outubro.

[193] Cfr. art. 11.º, n.º 5 do Decreto-Lei 411/91, de 17 de Outubro.

do CC[194]. Justifica este autor que a diferença reside no facto de que quem pode exercer a retenção não é a instituição credora, mas outra entidade pública ou privada, embora o resultado pretendido seja exactamente o mesmo, ou seja, a extinção total ou parcial, da obrigação contributiva[195]. ILÍDIO DAS NEVES refere ainda que, por vezes, esta retenção é qualificada como uma medida cautelar do cumprimento da obrigação contributiva. Assim sendo, a sua natureza seria semelhante à da sanção pecuniária compulsória, pelo que visaria estimular o devedor a regularizar a sua situação contributiva. No entanto, para este autor, não pode ser esta a sua natureza jurídica, pois com a retenção, existe uma extinção, total ou parcial, da dívida[196].

Após esta pequena abordagem ao Decreto-Lei 411/91, vamos aproximar o seu conteúdo com o do contrato de *factoring*.

Como sabemos, muitas vezes as sociedades recorrem ao *factoring* como um último meio para obter financiamento. Estas empresas, em situações de dificuldade, raramente têm regularizadas as suas contribuições para a segurança social. Desta forma, caso tivessem créditos sobre entidades públicas superiores a € 5.000, correriam o risco de lhe serem retidos 25% do montante de que são credores. Não será difícil concluir, então, que qualquer uma destas empresas têm interesse em ceder esses créditos a outras entidades. É aqui que entram as sociedades de *factoring*. A cessão financeira é uma óptima solução com vista à cedência de créditos, pelo que este tipo de aderentes pretendem evitar as consequências previstas no art. 11.º, n.º 2 do Decreto-Lei 411/91 recorrendo às sociedades de *factoring*[197].

3.2.2. *O Acórdão do Tribunal da Relação de Lisboa, de 3 de Dezembro de 2002*

Assim sendo, o *factoring* poderia transformar-se num meio de fuga das empresas com dívidas à segurança social. Neste sentido, temos o acórdão do Tribunal da Relação de Lisboa, de 3 de Dezembro de 2002[198].

---

[194] NEVES, Ilídio das, *Direito cit.*, loc. cit..
[195] NEVES, Ilídio das, *Direito cit.*, loc. cit..
[196] NEVES, Ilídio das, *Direito cit.*, loc. cit..
[197] Naturalmente que partimos aqui do pressuposto que estas instituições de crédito têm a sua situação contributiva regularizada.
[198] Acórdão do TRL, de 3 de Dezembro de 2002, recurso n.º 5566/02, *in* Colectânea de Jurisprudência, 2002, 5, 82.

O citado acórdão refere-se a um recurso que tinha como partes um factor (apelante) e uma entidade pública. Quantos aos factos, um aderente cedeu a este factor créditos sobre a Maternidade Alfredo da Costa – uma pessoa colectiva de direito público. Os créditos cedidos foram pagos ao factor, à excepção de dois que não foram liquidados na sua globalidade. A Maternidade Alfredo da Costa deduziu 25% destes créditos no valor de esc. 7.876.462$00 e de esc. 7.772.153$00, respectivamente, nos termos do art. 11.º, n.º 2 do Decreto-Lei 411/91. A sociedade de *factoring* sentiu-se lesada, tendo intentado uma acção de simples apreciação negativa, com processo ordinário, contra esta entidade pública, pedindo que o tribunal declarasse que foi celebrado entre o factor, enquanto instituição de crédito que se dedica à actividade do *factoring*, e uma terceira, credora da Maternidade Alfredo da Costa, um contrato que implica futuras cessões de créditos, pelo que a entidade pública não poderia efectuar a retenção, no acto de pagamento das facturas em dívida, do montante de 25% do valor dos créditos respectivos, invocando que o credor original não tinha regularizadas as suas contribuições face às instituições de previdência[199]. A primeira instância julgou lícita a actuação da Maternidade Alfredo da Costa.

Apresentados os factos, definiu o tribunal de recurso que a questão principal a ser decidida se prendia com a de saber sobre quem impende a obrigatoriedade de apresentação de documento válido que comprove a regularização, ou não, da sua situação contributiva, aquando da celebração de um contrato de *factoring* que envolva créditos sobre o Estado ou outras entidades públicas. Surge, assim, a dúvida de saber se esta responsabilidade recai sobre o aderente, sobre o factor ou sobre ambos.

Neste acórdão, o tribunal começou por fazer uma pequena introdução ao contrato de *factoring*, com vista a apreender a sua natureza. O tribunal concluiu, nesta primeira parte, que a natureza deste contrato é a da cessão de créditos[200]. Logo, temos um credor diferente do credor inicial. Aqui surgem as maiores dificuldades de interpretação face ao art. 11.º do Decreto-Lei 411/91. Quando uma empresa vai cobrar um crédito seu, superior a € 5.000, sobre uma entidade pública, vai ter de apresentar comprovativo da regularização da sua situação contributiva. Agora, se esta

---

[199] Acórdão do TRL, *cit.*.
[200] Não nos vamos prender muito com as referências que este acórdão faz ao contrato de *factoring*, no entanto, discordamos quando define a cessão financeira como uma promessa de venda de créditos futuros.

mesma empresa ceder este crédito a uma sociedade de *factoring*, essa obrigação de apresentação do comprovativo é transferida? O tribunal entendeu que a obrigatoriedade de apresentação do já referido documento pertence quer ao aderente, quer ao factor. Fundamenta-se, essencialmente, na *ratio* do Decreto-Lei 411/91 – *"O legislador, quando se propôs elaborar uma norma deste tipo, certamente não deixou de contar com eventuais fugas ao fisco (...)"*[201]. Assim, por forma a fixar o sentido e o alcance da lei, menciona o tribunal que, nos termos do art. 9.°, n.° 3 do CC, o intérprete deve presumir que o legislador consagrou as soluções mais acertadas e soube exprimir o seu pensamento em termos adequados. Pelo contrário, a sociedade de *factoring* apelante defendeu que o facto de o Decreto-Lei 411/91 não prever as situações de cessão de créditos implica a existência de uma lacuna. Neste sentido, o tribunal contrapôs ainda que, a existir uma lacuna, esta deveria ser suprida através do recurso às normas gerais do direito civil aplicáveis à cessão de créditos (art. 577.° e ss. do CC), em *"perfeita consonância"* com os contratos de cessão financeira celebrados. Dispõe o art. 582.° do CC – *"Na falta de convenção em contrário, a cessão do crédito importa a transmissão para o cessionário das garantias e outros acessórios do direito transmitido, que não sejam inseparáveis da pessoa do cedente"*. Ora, esta norma aplica-se à cessão financeira por força do disposto no art. 588.° do CC. Assim, defendeu o tribunal que se transmite para o factor a obrigatoriedade de apresentação da referida documentação. Acrescenta ainda que, mesmo que se admitisse que o art. 11.° do Decreto-Lei 411/91 fosse uma norma excepcional, uma interpretação extensiva nos termos do art. 9.° do CC levaria sempre a uma decisão semelhante à do tribunal recorrido.

O Tribunal da Relação de Lisboa foi ainda mais longe. Considerou que se a obrigatoriedade de apresentação dos referidos documentos fosse pura e simplesmente transferida para o factor, estavam abertas as portas à fraude, na medida em que uma empresa com dívidas à segurança social poderia ser sempre ressarcida na totalidade do crédito caso o cedesse a um terceiro que tivesse as suas contribuições regularizadas. Assim, apenas se pode ultrapassar estas dificuldades obrigando o aderente (cedente) a demonstrar que também nada deve à segurança social, caso contrário estaríamos perante uma clara situação de fraude à lei.

---

[201] Acórdão do TRL, *cit.*.

Deste modo, decidiu o tribunal que, quando uma empresa tiver créditos sobre uma entidade pública, de valor superior a € 5.000 e os ceder a uma sociedade de *factoring* (ou simplesmente a um terceiro), têm ambos (cedente e cessionário) a obrigatoriedade de demonstrar que nada devem à Segurança Social.

3.3.3. *Conclusões*

A fundamentação do aludido acórdão visava impedir que o *factoring* se transformasse numa actividade conotada com a fuga ao disposto no n.º 2 do art. 11.º do Decreto-Lei 411/91. De facto, haveria uma perda da seriedade da figura da cessão financeira se se tornasse frequente que empresas com dívidas à segurança social recorressem a este contrato como forma de fuga ao pagamento das suas contribuições. Assim, o *factoring* ganharia uma péssima reputação no mercado, ao que acresceria, ainda, o facto de poderem surgir algumas dúvidas sobre a origem dos créditos. Nestas situações, estaríamos perante uma fraude à lei: Uma empresa credora do Estado não necessitaria de regularizar a sua situação contributiva para proceder à cobrança em causa, pois poderia sempre ceder o seu crédito a um terceiro (factor), evitando ou contornando a obrigação prevista no art. 11.º Decreto-Lei 411/91[202].

Acreditamos que esta decisão do tribunal vai, de facto, de encontro à *ratio legis* do Decreto-Lei 411/91. Acresce que o teor do art. 582.º do CC parece ser decisivo para retirar qualquer dúvida.

Posto isto, as sociedades de *factoring* devem ter cautelas quando aprovam créditos elevados sobre entidades públicas. Parece-nos que os factores podem antecipar-se, reduzindo eventuais problemas, se requererem aos aderentes, antes da aprovação destes créditos, um comprovativo válido[203] da sua situação contributiva actual. Ora, entendemos que tal exigência protegeria suficientemente o factor nas situações em que a data de vencimento do crédito é anterior ao final do período de validade do referido comprovativo. Contudo, quando tal não se verifique, e a data

---

[202] Não estamos a considerar aqui quaisquer implicações penais que estas empresas e os seus gerentes poderiam ter com esta conduta.

[203] Comprovativo válido pelos prazos mencionados nas al. a) e b) do n.º 2 do art. 14.º do Decreto-Lei 411-91.

de vencimento do crédito se mostre posterior ao período de validade do documento comprovativo que o aderente deve apresentar, entendemos que do aludido acórdão resulta um risco desproporcional para o factor, que não pode, em circunstância alguma, actuar segundo um juízo calculado de segurança. Perante esta situação e a ser adoptada a posição defendida no acórdão citado, nada mais restará ao factor do que atenuar tão grande risco através do recurso a cláusulas contratuais acidentais, como seja a sujeição da cessão a condição ou termo resolutivo.

Acrescentamos, ainda, que as sociedades de *factoring* têm *know-how* do mercado onde actuam, pelo que conseguem detectar mais facilmente as dificuldades que algumas empresas sentem, nomeadamente os seus aderentes. Deste modo, parece que o citado acórdão veio alertar para um problema real do sector. Aliás, o cedente dos créditos sobre a Maternidade Alfredo da Costa já tinha entrado em processo de falência, pelo que o factor muito dificilmente se veria ressarcido dos seus danos.

Para finalizar, acrescentamos ainda que um factor que frequentemente detenha créditos sobre entidades públicas deve manter sempre actualizada uma declaração sobre a sua própria situação contributiva, por forma a poder apresentá-la sempre que requerido.

3.3. A Tributação das Sociedades de *Factoring*

Fizemos, já, uma referência às sociedades de *factoring* e ao seu regime[204]. Torna-se agora importante estudar, parcialmente, as regras da tributação dos rendimentos das sociedades de *factoring*.

Como referimos anteriormente os factores são instituições de crédito que têm de assumir a forma de uma sociedade anónima. São, portanto, pessoas colectivas, pelo que deverão ser tributadas em sede de IRC. No entanto, as suas obrigações fiscais não se resumem só à tributação do seu rendimento. As sociedades têm uma panóplia de deveres para com a administração fiscal, nomeadamente em sede de IVA, IRS e contribuições para a Segurança Social. Podemos considerar que as pessoas colectivas de direito privado substituem a administração fiscal na sua função de arrecadação de receitas através de impostos.

---

[204] Consultar ponto 2.6.2..

3.3.1. *A Sociedade de* **Factoring** *enquanto Contribuinte*

Foi acima referido que uma sociedade de *factoring* é sempre uma sociedade anónima, logo, uma pessoa colectiva. Posto isto, não deixam os factores de obter rendimentos através da cabal persecução do seu objecto social, daí que tenham de ser tributados em sede de IRC.

O IRC incide sobre os rendimentos obtidos pelas pessoas colectivas, mesmo quando provenientes de actos ilícitos, no período de tributação[205]. Temos, deste modo, três pressupostos para o surgimento da obrigação tributária[206]:

1. Pressuposto subjectivo – que o titular do rendimento seja sujeito passivo nos termos do disposto no art. 2.° do CIRC;
2. Pressuposto objectivo – que haja uma obtenção de rendimentos por parte destes sujeitos passivos;
3. Pressuposto temporal – que essa obtenção de rendimentos corresponda a um período de tributação.

Para que a obrigação de pagar o imposto nasça, é necessário que se verifiquem estes três pressupostos em simultâneo[207].

O art. 2.° do CIRC vai definir quem é sujeito passivo de IRC. Para o efeito, o legislador identifica três sujeitos passivos:

a) As sociedades comerciais ou civis sob a forma comercial, as cooperativas, as empresas públicas e as demais pessoas colectivas de direito público ou privado, com sede ou direcção efectiva em território português;
b) Entidades desprovidas de personalidade jurídica, com sede ou direcção efectiva em território português, cujos rendimentos não sejam tributáveis em sede de IRS ou em sede de IRC directamente na titularidade de pessoas singulares ou colectivas;
c) Entidades, com ou sem personalidade jurídica, que não tenham sede nem direcção efectiva em território português e cujos rendimentos nele obtidos não estejam sujeitos a IRC.

---

[205] Cfr. art. 1.° CIRC.
[206] Pressupostos identificados em VÁRIOS, *Guia do Fisco 2004*, *cit.*, pág. 185.
[207] VÁRIOS, *Guia do Fisco 2004*, *cit.*, pág. 185.

Salvaguarda o n.º 3 deste artigo que são considerados residentes as pessoas colectivas e outras entidades que tenham sede ou direcção efectiva em território português.

Ora, esta questão é muito importante, pois o RGICSF dispõe no seu art. 10.º que podem exercer as actividades previstas no diploma as instituições de crédito e sociedades financeiras com sede em Portugal e sucursais de instituições de crédito e instituições financeiras com sede no estrangeiro. Aliás, as portas para o exercício da actividade em território português por parte de instituições de crédito com sede no estrangeiro há muito foram abertas através dos arts. 44.º e ss. do RGICSF. No entanto, o legislador português não se esqueceu de se precaver através da grande abrangência do artigo 2.º do CIRC. Assim, em termos fiscais, as sociedades de *factoring* são sujeitos passivos de IRC, independentemente de terem sede em território português. Bastaria até que uma destas sociedades tivesse apenas uma filial em Portugal para que pudesse ser tributada em sede IRC.

Relativamente à incidência real, prevista no art. 3.º do CIRC, vamos centralizar a nossa análise na tributação das sociedades comerciais. Deste modo, o IRC vai incidir sobre o lucro das sociedades comerciais que exerçam a título principal uma actividade de natureza comercial ou sobre o lucro tributável de estabelecimentos estáveis[208] situados em território português.

Por conseguinte, o que vai ser tributado em sede de IRC é o lucro destes sujeitos passivos, enquanto diferença entre os valores do património líquido no fim e no início do período de tributação, com as devidas correcções[209]. Acresce que este imposto incide ainda sobre os rendimentos obtidos fora de Portugal pelas sociedades comerciais com sede ou direcção efectiva em território português[210], pelo que vemos aqui, na sua plenitude, o princípio da residência (*worldwide taxation of resi-*

---

[208] Nos termos do disposto no art. 5.º do CIRC, estabelecimento estável é uma instalação fixa através da qual seja exercida uma actividade de natureza comercial. O legislador dá como exemplo nomeadamente um local de direcção, uma sucursal ou um escritório. A estes estabelecimentos estáveis aplicam-se as taxas gerais de IRC; cfr. art. 5.º da Convenção Modelo da OCDE; v. NABAIS, Casalta, *Direito Fiscal, cit.*, pág. 220 e 221; TEIXEIRA, Glória, *A Tributação cit.*, pág. 92 e ss..

[209] Cfr. art. 3.º, n.º 2 do CIRC.

[210] Cfr. art. 4.º, n.º 1 do CIRC.

dents)[211]. A extensão da obrigação de imposto abrange, quanto às pessoas colectivas ou entidades que não tenham sede ou direcção efectiva em território português, os rendimentos nele obtidos (princípio da territorialidade[212]).

Relativamente ao período de tributação, o imposto é devido por cada exercício económico, que coincide com o ano civil. No entanto, o legislador estabeleceu excepções[213]. Uma das excepções é para as pessoas colectivas que não tenham sede nem direcção efectiva em território português e que neste disponham estabelecimento estável, que podem adoptar um período anula de imposto diferente da regra geral, o qual deve ser mantido, no mínimo, durante os cinco exercícios imediatos[214]. Outra excepção poderá ser criada pelo Ministro das Finanças que pode, a requerimento do interessado, tornar extensiva a outras entidades a faculdade prevista na primeira excepção, desde que razões de interesse económico o justifiquem[215].

Pode, ainda, o período de tributação ser inferior a um ano, se se verificarem os pressupostos das alíneas do n.º 4 do art. 8.º do CIRC[216]. Aliás, o legislador ao *"ficcionar"*[217] estes períodos de tributação, visou promover a organização dos sujeitos passivos, por forma a que fossem balizados os seus rendimentos durante um determinado período de tempo.

Ainda quanto ao período de tributação, devemos sublinhar que o facto gerador do imposto considera-se verificado no último dia deste período.

Posto isto, podemos afirmar que as sociedades de *factoring* a actuar em Portugal são sujeitos passivos de IRC, estejam ou não sediadas no nosso território. Às despesas que vão efectuando contrapõe-se as receitas que vão arrecadando através sua actividade ou dos meios previstos no art. 5.º do Decreto-Lei 171/95[218].

---

[211] Para uma melhor abordagem do princípio da residência, v. TEIXEIRA, Glória, *A Tributação cit.*, pág. 31 e 32.
[212] V. TEIXEIRA, Glória, *A Tributação cit.*, pág. 31.
[213] Cfr. art. 8.º CIRC.
[214] Cfr. art. 8.º, n.º 2 do CIRC.
[215] Cfr. art. 8.º, n.º 3 do CIRC.
[216] Para estes períodos de tributação destacamos os exercícios de início de tributação e os de cessação de actividade do sujeito passivo.
[217] VÁRIOS, *Guia do Fisco 2004, cit.*, pág. 189.
[218] V. supra, ponto 2.6.2..

Assim, cumpre fazer uma pequena abordagem sobre a determinação da matéria colectável em sede de IRC.

Uma sociedade com alguma estrutura como são as sociedades de *factoring*, determina a sua matéria colectável nos termos do disposto no art. 16.°, n.° 1 do CIRC. Aqui temos uma auto-liquidação do imposto pelo contribuinte, devidamente controlada pela administração fiscal.

Para ser determinada a matéria colectável, quanto a entidades residentes em território português, têm de ser deduzidos ao lucro tributável[219], os montantes correspondentes aos prejuízos fiscais[220] e a eventuais benefícios fiscais[221]. Se o sujeito passivo não fôr residente no nosso território, a matéria colectável vai obter-se pela dedução ao seu lucro tributável[222] também dos prejuízos fiscais que lhe sejam imputáveis, com as necessárias adaptações e dos benefícios fiscais (dedutíveis).

O acima mencionado lucro tributável, nos termos do art. 17.° do CIRC, é constituído pela soma algébrica do resultado líquido[223] do exercício e das variações patrimoniais positivas e negativas verificadas no mesmo período e não reflectidas naquele resultado. Aliás, o conceito de lucro tributável é fundamental, pois é o ponto de partida para a tributação em sede de IRC.

Determinada a matéria colectável, vai ser aplicada uma taxa de imposto. A taxa a aplicar à matéria colectável é de 25% para as sociedades comerciais com sede em Portugal. Relativamente a entidades não residentes, a taxa aplicável também é de 25% (excepto os rendimentos obtidos nos termos do art. 80.°, n.° 2, al. e) do CIRC).

Algumas sociedades de *factoring* fazem parte de grupos de sociedades. Deste modo, aplica-se-lhes o regime especial de tributação de grupos de sociedades previsto nos arts. 63.° a 65.° do CIRC. Nestes termos, a sociedade dominante pode optar pela aplicação do regime especial de determinação da matéria colectável em relação a todas as socie-

---

[219] Determinado nos termos do disposto no art. 17.° do CIRC.
[220] Cfr. art. 47.° CIRC.
[221] Que possam ser deduzidos ao lucro.
[222] Determinado nos termos do art. 50.° do CIRC.
[223] Diferença entre os proveitos (art. 20.° do CIRC) e custos (art. 23.° do CIRC).

dades do grupo[224], desde que se verifiquem os requisitos do n.º 3 do art. 63.º do CIRC[225].

Independentemente destes factores, o pagamento do imposto efectua--se através dos pagamentos por conta, nos termos dos art. 96.º e 97.º do CIRC. Assim, as entidades residentes e as não residentes com estabelecimento estável em território português estão obrigadas a proceder a três pagamentos por conta anuais, que se vencem nos meses de Julho, Setembro e Dezembro do próprio ano a que respeita o lucro tributável. O imposto a pagar no pagamento por conta é calculado com base no imposto liquidado no exercício imediatamente anterior àquele em que se devam efectuar esses pagamentos[226]. Assim sendo após o apuramento do imposto, se a quantia paga for inferior ao imposto a liquidar, terá o sujeito passivo de entregar o valor em dívida. Se acontecer o contrário, haverá lugar ao reembolso do sujeito passivo.

3.3.2. *A sociedade de* factoring *enquanto extensão da administração fiscal*

Agora vamos analisar as obrigações das sociedades de *factoring* enquanto no âmbito da substituição fiscal[227].

---

[224] Temos um grupo de sociedade quando estão verificados os pressupostos do n.º 2 do art. 63.º do CIRC:
1. Uma sociedade dominante tem de deter, directa ou indirectamente, pelo menos 90% do capital de outra ou de outras sociedades dominadas;
2. E que essa participação lhe confira mais de 50% dos direitos de voto.

[225] Para ser requerido o regime especial, tem de se aferir cumulativamente os seguintes requisitos:
A. Todas as sociedades tem de ter sede e direcção efectiva em território português;
B. Têm de estar sujeitas ao regime geral de tributação em IRC à taxa geral mais elevada;
C. A sociedade dominante tem de deter a participação das sociedades dominadas por um período de tempo superior a um ano;
D. A sociedade dominante não pode ser considerada dominada relativamente a qualquer outra sociedade residente em território português.

[226] Cfr. art. 97.º CIRC.

[227] Para um estudo mais aprofundado sobre a substituição fiscal, v. FEIO, Diogo, *A Substituição Fiscal e a Retenção na Fonte: O caso Específico dos Impostos sobre o Rendimento*, Coimbra Editora, 2001.

Estabelece o art. 20.º da LGT que a substituição verifica-se quando, por imposição da lei, a prestação tributária for exigida a pessoa diferente do contribuinte. Acrescenta este artigo que a substituição fiscal é efectivada através do mecanismo de retenção na fonte do imposto devido[228].

A figura da substituição fiscal divide-se em substituição total ou substituição parcial. Quanto à primeira, o substituto fiscal vai substituir o contribuinte quer na obrigação de imposto, quer nas outras obrigações e deveres fiscais acessórios[229]. Este tipo de substituição abrange as retenções na fonte com carácter definitivo. Relativamente à segunda substituição, o substituído vai a generalidade ou parte das suas obrigações e deveres acessórios[230].

Por conseguinte, temos aqui uma relação triangular entre o substituto, o substituído e a administração fiscal, na qual o substituto vai ter a faculdade de exercer um direito de retenção sobre o substituído, por forma a cumprir as suas obrigações perante a administração fiscal.

Daqui se retira que o substituto fiscal vai ocupar a posição da administração fiscal enquanto entidade credora do imposto. Contudo, não deixa de ser apenas credora numa primeira linha, pois a obrigação de entregar os montantes retidos ao credor originário (administração fiscal).

Decorre da substituição fiscal, nos termos do art. 28.º da LGT, um regime de responsabilidade especial. Este regime está consagrado em três disposições distintas:

1. A entidade obrigada à retenção na fonte é responsável pelas importâncias retidas e não entregues nos cofres do estado, pelo que o substituído fica desonerado de qualquer responsabilidade no seu pagamento;
2. No caso de a retenção ser efectuada somente a título de pagamento por conta do imposto devido a final, a responsabilidade originária pelo pagamento não retido compete ao substituído, ficando o substituto com uma responsabilidade subsidiária (sendo que este fica ainda sujeito aos juros compensatórios devidos desde

---

[228] Esta opção do legislador é criticada por CASALTA NABAIS, na medida em considera que houve um retrocesso relativamente ao CPCI e ao CPT. Defende este autor que, como acontece noutros Estados, pode haver substituição tributária sem retenção, ou retenção sem haver substituição. v. NABAIS, Casalta, *Direito Fiscal*, cit., pág. 222 e 223.

[229] NABAIS, Casalta, *Direito Fiscal, loc. cit.*.

[230] NABAIS, Casalta, *Direito Fiscal, loc. cit.*.

o termo do prazo de entrega até ao termo do prazo para apresentação da declaração pelo responsável originário ou até a entrega do imposto retido, se anterior;
3. Em todas as outras situações, o substituído é apenas subsidiariamente responsável pelo pagamento da diferença entre as importâncias que deviam ter sido deduzidas e as que efectivamente o foram.

Daqui decorre uma grande responsabilidade para o substituto fiscal que não pode, de forma alguma, abdicar das suas obrigações para com a administração fiscal.

No caso de uma sociedade de *factoring*, o facto de ter vários trabalhadores dependentes vai torná-la uma substituta fiscal por excelência, em sede de IRS e contribuições para a segurança social.

O art. 99.º do CIRS obriga as entidades devedoras de rendimentos de trabalho dependente e de pensões (substituto) a reter o imposto no momento do seu pagamento ou da colocação à disposição dos respectivos titulares (substituídos). Para esse efeito, o substituto deve solicitar ao substituído (sujeito passivo do imposto) no exercício das suas funções ou antes de ser efectuado o primeiro pagamento, os dados indispensáveis, relativos à sua situação pessoal e familiar. Desta forma, a retenção vai ser efectuada de acordo com uma tabela adaptada ao sujeito passivo e ao seu agregado familiar[231].

O mesmo acontece com as contribuições para a segurança social. Nos termos do Decreto-Lei 103/80, de 9 de Maio de 1980, as entidades patronais devem proceder ao pagamento das contribuições para a segurança social dos seus trabalhadores, sendo que são obrigados a fazer a retenção dos respectivos montantes nas remunerações destes, conforme as taxas referidas no Decreto-Lei 199/99, de 8 de Junho. Assim, para a obtenção desta receita, mais uma vez a Administração Fiscal vai socorrer-se de entidades que se vão substituir ao devedor originário. Aliás, este sistema impõe mesmo deveres acrescidos às entidades patronais, nomeadamente a declaração de remunerações, estabelecida nos arts. 12.º e ss. do Decreto-Lei 8-B/2002, de 15 de Janeiro. Esta declaração de remunerações pode actualmente ser feita através de suporte electrónico[232],

---

[231] V. tabelas de retenção da fonte anexas ao CIRC.
[232] V. Decreto-Lei 106/2001, de 6 de Abril.

mensalmente, de 1 a 15 do mês seguinte àquele a que as mesmas digam respeito[233].

3.3.3. Conclusões

Posto isto, cumpre analisar o impacto que as sociedades de *factoring* têm em sede de IRC.

As sociedades de *factoring* são importantes agentes económicos. Como tal, através da persecução do seu objecto social visam a obtenção de lucro. Este lucro, enquanto rendimento, deve ser tributado. Deste modo, independentemente de ser uma sociedade com sede ou direcção efectiva em território português, ou somente um estabelecimento estável em Portugal, será sempre sujeito passivo de IRC. Assim, estamos perante uma verdadeira fonte de riqueza para o Estado, na medida em que estas sociedades têm vindo a obter, como já foi analisado, receitas cada vez mais avultadas.

Pese embora os factores originarem receitas para os cofres do Estado através da tributação do seu rendimento, são também centros de imputação de responsabilidade por parte da Administração Fiscal. Através do mecanismo da retenção na fonte, as sociedades de *factoring* assumem uma tarefa que deveria incumbir ao Estado, pelo que lhe prestam um serviço de arrecadação de receitas.

Assim, em jeito de conclusão, podemos salientar que os factores são entidades:

1. Tributadas pelo seu rendimento auferido num determinado período de tributação;
2. Que procedem à auto-liquidação do seu imposto através de pagamentos por conta controlados pela administração fiscal;
3. Que auxiliam a administração fiscal através do mecanismo de retenção na fonte em sede de IRC;
4. Que auxiliam também a administração fiscal no âmbito das contribuições para a Segurança Social, através do mesmo mecanismo de retenção na fonte.

---

[233] V. art. 1.º, n.º 2 do Decreto-Lei 106/2001, de 6 de Abril.

Finalizando, temos de atender que nem sempre o *factoring* é praticado por sociedades que tenham esta actividade como único objecto social. Por vezes, os bancos têm ocupado esse lugar. Acresce ainda que a maioria dos factores são filiais de outros bancos, pelo que se lhe aplicam as disposições acima referidas[234].

4. A TRIBUTAÇÃO DO *FACTORING* EM SEDE DE IVA E IMPLICAÇÕES DO ACÓRDÃO MKG

Após esta exposição, compete abordar uma das questões mais importantes no tratamento fiscal da cessão financeira – o acórdão MKG e o futuro da tributação do *factoring* em Portugal.

4.1. A Sexta Directiva 77/388/CEE

A 17 de Maio de 1977, com vista à harmonização das legislações dos Estados-Membros respeitantes aos impostos sobre o volume de negócios, o Conselho das Comunidades Europeias criou um sistema comum do imposto sobre o valor acrescentado – a Sexta Directiva 77/388//CEE[235]. Um sistema comunitário de tributação dos impostos sobre o volume de negócios não era uma ideia original, na medida em que já existiam Directivas com o mesmo objecto desde 11 de Abril de 1967. Todavia, a Sexta Directiva assumiu um papel decisivo e permanente nas ordens jurídicas dos Estados-membros, na medida em que prosseguia os seguintes objectivos:

1. Liberalizar a circulação de pessoas, dos bens, dos serviços e dos capitais;
2. Suprir a tributação na importação e desagravar as exportações, nas trocas entre os Estados-membros;

---

[234] V. ponto 2.6.2..
[235] Sexta Directiva 77/388/CEE, de 17 de Maio de 1977, publicado no JO L145, p. 1.; EE 09 F1 p. 54.

3. Garantir a neutralidade do sistema comum de impostos sobre o volume de negócios quanto à origem dos bens e das prestações de serviços;
4. Delimitar a noção de sujeito passivo, por forma a permitir que os Estados-membros conseguissem abranger as pessoas que realizassem operações ocasionais;
5. Precisar a noção de operação tributável;
6. Fixar o lugar das operações tributáveis, nomeadamente no que se refere à entrega de bens para montagem e às prestações de serviços;
7. Harmonizar as noções de facto gerador e de exigibilidade do imposto;
8. Conciliar a matéria colectável, de maneira a que a aplicação da taxa conduzisse a resultados comparáveis em todos os Estados--membros;
9. Zelar que as taxas aplicadas permitissem a dedução normal do imposto aplicado no estádio anterior;
10. Estabelecer uma lista uniforme de isenções;
11. Harmonizar o regime das deduções;
12. Promover o cálculo de forma análoga em todos os Estados-membros do valor do *pro rata* de dedução;
13. Precisar quem são os devedores do imposto;
14. Garantir uma cobrança equivalente do imposto, através de declarações periódicas dos devedores;

Assim, a Sexta Directiva estimulou um sistema unitário de tributação nos Estados-membros, que visava facilitar as trocas intra-comunitárias. Com as recentes adesões à UE, a esfera comunitária tem vindo a aumentar, pelo que a referida Directiva viu a sua importância aumentar galopantemente. Aliás, como refere EDUARDO PAZ FERREIRA, passou, inclusivamente, a ser *"uma espécie de bíblia utilizada como modelo mesmo noutros espaços geográficos, onde se optou por criar impostos semelhantes"*[236].

Posto isto, cabe agora fazer um breve análise às normas da Sexta Directiva que se revestem de maior relevância para o presente estudo.

---

[236] FERREIRA, Eduardo Paz, *"Aspectos da Harmonização Fiscal Europeia"*, Fisco, n.os 105 e 106, Novembro de 2002, ano XII, pág. 9.

Estão sujeitas a IVA as entregas de bens e as prestações de serviços, efectuadas a título oneroso, no território de um Estado-membro[237], por um sujeito passivo agindo nessa qualidade, bem como as importações de bens[238]. Daqui decorrem os seguintes requisitos cumulativos para a verificação do facto tributário:

1. Entrega de bens ou prestações de serviços;
2. A título oneroso;
3. Localizado no território de um Estado-membro;
4. Consumado por um sujeito passivo de IVA agindo nessa qualidade.

Desta forma, o art. 4.º refere que se entende por sujeito passivo qualquer pessoa que exerça, de modo independente[239], em qualquer lugar, uma das actividades económicas referidas no n.º 2 do mesmo artigo, independentemente do fim ou do resultado dessa actividade. Para este efeito, o art. 4.º, n.º 2 menciona que essas actividades são as de produção, comercialização ou de prestação de serviços. Pode, contudo, ser qualificado como sujeito passivo, nos termos desta Directiva, qualquer pessoa que realize, a título ocasional, uma operação relacionada com estas actividades[240]. Salvaguarda ainda este artigo que os Estados-membros podem considerar como único sujeito passivo as pessoas estabelecidas no território do país que, embora juridicamente independentes, se encontrem estreitamente vinculadas entre si nos planos financeiro, económico e de organização[241].

Importa salientar igualmente que, no âmbito do art. 4.º, as pessoas de direito público não são sujeitos passivas quando actuem munidas do seu *ius imperium*, ou seja, relativamente às actividades ou operações que exer-

---

[237] Segundo o art. 3.º da Sexta Directiva, 77/388/CEE, de 17 de Maio de 1977, considera-se "território de um Estado-membro", o território de um país tal como está definido nos termos do art. 227.º do TCE.
[238] Cfr. art. 2.º da Sexta Directiva.
[239] O art. 4.º, n.º 4 da Sexta Directiva refere-se à expressão *"de modo independente"* como uma forma de exclusão da tributação dos assalariados e outras pessoas, devido ao vínculo a uma entidade patronal por um contrato de trabalho ou por qualquer outra relação jurídica que estabeleça vínculos de subordinação no que diz respeito às condições de trabalho e de remuneração e à responsabilidade da entidade patronal.
[240] Cfr. art. 4.º, n.º 3 da Sexta Directiva.
[241] Cfr. art. 4.º, n.º4, *in fine* da Sexta Directiva.

çam na qualidade de autoridades públicas. Porém, estas pessoas de direito público podem ser sujeitos passivos de IVA se a sua não sujeição ao imposto conduzir a distorções de concorrência significativas.

A Sexta Directiva especifica, ainda, nos seus arts. 5.º e 6.º, o que entende por entrega de bens e prestação de serviços. Por entrega de bem entende-se a transferência do poder de dispôr de um bem corpóreo[242], como proprietário. Por prestação de serviços entendeu o legislador comunitário qualquer prestação que não constitua uma entrega de bens nos termos do art. 5.º, pelo que efectuou uma definição pela negativa.

Como a cessão financeira se vai traduzir numa prestação de serviços do factor ao aderente, convém acentuar que o mencionado art. 6.º da Sexta Directiva exemplifica em que deve consistir essa prestação de serviços:

1. Cessão de um bem incorpóreo representado ou não por um título;
2. Obrigação de não fazer ou de tolerar um acto ou uma situação;
3. Execução de um serviço prestado em consequência de acto de Administração Pública ou em seu nome ou por força da lei.

Consideramos, todavia, que esta enumeração é meramente exemplificativa, na medida em que o legislador entendeu precaver-se contra o aparecimento de novas prestações de serviços.

Ainda dentro desta questão, o art. 9.º da Sexta Directiva dispõe que se entende como lugar da prática da prestação de serviços o local onde o prestador dos mesmos tenha a sede da sua actividade económica ou um estabelecimento estável a partir do qual os serviços são prestados ou, na falta de sede ou estabelecimento estável, o lugar do seu domicílio ou da sua residência habitual. Esta é a regra geral quanto ao local das prestações de serviços[243].

Passando agora à análise do art. 10.º da Sexta Directiva, vai entender-se como facto gerador o facto mediante o qual são preenchidas as con-

---

[242] O art. 5.º da Sexta Directiva refere que a energia eléctrica, o gás, o calor, o frio e similares consideram-se bens corpóreos. Acrescenta ainda que os Estados-membros podem considerar bens corpóreos determinados direitos sobre bens imóveis, direitos reais que confiram ao respectivo titular um poder de utilização sobre bens imóveis, participações e acções cuja posse confira, de direito ou de facto, a propriedade ou gozo de um bem imóvel ou de uma fracção de um bem imóvel.

[243] No entanto, esta regra tem algumas derrogações no n.º 2 e ss. do art. 9.º da Sexta Directiva, que não vamos indagar neste nosso estudo.

dições legais necessárias à exigibilidade do imposto[244]. Assim sendo, temos de determinar o momento em que o imposto se torna exigível. Ora, este momento é aquele em que o facto gerador ocorre – aquando da entrega do bem ou da prestação de serviços. Acresce ainda que as prestações de serviços de que resultem sucessivas deduções ou pagamentos consideram-se efectuadas no termo dos prazos a que se referem essas deduções ou pagamentos. Quando houver, contudo, pagamentos por conta antes da entrega dos bens ou da prestação de serviços, o imposto vai tornar-se exigível no momento da cobrança e em relação ao montante recebido.

Relativamente à matéria colectável, esta consiste, quanto à entrega de bens e à prestação de serviços, na contrapartida que o fornecedor ou o prestador recebeu ou deve receber em relação a essas operações, por parte do adquirente, do destinatário ou de um terceiro[245]. A referida matéria colectável inclui os impostos, direitos aduaneiros, taxas e demais encargos (com excepção do próprio imposto sobre o valor acrescentado) e as despesas acessórias (despesas de comissão, embalagem, transporte e seguro, exigidas pelo fornecedor ao adquirente ou ao destinatário). Pelo contrário, a matéria colectável não inclui as reduções de preço resultantes de desconto por pagamento antecipado, os descontos e abatimentos concedidos aos adquirentes ou ao destinatário (no momento em que a operação se realiza) e as quantias que um sujeito passivo recebe do adquirente ou do destinatário, a título de reembolso das despesas efectuadas em nome e por conta destes últimos (que estejam registadas na sua contabilidade em contas transitórias).

Chega agora a oportunidade de nos debruçarmos sobre as taxas aplicáveis nos termos da Sexta Directiva. Por conseguinte, a taxa a aplicar às operações tributáveis é aquela que estiver em vigor no momento em que o facto gerador ocorre[246]. Relativamente aos casos dos pagamentos por conta acima indicados, quando ocorram antes da entrega dos bens ou da prestação de serviços, aplica-se a taxa em vigor no momento em que o imposto se torna exigível[247]. A taxa normal de IVA aplicável deve

---

[244] Direito que o fisco pode fazer valer, nos termos da lei, a partir de um determinado momento, face ao devedor, relativamente ao pagamento do imposto, ainda que possa ser diferido. Cfr. art. 10.º, n.º 1, al. b) da Sexta Directiva.
[245] Cfr. art. 11.º, n.º 1, al. a) da Sexta Directiva.
[246] Cfr. art. 12.º, n.º 1 da Sexta Directiva.
[247] Cfr. art. 12.º, n.º 1, al. a) da Sexta Directiva.

ser fixada por cada Estado-membro numa percentagem da base de tributação que é idêntica para a entrega de bens e para a prestação de serviços, sendo que, de 1 de Janeiro de 2001 até 31 de Dezembro de 2005, essa percentagem não pode ser inferior a 15%[248]. A Sexta Directiva, porém, permite que os Estados-membros possam fixar também uma ou duas taxas reduzidas, mas nunca inferiores a 5% e sempre aplicáveis ao fornecimento bens e prestações de serviços das categorias referidas no anexo H[249].

Estabelece também a Sexta Directiva algumas isenções à tributação em sede de IVA[250]. Relevantes para o presente estudo, são as isenções consagradas na alínea d) do ponto B) do art. 13.°. No n.° 3 desta alínea, o legislador concebeu que *"as operações, incluindo a negociação relativa a depósitos de fundos, contas-correntes, pagamentos, transferências, créditos, cheques e outros efeitos de comércio, com excepção da cobrança de dívidas"*[251], deveriam ser actividades isentas. Ora esta norma suscita várias dificuldades de interpretação, essencialmente devido às diferentes traduções de que a parte final deste artigo foi alvo[252].

Importa fazer também uma referência ao art. 17.° da Sexta Directiva. Este artigo estabelece a origem e o âmbito do direito à dedução. No seu n.° 1, está expresso que o direito à dedução surge no momento em que o imposto dedutível se torna exigível. Assim, desde que os bens e os serviços sejam utilizados para os fins das próprias operações tributáveis, o sujeito passivo está autorizado a deduzir do imposto de que é devedor o IVA devido ou pago em relação a bens que lhe tenham sido fornecidos ou que lhe devam ser fornecidos e a serviços que lhe tenham sido presta-

---

[248] O Conselho vai ter de decidir por unanimidade, sob proposta da Comissão e após consulta ao Parlamento Europeu e ao Comité Económico e Social, do nível da taxa normal aplicável depois de 31 de Dezembro de 2005.

[249] Este anexo apresenta uma lista de bens e serviços relativamente aos quais se poderão aplicar taxas reduzidas de IVA, nomeadamente, produtos alimentares destinados ao consumo humano e animal, abastecimento de água, produtos farmacêuticos do tipo normalmente utilizado em cuidados de saúde, equipamentos médicos, livros, jornais, entradas para eventos culturais, entre outros.

[250] Apesar de estas actividades estarem isentas de IVA, tal facto não invalida que sejam tributadas em sede de outros impostos, designadamente em imposto de selo.

[251] Sublinhado nosso.

[252] Quanto a este tema, vamos aprofundá-lo com a análise do acórdão MKG. v. ponto 4.2..

dos ou que lhe devam ser prestados por outro sujeito passivo[253]. Contudo, pode acontecer que os bens e serviços adquiridos por um sujeito passivo sejam utilizados, não só para operações com direito a dedução como para operações sem direito a dedução. Nestes casos, só temos dedução relativamente à parte do IVA proporcional ao montante respeitante à primeira categoria de operações – *pro rata*[254]. Podem, porém, os Estados-membros autorizar o sujeito passivo a determinar um *pro rata* para cada sector da actividade e a manter contabilidades distintas para cada um desses sectores; obrigá-lo a determinar um *pro rata* para cada sector da respectiva actividade e a manter contabilidades distintas para cada um desses sectores ou estabelecer que não se tome em consideração o IVA que não pode ser deduzido, quando o montante respectivo for insignificante.

Neste contexto, para que um sujeito passivo possa exercer o seu direito à dedução, deve possuir uma factura que documente o IVA liquidado. Assim, é efectuada a dedução através da subtracção, à quantia total, do imposto devido num determinado período fiscal, do montante do imposto em relação ao qual, durante o mesmo período, o direito à dedução surge.

Independentemente desta questão, os devedores do imposto perante o fisco são essencialmente as pessoas que mencionem o IVA numa factura ou em qualquer outro documento que a substitua[255].

Acresce ainda que os devedores do imposto nos termos do art. 22.º da Sexta Directiva, são sujeitos a inúmeras obrigações:

1. Declarar o início, a alteração e a cessação da sua actividade como sujeitos passivos;
2. Possuir uma contabilidade suficientemente pormenorizada, por forma a permitir a aplicação do IVA e sua fiscalização pela administração fiscal;
3. Emitir uma factura[256] ou um documento que a substitua, em relação à entrega de bens e às prestações de serviços que efectuem

---

[253] Cfr. art. 17.º, n.º 2, alínea a) da Sexta Directiva.
[254] O cálculo do *pro rata* está estabelecido no disposto no art. 19.º da Sexta Directiva.
[255] Cfr. art. 21.º da Sexta Directiva.
[256] A factura deve mencionar claramente o preço líquido de imposto e o imposto correspondente a cada taxa diferente e, se se aplicar, a isenção. Cada Estado-membro deve estabelecer os seus critérios para definir um documento como factura.

a outro sujeito passivo, e conservar um de todos os documentos emitidos[257];
4. Devem apresentar uma declaração de onde constem todos os dados necessários para o apuramento do montante de imposto exigível e do montante de deduções a serem efectuadas[258];
5. Pagar o montante líquido do IVA no momento de apresentação da declaração periódica[259];
6. Apresentação, quando exigida, de uma declaração da qual constem os dados referentes ao apuramento do montante de imposto exigível e respectivas deduções, relativamente a todas as operações realizadas no ano anterior;
7. Cumprir as obrigações de declaração e de pagamento enquanto devedores do imposto em substituição de um sujeito passivo estabelecido no estrangeiro.

Assim, caminhámos um pouco pela Sexta Directiva. Para apreendermos correctamente o objecto do nosso estudo, torna-se imperioso dominar parcialmente o IVA ao nível comunitário, pelo que, neste momento da exposição, podemos já começar a analisar as questões mais relevantes suscitadas pelo acórdão MKG.

4.2. O Acórdão MKG

4.2.1. *Enquadramento Jurídico*

No dia 26 de Junho de 2003, o TJCE decidiu sobre um reenvio prejudicial, interposto por um tribunal alemão (*Bundesfinanzhof*), nos termos do art. 234.º TCE. Esta decisão debruçou-se sobre determinadas disposições da Sexta Directiva.

---

[257] Também deve emitir uma factura sobre todos os pagamentos por conta efectuados antes da entrega dos bens ou da prestação de serviços.

[258] O prazo para a entrega destes documentos deve ser determinado por cada Estado-membro, dentro dos pressupostos do art. 22.º, n.º 4 da Sexta Directiva.

[259] Os Estados-membros podem fixar outro prazo para o pagamento ou até cobrar adiantamentos provisórios.

No tribunal de origem, surgiu um litígio entre o *Finanzamt Grob--Gerau* (administração fiscal alemã) e a sociedade *MKG – Kraftfahrzeuge--Factoring GmbH* (factor germânico) sobre o modo de cálculo do IVA devido por esta última na qualidade de sociedade cuja actividade é o *factoring* em sentido próprio[260].

Tendo já sido feita uma pequena introdução à Sexta Directiva, cumpre salvaguardar as seguintes referências da legislação alemã:

1. O CIVA alemão (*UStG 1991*) estabelece no seu art. 1.º que estão sujeitos a imposto sobre o volume dos negócios as entregas e outras prestações realizadas a título oneroso por uma empresa no interior do seu país, no âmbito da sua actividade empresarial;
2. O mesmo diploma dispõe ainda, no seu art. 2.º, que empresário é qualquer pessoa que desenvolve uma actividade comercial ou profissional por conta própria, sendo certo que o conceito de empresa engloba todas as actividades comerciais ou profissionais do empresário;
3. No mesmo artigo, é referido que actividade comercial ou profissional é qualquer actividade de carácter permanente com a finalidade de obtenção de receitas, mesmo que não exista o objectivo de realizar lucros;
4. O art. 4.º do CIVA Alemão estabelece que estão isentas de IVA a concessão, intermediação e administração de créditos, bem como a gestão de créditos, (...) as operações respeitantes à actividade de créditos em numerário e a intermediação destas operações, com exclusão da cobrança de dívidas;
5. Segundo o art. 9.º do CIVA alemão, intitulado "Renúncia às isenções", um empresário pode realizar no regime de sujeição ao imposto as operações isentas acima referidas, quando a operação é realizada com outro empresário para a respectiva empresa;
6. Pode um empresário, nos termos do art. 15.º do mesmo diploma, deduzir o imposto mencionado separadamente nas facturas respeitante a entregas de bens e outras prestações que lhe tenham sido fornecidas por outro empresário para utilização da sua empresa;

---

[260] Como já analisámos, na óptica alemã, *factoring* em sentido próprio é o contrato sem recurso. v. ponto 2.4. da nossa exposição.

7. Face à lei Alemã, não pode ser objecto de dedução o imposto respeitante a entregas de bens e prestações de serviços que o empresário utilize para operações isentas.

Após esta referência à legislação alemã aplicável, que se apresenta alinhada com a Sexta Directiva, torna-se importante conferir as orientações da administração fiscal alemã quanto ao IVA:

1. *"A actividade de factoring em sentido próprio (compra de créditos[261] com assunção plena dos riscos de incumprimento do devedor), não constitui qualquer actividade da instituição de crédito, porque essa instituição não realiza qualquer operação onerosa nem com a compra do crédito, nem com a respectiva cobrança"*[262] – secção 18, n.º 4, terceiro período, das UstR 2000;

2. *"Há actividade em sentido impróprio quando o cliente, designado aderente, embora transmita os seus créditos de vendas de bens e prestações de serviços ao factor, tem de continuar a assumir totalmente as contingências do não pagamento por parte do devedor*[263]. *Do ponto de vista económico, o aderente continua a ser o titular dos créditos. A actividade do factor em relação ao aderente consiste, neste caso, na concessão de crédito, na verificação da solvidade do devedor, na gestão das contas dos devedores, na realização de mapas e estatísticas e na cobrança dos créditos. Trata-se aqui de várias prestações de serviços principais. A concessão de crédito pelo factor é uma operação isenta de IVA (...). As restantes prestações do factor são, pelo contrário, operações sujeitas a imposto"*[264] – secção 57, n.º 3, primeiro a sexto períodos, das UstR 2000;

3. *"Na actividade de factoring em sentido próprio, a cessão de créditos em numerário ao factor está isenta de imposto (...). Há actividade de factoring em sentido próprio quando o aderente transmite os seus créditos de entregas de bens e de prestações de*

---

[261] Sublinhado nosso.
[262] V. acórdão do Bundesfinanzhof-BFH- de 10 de Dezembro de 1981, V R 75/76, *in*: BFHE 134, 470; BStBl II 1982, 200.
[263] Corresponde ao contrato de *factoring* com recurso.
[264] V. Acórdão do BFH *in* BFHE 134, 470; BStBl II, 1982, 200.

serviços ao factor e este assume o risco de incumprimento dos devedores dos créditos adquiridos" – secção 60, n.° 3, primeiro e segundo períodos, das UStR 2000.

4.2.2. Factos

Posto isto, resumiremos a natureza do litígio no processo principal e das duas questões prejudiciais enviadas pelo tribunal alemão para o TJCE.

Em 1991, a sociedade MKG[265](factor) assumiu os créditos de uma sociedade (aderente) que se dedicava à importação e comercialização de automóveis, através de um contrato onde assumia o risco de incumprimento dos devedores, respeitantes a venda de automóveis, sem qualquer direito de regresso (pelo que estávamos perante um contrato de *factoring* sem recurso). Acresce ainda que o factor assumiu a cobrança dos outros créditos deste aderente, assim como a gestão das contas dos seus devedores e transmissão de documentação que permitisse a este conhecer as suas relações comerciais com cada um dos seus devedores.

Quanto à prestação do factor, acordaram as partes que este pagaria o valor nominal dos créditos cedidos semanalmente, sendo que o pagamento deveria ser efectuado no terceiro dia útil bancário da semana seguinte, após a devida dedução das comissões previamente acordadas[266]. Para além destas comissões, o aderente teria ainda de pagar ao factor juros sobre o saldo devedor diário da conta corrente[267].

O factor agia como prestador de serviços sujeitos a IVA, mesmo quando exercia a actividade de *factoring* em sentido próprio (contrato sem recurso). Na verdade, assumindo o factor o risco de incumprimento dos devedores, considerou que prestava serviços tributáveis em sede de IVA, pelo que na declaração de 1991, deduziu o imposto no valor de 1.028.100 DEM, relativamente às operações a montante relacionadas com as referidas prestações.

Após uma inspecção, a Administração Fiscal Alemã negou ao factor, na liquidação que fez a 11 de Abril de 1997, o direito à dedução previsto

---

[265] A sociedade MKG sucedeu à Factoring KG, que era o factor original nesta cessão de créditos.

[266] Foi estipulado que a comissão de *factoring* seria de 2% e a comissão de garantia de 1% do valor nominal dos créditos tomados.

[267] Esta taxa de juro teria de ser 1,8% superior à taxa de juro média que o factor.

no art. 15.º do CIVA Alemão[268]. Entendeu assim a Administração Fiscal, nos termos da secção 18, n.º 4 das UStR 2000[269], que o factor não exercia actividade empresarial na parte em que realiza operações de *factoring* em sentido próprio.

Posto isto, entendeu o factor impugnar a liquidação no Tribunal de Finanças regional (*Hessisches Finanzgericht*), que lhe deu provimento. Entendeu este tribunal que o factor realiza por conta do aderente, seja em *factoring* em sentido próprio, ou sentido impróprio, um certo número de prestações sujeitas a imposto. Deste modo, não poderia acolher a ideia de que o factor, quando assume os riscos de incumprimento do devedor, não efectua qualquer prestação sujeita a imposto, pois estaria a actuar por conta própria enquanto novo credor. Ao negar esta posição, o tribunal opõe-se à negação de estatuto de empresário para este tipo de sociedades, pois não seria legítimo conceder o benefício da dedução no caso de *factoring* em sentido impróprio e recusá-lo no caso do *factoring* em sentido próprio. Concluiu o *Finanzgericht* que o factor apresenta, no seu conjunto, as características de uma empresa, pois, mesmo no *factoring* em sentido próprio, realiza prestações de serviços. Desta forma, não se poderá recusar o seu direito à dedução.

A administração fiscal (*Finanzamt*) interpôs recurso de revista da referida decisão para o *Bundesfinanzhof*. Nas suas alegações, o *Finanzamt* alegou o seguinte:

1. A actividade de *factoring* em sentido próprio (sem recurso) consiste numa compra de créditos com assunção plena dos riscos de incumprimento dos devedores;
2. O factor apenas é beneficiário de uma cessão de créditos;
3. Ao proceder à gestão e cobrança de créditos que lhe foram cedidos sem direito de regresso, o factor não efectua uma prestação a título oneroso por conta do seu co-contratante, pelo que esta actividade não é empresarial;
4. A jurisprudência do *Bundesfinanzhof* suposta a sua posição.

Na audiência, pese embora o *Finanzamt* tenha admitido que, numa primeira fase, o factor tenha concedido um crédito ao aderente sob a

---

[268] V. *supra*.
[269] V. *supra*.

forma de mútuo e apenas depois de reunidas as condições do vencimento[270] lhe tenha transmitido o mesmo montante a título de preço de vendas de créditos, defendeu que a comissão de garantia e a comissão *factoring* não constituem uma remuneração de uma prestação de serviços sujeita a imposto.

O *Bundesfinanzhof* ficou com dúvidas sobre a viabilidade da sua jurisprudência anterior, pelo que surgiu uma grande questão: é o factor, de uma forma geral, um sujeito passivo que realiza operações ou apenas um beneficiário destas mesmas operações? Na verdade, o *Bundesfinanzhof* entendeu que tratar o factor apenas parcialmente como sujeito passivo viola o princípio da neutralidade do IVA[271]. Este tribunal hesitou em recusar o direito à dedução invocado, sentindo a necessidade de interpretar correctamente a Sexta Directiva[272].

4.2.3. Questões Prejudiciais

Perante as dúvidas, o *Bundesfinanzhof* suspendeu a instância e submeteu ao TJCE duas questões prejudiciais:

A) Deve entender-se que uma sociedade de *factoring* utiliza bens e serviços que lhe são fornecidos e prestados para os fins das suas próprias operações mesmo quando adquire créditos e assume o risco de cobrança dos mesmos?

---

[270] Foi acordado que pagamento seria efectuado 150 dias depois do vencimento da factura respectiva.

[271] Quanto a este princípio da neutralidade, refere VIDAL LIMA que o IVA deve assegurar a neutralidade nas transacções internas, pois os operadores não têm qualquer interesse em se integrar por razões meramente fiscais – qualquer que seja a fase em que um bem passe até chegar ao consumidor final, a sua carga fiscal vai ser, regra geral, a mesma. Releva ainda para esta princípio o facto de o modo de distribuição ao longo do circuito económico não ter qualquer influência sobre a respectiva carga fiscal.

Relativamente à neutralidade nas relações comerciais interestaduais, configura VIDAL LIMA deste modo: *"As restrições à exportação e às compensações na importação são pois calculadas de forma simples e rigorosa, assegurando a neutralidade do imposto nas relações entre os Estados"* – v. LIMA, Emanuel Vidal, *Imposto sobre o Valor Acrescentado, Comentado e Anotado*, Porto Editora, 8.ª Edição, 2002, pág. 18.

[272] Parece claro que a actividade de *factoring* impróprio é entendida na Alemanha como uma actividade tributável em sede de IVA.

B) Trata-se nesse caso de operações tributáveis ou – e em todo caso – das operações a que se refere o art. 13.°, B, alínea d), da Sexta Directiva, que podem ser tributadas quando os Estados-membros tenham concedido aos sujeitos passivos a faculdade de optar pela tributação? De qual das operações enumeradas no art. 13.°, B, alínea d) da Sexta Directiva se trata nesse caso?

Com estas questões prejudiciais podemos desde já sublinhar que o *Bundesfinanzhof* separou claramente as suas dúvidas. Em primeiro lugar, ao pretender uma interpretação do TJCE sobre a afectação dos bens de um factor, o tribunal procurou aferir o papel que uma cessão financeira sem recurso tem na actividade global de uma sociedade de *factoring*. Em segundo lugar, entendeu ser necessário esclarecer se um contrato de *factoring* "em sentido próprio" é uma actividade isenta de IVA, nos termos do art. 13.°, B, alínea d) da Sexta Directiva, ou uma excepção à isenção.

4.2.4. *Decisão*

Quanto à primeira questão, o TJCE começa por fazer referência aos artigos 2.° e 4.° da Sexta Directiva, por forma a definir o campo de aplicação do IVA. Destes artigos retira-se que apenas estão submetidas a este imposto as actividades com carácter económico, quando efectuadas no interior do Estado-membro por um sujeito passivo que actue nessa qualidade[273]. Acresce ainda que a mencionada Directiva considera sujeito passivo de IVA qualquer pessoa que, de forma independente, exerce uma dessas actividades económicas[274].

Sendo que "actividade económica", nos termos do art. 4.° da Sexta Directiva, comporta prestações de serviços, incluindo as operações que impliquem a exploração de um bem corpóreo ou incorpóreo com o fim de auferir receitas com carácter de permanência, parece que logo aqui é dado o primeiro passo para o caminho a seguir nesta decisão do TJCE. Aliás, sustenta o tribunal que a sua jurisprudência atribui um âmbito de aplicação muito lato ao IVA, na medida em que engloba todos os estádios

---

[273] V. ponto. 4.1. da nossa exposição.
[274] V. *supra*, ponto 4.1..

da produção, da distribuição e da prestação de serviços[275]. Neste sentido, devido às imposições do princípio da neutralidade do IVA, da mesma jurisprudência resulta que o conceito de "exploração" disposto nos termos do art. 4, n.º 2 da Sexta Directiva, se refere a todas as operações, independentemente da sua forma jurídica, que tenham como objectivo retirar do bem em questão receitas com carácter de permanência.

Parece ser relevante referir que o TJCE fez menção neste acórdão à sua jurisprudência sobre as sociedades *holding*[276], enquanto sociedades que se dedicam a tomar participações sociais de outras empresas. Julgou aqui o tribunal que estas sociedades não seriam sujeitas passivas de IVA, pelo que se afasta qualquer semelhança com as sociedades de *factoring*, nem sequer através da analogia.

O TJCE alude que uma prestação de serviços a título oneroso implica prestações recíprocas entre o prestador e o beneficiário. Ora, quando o factor pratica uma actividade de *factoring* em sentido próprio através da compra dos créditos do aderente, sem beneficiar de qualquer direito de regresso em caso de incumprimento dos devedores, fornece *"incontestavelmente"*[277] um serviço ao aderente que se vai consubstanciar na desobrigação deste de cobrar o crédito, ou de correr o risco de não cumprimento dos seus devedores[278]. Por estes serviços, o factor vai receber do aderente uma remuneração que vai corresponder à diferença entre o valor nominal do crédito cedido e a quantia efectivamente entregue ao seu cedente. Entende o TJCE que esta remuneração constituiu uma contrapartida real pela actividade económica praticada pelo factor. Assim, desta forma, o tribunal sustenta que existe uma ligação directa entre as prestações de serviços dos factores e a sua contrapartida, pelo que não se poderá entender que no contrato de *factoring* em sentido próprio não existem serviços prestados a título oneroso ao aderente. Daqui se retira

---

[275] V. Acórdão de 4 de Dezembro de 1990, *Van Tiem*, C-186/89, Colect., p. I-4363, n.º 17.

[276] V. Acórdão de 20 de Junho de 1991, *Polysar Investments Netherlands*, C-60/90, Colect., p. I-3111, n.º 17; Acórdão de 14 de Novembro de 2000, *Floridienne e Berginvest*, C-142/99, Colect., p. I-9567, n.º 17.

[277] V. Acórdão MKG, *cit.*, n.º 49.

[278] Nas suas conclusões, o Advogado-Geral refere quando um factor adquire um crédito, está a prestar um serviço, aliviando o aderente do risco de não cumprimento. Assim, desde logo, afasta qualquer comparação com o Acórdão *Polysar*. v. Conclusões do Advogado-Geral F. G. Jacobs, de 6 de Março de 2003, C-305/01, n.º 25.

ainda que *"o facto de o factor garantir ao cliente o pagamento dos créditos assumindo o risco de incumprimento dos devedores deve ser considerado como uma exploração do bem em questão com vista a obter dele receitas com carácter de permanência, na acepção do art. 4.º, n.º 2, da Sexta Directiva, quando esta operação seja efectuada mediante remuneração, por um período determinado, como era o caso no processo principal"*[279].

Deste modo, é afirmado neste acórdão que às actividades de *factoring* em sentido próprio se aplica o IVA, sendo este posição suportada no princípio da neutralidade deste imposto[280], e pelas versões inglesa e sueca do art. 13.º, B, alínea d), ponto 3, *in fine*, da Sexta Directiva. Para mais, sublinha também que não existe qualquer razão válida para fundamentar uma diferença de tratamento, em sede de IVA, entre os contratos de *factoring* em sentido próprio e impróprio, pois em ambos existe uma prestação de serviços a título oneroso por parte do factor. Se assim não fosse, seria criada uma situação insustentável para o factor com os custos de IVA sem qualquer possibilidade de dedução. Aliás, sustenta o TJCE, que as deduções visam libertar o empresário do ónus do IVA devido ou pago no âmbito de todas as suas actividades económicas. Visa assim a Sexta Directiva garantir a perfeita neutralidade da carga fiscal de todas as actividades económicas que são sujeitas a IVA, independentemente do seu fim ou resultado[281].

Concluiu o TJCE, relativamente a esta primeira questão, que a interpretação a ser dada à Sexta Directiva quanto ao *factoring* em sentido próprio, será a de que é o factor sujeito passivo de IVA, **pelo que beneficia do direito à dedução, nos termos do seu art. 17.º**.

Quanto à segunda questão prejudicial, cumpre analisar se as operações efectuadas por uma sociedade que pratique a actividade de *factoring* em sentido próprio são operações sujeitas a imposto nos termos do art. 17.º, n.º 2 da Sexta Directiva. Assim sendo, pretendeu o TJCE aferir com a sua decisão se o já referido contrato de *factoring* é uma actividade sujeita a IVA ou se, pelo contrário, se encontra isenta deste imposto.

---

[279] V. Acórdão MKG, *cit.*, n.º 50.
[280] Nos termos do Acórdão de 25 de Maio de 1993, *Bally*, C-18/92, Colect., p. I-2871.
[281] V. Acórdão de 27 de Setembro de 2001, *Cibo Participations*, C-16/00, Colect., p. I-6663, n.º 27.

Podemos partir do pressuposto de que, na Alemanha, esta actividade pode ser tributada, em virtude de este Estado-membro ter concedido aos seus sujeitos passivos o direito de optarem ou não pela sua tributação.

Para este efeito, o sujeito passivo terá de renunciar expressamente à isenção das operações relativas ao *factoring* em sentido próprio que realizou. Sustenta o TJCE que as isenções estabelecidas no art. 13.º da Sexta Directiva, constituem noções autónomas de direito comunitário que visam afastar divergências na aplicação do regime do IVA e que devem ser contextualizadas no sistema comum deste imposto. Posto isto, acresce que o TJCE realçou que a interpretação a fazer relativamente ao art. 13.º deve ser estrita, pois contém derrogações ao princípio geral – todas as prestações de serviços efectuadas a título oneroso por um sujeito passivo são tributáveis em sede de IVA[282]. Deste modo, para este tribunal, a actividade de *factoring* em sentido próprio é, como foi entendido na primeira questão prejudicial, uma prestação de serviços a título oneroso efectuada pelo factor ao aderente, pelo que deve ser considerada como incluída no âmbito de aplicação dos artigos 2.º e 4.º da Sexta Directiva. Aliás, o TJCE lembra ainda que a "cobrança de dívidas" referida no art. 13.º, é declaradamente uma excepção à isenção. Neste contexto, a dificuldade reside em aferir se o conceito de *factoring* em sentido próprio é compatível com esta expressão. Para esse efeito, o tribunal socorreu-se das versões inglesa e sueca desta disposição que, como excepção à isenção de aplicação do IVA, assemelham *o factoring* à cobrança de dívidas. Apesar da evidência deste facto, também é verdade que, de todas as outras versões, tal não resulta. No entanto, até o presente momento, como alega o Advogado-Geral nas suas conclusões prévias ao acórdão em análise[283], não foi suscitada qualquer incompatibilidade com os textos inglês e sueco da Directiva. Destarte, procedeu o TJCE a uma interpretação em função do espírito da norma. Nesse sentido, recordou que, sendo as isenções uma derrogação à aplicação geral do IVA, a sua interpretação teria de ser restritiva, por forma a salvaguardar os interesses que estas visam proteger. Por outro lado, referiu que o teor do art. 13.º, B, alínea d), ponto 3 *in fine*, enquanto

---

[282] V. Acórdão de 9 de Outubro de 2001, *Mirror Group*, C-409/98, Colect., p. I-7175, n.º 30.

[283] V. Conclusões do Advogado-Geral, *cit*., n.º 24.

excepção a uma regra que derroga a aplicação geral do IVA, pode ser interpretado de uma forma extensiva. Reforça ainda o TJCE esta posição através da *ratio* da excepção à isenção, na medida em que vai derrogar uma forma de exclusão do princípio na base da Sexta Directiva. Assim, é possível encaixar o *factoring* como uma das formas de cobrança de dívida, até porque a sua verdadeira essência é a *"cobrança e encaixe de créditos de terceiros"*[284].

Em consequência, reconheceu o tribunal que se entende que o *factoring* constitui uma excepção à isenção consagrada no referido artigo, pelo que, partindo deste pressuposto, esta isenção não se aplica a nenhuma das modalidades de *factoring* – em sentido próprio e em sentido impróprio. Na verdade, o TJCE refere mesmo que nenhuma razão justifica uma diferença de tratamento, em sede de IVA, entre estas duas categorias.

Sintetizando, decidiu o tribunal que *"uma actividade económica pela qual um operador compra créditos assumindo o risco de incumprimento dos devedores e, em contrapartida, factura aos seus clientes uma comissão, constitui uma «cobrança de dívida» na acepção do art. 13.º, B, alínea d), ponto 3, in fine, da Sexta Directiva e, por conseguinte,* **está excluída da isenção estabelecida nessa disposição***"*[285](sublinhado nosso).

Em suma, da pronúncia do TJCE resultam duas ideias fortes:

1. Uma sociedade que exerce a actividade de *factoring*, independentemente da modalidade, efectua uma actividade económica nos termos do art. 2.º e art. 4.º da Sexta Directiva, pelo que beneficia do direito à dedução nos termos do art. 17.º, enquanto sujeito passivo de IVA;
2. O contrato de *factoring* em sentido próprio e, inerentemente, o contrato de *factoring* em sentido impróprio constituem uma cobrança de dívida nos termos do art. 13.º, B, alínea d), ponto 3, *in fine* e, em consequência, estão excluídos da isenção estabelecida nesta norma.

---

[284] V. Acórdão MKG, *cit.*, n.º 77.
[285] V. Acórdão MKG, *cit.*, n.º 81.

4.3. O Reenvio Prejudicial e a Ordem Jurídica Portuguesa

O reenvio prejudicial está previsto no art. 234.º do TCE. Dispõe este artigo que o TJCE[286] é competente para decidir, a título prejudicial, questões sobre a interpretação do TCE, sobre a validade e a interpretação dos actos adoptados pelas Instituições da Comunidade e pelo BCE ou sobre a interpretação dos estatutos dos organismos criados por actos do Conselho, desde que estes estatutos o prevejam.

No acórdão em apreço, foi suscitado pelo *Bundesfinanzhof* uma questão prejudicial sobre a interpretação de uma Directiva, ou seja, nos termos do disposto na alínea b) do art. 234.º do TCE. Resulta, assim, uma dúvida: quais os efeitos que pode este acórdão vir a ter na ordem jurídica portuguesa[287]?

Segundo MIGUEL GORJÃO-HENRIQUES, *"o instituto do chamado reenvio prejudicial constitui um instrumento de cooperação entre o Tribunal de Justiça e os tribunais nacionais, considerados como tribunais comuns de direito comunitário"*[288]. Entende ainda este autor que *"o direito criado pelas Comunidades deve ser aplicado no plano estadual através dos órgãos nacionais, sejam eles judiciários ou administrativos"*[289]. Ora, a decisão tomada pelo TJCE num reenvio prejudicial[290], vincula apenas o juiz do processo[291], pelo que não se estende, no entendimento deste mesmo autor, relativamente a outros órgãos jurisdicionais nacionais[292]. Quanto a

---

[286] Sublinha JOSÉ CARAMELO GOMES que *"o Direito contido nos Tratados e o Direito deles derivado é objecto de interpretação por um órgão jurisdicional próprio, com competência exclusiva e obrigatória"*. – v. GOMES, José Caramelo, *O Juiz Nacional e o Direito Comunitário – O exercício da autoridade jurisdicional nacional na jurisprudência do Tribunal de Justiça das Comunidades Europeias*, Almedina, 2003, pág. 22.

[287] Neste sentido, devemos referir que já JOSÉ CARAMELO GOMES suscitou os problemas relativos à dificuldade de interpretação dos acórdãos do TJCE e à necessidade da sua aplicação uniforme. – v. GOMES, José Caramelo, *O Juiz Nacional cit.*, pág. 54.

[288] GORJÃO-HENRIQUES, Miguel, *Direito Comunitário*, Almedina, 2002, pág. 287.

[289] GORJÃO-HENRIQUES, Miguel, *cit., loc. cit.*.

[290] Pertinente citar Miguel Gorjão-Henriques: *"A pronúncia do Tribunal de Justiça, contudo, está, pela sua natureza, a meio caminho entre a apreciação abstracta típica do assento (excepto na sua força jurídica) e a concreção do precedente"* – GORJÃO--HENRIQUES, Miguel, *cit.*, pág. 298.

[291] Refere-se ao juiz do processo que efectuou o reenvio; v. GORJÃO-HENRIQUES, Miguel, *cit., loc. cit.*.

[292] GORJÃO-HENRIQUES, Miguel, *cit., loc. cit.*.

JOÃO MOTA CAMPOS e JOÃO LUIZ MOTA CAMPOS, sustentam também que um acórdão do TJCE interpretativo vincula somente o juiz nacional que recorreu a este tribunal comunitário[293]. Mas, ainda neste contexto, pode o TJCE admitir que a autoridade do seu acórdão ultrapasse o quadro do caso concreto, na medida em que vá dispensar os tribunais supremos dos Estados-membros da obrigação de reenvio, que lhes é imposta pelo art. 234.º do TCE, sempre que uma questão de interpretação seja suscitada e já tenha sido decidida por acórdão anterior do TJCE[294]. Estes autores salvaguardam, então, duas hipóteses[295]:

1. Se se estiver perante um caso análogo, cuja questão da interpretação tenha sido já decidida, o tribunal nacional pode fazer uma interpretação semelhante a uma anteriormente feita pelo TJCE, ou;
2. Reenviar para o TJCE por forma a obter deste a confirmação ou a modificação da interpretação já fornecida.

Aliás, tem sido entendimento do TJCE que a interpretação efectuada num reenvio prejudicial, quando enviada ao juiz nacional, deve estar apta à solução do litígio, dado que não se deve limitar à simples função interpretativa[296].

Daqui se conclui que as decisões tomadas pelo TJCE, em sede de reenvio prejudicial, apenas produzem efeitos para os juízes dos processos a que se referem. No entanto, partindo do pressuposto de que este tribunal vai manter a sua decisão em interpretações futuras, justificam JOÃO MOTA CAMPOS e JOÃO LUIZ MOTA CAMPOS que o tribunal nacional pode optar por não reenviar a questão, acatando a sua interpretação anterior[297] ou, como já vimos, reenviar esta questão interpretativa para o TJCE, com vista a que este tribunal confirme ou modifique o acórdão prejudicial anterior.

Importa acrescentar aqui que, ainda que se entendesse que a eficácia do acórdão interpretativo fosse *erga omnes*, como destaca JOSÉ CARAMELO GOMES, os seus custos iriam ser superiores aos benefícios[298], dado que,

---

[293] CAMPOS, João Mota, CAMPOS, João Luiz Mota, *Manual de Direito Comunitário*, Fundação de Calouste Gulbenkian, 4.ª Edição, 2004, pág. 442.
[294] CAMPOS, João Mota, CAMPOS, João Luiz Mota, *cit.*, *loc. cit.*.
[295] CAMPOS, João Mota, CAMPOS, João Luiz Mota, *cit.*, *loc. cit.*.
[296] GOMES, José Caramelo, *O Juiz Nacional cit.*, pág. 54.
[297] Apenas poderá ser deste modo se estivermos perante uma situação análoga.
[298] GOMES, José Caramelo, *O Juiz Nacional cit.*, pág. 60.

se a eficácia destes acórdãos for apenas *inter partes*, sempre haverá uma maior abertura para a constante adaptação da interpretação do TJCE a casos concretos futuros[299].

4.4. O Caso Espanhol e a Alteração da Ley 62/20003

A *Ley 62/2003*, de 30 de Dezembro, introduziu várias alterações nas medidas fiscais espanholas, nomeadamente na sua lei do IVA (*Ley 37/1992, de 28 de Dezembro*).

Perante este facto, cumpre começar por analisar uma destas alterações que parece resultar da decisão do acórdão MKG. O art. 9.º, n.º 1 do parágrafo C, alínea d) da *Ley 37/1992* passou a ter a seguinte redacção:

> c) *El cambio de afectación de bienes corporales de un sector a otro diferenciado de su actividad empresarial o profesional. El supuesto de autoconsumo a que se refiere esta letra c) no resultará aplicable en los siguientes casos:*
> (...)
> "*Las operaciones de cesión de créditos o préstamos, <u>con excepción de las realizadas en el marco de un contrato de «factoring»</u>*"[300].

Com esta alteração, o legislador espanhol mantém um sector diferenciado. No entanto, vai excluir as actividades de cessão de créditos e empréstimos quando estiverem no âmbito de um contrato de *factoring*.

Relativamente à excepção à isenção em sede de IVA, dispunha o art. 20.º, n.º 18, da *Ley 37/1992* deste modo: "*Estarán exentas de este impuesto las siguientes operaciones (...) financieras:*

> a) *Los depósitos en efectivo en sus diversas formas, incluidos los depósitos en cuenta corriente y cuentas de ahorro, y las demás operaciones relacionadas con los mismos, incluidos los servicios de cobro o pago prestados por el depositario en favor del deposi-*

---

[299] GOMES, José Caramelo, *O Juiz Nacional cit.*, pág. 61.
[300] Sublinhado nosso.

tante. *La exención no se extiende a los servicios de gestión de cobro de créditos*[301], *letras de cambio, recibos y otros documentos. No se considerarán de gestión de cobro las operaciones de abono en cuenta de cheques o talones; (...)*
h) *Las operaciones relativas a transferencias, giros, cheques, libranzas, pagarés, letras de cambio, tarjetas de pago o de crédito y otras órdenes de pago.*
La exención se extiende a las operaciones siguientes:
a') *La compensación interbancaria de cheques y talones.*
b') *La aceptación y la gestión de la aceptación.*
c') *El protesto o declaración sustitutiva y la gestión del protesto. No se incluye en la exención el servicio de cobro de letras de cambio o demás documentos que se hayan recibido en gestión de cobro.*
i) *La transmisión de los efectos y órdenes de pago a que se refiere la letra anterior, incluso la transmisión de efectos descontados; (...)".*

Dentro deste contexto, já se poderia observar que a lei espanhola era bastante receptiva à tributação do *factoring* em sede de IVA, até porque salvaguardava, desde logo, a gestão de créditos. Posto isto, o legislador espanhol, na *Ley 62/2003*, optou por configurar estas alíneas do art. 20.º de forma diferente, senão veja-se:

A alínea a) passou a ter a seguinte disposição – "*Los depósitos en efectivo en sus diversas formas, incluidos los depósitos en cuenta corriente y cuentas de ahorro, y las demás operaciones relacionadas con los mismos, incluidos los servicios de cobro o pago prestados por el depositario en favor del depositante. La exención no se extiende a los servicios de cobro de créditos letras de cambio, recibos y otros documentos. Tampoco se extiende la exención a los servicios prestados al cedente en el marco de los contratos de factoring, com excepción de los de antecipo de fondos que, en su caso, se pueden prestar en estos contratos*[302]. *No se considerarán de gestión de cobro las operaciones de abono en cuenta de cheques o talones*".

---

[301] Sublinhado nosso.
[302] Sublinhado nosso.

Quanto à alínea h), o seu conteúdo também foi alterado, na medida em que se acrescentou, na sua parte final – *"Tampoco se incluyen en la exención los servicios prestados al cedente en el marco de los contratos de factoring, com excepción de los de antecipo de fondos que, en su caso, se pueden prestar en estos contratos"*.

Para finalizar, a alínea i) passou a deter, *in fine*, a mesma expressão da alínea h).

Posto isto, retira-se destas alterações à *Ley 37/1992* que o legislador espanhol optou por conceber uma excepção à isenção do IVA da qual não resultasse qualquer dúvida. Para esse efeito, afastou das suas isenções dispostas nas alíneas a), h) e i) do n.º 18, do art. 20.º, os serviços prestados pelo factor exceptuando os adiantamentos contratualmente previstos.

Todavia, autores espanhóis mostravam já, antecipadamente, alguma relutância face à *Ley 37/1992*, na medida em que as alíneas c)[303] e e)[304] do n.º 18 do art. 20.º isentavam (e continuam a isentar) a concessão de créditos e a transmissão de empréstimos e créditos, enquanto exclui os serviços de cobrança de créditos, qualquer que seja a sua forma[305]. Ora, o entendimento da administração fiscal espanhola era no sentido de que, na medida em que de um contrato de *factoring* resulta uma cessão de créditos do aderente ao factor e uma concessão de crédito deste para aquele, ambas as operações estavam isentas de IVA nos termos do disposto nas referidas alíneas do art. 20.º. Actualmente, essas alíneas apenas se limitam, aparentemente, a isentar do pagamento do IVA a cessão de créditos na óptica da sua transmissão.

Com a alteração da *Ley 62/2003*, resultaram as seguintes mudanças no tratamento fiscal da actividade de *factoring*:

1. O factor, ao praticar a actividade de *factoring* com ou sem recurso, presta ao aderente serviços sujeitos a IVA;

---

[303] Esta alínea estabelece como isenção *"La concesión de créditos y préstamos en dinero, cualquiera que sea la forma en que se instrumente, incluso mediante efectos financieros o títulos de otra naturaleza"*.

[304] Quanto a esta alínea, isenta *"La transmisión de préstamos o créditos"*.

[305] Vários, *"Modificaciones Introducidas por la Ley 62/2003 en la Ley 37/1992 del Impuesto sobr el Valor Anadido"*, Pricewaterhousecoopers, pág. 4.

2. Ao facturar os seus serviços aos aderentes cobra IVA que estes vão poder deduzir a montante (desde que sejam sujeitos passivos);
3. Por sua vez, o factor torna-se sujeito passivo pelo que poderá também deduzir o imposto que liquidou;
4. O contrato de *factoring* engloba eventuais adiantamentos ao aderente cujos juros se encontram isentos de IVA;
5. O cálculo do valor de IVA dedutível do factor vai ser aferido através do *pro rata* calculado tendo em conta as prestações de serviços não isentas e o financiamento isento.

Em conclusão, o acórdão MKG teve uma enorme influência na alteração da lei do IVA espanhola. Aliás, no prazo de seis meses, o regime tributário do *factoring* em Espanha adaptou-se à interpretação da Sexta Directiva feita pelo TJCE.

4.5. O Caso Português

Neste momento, em Portugal, a tributação do *factoring* é realizada, como já analisámos, através do imposto de selo[306].

Um contrato de *factoring* implica, tal como expusemos, várias prestações de serviços do factor ao aderente. Acontece que, presentemente, nenhuma destas prestações de serviços é tributada no nosso país em sede de IVA.

O CIVA, no seu art. 9.º, estabelece as isenções deste imposto nas operações internas. O n.º 28 deste artigo isenta, na sua alínea a), a *"concessão e a negociação de créditos, sob qualquer forma*[307], *compreendendo operações de desconto e redesconto, bem como a sua administração ou gestão efectuada por quem os concedeu"* e, na sua alínea c), as *"operações, incluindo a negociação, relativas a depósitos de fundos, contas correntes, pagamentos, transferências, recebimentos, cheques,*

---
[306] Para uma melhor abordagem da tributação do *factoring* em sede de imposto de selo, v. ponto 3.1.2. do nosso estudo.
[307] Sublinhado nosso.
[308] Sublinhado nosso.

efeitos de comércio e afins, <u>com excepção da cobrança de dívidas</u>"[308].

Neste contexto, a administração fiscal tem entendido que as comissões auferidas pelas sociedades de *factoring* estão isentas de IVA, nos termos do disposto no art. 9.°, n.° 28, alínea a) do CIVA[309].

No nosso entendimento, e salvaguardando o devido respeito, esta posição da administração fiscal está sustentada numa concepção errada de *factoring*. Se partirmos do pressuposto de que o contrato sem recurso é uma simples compra e venda de créditos[310], então o factor, ao cobrar o crédito, vai fazê-lo por conta e interesse próprios pelo que a expressão *"cobrança de dívida"* nunca se lhe poderá aplicar num quadro de excepção à isenção, pois não estaria o factor a efectuar nenhuma prestação de serviços ao aderente de acordo com o art. 4.° do CIVA. Ainda dentro do mesmo pressuposto, facilmente se enquadraria a isenção da tributação do contrato com recurso nos termos do art. 9.°, n.° 28, alínea a) do CIVA, considerando os seus serviços no âmbito da concessão e negociação de créditos.

Não defendemos, contudo, esta posição, pelo que vamos partir do pressuposto de que o contrato de *factoring* é muito mais do que uma mera compra e venda de créditos, independentemente da sua modalidade. – No contrato sem recurso, o aderente vai ceder o crédito para que seja o factor a cobrá-lo, garantindo este o cumprimento do devedor. Para esse efeito, o aderente paga uma comissão de *factoring* e uma comissão de garantia, para além dos juros sobre um eventual adiantamento. O valor que o aderente vai receber do factor é necessariamente inferior ao valor do crédito, pois o primeiro suporta o pagamento das prestações de serviços do segundo. Sintetizando, no contrato sem recurso, o factor presta serviços a título oneroso ao aderente nos termos do art. 4.° do CIVA. Neste serviço, é relevante o papel da cobrança de dívidas[311], pelo que entendemos que deve considerar-se esta actividade como uma excepção à isenção de acordo com o art. 9.°, n.° 28, alínea d), *in fine* do CIVA. Para mais, esta-

---

[309] V. Informações Vinculativas da DGCI, Proc. C071 2002008, com despacho concordante do Sr. Director-Geral dos Impostos, em 18/10/2004, Boletim do Contribuinte, Revista de Informação Fiscal, Novembro, 2.ª Quinzena, Ano 72.°, 2004, n.° 22, pág. 788.

[310] Quanto à natureza do contrato de *factoring*, v. ponto 2.1. e 2.3. da nossa exposição.

[311] A cobrança de dívida consiste nos serviços mínimos a praticar pelo factor.

belece o art. 11.º, n.º 1 da LGT que na determinação do sentido das normas fiscais se aplica as regras e princípios gerais. Desta forma, subsidiariamente, vamos utilizar o 9.º, n.º 3 do CC que dispõe que *"na fixação do sentido e alcance da lei, o interprete presumirá que o legislador consagrou as soluções mais acertadas e soube exprimir o pensamento em termos adequados"*. Fazendo, então, uma interpretação nestes termos, concluímos que o legislador utilizou a expressão *"cobrança de dívidas"* no sentido de abranger o conceito de actividade de *factoring* quer se trate de um contrato sem recurso ou com recurso. E, mesmo que dúvidas houvesse quanto ao *factoring* sem recurso, estas nunca deveriam existir quanto ao *factoring* com recurso.

Por conseguinte, pese embora a posição assumida pela Administração Fiscal quanto ao contrato de *factoring*, entendemos que, face à legislação actual, todas as modalidades de um contrato de cessão financeira devem ser tributadas em sede de IVA, com excepção dos financiamentos (que deverão ser tributados nos termos do CIS).

A 1 de Janeiro de 2004, entrou em vigor em Espanha, a *Ley 62/2003* que introduziu alterações à *Ley 37/1992* (CIVA espanhol). Para estas alterações, contribuiu o acórdão MKG, de 26 de Junho de 2003. Em Portugal, em Janeiro de 2005, ainda não houve qualquer movimentação da Administração Fiscal e nem do legislador para alterar a sua posição quanto à tributação do *factoring*. No entanto, bastaria uma mudança da interpretação da lei, na medida em que o nosso CIVA é perfeitamente compatível com a interpretação feita pelo TJCE. De salientar apenas, num âmbito de mudança interpretativa, uma referência a PATRÍCIA NOIRET CUNHA, que detectou alguma incompatibilidade entre o acórdão MKG e o entendimento da Administração Fiscal Portuguesa[312].

Concretizando, em Portugal[313], nem o legislador, nem a Administração Fiscal procederam a qualquer aproximação ao entendimento sustentado no acórdão MKG.

---

[312] CUNHA, Patrícia Noiret, *Imposto Sobre o Valor Acrescentado – Anotações ao Código do Imposto Sobre o Valor Acrescentado e ao Regime do IVA nas Transacções Intracomunitárias*, Coimbra Editora, 2004, pág. 206 e 207.

[313] Contrariamente ao que aconteceu, como vimos, em Espanha.

4.6. Conclusões

Em suma, o acórdão MKG veio retirar algumas dúvidas que poderiam existir nos vários Estados-membros. Ou porque tributavam o contrato de *factoring* em sede de outro imposto que não o IVA, por o considerarem, à luz da Sexta Directiva, isento, ou porque, embora aplicassem IVA a este contrato, apenas o faziam relativamente à actividade de *factoring* com recurso, por considerarem que a cedência de créditos sem direito de regresso do factor sobre o aderente seria uma compra e venda de créditos, pelo que o factor actuaria por sua conta e risco.

Em Portugal, como já vimos, nenhum efeito foi retirado do referido acórdão do TJCE. Nem o legislador, nem a administração fiscal aproveitaram as orientações seguidas por este tribunal. O TJCE fez uma interpretação da Sexta Directiva por via do art. 234.º do TCE. Desta forma, não nos parece que devamos continuar a interpretar o nosso CIVA de forma contrária à do entendimento do TJCE, na medida em que este foi construído à imagem da Sexta Directiva.

Não vamos fazer aqui qualquer referência ao efeito directo das Directivas, mas apenas ao seu efeito indirecto, nomeadamente à Teoria da Interpretação Conforme. Segundo esta teoria, existe uma obrigação de os tribunais nacionais, face a uma incompatibilidade legislativa, fazerem da lei uma interpretação conforme às Directiva Comunitárias. Num texto legal, podem existir várias interpretações, sendo que deve fazer-se aquela que mais se aproxime do objectivo previsto pela Directiva, tendo sempre como limite a interpretação *"contra legem"*. Aliás, como refere MIGUEL GORJÃO-HENRIQUES, *"o princípio da interpretação conforme afirma que o intérprete e aplicador do direito, internamente, deverá, ainda quando deva aplicar apenas o direito nacional, atribuir a este uma interpretação que se apresente conforme o sentido, economia e termos das normas comunitárias"*[314].

Neste contexto, devemos fazer uma referência ao *Acórdão Marleasing*[315] que veio firmar o princípio do efeito indirecto, invocando que *"(...) ao aplicar o direito nacional e nomeadamente as disposições de uma*

---

[314] GORJÃO-HENRIQUES, Miguel, *cit.*, pág. 207.
[315] Acórdão de 13 de Novembro de 1990, *Marleasing*, C-106/89, Colect., p.I-4135, n.º 8.

lei nacional especialmente adoptada para executar uma directiva (...), o órgão jurisdicional nacional é obrigado a interpretar o seu direito nacional à luz do texto e do objectivo da directiva para atingir o resultado referido no art. 249.º, parágrafo 3 TCE. Contudo, este não deve ser o caminho a seguir na nossa fundamentação, na medida em que a taxatividade da directiva é igual à do nosso CIVA. O facto externo é o acórdão MKG.

Ora, o TJCE, enquanto única instituição competente para interpretar autenticamente o direito derivado das Comunidades Europeias[316], através do seu acórdão MKG, dirigiu a sua interpretação da Sexta Directiva num determinado sentido. A Administração Fiscal faz, contudo, uma interpretação diferente do conteúdo do art. 9.º, n.º 28, alínea c) do CIVA, que corresponde a uma transposição quase literal, para a ordem jurídica portuguesa, do art. 13.º, B, alínea d), ponto 3, *in fine*, da Sexta Directiva. Todavia, podia o Estado Português, à luz do art. 13.º, B desta Directiva, isentar taxativamente a actividade do *factoring*, pois este artigo confere-lhe essa faculdade.

Certo é, que à presente data, o legislador não efectuou qualquer identificação objectiva do *factoring* enquanto actividade isenta. Desta forma, apenas nos podemos limitar a interpretar o art. 9.º, n.º 28, alínea c) do CIVA de acordo com o art. 9.º do CC e o art. 13.º, B, alínea d), ponto 3, *in fine*, da Sexta Directiva. Dentro deste contexto, tendo o TJCE interpretado a Directiva no sentido de que o *factoring*[317] consiste numa *"cobrança de dívidas"*, implicando a prestação de serviços a título oneroso do factor ao aderente nos termos dos seus artigos 2.º, n.º 1 e 6.º, não deverá a administração fiscal entender de forma diferente, socorrendo-se das posições que entendem que este contrato, quando sem recurso, é uma compra e venda de créditos. Também é certo, porém, que o *factoring* não se traduz somente numa cobrança de dívidas, pois implica igualmente a prestação dos vários serviços já abordados neste estudo. No entanto, como entendeu acertadamente o TJCE, um contrato com estas características tem de ser tributado de uma forma unitária e coerente devido a um princípio de neutralidade, até porque, um contrato de *factoring*, no mínimo, implica cobrança de dívidas.

---

[316] Cfr. art. 220.º do TCE; v. GOMES, José Caramelo, *"O Contencioso dos Auxílios dos Estados"*, disponível em http://comunitario.no.sapo.pt/textos/Auxilio3.pdf, pág. 6.

[317] Quer o contrato de *factoring* sem recurso, quer o contrato de *factoring* com recurso.

O legislador espanhol pretendeu não deixar qualquer margem de manobra a eventuais dúvidas e aproveitou a interpretação do TJCE para alterar a sua lei fiscal. Deste modo, destacamos o facto de ter separado a prestação de serviços que resulta da cessão financeira e dos adiantamentos que os factores realizam aos aderentes. Assim, continuou a isentar estes financiamentos concedidos, porque a sua natureza é a de um mútuo, independentemente da modalidade do contrato[318].

Pelo exposto, parece-nos que o acórdão MKG apenas tem eficácia para o juiz do processo reenviado. No entanto, não pode deixar de ter um forte efeito persuasivo sobre a interpretação da letra da lei em Portugal, pois a orientação da jurisprudência do TJCE está, como vimos, lançada. A insistência da Administração Fiscal nessa interpretação contrária ao TJCE pode implicar que, numa eventual via litigiosa, se arrisque a ver este tribunal a confirmar o acórdão MKG.

Em suma, a letra da lei portuguesa deve passar a ser interpretada à luz do referido acórdão. Entendemos não ser necessário um esforço legislativo como aquele que foi efectuado em Espanha com a *Ley 62/2003*. Contudo, não afastamos totalmente essa opção devido ao quadro actual da actividade de *factoring* e às dúvidas acerca da sua natureza.

5. A TRIBUTAÇÃO DO CONTRATO FORA DA UNIÃO EUROPEIA

Analisamos já a tributação do *factoring* à luz da Sexta Directiva. Cumpre agora abordar um exemplo de tributação da cessão financeira fora da UE.

No Brasil, o Decreto n.º 4.494, de 3 de Dezembro de 2002, regulamentou o Imposto sobre Operações de Crédito, Câmbio e Seguro, ou relativas a Títulos ou Valores Mobiliários – IOF. Este imposto visa tributar todas as operações de crédito.

Assim, o IOF vai incidir sobre operações de crédito realizadas por *"empresas que exercem as atividades de prestação cumulativa e contínua*

---

[318] Como já vimos, no contrato de *factoring* sem recurso, as quantias entregues ao aderente antes do vencimento do documento que titula o crédito correspondem a um mútuo e não um adiantamento do preço, nos termos de um contrato de compra e venda.

de serviços de assessoria creditícia, mercadológica, gestão de crédito, selecção de riscos, administração de contas a pagar e a receber, compra de direitos creditórios resultantes de vendas mercantis a prazo ou de prestação de serviços (factoring)"[319]. Neste sentido, este imposto vai tributar, nos termos do art. 3.º do IOF, a alienação de direitos creditórios de aderentes a sociedades de *factoring*.

Acresce que, segundo o art. 4.º, parágrafo único, contribuinte do IOF é o alienante dos créditos, ou seja, o aderente. No entanto, o responsável pela cobrança do imposto e pelo seu recolhimento para o Tesouro Nacional é a sociedade de *factoring* adquirente dos créditos[320].

O IOF é um imposto com algumas semelhanças ao imposto de selo português, pois visa tributar as operações financeiras.

No Brasil, o contrato de *factoring* é entendido como uma compra e venda de créditos, pelo que a sua tributação está adaptada a esta realidade.

6. CONCLUSÃO

Com este estudo, visamos aprofundar um tema pouco debatido pela doutrina portuguesa – a tributação do *factoring*. Na abordagem do tema, pese embora fosse o nosso objectivo elaborar um trabalho única e exclusivamente no âmbito do Direito Fiscal, fomos forçados a embrenhar-nos em questões de Direito Civil, Comercial e Comunitário, sem as quais não poderíamos retirar a presente conclusão.

Posto isto, após o aprofundar de todos os pontos a que nos propusemos estudar, resultaram, do nosso estudo, os seguintes pressupostos que nos auxiliaram na conclusão final:

A – **Quanto ao Contrato de** *Factoring*

1. O *factoring* apresenta-se como um contrato pelo qual duas partes (um factor e um aderente) acordam manter uma relação contratual permanente, que implica a obrigação do aderente ceder a totali-

---

[319] Cfr. art. 2.º, n.º 1, alínea b) do IOF.
[320] Cfr. art. 5.º, n.º 2 do IOF.

dade ou parte dos créditos sobre os seus devedores, com vista a que a sua gestão e cobrança seja efectuada pelo factor, e a obrigação deste último aceitar a sua cessão, dentro dos pressupostos previamente acordados, prestando ao aderente os referidos serviços de gestão e cobrança e, quando solicitado, adiantamentos sobre os créditos cedidos;
2. Este contrato traduz-se, no mínimo, numa cobrança de dívidas;
3. O factor é remunerado através de comissões de *factoring* (sobre os serviços prestados) e de garantia (sobre o risco de incumprimento dos devedores e juros (sobre a quantia adiantada ao aderente);
4. É um contrato descentralizador de função para terceiro;
5. Em nenhuma das suas modalidades resulta que o *factoring* é um simples contrato de compra e venda de créditos;
6. Deriva do contrato de *factoring* sem recurso e com antecipação que a sua natureza é a de um mandato fiduciário, de um mútuo e de uma fiança; do contrato sem recurso e sem antecipação, resulta uma natureza de mandato e fiança; quanto ao contrato com recurso e antecipação a de um mútuo e de um mandato comerciais e, finalmente, o mandato sem representação estrutura o contrato com recurso e sem antecipação;

B – Quanto à Tributação do *Factoring*

7. Em Portugal, o contrato de *factoring* é tributado em sede de imposto de selo, quer relativamente às eventuais antecipações efectuadas pelo factor ao aderente, quer relativamente às comissões cobradas pelo primeiro ao segundo;
8. Apesar de a Administração Fiscal ter entendido que o contrato de *factoring* sem recurso não deve ser tributado, por se tratar de uma compra e venda de créditos, na medida em que o factor actua por sua conta e risco e as antecipações são meros adiantamentos por conta do preço acordado, certo é que a prática corrente tem sido diferente;
9. Com o acórdão MKG, passou a existir uma interpretação do TJCE que sustenta que o *factoring* é uma excepção à isenção da Sexta Directiva, pelo que esta actividade deve ser tributada em sede de IVA;

10. Este acórdão apenas tem efeitos vinculativos para o juiz do tribunal do processo reenviado, sendo que, por essa razão, apenas pode produzir efeitos persuasivos sobre o legislador português e a Administração Fiscal nacional;
11. Pese embora o legislador espanhol tenha alterado a sua lei devido ao referido acórdão, a administração fiscal portuguesa continuou a seguir a mesma interpretação do art. 9.°, n.° 28, c) CIVA.

Por conseguinte, concluímos que o imposto de selo apenas se deve aplicar relativamente ao adiantamento efectuado pelo factor ao aderente. Sendo este imposto um tributo destinado, em grande parte, à área bancária, entendemos que deve ser tributada em sede de imposto de selo aquela que é a função financeira de um contrato de *factoring*. Esta tributação deve ser efectivada independentemente de estarmos perante um adiantamento de um contrato com ou sem recurso.

Quanto às comissões cobradas pelo factor sobre a cessão de créditos, traduzem-se no pagamento do aderente por serviços que lhe são prestados, nomeadamente a cobrança do crédito e o risco de incumprimento do devedor assumido. Face à lei actual, nem é preciso recorrer ao acórdão MKG para aferir que, sendo o *factoring*, no mínimo, um serviço especializado de cobrança de dívidas, deve ser tributado em sede de IVA nos termos do art. 9.°, n.° 28, c) *in fine* do CIVA – contrariando, deste modo, a orientação da administração fiscal.

Ainda assim, o acórdão MKG veio dar uma maior substância a esta posição. O TJCE interpretou as disposições mais relevantes da Sexta Directiva quanto a esta matéria no sentido de que a actividade de *factoring* não é isenta de IVA porque se traduz numa excepção à isenção do imposto. Ora, daqui decorre que o órgão por excelência para interpretar o direito derivado das Instituições das Comunidades atribuiu um determinado sentido a um texto legal (art. 13.°, B, alínea d), ponto 3, *in fine* da Sexta Directiva) que foi transposto quase na sua totalidade para o art. 9.°, n.° 28, c), *in fine*, do CIVA. Se é certo que o reenvio prejudicial apenas produz efeitos para as partes e não para terceiros, também é certo que a não adopção da base de entendimento do TJCE pode traduzir-se num fracasso para a Administração Fiscal numa eventual via litigiosa.

Desta forma, acreditamos que a questão não se coloca quanto à letra da lei portuguesa. No entanto, uma alteração legislativa como a que foi efectuada em Espanha é um exemplo da necessidade de manter a harmonização fiscal no seio da UE. Mais se diga que temos, também, as indicações das versões sueca e inglesa da Sexta Directiva, que colocam o *factoring* ao lado da cobrança de dívidas, como excepções à isenção do art. 13.º.

Ainda neste contexto, os agentes económicos teriam todas as vantagens nesta alteração da tributação do *factoring*, pese embora os serviços do factor se tornassem mais dispendiosos devido à liquidação dos 21% do IVA. Por um lado, os aderentes (que nunca são o consumidor final), que fossem sujeitos passivos de IVA, passariam a poder deduzir a montante o imposto liquidado no pagamento dos serviços dos factores, deixando de suportar, na totalidade, o imposto de selo. Por outro, os factores, enquanto sujeitos passivos, passariam a poder deduzir também a montante o IVA liquidado na aquisição de bens e de prestações de serviços afectos à sua actividade (que viria a ser aferido através do método *pro rata*).

Acreditamos que está para surgir a revolução da tributação do *factoring* e que estará para breve. Apenas não sabemos qual será o meio utilizado nessa reforma: a interpretação da lei conforme a Sexta Directiva (através da jurisprudência nacional ou comunitária), ou uma alteração legislativa propriamente dita. Com o excesso de legislação acumulada nos últimos anos, aparentemente, a interpretação conforme da lei apresenta-se como a melhor solução. Contudo, por razões de segurança jurídica, não descartamos a hipótese de uma alteração da lei, semelhante à espanhola, poder ser a chave do problema.

BIBLIOGRAFIA

ABREU, Coutinho de, *Curso de Direito Comercial*, Vol. I, Almedina, 2000
BASTIN, Jean, *O Seguro de Crédito – A Protecção contra o Incumprimento*, Cosec, 1994
BASTIN, Jean, *O Seguro de Crédito no Mundo Contemporâneo*, Cosec, 1983
BATISTA, António Sarmento, *A Gestão do Crédito como Vantagem Competitiva*, Vida Económica, 2.ª Edição, 1996
CALHEIROS, Maria Clara, *O Contrato de Swap*, Coimbra Editora, 2000
CAMPOS, João Mota, CAMPOS, João Luiz Mota, *Manual de Direito Comunitário*, Fundação de Calouste Gulbenkian, 4.ª Edição, 2004
CORDEIRO, António Menezes, *Da Cessão Financeira (Factoring)*, Lex – Edições Jurídicas, Lisboa, 1994
CORDEIRO, António Menezes, *Manual de Direito Bancário*, Almedina, 2.º Edição, 2001
CUNHA, Carolina, *"Contrato de Factoring: Quem Paga Mal, Paga Duas Vezes? – Acórdão do STJ de 26.09.2002, Proc. 1460/02"*, Cadernos de Direito Privado, n.º 3, Julho/Setembro de 2003
CUNHA, Patrícia Noiret, *Imposto Sobre o Valor Acrescentado – Anotações ao Código do Imposto Sobre o Valor Acrescentado e ao Regime do IVA nas Transacções Intracomunitárias*, Coimbra Editora, 2004
DUARTE, Rui Pinto, *"A Jurisprudência Portuguesa sobre o Factoring – Algumas Observações"*, Themis – Revista da Faculdade de Direito da UNL, 2000, Ano I, n.º 2
FEIO, Diogo, A Substituição Fiscal e a Retenção na Fonte: O caso Específico dos Impostos sobre o Rendimento, Coimbra Editora, 2001
FERNANDES, João, *"Imposto de Selo – Comentário Crítico sobre o Novo Código"*, Fisco, n.º 90/91, Setembro de 2000, ano XI
FERREIRA, Eduardo Paz, *"Aspectos da Harmonização Fiscal Europeia"*, Fisco, n.os 105 e 106, Novembro de 2002, ano XII
FOSSATI, Giorgio e PORRO, Alberto, *Il Factoring – aspetti economici, finanziari e giuridici*, terza edizione, giuffrè editore, 1985
GOMES, José Caramelo, *O Juiz Nacional e o Direito Comunitário – O exercício da autoridade jurisdicional nacional na jurisprudência do Tribunal de Justiça das Comunidades Europeias*, Almedina, 2003
GOMES, Nuno Sá, *Manual de Direito Fiscal*, Cardernos de Ciência e Técnica Fiscal, n.º 168, Vol. I, Lisboa, 1993
GOODE, R. M., *Commercial Law*, Penguin Books
GORJÃO-HENRIQUES, Miguel, *Direito Comunitário*, Almedina, 2002
JUDE, Pierre, *Technique et Pratique du Factoring*, Clet Editions Banque, 1984
LIMA, Emanuel Vidal, *Imposto sobre o Valor Acrescentado, Comentado e Anotado*, Porto Editora, 8.ª Edição, 2002
LIMA, Pires de e VARELA, Antunes, *Código Civil Anotado*, Vol. I, 4.ª Edição, Coimbra Editora, 1987
LOBO, Carlos Baptista, *"O Novo Código do Imposto de Selo – Alguns aspectos iniciais de enquadramento"*, Ciência e Técnica Fiscal, n.º 400, Outubro-Dezembro, 2000

MATEUS, J. Silvério, FREITAS, L. Corvelo de, *Os Impostos sobre o Património Imobiliário. O Imposto de Selo. Anotados e Comentados*., Engifisco, 2005

MONTEIRO, António Pinto e CUNHA, Carolina, "Sob o Contrato de Cessão Financeira ou de «Factoring»", Boletim da Faculdade de Direito, Universidade de Coimbra, Volume Comemorativo, Coimbra, 2002

MONTEIRO, António Pinto e CUNHA, Carolina, "*Um Exemplo das Novas Tendências do Direito Comercial: O contrato de locação financeira entre a origem civilística e a comercialidade*", Faculdade de Direito da Universidade de Coimbra, Texto n.º 530

MONTEIRO, António Pinto, *Contrato de Distribuição Comercial*, Almedina, 2002

NABAIS, José Casalta, *Direito Fiscal*, Almedina, 2000

NEVES, Ilídio das, *Direito da Segurança Social – Princípios Fundamentais Numa Análise Prospectiva*, Coimbra Editora, 1996

PATRÍCIO, José Simões, *Direito de Crédito – Introdução*, Lex – Edições Jurídicas, Lisboa, 1994

PEREIRA, Alberto Amorim, *Noções de Direito Fiscal*, Quid Juris?, 23, Porto, 1981

RIBEIRO, Ana Paula, *O Contrato de Franquia (Franchising) – No Direito Interno e Internacional*, Tempos Editores

RODRIGUES, José Avelino, *O Sistema Fiscal Português*, Quid Juris, n.º 11, Porto, 1979

SANTANA, João Caboz, *O Contrato de Factoring – sua caracterização e relações factor-aderente*, Edições Cosmos, 1995

SOARES, Quirino, *"Contratos Bancários"*, Scientia Ivridica – Revista de Direito Comparado Português e Brasileiro, Janeiro/Abril 2003, Tomo LII, Número 295

TEIXEIRA, António Braz, *Princípios de Direito Fiscal*, Vol. I, 3.ª Edição, Almedina

TEIXEIRA, Glória, *A Tributação do Rendimento – Perspectiva Nacional e Internacional*, Almedina, 2000

UVA, João de Sousa, *Factoring – Um Instrumento de Gestão*, Texto Editora, 1991

VÁRIOS, *Guia do Fisco 2004*, Ano 10, n.º 10, Abril de 2004, BPI

VASCONCELOS, Luís Miguel, *Dos Contratos de Cessão Financeira (Factoring)*, Boletim da Faculdade de Direito, Stvdia Ivridica 43, Coimbra Editora, 1999

VASCONCELOS, Luís Miguel, *"O Contrato de Cessão Financeira (Factoring) no Comércio Internacional"*, Estudos em Homenagem ao Prof. Doutor Jorge Ribeiro de Faria, Coimbra Editora, n.º especial, 2003

VASCONCELOS, Luís Miguel, *O Contrato de Franquia (Franchising)*, Almedina, 2000

VAZ, Teresa Anselmo, *"O contrato de Factoring"*, Revista da Banca, 1987

VELLOZO-FERREIRA, Damião, *Sociedades de Factoring. Sociedades de Capital de Risco*, Rei dos Livros, 1990

Textos Disponíveis na Internet

Gomes, José Caramelo, *"O Contencioso dos Auxílios dos Estados"*, disponível em http://comunitario.no.sapo.pt/textos/Auxilio3.pdf

Lapique, Luis, Lucas, Gonzalo e Reys, José Luis, *Factoring – Un medio para mejorar la eficiencia de la empresa*, estudo uruguaio publicado na internet, disponível em http://www.adm.com.uy/eventos/des2001/mayo2001/Presentation16_05_01.ppt

Vários, *"Modificaciones Introducidas por la Ley 62/2003 en la Ley 37/1992 del Impuesto sobr el Valor Anadido"*, Pricewaterhousecoopers

http://www.euroges.pt/eol/public/factoring.htm
http://www.bnpfactor.pt/html_p/botao_22.html
http://www.hellerfactoring.pt/duvidas/duvidas.htm
http://www.ipv.pt/econogloss/f.htm

Outras Publicações

Fórum Empresarial, n.º 89, ano VIII, Julho 2004

Crédito Especializado: Factoring e Leasing, suplemento integrante da edição do Expresso n.º 1683, de 29 de Janeiro de 2005

Jurisprudência

Nacional:

Acórdão do STJ, de 6 de Fevereiro de 1997, *in* www.dgsi.pt
Acórdão do STJ, de 6 de Outubro de 1998, *in* Boletim do Ministério da Justiça, 480, 435
Acórdão do STJ, de 25 de Maio de 1999, *in* Colectânea de Jurisprudência, 1999, 2, 107
Acórdão do STJ, de 26 de Setembro de 2002, *in* Colectânea de Jurisprudência, 2002, 3, 57
Acórdão do STJ, de 5 de Junho de 2003, *in* www.dgsi.pt
Acórdão do STJ, de 27 de Maio de 2003, *in* www.dgsi.pt
Acórdão do STJ, de 4 de Março de 2004, *in* www.dgsi.pt
Acórdão do TRL, de 3 de Dezembro de 2002, recurso n.º 5566/02, *in* Colectânea de Jurisprudência, 2002, 5, 82

Internacional:

TJCE
Acórdão de 4 de Dezembro de 1990, *Van Tiem*, C-186/89, Colect., p. I-4363
Acórdão de 20 de Junho de 1991, *Polysar Investments Netherlands*, C-60/90, Colect., p. I-3111
Acórdão de 25 de Maio de 1993, *Bally*, C-18/92, Colect., p. I-2871
Acórdão de 14 de Novembro de 2000, *Floridienne e Berginvest*, C-142/99, Colect., p. I-9567

Acórdão de 27 de Setembro de 2001, *Cibo Participations*, C-16/00, Colect., p. I-6663
Acórdão de 9 de Outubro de 2001, *Mirror Group*, C-409/98, Colect., p. I-7175
Acórdão de 26 de Junho de 2003, *MKG*, C-305/01

Alemanha
Acórdão do Bundesfinanzhof-BFH- de 10 de Dezembro de 1981, V R 75/76, *in*: BFHE 134, 470; BStBl II 1982, 200

Legislação e Orientações Administrativas

Nacional:

CC
CIVA
CIRC
CIRS
Decreto-Lei n.º 46.302, de 27 de Abril
Decreto-Lei 103/80, de 9 de Maio de 1980
Decreto-Lei 56/86, de 18 de Março
Decreto-Lei 298/92, de 31 de Dezembro, com a última alteração pelo Decreto-Lei 201/2002, de 26 de Setembro (RGICSF)
Decreto-Lei 171/95, de 18 de Julho
Decreto-Lei 199/99, de 8 de Junho
Decreto-Lei 106/2001, de 6 de Abril
Decreto-Lei 411/91, de 17 de Outubro
Decreto-Lei 8-B/2002, de 15 de Janeiro
Circular n.º 15/2000, de 5 de Julho
Informações Vinculativas da DGCI, Proc. C071 2002008, com despacho concordante do Sr. Director-Geral dos Impostos, em 18/10/2004, Boletim do Contribuinte, Revista de Informação Fiscal, Novembro, 2.ª Quinzena, Ano 72.º, 2004, n.º 22, pág. 788

Internacional:

Alemanha
CIVA alemão (*UStG 1991*)
UstR 2000

Institucionais
Convenção *Unidroit* sobre o contrato de cessão financeira internacional (*UNIDROIT – Convention on International Factoring*), aprovada no dia 28 de Maio, de 1988
Sexta Directiva 77/388/CEE, de 17 de Maio de 1977, publicado no JO L145, p. 1.; EE 09 F1 p.54

REFORMA DA TRIBUTAÇÃO DO PATRIMÓNIO

O NOVO REGIME DE AVALIAÇÕES DA PROPRIEDADE URBANA

Luís Rodrigues Antunes

1. INTRODUÇÃO

Com a publicação do Decreto-Lei n.º 287/2003, de 12 de Novembro, o Governo no uso da autorização legislativa concedida pela Lei n.º 26/ /2003, de 30 de Julho, da Assembleia da República, procedeu à Reforma da Tributação do Património, aprovando os novos Códigos do IMI e do IMT, republicando o Código do Imposto do Selo e alterando diversa legislação tributária conexa.

Esta Reforma surge como o culminar de um longo percurso, ao longo do qual, como veremos resumidamente, foram produzidos estudos, modelos e projectos, que embora variando de governo para governo, conforme a sensibilidade política e técnica dos seus intervenientes, visaram sobretudo inverter a situação verdadeiramente insustentável que se verificava, dadas as injustiças e iniquidades que caracterizavam os Impostos sobre o Património (CA, Sisa e ISD) e introduzir maior equidade fiscal, maior transparência no relacionamento do Estado e os cidadãos e maior eficácia no combate à evasão fiscal.

Dada a dimensão das alterações efectuadas por esta Reforma era-nos de todo impossível abordar nesta tese de pós-graduação todas as suas implicações, pelo que optamos por desenvolver este trabalho apenas sobre o novo regime de avaliações da propriedade urbana, sem prejuízo de abordar, ainda que sucintamente, outras medidas desta Reforma sempre que tal se mostre conveniente.

O novo regime de determinação do valor patrimonial tributário é efectivamente uma das pedras basilares desta Reforma, não só por assentar na objectivação das regras de fixação do valor dos imóveis, mas também, pelo facto de este valor passar a ter efeitos relevantes na determinação da matéria colectável de outros impostos (IMT, IS, IRS e IRC).

Analisaremos apenas o novo regime de avaliação dos prédios urbanos, uma vez que as linhas gerais da tributação dos prédios rústicos não sofreram alterações, continuando a considerar-se como base para a tributação o seu potencial rendimento produtivo, tendo o legislador relegado a sua reforma para momento posterior aquando da reestrutuação da base cadastral[1].

Cumpre-nos desde já referir, que a nossa formação superior[2] não é essencialmente jurídica, pelo que não nos será possível analisar profundamente o tema sobre essa perspectiva, sem corrermos o risco de sermos imprecisos ou incorrectos.

No entanto pensamos que a abrangência dessa formação superior, aliada ao conhecimento adquirido pela experiência profissional de 5 anos na DGCI, primeiro num Serviço de Finanças e actualmente na Direcção de Finanças, poderá ser útil no sentido de observarmos esta temática tributária de uma outra perspectiva.

2. ANTECEDENTES DA REFORMA DA TRIBUTAÇÃO DO PATRIMÓNIO

Antes da Reforma da Tributação do Património aprovada pelo Decreto-Lei n.º 287/2003, de 12 de Novembro, o regime das avaliações prediais urbanas encontrava-se regulado essencialmente pelo velho Código da Contribuição Predial e do Imposto sobre a Indústria Agrícola (CCPIIA), aprovado pelo Decreto-Lei n.º 45104, de 1 de Julho de 1963, excepto em relação ao terrenos para construção que com a entrada em vigor do Código da Contribuição Autárquica (CCA) passaram a ser fiscalmente considerados prédios e nos termos do n.º 2 do artigo 8.º do Decreto-Lei n.º 442-C/88, de 30 de Novembro, passaram a ser avaliados, para efeitos de CA, de acordo com as regras contidas no Código do Imposto Municipal de Sisa e do Imposto sobre as Sucessões e Doações (CIMSISD).

Vejamos de seguida como funcionava esse regime.

---

[1] Preâmbulo do Código do IMI.
[2] O autor é licenciado em Administração Pública pela Universidade do Minho, curso este que abrange disciplinas das áreas de Economia, Direito e Gestão (inclui Contabilidade).

2.1. O regime das avaliações prediais urbanas do CCPIIA de 1963

O regime das avaliações prediais urbanas regulado pelo CCPIIA não fazia assentar a avaliação no valor de mercado dos prédios, mas antes no valor da renda que produziam. Como a Contribuição Predial tributava os rendimentos prediais, reais ou imputados, a avaliação procurava determinar o rendimento colectável deduzindo ao valor locativo uma percentagem para despesas de conservação.

Nos prédios arrendados considerava-se como valor locativo as rendas anuais efectivamente recebidas, mas não se tomavam em conta as despesas e encargos efectivamente suportados pelo proprietário. Ao valor das rendas deduzia-se uma percentagem para despesas de conservação, fixada pelos avaliadores no acto de avaliação, resultante do somatório dos encargos no artigo 115.º do CCPIIA e fixados em portaria[3] (elevadores, porteiro, iluminação, aquecimento e administração da propriedade horizontal). Com a aplicação destas percentagens pretendia-se atender aos encargos normais do prédio, que no entanto não traduziam a despesa efectivamente suportada pelos proprietários, logo a tributação dos prédios arrendados não incidia sobre rendimentos reais[4].

Quanto aos prédios não arrendados, a avaliação era efectuada com base nas rendas que produziriam se estivessem arrendados. O § único do artigo 125.º determinava que o valor locativo deveria corresponder "*à justa renda*" que o prédio produziria "*pelo período de um ano em regime de liberdade contratual*". Este valor locativo correspondia ao valor do uso do prédio pelo seu proprietário, determinado em função das rendas praticadas em prédios idênticos, no pressuposto da livre concorrência do mercado de arrendamento[5].

---

[3] À data da entrada em vigor da Reforma estava em vigor a Portaria n.º 214/97, de 31 de Março.

[4] Ver Módulo de Contribuição Autárquica, elaborado por Maria Jesus Oliveira e Zélia Teixeira, Instituto de Formação Tributária da extinta Administração Geral Tributária (AGT), 2001, p. 4 e ss..

[5] De acordo com o disposto no corpo do artigo 3.º do CCPIIA, "*considera-se **rendimento dos prédios urbanos,** quando arrendados, o valor da respectiva renda expresso em moeda corrente; e, quando o não estejam, a equivalente utilidade que deles obtiver, ou tenha possibilidade de obter, quem possa usar ou fruir os mesmos prédios*".

Por sua vez a regra 7.ª do artigo 144.º determinava que "*o **valor locativo dos prédios não arrendados,** determina-se por confronto com outros que se encontrem dados de arren-

Como bem sabemos a quantificação de tal valor locativo é sempre um exercício de difícil demonstração e sustentação objectiva, especialmente no que respeita aos prédios habitacionais, uma vez que devido ao "congelamento das rendas" praticamente não existe um mercado de arrendamento urbano em Portugal que possa ser tomado como ponto de referência comparativa, como valor-padrão.[6]

A falta de homogeniedade dos valores atribuídos pelas extintas comissões de avaliação e a fixação de valores desajustados da realidade resultavam da exagerada margem de apreciação subjectiva decorrente da quase inexistência de valores-padrão.

Era frequentemente referido que prédios semelhantes e em zonas de mercado imobiliário idênticas fossem avaliados por valores muito diferentes, pelo facto de estarem localizados em áreas de actuação de comissões diferentes, resultando daí evidente prejuízo para a equidade fiscal.[7]

2.2. O Código da Contribuição Autárquica de 1989

2.2.1. *Argumentos a favor e objecções à criação da CA*

Com a Reforma Fiscal de 1989 surgiu um novo imposto, a Contribuição Autárquica (CA), que na óptica da Comissão da Reforma Fiscal e dos órgãos de soberania foi criada por vários motivos:[8]

– Reforçar o financiamento fiscal das autarquias locais, (*maxime* dos municípios), compensando a perda de receita dos extintos impostos locais (Contribuição Predial e Imposto de Mais-Valias),

---

damento, em regime de liberdade contratual, de preferência na mesma localidade, e que melhor sirvam de padrão".

[6] A este respeito ver artigo da *Associação Portuguesa de Avaliações de Engenharia – Reflexões sobre um novo Código de Avaliações*, in CTF n.º 384, p. 242., segundo o qual a quase inexistência de padrões deve-se também em alguma parte ao grande incremento de prédios urbanos em regime de propriedade horizontal a partir da década de 60 e do consequente aumento da habitação própria.

[7] Ver nota 5 e *Relatório da Comissão para o Desenvolvimento da Reforma Fiscal*, in CCTF n.º 191, p. 698.

[8] Ver *Considerações em torno da contribuição predial autárquica*, Nuno Sá Gomes, in CTF n.º 365, p. 13 e ss..

sem aumentar a carga fiscal incidente sobre a propriedade imobiliária;
- Face à opção de tributar em IRS/IRC, apenas os rendimentos reais efectivos, com exclusão dos rendimentos imputados à utilização dos prédios afectos a uso próprio, surgiu a necessidade de tributar os prédios não arrendados. Em relação aos prédios arrendados a CA não se sobrepõe ao IRS/IRC em dupla tributação, porque se previa a dedução da colecta da CA, na colecta daqueles impostos[9];
- É um imposto sobre o valor dos prédios justificado com base no princípio do benefício, fazendo-se corresponder o respectivo pagamento, às vantagens que os donos e utilizadores dos prédios auferem da colectividade, particularmente dos serviços e infra-estruturas prestadas e criadas pelas autarquias locais;
- É um imposto consagrado na generalidade dos sistemas fiscais dos países da OCDE e da CEE, que permite manter tributada a generalidade das situações prediais e constitui incentivo para o mais eficaz aproveitamento da propriedade rústica e urbana.

Em relação aos motivos apresentados pela Comissão, para justificar a criação de Contribuição Autárquica como novo imposto sobre o valor dos prédios, o Prof. Nuno Sá Gomes teceu algumas críticas das quais destacaremos, as mais relevantes.

Na sua opinião, com a opção de não terem sido incluídos no conceito de rendimento-acréscimo, os rendimentos imputados à utilização dos prédios pelo seu próprio titular, invocando-se o princípio da igualdade horizontal, face à não tributação de outros rendimentos imputados ao usufruto de outros bens duradouros, veio a cair-se no maior erro de criar um novo imposto discriminatório (CA) incidindo apenas sobre o valor patrimonial dos prédios, deixando de fora a tributação do capital, muitos outros vultosos valores patrimoniais, com maior derrogação do invocado princípio da igualdade.

Em nossa opinião, seria muito difícil tributar nos Impostos sobre o Rendimento (IR), os rendimentos prediais imputados, devido sobretudo à

---
[9] Actualmente não existem quaisquer deduções à colecta da Contribuição Autárquica incidente sobre prédios arrendados, nem em IRS nem em IRC. O artigo 80.º-B do CIRS foi revogado pela Lei n.º 30-G/2000, de 29/12 (Reforma 2001) e o artigo 86.º do CIRC foi revogado pela Lei n.º 109-B/2001, de 27/12 (O.E. 2002).

sua difícil quantificação. Em relação aos rendimentos efectivamente recebidos ou colocados à disposição não se colocam problemas, no entanto em relação aos rendimentos imputados é bastante complicado quantificar correcta e objectivamente o rendimento efectivamente auferido, veja-se por exemplo o artigo 24.º do CIRS sobre os rendimentos em espécie, em especial as disposições relativas à valorização dos rendimentos de trabalho dependente derivados do uso de habitação e viatura automóvel disponibilizados pela entidade patronal[10].

Para o citado fiscalista, a criação da CA foi, por um lado, a consequência de uma discutível opção limitativa do conceito de rendimento-acréscimo, e por outro, um mero expediente financeiro, destinado a colmatar a perda das receitas fiscais municipais imputáveis aos impostos locais extintos ou ineficazes (contribuição predial, imposto de mais valias) em resultado da reforma da tributação do rendimento, sem quaisquer preocupações de justiça fiscal.[11]

Sobre esta matéria entendemos que embora seja discutível a opção de excluir os rendimentos prediais imputados do conceito de rendimento acréscimo, ou a criação da CA como um mero expediente financeiro para compensar as autarquias da receita cessante, a questão de que o legislador não teve quaisquer preocupações de justiça fiscal não é, a nosso ver, correcta.

Essa preocupação é revelada no n.º 7 do preâmbulo do Código da CA quando refere que *"o seu desejável êxito ficará dependente da existência de um sistema correcto e frequentemente actualizado de avaliações, sob pena de termos um tributação iníqua e geradora de distorções"*.

Como se sabe a não aprovação do Código das Avaliações, viciou insuperavelmente a Contribuição Autárquica, criando injustiças e iniquidades várias, como veremos adiante.

Uma outra objecção referida pelo Prof. Nuno Sá Gomes está relacionada com uma das contradições de objectivos económicos e sociais que decorrem da fiscalidade predial, segundo a qual, se o imposto tem em vista

---

[10] Esta dificuldade de quantificação levou o legislador a estabelecer nos n.ºs 5, 6 e 7 do artigo 24.º do CIRS regras objectivas de quantificação do valor de mercado das viaturas, que passam sobretudo pela aplicação de coeficientes de desvalorização acumulados, aprovados pela Portaria n.º 383/2003, de 14 de Maio, ao valor de aquisição.

[11] Ver *Considerações em torno da contribuição predial autárquica*, Nuno Sá Gomes, in CTF n.º 365, p. 21.

um acentuada equidade e aceitação, ele terá eficácia reduzida. Na sua opinião essa igualdade é impossível, porque a revisão dos valores patrimoniais será sempre muito lenta, da qual resulta que à medida que se progride na actualização, degride-se na igualdade. De outro modo, é inerente à tributação predial, uma certa desigualdade dinâmica, que se acentua no tempo entre a tributação dos prédios há mais tempo avaliados e os novos prédios avaliados.[12]

Efectivamente essa desigualdade dinâmica, inerente à tributação predial, foi especialmente sentida em relação à Contribuição Autárquica, porque se por um lado, não existia nenhum mecanismo de actualização periódica dos valores patrimoniais e nunca foi aprovado um Código de Avaliações com regras objectivas de determinação do valor patrimonial dos prédios, por outro lado, a actualização provisória dos valores matriciais determinada pelo Decreto-Lei n.º 442-C/88 (aprovou o CCA) apenas em relação aos prédios não arrendados, pouco ou nada contribuiu para reduzir a desigualdade de valores patrimoniais verificada nessa data.

Em relação à Contribuição Autárquica[13], o Prof. Nuno Sá Gomes entende ainda que esta viola não só os princípios da *capacidade contributiva* e *do benefício*, quer o princípio da *igualdade*[14].

A contribuição predial autárquica (CA) foi concebida para ser um imposto analítico, estático, de taxas moderadas, sobre o património predial, rústico ou urbano, arrendado e não arrendado, para ser pago pelo rendimento dos contribuintes (imposto de sobreposição), não amputando o capital[15].

No entendimento do Prof. Nuno Sá Gomes, há uma clara violação do princípio da capacidade contributiva, quer na imputação do valor total dos prédios aos titulares de meros direitos parcelares (usufrutuário, superficiá-

---

[12] Ver *Considerações em torno da contribuição predial autárquica*, Nuno Sá Gomes, in CTF n.º 365, p. 22.

[13] Estas objecções ainda mantém uma certa actualidade, uma vez que o IMI segue muito de perto as normas de incidência da extinta CA. Em termos de incidência pessoal a principal alteração operada no IMI verificou-se em relação ao direito de superfície, segundo a qual, o sujeito passivo do IMI é o superficiário e não o proprietário como se verificava anteriormente na CA.

[14] Ver *Considerações em torno da contribuição predial autárquica*, Nuno Sá Gomes, in CTF n.º 365, p. 23.

[15] Ver *Considerações em torno da contribuição predial autárquica*, Nuno Sá Gomes, in CTF n.º 365, p. 26.

rio), quer na imputação do pagamento a quem não tem e não pode ter qualquer rendimento efectivo ou imputado à utilização dos prédios (v.g. ao proprietário explorador, no caso do direito de habitação periódica), quer ainda nos casos de desconsideração do carácter precário dos direitos reais do contribuinte (v.g. nos casos do proprietário da raiz de prédio sobre o qual tenha sido constituído o direito do uso e habitação, artigos 1484.º e ss. Código Civil), imputando-lhe o valor da propriedade plena, livre e sem encargos (património bruto)[16].

Em suma, estas objecções estão relacionadas com o facto de a CA consagrar apenas como sujeitos passivos, o proprietário pleno, o usufrutuário e na propriedade resolúvel, o proprietário sob condição que tem o uso ou fruição do prédio, descurando fiscalmente outras figuras parcelares do direito de propriedade, como o direito de superfície, o direito de uso e habitação e o direito de habitação periódica. Por outro lado, a CA, não atende à possibilidade de o sujeito passivo poder obter ou não quaisquer rendimentos do prédio (imputados ou efectivos) e de em alguns casos, o sujeito passivo ser tributado com base em património de terceiros sobre o qual não tem quaisquer poderes, sem direito de regresso.

Sobre estas questões, concordamos em parte com as objecções do Prof., no entanto entendemos que não seria possível ir mais além, como tentaremos explicar de seguida.

A filosofia que presidiu à criação da CA assenta na tributação da detenção do património predial e não do rendimento, apelando ao princípio do benefício. Logo, deixou de se atender ao rendimento (imputado ou efectivo) do prédio para se definir o recorte da incidência do novo imposto.

Enquanto que em relação à contribuição predial, nas situações de propriedade imperfeita, se repartia os rendimentos de um prédio, entre os seus titulares na medida em que coubesse a cada um (regra 12.ª do artigo 144.º CCPIIA), uma vez que neste caso o imposto recaía sobre cada um dos titulares, consoante o seu direito (regra 1.ª do artigo 6.º CCPIIA), na contribuição autárquica o legislador optou por definir a incidência pessoal em torno da figura do proprietário pleno (n.º 1 do artigo 8.º CCA).

---

[16] Ver *Considerações em torno da contribuição predial autárquica*, Nuno Sá Gomes, in CTF n.º 365, p. 31 a 37.

Em relação ao usufrutuário[17] e ao proprietário sob condição com direito de uso, o legislador optou por considerá-los sujeitos passivos (n.° 2 e 3 do artigo 8.° CCA).

No caso do direito de uso e habitação regulado pelos artigos 1484.° a 1490.° do Código Civil, o Código da CA não nos diz quem é o sujeito passivo do imposto. À primeira vista será o proprietário.

Durante o curso, o Prof. Nuno Sá Gomes, mencionou esta como uma das questões controversas do IMI, dando a entender que, neste caso, optaria pela aplicação do regime fiscal do usufruto não obstante, este se referir apenas a impostos sobre o rendimento.[18]

À primeira vista poderíamos concordar este entendimento, não só porque decorre de uma interpretação actualista daqueles preceitos, dado que na altura da publicação do Código Civil os impostos sobre a propriedade imobiliária incidiam sobre o rendimento e não sobre a detenção do património, mas também por referência expressa ao n.° 1 do artigo 1489.°, que estabelece as obrigações inerentes ao uso e à habitação, segundo as quais *"se o usuário... ocupar todo o edifício, ficam a seu cargo... os impostos e encargos anuais, como se fosse o usufrutuário."*

Num sentido semelhante foi proferido o Acórdão de 13/03/96, da 2.ª Secção do S.T.A., Rec.° 19563, in Acórdãos Doutrinais do S.T.A., n.° 422, a p. 192. *"O artigo 8.°, do C.C.A., ao prever situações em que a contribuição autárquica é devida por pessoa diversa do proprietário, não inclui expressamente nessa previsão o titular do direito de habitação; mas, mesmo que aí não seja lícito o recurso à analogia, não podemos excluir liminarmente que a reconstituição do pensamento legislativo se deva fazer através de interpretação extensiva em que o titular do direito de habitação seja, para efeito de responsabilidade pela contribuição autárquica, assimilado ao usufrutuário (ou ao usuário no caso de propriedade resoluvél), que tal preceito responsabiliza por esse imposto."*

Em sentido contrário, o próprio Prof. Nuno Sá Gomes já entendeu que, atenta a absoluta intransmissibilidade destes direitos reais de gozo (uso e habitação), que não podem ser trespassados, locados ou onerados por qualquer modo (art. 1488.° C.C.) lhe parecia que o sujeito passivo da

---

[17] Em relação ao superficiário ver Nota 12.
[18] Sumários das Lições proferidas nos dias 29 e 30 de Novembro de 2004.

CA seria sempre o proprietário da raiz, não obstante não poder obter quaisquer rendimentos do prédio quer imputados, quer efectivos.[19]

No sentido deste entendimento anterior do Prof. Nuno Sá Gomes, foi proferido o Acórdão de 18/02/98, da 2.ª Secção do S.T.A., Rec.º 20738, que se transcreve o sumário: *"I – As normas tributárias materiais admitem interpretação extensiva, mas não admitem analogia. II – O usufrutuário é sujeito passivo de contribuição autárquica (art. 8.º, n.º 2, do CCA) porque, em certa medida, tendo em conta os seus poderes de disposição, já é um proprietário, embora temporário. III – Como o direito à habitação não confere ao seu titular o direito de disposição da casa de morada, mas apenas o direito de habitar, não se pode fazer uma interpretação extensiva do art. 6.º, n.º 2, do CCA. IV – O uso e fruição do prédio em propriedade resolúvel nada tem a ver com o direito à habitação, pois ali há uma forte expectativa de se vir a ser proprietário. V – As leis excepcionais à norma geral de incidência são de interpretação estrita, por conterem excepção à lei. A interpretação extensiva pressupõe um lapso do legislador."*

Salvo melhor opinião, parece-nos que não houve qualquer lapso do legislador ao não determinar expressamente que no caso do direito de uso e habitação o sujeito passivo da CA seria o titular do direito e não o proprietário. Logo não há interpretação extensiva do preceito e terá que se concluir que o legislador optou por considerar sujeito passivo da CA o proprietário da raiz.

Sintetizando o referido nos parágrafos anteriores, podemos afirmar que na definição do imposto optou-se por tributar a detenção do património na pessoa do proprietário ou na pessoa de outros titulares que disponham de direitos de conteúdo semelhante, como o usufrutuário e o usuário no caso de propriedade resolúvel, fundando este novo imposto quase exclusivamente no princípio do benefício, digo quase, porque terá sempre que se atender ao princípio da capacidade contributiva.

Concordo parcialmente com o Prof. Nuno Sá Gomes quando afirma que o regime da Contribuição Autárquica é particularmente injusto por ofender o princípio da capacidade contributiva, dado que podem verificar-se situações em que a tributação assume uma natureza expropriatória sem compensação.

---

[19] Ver *Considerações em torno da contribuição predial autárquica*, Nuno Sá Gomes, in CTF n.º 365, p. 31.

Vejamos por exemplo um contribuinte idoso, 66 anos, com uma pensão social mínima herdava uns imóveis rústicos e urbanos. Embora este contribuinte tivesse condições de beneficiar da isenção do artigo 45.º do Estatuto dos Benefícios Fiscais, por um qualquer motivo não tinha requerido esta isenção e desse modo nos anos seguintes ia começar a pagar CA. Ora partindo do pressuposto que os imóveis não davam qualquer rendimento, no caso de a contribuição ultrapassar o valor da pensão, o contribuinte teria que ir alienando o património para pagar a contribuição (natureza expropriatória sem compensação), ou no caso de não ultrapassar o valor, a contribuição amputaria o rendimento disponível do contribuinte, violando o princípio do mínimo de existência, destinado a garantir a dignidade humana.

Pelo conhecimento prático que temos desta matéria, podemos afirmar que esta situação verifica-se e verificou-se e o que acontece é: ou o valor a pagar é irrisório ou baixo e os contribuintes não pagam, a dívida segue para execução fiscal e dado o seu exíguo montante acaba eventualmente por prescrever; ou quem muitas das vezes acaba por suportar efectivamente o imposto são os familiares, que para evitarem o incómodo das notificações, citações e diligências junto dos contribuintes de direito, pagam eles próprios a contribuição.

Pode-se argumentar que o legislador já previu estas situações em que a contribuição autárquica viola o princípio da capacidade contributiva e para tal estabeleceu o já citado artigo 45.º do EBF precisamente para impedir a tributação nos casos em que esta viola o referido princípio.

No entanto, parece-nos que a melhor solução passaria pela transformação desta isenção de dependente de reconhecimento a automática, resolvendo-se definitivamente potenciais situações de violação do princípio da capacidade contributiva.

Nesta reforma, o legislador não foi alheio a estas situações descritas e atendendo ao facto de a actualização dos valores patrimoniais tributários poder limitar o alcance desta isenção do artigo 45.º EBF, alterou o limite do valor patrimonial tributário global de € 6.843 (Redacção do O.E. 2003) para 10 vezes o valor anual do salário mínimo nacional mais elevado (356,60 × 14 × 10 = € 49.429)[20], o que vem de certo modo corroborar o

---

[20] Indicamos o valor de € 6.843 meramente para efeitos comparativos, porque nos termos das disposições transitórias da Reforma, para o ano de 2003, aplica-se o limite de

entendimento acima expresso de que o legislador estabeleceu a isenção do artigo 45.º para impedir a tributação nos casos em que esta viola o princípio da capacidade contributiva.

Sintetizando o exposto, podemos concluir que a contribuição predial autárquica foi criada essencialmente por dois motivos: evitar um vazio na tributação dos rendimentos prediais imputados e assegurar o financiamento fiscal das autarquias locais. Passa-se a tributar a detenção de património imobiliário e não o rendimento deste, os sujeitos passivos são essencialmente os proprietários e baseia-se esta nova figura tributária sobretudo no princípio do benefício.

2.2.2. *Considerações várias sobre o regime da Contribuição Autárquica*

A Contribuição Autárquica, embora surgindo na linha da Contribuição Predial, é um imposto de natureza diferente, dado incidir sobre a detenção do património em si e não sobre o rendimento dos prédios.

Desse modo surgiram novas realidades prediais sujeitas a tributação, em virtude do conceito de prédio passar a abranger os prédios improdutivos, pois deixou de estar em causa o seu rendimento, apenas relevando o seu valor económico.

No conjunto desses prédios improdutivos, passaram a estar incluídos os terrenos para construção, que para efeitos de contribuição predial não eram considerados prédios por serem insusceptíveis de produzir rendimento (nem sequer tinham inscrição matricial), passando desse modo a ser considerados para efeitos de contribuição autárquica como prédios urbanos.

€ 49.429 acima mencionado, tendo os contribuintes a possibilidade de apresentar o requerimento a pedir a isenção durante os meses de Abril e Maio de 2004.

De acordo com as instruções divulgadas pelo Ofício Circulado n.º 40060, de 24/1/2003 da D.S.C.A. da DGCI, uma vez requerida e concedida a isenção do artigo 45.º e enquanto se mantiverem os pressupostos, os contribuintes estão dispensados de, nos anos posteriores, apresentarem qualquer novo pedido, em virtude de ambos os pressupostos da isenção serem de conhecimento oficioso e se encontrarem informatizados.

Outra inovação introduzida pela CA diz respeito aos critérios de distinção entre prédios rústicos e urbanos, segundo os quais passou a assumir maior relevo distintivo as características intrínsecas do prédio e a sua localização (dentro ou fora do aglomerado urbano) do que o tipo de rendimento produzido, uma vez que na contribuição predial relevava apenas a afectação ou o destino dos prédios.

Uma outra alteração significativa verificou-se na tributação dos prédios urbanos adstritos pelos seus proprietários ao exercício da sua actividade comercial ou industrial. O CCPIIA no § 1.° do artigo 3.° estabelecia a não sujeição a imposto dos referidos prédios. Entendia-se que o rendimento desse prédio não deveria ser tributado em contribuição predial por contribuir indirectamente para a formação do lucro sobre o qual incidia a contribuição industrial.[21]

Como já foi referido, o sucesso da implementação da Contribuição Autárquica ficou, no entanto, dependente da aprovação de um Código de Avaliações que estabelecesse um sistema correcto e frequentemente actualizado de avaliações, sob pena de termos uma tributação iníqua e geradora de distorções, como bem refere o preâmbulo do Código da CA e que posteriormente se veio a verificar.

Claro está, que a ponderação dos métodos de avaliação que fosse estabelecida nesse Código de Avaliações, não poderia ser desligada do problema dos níveis de taxas aplicáveis, tendo em conta que não foi intenção da Reforma Fiscal aumentar a carga fiscal incidente sobre a propriedade imobiliária.[22]

Aliás em 1992, o Governo incluiu na proposta de Orçamento de Estado para 1992, um pedido de autorização legislativa à Assembleia da República para aprovar o Código de Avaliações, que posteriormente deu origem à Lei n.° 2/92, de 9 de Março. De acordo com o disposto na alínea b) do artigo 50.° dessa Lei, ficava o Governo autorizado a aprovar o Código das Avaliações referentes à propriedade rústica e urbana por forma a conseguir-se uma maior equidade de tributação, um reforço das

---

[21] Ver *Módulo de Contribuição Autárquica*, elaborado por Maria Jesus Oliveira e Zélia Teixeira, Instituto de Formação Tributária da extinta Administração Geral Tributária (AGT), 2001, p. 8 e 9.

[22] Ver *Considerações em torno da contribuição predial autárquica*, Nuno Sá Gomes, in CTF n.° 365, p. 50.

garantias dos contribuintes e uma determinação mais rigorosa da matéria colectável, através da aplicação de critérios objectivos.

No entanto e a pedido do Presidente da República, o Tribunal Constitucional veio pelo seu acórdão n.º 358/92, de 11/11/1992, *in* D.R., I Série de 26/10/93, declarar a inconstitucionalidade com força obrigatória geral a referida norma constante da alínea b) do artigo 50.º, por violação do artigo 168.º, n.º 2 da Constituição.

Entendeu este Tribunal que a habilitação legislativa referente ao Código das Avaliações[23] incidia sobre critérios materiais da definição da incidência real da própria Contribuição Autárquica, e nessa medida, comportava elementos que reentram na esfera da reserva parlamentar decorrente da alínea i) do n.º 1 do artigo 168.º da Constituição. Desse modo, estando em causa elementos relevantíssimos do estatuto patrimonial dos particulares e inexistindo qualquer previsão na norma que indicasse a progressividade ou a imediata vigência do novo sistema, nem se vislumbrando indicação sobre o sentido desagravador ou de agravamento dessas avaliações, o Tribunal considerou insuficientemente preenchido o "programa normativo" da autorização em causa, por manifesta insuficiência de sentido, pelo que declarou a inconstitucionalidade com força obrigatória geral da norma constante da alínea b) do artigo 50.º, por violação do disposto no n.º 2 do artigo 168.º da Constituição.

Do referido chegamos à conclusão de que a intenção do legislador em relação à tributação estática ficou a meio caminho. Criou-se a Contribuição Autárquica, mas ao não se criar um sistema de avaliação predial moderno, objectivo, eficaz e transparente, contribuiu-se para a situação de intolerável inconstitucionalidade da tributação do património que se verificou durante anos.

Como refere o Prof. Casalta Nabais[24], esta situação ficou a dever-se fundamentalmente à ausência ou omissão de medidas legislativas, mas que não deixava, por esse facto, de ser menos intolerável.

Para o ilustre Prof. a tributação do património, antes da Reforma, concretizava um segmento do fenómeno, por ele designado de "apartheid fiscal", segundo o qual o nosso sistema fiscal dava guarida a dois tipos de

---

[23] O anteprojecto do Código das Avaliações foi divulgado na CTF n.º 384, Outubro/Dezembro de 1996.

[24] Ver *As Bases Constitucionais da Reforma da Tributação do Património*, Casalta Nabais, in Fisco n.º 111/112, p. 12 e 13.

contribuintes; uns que suportavam os impostos estabelecidos pela Assembleia da República nos termos constitucionais; e outros que, ou simplesmente não suportavam os impostos ou suportavam os impostos que, no limite, acabavam por ser os impostos que entendiam suportar.

2.2.3. *Relatório da Comissão para o Desenvolvimento da Reforma Fiscal*

A Comissão para o Desenvolvimento da Reforma Fiscal foi criada pela Resolução do Conselho de Ministros n.º 6/94 (2.ª Série), de 7 de Abril de 1994, com o objectivo fundamental de propor medidas para o aperfeiçoamento e desenvolvimento do sistema fiscal e para a melhoria do funcionamento da Administração.

A 30/4/1996 foi dado por findo o trabalho da Comissão, sendo apresentado o Relatório[25] que passaria a ser vulgarmente conhecido por Relatório Silva Lopes.

No capítulo 17 do referido relatório são abordados os impostos sobre o património, entre os quais a Contribuição Autárquica, caracterizando o respectivo *regime do imposto*, a temática da *determinação do valor tributável* e por fim apresentando *recomendações várias*.

A Comissão começa por referir que a tributação patrimonial selectiva, do tipo da introduzida pela Contribuição Autárquica, não tem justificação cabal num sistema fiscal baseado no princípio da capacidade contributiva. Como os bens imóveis constituem apenas um dos elementos constitutivos do património e nem sequer, nos dias de hoje, são necessariamente o mais importante, em especial para os titulares de rendimentos dos escalões mais elevados, não será pois de esperar desta tributação contributo significativo para a melhoria da qualidade do sistema fiscal no seu conjunto, no que respeita à igualdade vertical e à própria igualdade horizontal.

Adiante, a Comissão entende que a Contribuição Autárquica nem sempre se apresenta coerente com o princípio do benefício que alegadamente lhe subjaz. Não é indiscutível, na lógica do princípio do benefício, que devam ser os proprietários e os usufrutuários dos prédios os sujeitos

---

[25] Ver Cadernos de Ciência e Técnica Fiscal n.º 191, pg. 689 e ss..

passivos do imposto, como decorre da solução legal, podendo pôr-se o problema se, naquela lógica, o não deveriam ser antes os efectivos ocupantes dos prédios, mesmo que só a título de arrendatários. Como já referimos anteriormente, o Prof. Nuno Sá Gomes que sempre teceu fortes críticas sobre a Contribuição Autárquica também é de opinião que talvez fosse mais coerente tributar os utilizadores dos prédios e não os seus proprietários, através de uma taxa de habitação e equipamento à semelhança do que sucede em França.

Quanto às isenções, a Comissão entende que não se justifica a sua existência na CA, em termos gerais, à luz do princípio do benefício, traduzindo-se a isenção concedida aos prédios em função do rendimento bruto total do agregado familiar, prevista no já citado artigo 45.º do EBF, numa evidente concessão ao princípio da capacidade contributiva, como nós próprios também já referimos no final do ponto 2.2.1.

Em face dos problemas apresentados, a Comissão começa por afirmar que seria conveniente rever a Contribuição Autárquica, no entanto, e atendendo ao facto de aqueles problemas só poderem ser resolvidos no âmbito de um enquadramento mais geral da reforma das finanças locais, a Comissão limitou-se a recomendar que a importância relativa da CA, no âmbito das receitas globais, não aumentasse.

Ao abordar a temática da determinação do valor tributável, a Comissão começa por referir que a legislação portuguesa adoptou formalmente, desde 1989, o sistema de tributação do valor do capital (valor patrimonial) em substituição do sistema de determinação do valor tributável exclusivamente com base no rendimento, que sob a forma de rendimento anual aparentemente efectivo[26] e rendimento normal em regime de liberdade contratual determinada por avaliação directa, era utilizado como base de tributação dos prédios urbanos arrendados e dos prédios urbanos não arrendados, respectivamente.

Para a Comissão, a adopção de um sistema de avaliação assente no valor do capital é justificável, porque não tendo o mercado de arrendamento imobiliário expressão significativa entre nós, faltava em muitos casos um valor que, por comparação, assegurasse um base fiável para o sistema de avaliação. Como já referimos anteriormente, a quase inexistên-

---

[26] O aparentemente efectivo é nosso, porque como pudemos ver no ponto 2.1, na avaliação dos prédios urbanos arrendados atendia-se aos encargos normais do prédio e não à despesa efectivamente suportada pelo proprietário.

cia de valores-padrão aliada a uma exagerada margem de apreciação subjectiva das comissões de avaliação, provocava uma falta de homogeneidade, pelo que era frequentemente referido que prédios semelhantes e em zonas de mercado idênticas eram avaliados por valores muito diferentes, resultando daí evidente prejuízo para a equidade fiscal.

Um sistema de avaliação assente no valor do capital, permite também tributar a posse dos terrenos para construção, o que não seria possível num sistema baseado no rendimento, pois estes imóveis, dado o seu destino, não são, em regra, susceptíveis de produzir rendimento.

Contudo, com a falta de um Código das Avaliações, a base de determinação do valor tributável manteve-se inalterável, verificando-se desse modo aspectos negativos para eficácia e equidade fiscais.

Os terrenos para construção que passaram a ser fiscalmente considerados prédios a partir de 1989, tinham por força da disposição transitória estabelecida no n.º 2 do artigo 8.º do D.L. n.º 442-C/88, o seu valor tributável determinado por aplicação da regras contidas no CIMSISD. Ora dessa remissão resultava que, também para efeitos da Contribuição Autárquica, a base tributável se apurava de acordo com o valor venal de cada metro quadrado de terreno, o que determinava, com frequência, a atribuição de valores patrimoniais superiores aos que eram atribuídos ao edifício nele implementado, em virtude de o padrão de referência para a determinação do valor patrimonial dos edifícios, não ser o valor venal, mas assentar no valor das rendas, sendo estas relativamente baixas em algumas zonas do País.

Outra incoerência do regime de avaliação transitório da Contribuição Autárquica residia no facto de não se prever quaisquer regras para os prédios da espécie "Outros".

Para a Comissão era fundamental a publicação do Código das Avaliações de modo a conseguir uma completa coerência do sistema de avaliação. Este Código deveria introduzir uma maior eficácia e equidade no sistema fiscal, através da formulação de critérios objectivos e públicos de avaliação, diminuindo por outro lado os custos de funcionamento das comissões permanentes de avaliação.

Sobre os critérios constantes do projecto de Código de Avaliações para o cálculo do valor patrimonial do prédios urbanos, designadamente as características intrínsecas dos edifícios, o preço de construção, a sua localização, a envolvente urbanística e o tipo de ocupação, a Comissão não suscitou quaisquer reparos.

No entanto entendeu que deviam ser ponderados vários critérios de determinação do valor tributável, dos quais se destacam o critério do preço de venda, do custo de construção e do rendimento capitalizado. Nesse sentido, o Código deveria definir com precisão, os pressupostos de aplicação de cada um dos referidos critérios e a sua ponderação nas diferentes situações.

Por outro lado a avaliação estava e ainda está condicionada pelo enquadramento jurídico e económico da propriedade imobiliária, destacando-se aqui a subsistência do regime de limitação legal das rendas, que reduz substancialmente o valor de mercado dos prédios abrangidos por aquele regime.

Sobre a actualização dos valores patrimoniais e a reavaliação dos prédios, a Comissão entendeu que era admissível que a entrada em vigor do Código das Avaliações não implicasse, obrigatoriamente, uma avaliação geral da propriedade imobiliária, sobretudo devido a razões técnicas, dado ser impraticável proceder em simultâneo à reavaliação de todos os prédios existentes no País.

Em alternativa, recomendou que os novos critérios deviam aplicar-se de imediato aos prédios novos, aplicando-se gradualmente aos prédios já avaliados através de uma reavaliação geral por municípios, de acordo com a informatização das matrizes.

Sem prejuízo do disposto no parágrafo anterior, a Comissão recomendou ainda que se procedesse à actualização dos valores patrimoniais dos prédios, para efeitos de tributação em sede de Contribuição Autárquica, Imposto Municipal de Sisa (IMS) e Imposto sobre Sucessões e Doações (ISD), em função da inflação, à semelhança do que ocorre com a correcção monetária do valor de aquisição de bens alienados, para efeito de cálculo de mais-valias ou menos-valias.

Quando os prédios fossem transmitidos, o seu valor deveria ser também actualizado pelo valor considerado para efeitos de IMS.

Atendendo ao já mencionado condicionalismo provocado pela existência do regime de limitação legal das rendas, os valores patrimoniais dos prédios arrendados deveriam ser fixados de acordo com a capitalização do seu rendimento anual.

A Comissão recomendou ainda que a subida dos valores patrimoniais resultante das actualizações e reavaliações não provocasse aumento da receita fiscal, pelo que deveria compensar-se aquela subida com a redução de benefícios fiscais e com a redução de taxas.

Por fim foi recomendado, que da aplicação dos novos valores patrimoniais, não resultassem aumentos excessivamente gravosos na tributação, pelo que deveriam ser criados mecanismos que permitissem implementar com gradualismo o novo quadro fiscal.

Poderá parecer exagerado da nossa parte termos referido exaustivamente a maior parte das recomendações da Comissão para o Desenvolvimento para a Reforma Fiscal em relação à CA, no entanto, se analisarmos atentamente cada uma delas, verificamos que quase a totalidade destas recomendações foram seguidas e concretizadas pela recente Reforma da Tributação do Património levada a cabo pela Ministra das Finanças Dr.ª Manuela Ferreira Leite e pelo Secretário de Estado dos Assuntos Fiscais Dr. Vasco Valdez Matias.

Neste sentido é bastante útil, em nossa opinião, conhecermos este e alguns outros trabalhos preparatórios que foram sendo elaborados ao longo dos anos, a fim de melhor compreendermos a razão de ser das opções legislativas recentemente tomadas pela Reforma.

2.2.4. *Necessidade de mudança*

Na Lei de Orçamento de Estado para 1996, o Governo tendo em conta o seu programa, as recomendações formuladas pela Comissão para o Desenvolvimento da Reforma Fiscal e os debates decorrentes da concertação estratégica, comprometeu-se a apresentar à Assembleia da República um relatório sobre a reestruturação dos impostos sobre o património, entre os quais a Contribuição Autárquica.

Esta reestruturação deveria ser acompanhada da introdução de um Código de Avaliações e, simultaneamente, de uma redução substancial das taxas, no respeito do princípio da estabilidade das receitas das autarquias locais[27].

Da análise desse relatório[28] e referindo apenas a parte respeitante à contribuição autárquica que aqui nos interessa, destaca-se o problema do

---

[27] Ver n.º 1 do artigo 31.º da Lei n.º 10-B/96, de 23 de Março (Orçamento de Estado para 1996).

[28] Ver *Relatório apresentado pelo Governo à Assembleia da República, Dezembro de 1996*, in CTF n.º 384, p. 59 a 79.

desajustamento dos valores patrimoniais constante das matrizes em relação ao valor real dos imóveis.

Para solucionar este problema foram apresentadas várias soluções. A primeira passava pela reformulação do modelo existente com a aprovação de um Código de Avaliações.

Essa primeira solução no entanto apresentava duas alternativas possíveis: *i)* uma reavaliação de toda a propriedade imobiliária (inexequível dado ser necessário avaliar mais de 17 milhões de prédios); *ii)* a avaliação da propriedade imobiliária nova e a actualização, por recurso a coeficientes de correcção monetária, da propriedade antiga.

Esta segunda alternativa permitiria reduzir rapidamente, ainda que de um modo imperfeito, a diferença entre o valor dos prédios novos/ /prédios antigos, diminuindo desse modo a iniquidade na tributação da CA.

Por outro lado teriam que ser reduzidas significativamente as taxas a fim de se esbater as actualizações dos valores patrimoniais sem aumentar significativamente a carga fiscal.

Como vemos a solução legislativa adoptada na recente Reforma da Tributação do Património seguiu de perto a ideia subjacente nesta segunda alternativa, no entanto, na altura o Governo indicou esta alternativa como inconveniente, devido ao facto de que a valorização dos prédios (por actualização) utilizava critérios associados ao rendimento produzido, quando à luz do Código da CA, se pretendia dissociar esse mesmo elemento valorativo.

Uma segunda solução passaria pela introdução de um imposto único sobre a riqueza, invocando-se os argumentos de um dos seus defensores, o Dr. Medina Carreira.

No entanto, o problema da valorização dos imóveis continuava a ser um factor-chave e a subsistir, uma vez que para este imposto também seria necessário determinar o valor real dos imóveis.

Uma terceira solução sugere a reformulação da Contribuição Autárquica no sentido de se eliminar o elevado número de contribuintes em situação de isenção técnica através de um imposto composto de duas partes, uma fixa (colecta mínima) e outra variável, no qual a definição da base tributável passaria pelo "*valor de base territorial*", que iremos analisar mais pormenorizadamente no ponto 2.2.4.1.

Na quarta e última solução, apelava-se à adopção de uma nova forma de tributação em Contribuição Autárquica, baseada essencialmente no fundamento teórico do **estatuto do proprietário** e da **função social** assegurada pelo Estado, na qual a definição da base tributável nos remeteria mais uma vez para o já referido *"valor de base territorial"*.

Por fim, o relatório destacou a grave injustiça existente na tributação do património, em especial na CA, fruto da desactualização dos valores patrimoniais e indicou o *"valor de base territorial"* como uma das possíveis soluções adequadas à determinação do valor tributável, apresentando também objecções ao mesmo, designadamente a necessidade de algumas clarificações conceptuais.

De seguida iremos analisar um outro relatório, este de carácter essencialmente técnico, que foi igualmente apresentado à Assembleia da República em Dezembro de 1996.

2.2.4.1. Relatório GAPTEC

A pedido do Ministério das Finanças, o Gabinete de Apoio da Universidade Técnica de Lisboa (GAPTEC) elaborou, em conjunto com a Secretaria de Estados dos Assuntos Fiscais um estudo sobre "Contribuição Autárquica. Impostos de Sisa, Sucessões e Doações e Mais-Valias", liderado e coordenado pelo Prof. Sidónio Pardal, publicado *in* Ciência e Técnica Fiscal n.º 384, Out/Dez de 1996, p. 81-186.

Em face da situação da CA à data, foram apontadas várias medidas a tomar: i) a necessidade de delinear um processo que acabe com a flagrante desigualdade da tributação em CA; ii) a criação de um Código das Avaliações e a avaliação em tempo útil de cerca de 17 milhões de prédios; iii) assegurar a capacidade operativa dos serviços tributários para executar correctamente as orientações políticas; e iv) esclarecer a opinião pública sobre o novo processo de avaliação.

Da observação e análise dos dados estatísticos relativos à CA, foi possível extrair um conjunto de conclusões, importantes em nosso entender, mas de pouco interesse para este trabalho.

A análise desses elementos estatísticos levou os autores do estudo a uma conclusão importante, segundo a qual, *"... a discrepância entre os conjuntos de contribuintes que pagam a colecta da CA em prestação única ou em duas prestações não se deve a diferenças entre valores reais dos respectivos prédios, mas tão somente à circunstância de os primeiros serem possuidores de prédios com registos matriciais antigos, com valo-*

res francamente desactualizados (e difíceis de actualizar por razões de ordem política e administrativa) e os segundos serem proprietários de prédios adquiridos mais recentemente, na maior parte dos casos através de processos de aquisição que implicam a declaração do valor real da transação...".

Adiantam ainda os autores que "*... a normalização do sistema declarativo dos valores de aquisição dos imóveis é um processo tão complexo que nos parece recomendável que a CA se autonomize do critério do valor de mercado ou do valor real para adoptar o conceito de "valor de base territorial", o qual permitirá pôr em prática um modelo claramente objectivo.*"[29].

Em nossa opinião não podemos concordar minimamente com esta afirmação, pois ela mais não é do que uma fuga para a frente. Por outras palavras, como não se consegue encontrar uma solução para um problema difícil (a avaliação dos imóveis pelo seu valor real), simplifica-se o problema para se encontrar uma solução fácil, como veremos adiante.

A aplicação do conceito de valor de base territorial, ao contornar o sistema de avaliação subjectivo, daria suporte, a partir de valores fixados na lei, a um processo de determinação do valor tributável de forma hipoteticamente mais justa, aplicável a todos os contribuintes em simultâneo.

A CA seria composta pelo somatório (**CA = a + b**) de dois factores, um factor fixo (**a**) e um factor variável (**b**).

O **factor a** incidiria sobre o estatuto do proprietário[30] (propriedade privada ou propriedade pública ocupada por particulares para fins lucrativos), e teria também por finalidade custear a actualização e a conservação das matrizes. Seria fixo para cada tipo de prédio e variando conforme se tratasse de prédios rústicos ou urbanos, e dentro destes dependendo da classe do perímetro especial de afectação. Caberia aos municípios demarcar, periodicamente, estes perímetros especiais de afectação conforme tabela exemplificativa anexa:

---

[29] Ver CTF n.º 384, p. 91 (sublinhado nosso).

[30] De acordo com o estudo, o **estatuto do proprietário** deriva de uma **função social** assegurada pelo Estado, nomeadamente a identificação, a prova e o respeito pela propriedade, dentro de um ordenamento territorial e de um enquadramento jurídico e administrativo. Este factor constituiria uma **colecta mínima** devida pelo proprietário.

			Sem construção	Com construção
Localização do prédio	Meio rústico		€ 10,00	€ 20,00
	Meio Urbano	Normal	€ 30,00	€ 40,00
		Perímetro A	€ 32,50	€ 50,00
		Perímetro B	€ 35,00	€ 60,00
		Perímetro C	€ 40,00	€ 70,00

O **factor b** incidiria sobre o valor de base territorial do prédio e atenderia às características da sua estrutura física associadas ao tipo de utilização. Este factor corresponderia a um valor resultante da aplicação de uma taxa ao valor de base territorial calculado em função da área do prédio, da respectiva utilização licenciada e localização, assegurando o caracter progressivo do imposto.

A lei estabeleceria os valores de base territorial para cada classe de prédio, permitindo, em função das áreas e dos usos do mesmo que estão nas matrizes, determinar o seu valor e a este aplicar as taxas para calcular o factor b do imposto.

Apresentamos uma tabela exemplificativa com valores de base territorial para o cálculo do factor b.

Tabela relativa aos valores de base territorial, em euros/m^2, para os terrenos com construções e espaços livres complementares

		Em meio rústico	Em meio urbano			
			Normal	Perímetro especial afectação		
				A	B	C
Habitação:						
• Em propriedade vertical	Terreno livre afecto à habitação	3,75	5	7,5	10	12,5
	Superfície coberta	62,5	65	75	100	125
• Em propriedade horizontal		50	60	70	80	100
Serviços:						
• Pequeno comércio, escritórios, ateliers, consultórios e afins		93,50	125	150	175	200
• Grandes superfícies comerciais	Área comercial	112,50	150	-	-	-
	Espaços exteriores e estacionamento	3,75	5	-	-	-
• Equipamentos	Sociais	-	-	-	-	-
	Particulares	6,25	7,5	10	12,5	15
Industriais e agro-industriais:						
• Superfície coberta		18,70	20	25	30	35
• Espaços livres e estacionamento		6,25	7,5	10	12,5	15
Turismo:						
• Superfície coberta		12,5	15	20	22,5	25
• Espaços livres associados a construções hoteleiras e similares e condomínios		3,10	4	5	7,5	10

A vantagem deste modelo estaria na objectividade dos critérios para o cálculo da colecta. O contribuinte encontraria no texto da lei, explicitado de forma clara, o processo de cálculo que determina, de forma directa e clara, o montante a pagar referido a cada prédio.

O valor de base territorial seria assim o valor patrimonial calculado de forma presumida em função da localização, utilização e área dos prédios, com referência a um padrão médio e em termos potenciais, abstraindo-se de quaisquer outros elementos.

Continuaria a caber aos Municípios a fixação da taxa a aplicar aos valores tributáveis, no entanto, os montantes mínimos anuais para a fixação das tabelas dos factores **a** e **b** caberia à Assembleia da República.

Retirava-se desse modo a subjectividade individual do processo de avaliação para a reconduzir a uma subjectividade legal, mas geral, do Órgão de Soberania por excelência: a Assembleia da República e do poder daí dimanado, no âmbito das Assembleias Municipais.[31]

Apesar de considerarmos bastante útil a análise dos dados estatísticos relativos à CA fornecidos por este estudo, de um modo geral discordamos do novo imposto proposto e sobretudo da nova forma de determinação do valor tributável, mais precisamente do "valor de base territorial".

As principais razões que nos levam a discordar do modelo proposto e que apresentaremos adiante de um modo sucinto, foram sabiamente invocadas pelo Prof. Nuno Sá Gomes num dos seus artigos sobre esta matéria.[32]

O valor de base territorial ao atender apenas à área e à localização do prédios, sendo por isso independente do valor do capital predial e do respectivo valor locativo, poderia suscitar dúvidas sobre a sua constitucionalidade, porque não atenderia ao princípio da capacidade contributiva, revelando-se fortemente regressivo, em violação do princípio da igualdade de sacrifícios, aligeirando a tributação dos prédios mais ricos e mais modernos e agravando a tributação dos mais pobres e dos mais antigos que, em regra, são maiores e situados nos centros históricos urbanos.

Por outro lado, seria duvidoso que o método de avaliação proposto se traduzisse numa verdadeira avaliação, pois parecia tratar-se apenas de uma

---

[31] Ver *Relatório apresentado pelo Governo à Assembleia da República, Dezembro de 1996*, in CTF n.º 384, p. 75.

[32] Ver *Alguns aspectos jurídicos e económicos controversos da sobretributação imobiliária, no sistema fiscal português*, Nuno Sá Gomes, in CTF n.º 386, p. 89.

imputação artificial e automática de valores prediais de acordo com a área e a localização dos prédios, parecendo que, no fundo, se pretendia apenas evitar a avaliação dos 17 milhões de prédios rústicos e urbanos e obrigar todos os pequenos proprietários rústicos e urbanos a pagar imposto predial autárquico (colecta mínima).

Ainda sobre este estudo do GAPTEC e a pedido dos Senhores Secretário de Estado dos Assuntos Fiscais e Director-Geral dos Impostos, o Prof. Nuno Sá Gomes, na altura Investigador-Jurista do Centro de Estudo Fiscais, foi chamado a pronunciar-se sobre o mesmo, tendo para o efeito elaborado um breve, mas incisivo relatório[33] do qual citaremos apenas algumas partes.

Em relação ao facto do novo imposto sobre a propriedade imobiliária se justificar, enquanto tributação independente do valor ou do rendimento dos imóveis, porque o proprietário tem um estatuto singular que lhe é garantido, em última instância, por uma ordem social assegurada pelo Estado, o ilustre Prof. considera isto errado e falacioso, porque no mundo moderno a propriedade é garantida pelo Estado quer se trate de bens imóveis, quer móveis, quer semoventes, e, quanto a bens registáveis, quer se trate de bens mobiliários (acções), quer semoventes (embarcações, automóveis). Nos Estados modernos contemporâneos são os bens mobiliários que representam a maior parte da riqueza nacional e não os imobiliários como se verificava noutras épocas. Por outro lado não se compreende porque é que a propriedade imobiliária que, em grande medida, assegura necessidades básicas (v.g. direito à habitação), das pessoas há-de ser tributado com este fundamento quando é certo que os bens móveis e semoventes são, frequentemente, de maior valor e asseguram necessidades supérfluas ou de luxo.

Quanto aos efeitos microeconómicos do novo imposto, verificar-se--ia uma redistribuição perversa da carga fiscal predial à custa dos pequenos contribuintes cujas isenções, em grande medida, desaparecem e que assegurarão grande parte da receita fiscal predial através das quotas fixas e variáveis, independentemente do montante da sua riqueza. A redistribuição da carga fiscal, será ainda feita à custa dos donos dos prédios antigos

---

[33] Ver *Imposto sobre a propriedade imobiliária: breve apreciação dos relatórios de progresso do G.T. liderado pela Universidade Técnica de Lisboa sobre a reformulação da fiscalidade que incide sobre os direitos reais imobiliários*, Nuno Sá Gomes, in CTF n.º 386, p. 113 a 123.

com áreas maiores e melhor localizados, frequentemente arrendados e a favor dos prédios a construir de novo em zonas novas. A redistribuição seria feita também à custa dos prédios urbanos novos e usados, do interior do País, isto é, das pequenas cidades, vilas e aldeias cujos prédios têm áreas maiores, a favor dos prédios das grandes cidades com áreas bastante menores. Por fim e escandalosamente, não se tomariam em consideração as vicissitudes luxuosas, das construções antigas (palácios, solares) e modernas (condomínio fechados de luxo).

Parece que um dos verdadeiros fundamentos ocultos do novo imposto seria evitar as dificuldades da avaliação predial imobiliária.

Em jeito de conclusão, o Prof. Nuno Sá Gomes termina dizendo que o novo imposto ao não atender ao valor patrimonial e ao rendimento respectivos, seria um imposto original, único e sem paralelo em todo o mundo[34], sendo inconstitucional por não atender à capacidade contributiva dos contribuintes, sendo ainda fortemente regressivo, incontrolável, tecnicamente errado, contraditório e de difícil, se não impossível, implementação.

Sobre esta conclusão demolidora ousamos apenas dizer que, em nossa opinião, o novo imposto tinha apenas dois objectivos fundamentais: redistribuir a carga fiscal deste imposto autárquico, ainda que erradamente à custa de uma colecta mínima sobre todos os proprietários, aumentando dessa forma ligeiramente a receita fiscal das autarquias; e ao mesmo tempo que evitar o complexo problema das avaliações.

O Prof. Dr. Manuel Porto, pronunciou-se também sobre este estudo, chamando à atenção para diversas questões bastante pertinentes[35].

Em primeiro lugar admite que se possa considerar com negativa a dependência de juízos de pessoas no apuramento de valores patrimoniais, por mais sofisticadas que sejam as fórmulas legais que estejam na sua base.

Da experiência do Prof., de ensaios feitos quando trabalhou na Comissão da Reforma Fiscal (1989), de que fórmulas muito detalhadas, embora dando à primeira vista maior segurança ao cidadãos, constituem "espartilhos" que impedem o apuramento de valores correctos de mercado,

---

[34] Apenas a Holanda fez uma experiência próxima deste modelo que entretanto abandonou.

[35] Ver *A tributação predial: experiência e perspectivas*, Manuel Carlos Lopes Porto, in CTF n.º 393, p. 26 e ss..

sendo por isso paradoxalmente maiores as injustiças e as distorções criadas. A título de exemplo refere que os valores dos prédios urbanos podem diferir de rua para rua ou na mesma rua, em termos que uma fórmula legal nunca poderá prever.[36]

Na sua opinião, uma avaliação correcta não pode de facto dispensar o elemento humano, em comissões mistas que procurem conhecer as realidades e tomando decisões susceptíveis de contestação e revisão, até que se chegue às soluções mais correctas. Não se trata de criar e soltar "poderes discriminatórios e mesmo arbitrários" (GAPTEC); pelo contrário, o que levará a situações injustificáveis será a solução "atraente" de se intervir "através de critérios definidos na lei e só por eles", sem a "preocupação" de se conhecer a realidade de cada caso. Citando a formulação expressiva de Rui Pereira de Melo, refere ainda o Prof., *"pela leitura deste relatório (GAPTEC)[37] fica-se com a impressão de que Portugal já não é um país de gavetos, travessas e becos. Que as cidades já não estão cheias de remédios e remendos, cosidos em esquinas, cantos e nichos. Que não há drogarias e mercearias por entre escritórios modernos e sofisticados ou vivendas ao lado de prédios e terrenos rapados"* (Receitas a todo o custo, em Semanário, de 1.2.1997). Ora, diz ainda o Prof., é esta a realidade, complexa, que importa conhecer.

As avaliações prediais são necessárias também para outros propósitos, fiscais e não fiscais. Só a consideração do valor económico dos bens tem sentido num imposto desta natureza, como não pode deixar de ser, baseado no princípio da capacidade contributiva.

Refere ainda o Prof. Manuel Lopes Porto, que continuando a ser necessário, para vários efeitos, conhecer os valores de mercado dos prédios, julgou que não tinham sido ainda esgotadas todas as possibilidades de melhoria do sistema de avaliação, ou nos termos tradicionais, ou com formas inovadoras. Considerou ainda exagerado o relevo negativo atribuído à "quase inexistência" de um mercado de arrendamento. Devendo ser esse um elemento determinante do valor do prédio, entende ele que

---

[36] Actualmente, e como veremos adiante, apesar da nova fórmula de determinação do valor patrimonial tributário não contemplar expressamente a diferença do valor dos prédios de rua para rua, é já tecnicamente possível na fixação dos coeficientes de localização (zonamento) criar áreas de excepção dentro de uma determinada zona, de forma a contemplar estas diferenças de valor de rua para rua.

[37] Sublinhado nosso.

todos temos a ideia do valor das rendas em cada bairro de Lisboa ou em qualquer outra terra do país. Por outro lado, não é verdade que todas as vendas sejam feitas sob pressão, com desvirtuamentos dos preços (GAPTEC), estando sempre vendas "normais" em curso. E havendo imperfeições do mercado que levem a valores inesperados, são precisamente estes que, sendo os valores *reais*, só eles constituindo de facto a base (económica, de mercado) a considerar na tributação predial. Mais uma vez, a "fuga" à dificuldade é a "fuga" a que na medida possível se encontre a única solução correcta.

Uma grande atracção da proposta feita estava no aumento da receita proporcionada, com um alargamento muito significativo da base tributável. No entanto e na opinião do Prof. a tributação predial deve ser leve, não podendo, em caso algum, atingir os valores que atingia na altura (Setembro de 1997) em relação aos prédios avaliados de novo.

Caso se tributem os prédios arrendados pelo valor de base territorial, não tendo em conta a renda recebida, podem verificar-se situações economicamente inconvenientes e injustas, como sejam a de se penalizar duplamente as aplicações de aforro em prédios de rendimento, relativamente a outras aplicações.

Em face de todas as referidas críticas, chegamos pois à conclusão de que, em nosso entender, uma das motivações da proposta do GAPTEC seria evitar a todo o custo a problemática das avaliações prediais, tentando indirectamente e em sede errada[38], resolver a questão do insuficiente financiamento das autarquias locais.

2.2.4.2. *Nota sobre a última versão do anteprojecto de Código das Avaliações de 1991*

Juntamente com a publicação do relatório da GAPTEC que referimos, foi publicado no mesmo número da Ciência e Técnica Fiscal (n.° 384

---

[38] Em nossa opinião, a questão do financiamento das autarquias locais tem que ser analisada de um modo mais abrangente, quer no âmbito da Lei das Finanças Locais, quer no âmbito da redistribuição de competências entre a Administração Central e Local (tendo actualmente por referência as novas pessoas colectivas de direito público: as Grandes Áreas Metropolitanas (GAM), as Comunidades Urbanas (ComUrb), as Comunidades Intermunicipais de fins gerais e as Associações de Municípios de fins específicos).

de Out/Dez) o último anteprojecto do Código de Avaliações elaborado em 1991.[39]

Na pequena nota introdutória ao anteprojecto foram apresentadas algumas observações bastante pertinentes sobre a orientação a seguir na definição do futuro sistema de avaliações, que apresentaremos de seguida.

Na sequência da publicação do Decreto-Lei n.º 172/95, de 18 de Julho, que aprovou o Regulamento do Cadastro Predial e das propostas constantes do relatório da Comissão para o Desenvolvimento da Reforma Fiscal (CDRF), seria necessário proceder a uma reformulação relativamente profunda do anteprojecto do Código.

Em primeiro lugar mostraram-se pertinentes as propostas do relatório da CDRF relativamente aos prédios urbanos, quanto ao recurso a mais de que um método de avaliação de acordo com as características específicas dos prédios.

No caso dos prédios urbanos arrendados, o valor patrimonial deveria depender fundamentalmente do rendimento dos mesmos (método do rendimento), sendo esta solução importante quando tenha que se avaliar prédios com rendas degradadas.

Para o tipo de prédios que por norma não entram no mercado de transacção ou do arrendamento (igrejas, cemitérios, estádios de futebol, etc.), deveria ser previsto o método do custo.

Para os prédios urbanos em geral, o método inicialmente previsto no anteprojecto, não era um verdadeiro método de avaliação por comparação de valores de mercado, mas correspondia antes a uma aproximação ao mesmo. Nos países em que a avaliação segue as regras do método dos valores de mercado, o valor tributável não corresponde a este, representando sim um percentagem do mesmo, existindo ainda casos em que esta percentagem varia com o tipo de prédio.

Estas observações são bastante importantes, porque como iremos ver adiante, a Reforma da Tributação do Património adoptou na plenitude estas recomendações.

Veja-se o caso do regime transitório da determinação do valor patrimonial tributário dos prédios arrendados, estabelecido no artigo 17.º do Decreto-Lei n.º 287/2003, de 12 de Novembro, que se consubstancia na prevalência da aplicação do método do rendimento quando o valor daí

---

[39] Ver *Anteprojecto de Código das Avaliações – 1991*, in CTF n.º 384, p. 186 a 235.

resultante seja inferior ao valor determinado pelas regras gerais (método comparativo ou de mercado).

A aplicação do método do custo para os prédios urbanos classificados como outros, nos casos que não seja possível aplicar o método geral, está prevista no artigo 46.º do Código do IMI.

Por último, e como iremos ver aquando dos procedimentos técnicos do zonamento, na avaliação pelo método dos valores de mercado, o valor tributável apurado é ou deve ser uma percentagem do valor de mercado, pelo facto de os coeficientes de localização deverem corresponder em média e por zona homogénea a cerca de 85% do valor de mercado do imóvel.

2.2.4.3. *Artigo da Associação Portuguesa de Avaliações de Engenharia – Reflexões sobre um novo Código de Avaliações*

A Associação Portuguesa das Avaliações de Engenharia elaborou também um interessante artigo[40] sobre um futuro novo Código das Avaliações, sobre o qual nos iremos debruçar de seguida.

Segundo o documento, o anterior sistema de avaliação fiscal dos prédios urbanos estava desadequado da realidade imobiliária, devido à dificuldade das comissões de avaliação na imputação dos valores locativos por inexistência de padrões, causada pelo quase desaparecimento, nas últimas décadas, do mercado de arrendamento para habitação, como já referimos anteriormente.

A avaliação fiscal dos prédios tem por finalidade a determinação da matéria tributável, no entanto ela não se pode dissociar de duas questões importantes: a tributação e a actualização das matrizes. Embora a avaliação seja um acto eminentemente técnico, as outras duas questões são essencialmente de carácter administrativo e político.

Nesse sentido, o Código das Avaliações deveria conter regras de avaliação objectivas e adequadas às características específicas do sector imobiliário e do país, prevendo ainda um avaliação geral da propriedade urbana e, enquanto esta não for possível, a correcção extraordinária dos valores matriciais com base em factores que tenham em consideração,

---

[40] Ver *Associação Portuguesa de Avaliações de Engenharia – Reflexões sobre um novo Código das Avaliações*, in CTF n.º 384, p. 236 a 246.

nomeadamente a data de inscrição na matriz, o seu tipo, localização e, ainda, o caso específico dos prédios arrendados, devendo ser considerados mecanismos de actualizações periódicas, a fim de evitar a desactualização dos valores patrimoniais.

Os métodos mais correntes de avaliação dos prédios são: método comparativo (valores de mercado); método do rendimento e o método do custo. A adopção de um destes métodos dependeria não só da base de tributação adoptada mas também da informação disponível. Nos países com predomínio do mercado imobiliário de arrendamento, o método a adoptar deveria ser o do rendimento. Pelo contrário, quando predomine o mercado das transacções imobiliárias, a base e o método deverá ser o do valor (método comparativo).

Quando não haja predominância de qualquer um daqueles tipos de mercado, deverá dar-se preferência ao método do valor de mercado, porque além de permitir a tributação dos terrenos para construção, que como norma não produzem qualquer rendimento, os valores determinados podem ser utilizados para o cálculo de outros impostos.

Quando a base de tributação é o capital, sendo por isso adoptado o método comparativo ou dos valores de mercado, o valor tributável é normalmente uma percentagem desse valor. Como já referimos, o manual de procedimentos técnicos do zonamento aponta para uma percentagem de 85% do valor de mercado (ou do valor de construção quando aquele não exista), a observar pelos peritos locais aquando da elaboração da proposta de coeficientes de localização para uma determinada zona homogénea.

Em relação aos prédios urbanos, o desejável seria instituir um método de avaliação com base no valor de mercado, no entanto, tendo em consideração a situação portuguesa, os autores do artigo entenderam que seria muito difícil instituir esse sistema, pelo que recomendaram a adopção de soluções que tivessem como referência aquele valor (de mercado), dotadas de um conjunto de regras muito objectivas.

No caso dos prédios arredados, e tal como já foi referido anteriormente, o Código de Avaliações deveria ponderar a aplicação do critério do rendimento, já que em muitos casos o arrendamento constitui uma circunstância depreciativa do valor do prédio.

Tal como já mencionamos anteriormente, os autores recomendaram a adopção do método do custo na avaliação de prédios que, por norma, não entrassem no mercado imobiliário (tipo "Outros").

O sistema regra de avaliação dos prédios deveria basear-se no seguinte conjunto de factores: área bruta de construção, localização do prédio, tipo de prédio, idade do prédio, características da construção, envolvente urbana e infra-estruturas marginantes.

A avaliação dos terrenos para construção deveria ter em conta o projecto, plano ou estudo aprovado quando existam ou, se inexistentes, os regulamentos em vigor e as características do local. O valor do terreno deverá corresponder a uma percentagem do valor final do edifício a construir, com base na construção aprovada ou prevista, pelo que os factores a considerar na avaliação do edifício deverão ser indirectamente considerados.

O método de avaliação dos terrenos para construção aprovado pela Reforma segue de perto, se não na íntegra, a recomendação expressa no parágrafo anterior, como veremos adiante.

Uma outra recomendação relevante expressa neste artigo, e que está neste momento a concretizar-se, é a informatização do sistema de avaliação dos prédios urbanos. Para os autores, esta operação de informatização não só iria melhorar a qualidade da avaliação, como também simplificaria as tarefas a desenvolver pelos Serviços de Finanças (notificações aos contribuintes, inscrição dos prédios nas matrizes prediais, etc.).

Efectivamente, a informatização levada a cabo pela Reforma da Tributação do Património, constituiu em nosso entender um grande avanço a diversos níveis na administração dos impostos em Portugal. Em relação ao Imposto sobre os Imóveis (IMI), podemos hoje afirmar que todo o ciclo de gestão do imposto está informatizado, desde o pedido de inscrição (modelo 1 do IMI[41]), a avaliação (fichas de avaliação para os peritos locais[42]), a notificação da avaliação (emissão central das

---

[41] A declaração modelo 1 do IMI pode inclusive ser enviada pela Internet, no entanto os documentos anexos (plantas, alvarás, projectos) devem ser entregues em suporte de papel, ou remetidos pelo correio para o Serviço de finanças da área da situação do prédio acompanhados de um comprovativo extraído da Internet a fim de validar a recepção da declaração. (n.º 2 e 3 do artigo 37.º, n.º 5 do artigo 13.º do CIMI e Portaria n.º 1282/2003, de 13 de Novembro).

[42] Os peritos locais recebem as fichas de avaliação em suporte de papel no SF. Depois da avaliação tem que recolher/confirmar os elementos das fichas para uma aplicação informática disponível, quer nos SF's quer via Internet. A partir daí, o Serviço de Finanças acciona a notificação do contribuinte e no caso do contribuinte não requer a 2.ª avaliação, o prédio passa automaticamente para a aplicação informática das matrizes prediais.

notificações), a inscrição na matriz predial (matrizes informatizadas), a liquidação e a emissão da nota de cobrança (documento único de cobrança)[43].

Por fim o artigo aborda a questão das comissões de avaliação, recomendando que de futuro estas tenham uma maior intervenção no processo de avaliação e que o número de elementos que a constitui seja reduzido. Na opinião dos autores, o tratamento informático da avaliação não deveria dispensar a existência de avaliadores, pois o computador não substitui o homem, mas apenas simplifica, melhora e acelera o seu trabalho, ideia que subscrevemos na íntegra.

Como podemos ver, já em finais de 1996, existiam várias ideias concretas e definidas sobre um dos possíveis "caminhos" a seguir na Reforma da Tributação do Património, no entanto foram precisos mais de 6 anos para que esta se concretizasse.

2.2.5. *Relatório sobre a Reforma Fiscal para o século XXI*

Em 1997 foi elaborado pelo Ministro das Finanças, António Sousa Franco e pelo Secretário de Estado dos Assuntos Fiscais, António Carlos dos Santos um relatório que posteriormente serviu de base à Resolução do Conselho de Ministros n.º 119/97, de 14 de Julho (alterada pela Resolução do Conselho de Ministros n.º 10/98, de 23 de Janeiro na sequência da revisão constitucional de 1997), que estabeleceu as orientações políticas daquele Governo em matéria fiscal.

Sobre a tributação do património e em particular sobre a Contribuição Autárquica, o ponto 18.º da Resolução estabeleceu que em sede de CA, ou outro imposto similar que eventualmente a substitua, deveria observar-se o seguinte:

– reafirmar o princípio do benefício, como princípio orientador da tributação;

---

[43] O Documento Único de Cobrança (DUC), desde a aprovação da Portaria n.º 1423--I/2003, de 31 de Dezembro, deixou de ser um modelo tipo, para passar a ser apenas um conjunto de informações que suporta um pagamento, apresentando-se, em regra, desmaterializado. Esse conjunto de informações consiste basicamente numa referência para pagamento, composta de 15 dígitos, que permite a identificação por entidade liquidadora e o valor a pagar.

- definição, como regra, do valor dos imóveis tendo em conta a ponderação de vários factores, sem recurso a procedimentos subjectivos para determinação desse valor;
- possibilidade de correcção do valor determinado, dentro de certas condições e limites, mediante a possibilidade de reclamação, por parte dos contribuintes ou das câmaras municipais através do recurso a outros métodos de determinação do valor, garantindo que não haja aumento da carga fiscal sobre o património;
- ponderação dos sistemas de actualização do valor dos imóveis;
- definição numa lei de determinação do valor tributável dos critérios objectivos que, com ou sem recurso ao procedimentos de avaliação subjectiva, permitam a fixação do valor dos imóveis a tributar.

O relatório[44] que serviu de base à Resolução tentou fazer um ponto da situação da tributação do património em Portugal, repensando-a globalmente.

Como já foi referido, em 1989 criou-se a Contribuição Autárquica que incidia sobre o valor patrimonial dos prédios e não sobre o respectivo rendimento (sujeito a IRS). Por sua vez o valor tributável de cada prédio seria determinado por um Código das Avaliações que, por nunca ter sido aprovado, introduziu uma total distorção, além de demonstrar a radical fragilidade deste imposto. Enquanto aquele Código não entrasse em vigor, aquele valor seria o definido no CCPIIA, nuns casos, e pelo CIMSISD, em outros. Tal como o cadastro geométrico da propriedade que desde 1845 nunca conseguiu cobrir o território nacional, também aqui tem perdurado uma situação de não tributação dos prédios antigos e de sobretributação dos mais recentes[45].

A tributação do património caracterizava-se pela existência de vários impostos parcelares sobre a propriedade mobiliária e imobiliária, tendo-se no entanto constatado que uma parte substancial das modernas formas de manifestação da riqueza (valores mobiliários, obras de arte, etc.) escapava à tributação.

---

[44] Ver *Estruturar o Sistema Fiscal do Portugal Desenvolvido. (Textos Fundamentais da Reforma Fiscal para o Sec. XXI)*, ANTÓNIO SOUSA FRANCO e ANTÓNIO CARLOS DOS SANTOS, Livraria Almedina, Coimbra, 1998, pp. 284-309.

[45] Ver *Projecto de Reforma da Tributação do Património*, Comissão da Reforma da Tributação do Património, in CCTF n.º 182, 1999.

Como já foi referido, a partir de 1996, a tributação do património, em particular do imobiliário, foi objecto de um amplo debate nacional, técnico e político, tendo sobretudo por base os relatórios enviados pelo Governo ao Parlamento. É uma área em relação à qual existia um grande consenso quanto às críticas decorrentes da situação existente e quanto à necessidade da sua urgente reformulação, muito embora ainda não existisse igual consenso sobre a forma de a superar. Todavia a *complexidade, ineficiência e injustiça* do sistema eram claramente consensuais.

Após fazerem o ponto da situação da CA naquela data, afirmam a dada altura os autores, que a questão fulcral a ressalvar numa (futura) reformulação daquele imposto é, sem dúvida, a da determinação do valor tributável.

Sobre esta questão da determinação do valor tributável, referem os autores, que até aquela data nunca o legislador regulou qualquer método de determinação do valor patrimonial diferente do da capitalização do rendimento colectável (método do rendimento). Por sua vez o património imobiliário encontrava-se subavaliado, uma vez que os prédios já foram avaliados há muitos anos, sem que se tenha procedido à sua actualização.

Afirmam os autores que a determinação do valor tributável era talvez a questão capital em sede de tributação do património. Impunha-se desse modo, uma actualização dos valores patrimoniais e a definição de regras que permitissem determinar com rigor, clareza e objectividade o valor patrimonial. Essa lei de determinação do valor deveria introduzir maior eficácia e equidade no sistema fiscal, com base em critérios objectivos e públicos de avaliação, que tornassem as avaliações (independentemente do modelo a adoptar) mais céleres e fiáveis, aumentando as garantias dos contribuintes e reduzindo os custos das avaliações.

Quanto à questão do modelo a adoptar (valor de capital dos imóveis ou valor de base territorial), referem os autores que esta matéria é essencialmente política e não técnica. Trata-se no fundo de saber qual, num determinado contexto, é a melhor (ou a menos má) forma de resolver um problema.

Os modelos teóricos existentes são os critérios do preço de venda, do custo de construção e do rendimento capitalizado, tendo todos por referência o valor de mercado.

O critério do preço de venda pode basear-se no preço declarado ou no preço objectivamente avaliado. O primeiro tem a dificuldade de poder originar simulações de preço (v.g a Sisa). O segundo[46] tem as dificuldades de definição de índices objectivos de valoração e de formas de actualização periódica dos valores fixados. Como factores a considerar no cálculo do valor costumam ser usados os das características intrínsecas dos prédios entre os quais o tipo, área bruta de construção, idade, a localização do prédio, da envolvente urbanística, das infra-estruturas marginantes e do preço.

O critério do custo de construção é em regra usado no caso de prédios que estão fora do mercado imobiliário. Na prática pode ser difícil determinar os índices de custo.

O critério do rendimento capitalizado é em regra utilizado no caso dos prédios arrendados. Tem o inconveniente de não existir entre nós um verdadeiro mercado de arrendamento imobiliário, de se verificar uma grande discrepância entre as rendas novas e antigas (fruto do regime legal das rendas) e de existirem muitos prédios não arrendados nem disponíveis para arrendamento, em relação aos quais, e como já vimos, é difícil definir um valor locativo.

Por sua vez os autores referem também o relatório do GAPTEC da Universidade Técnica de Lisboa que apresentou a proposta inovadora, baseada num novo critério de determinação do valor patrimonial, o valor de base territorial.

Sobre este novo critério os autores não se mostram à primeira vista frontalmente contra a sua escolha, no entanto, admitem que, em face de algumas das críticas já aqui referidas, seria necessário modular ou corrigir este método com outros elementos, de forma a ele ser capaz de induzir a existência de critérios de justiça e de igualdade tributárias. No entanto, o elemento mais importante na escolha do sistema de tributação, e consequentemente do sistema de avaliação mais adequado, é o tipo de informação de que é possível dispôr. Onde predomine o mercado de arrendamento será de adoptar como base de tributação e consequentemente como método de avaliação o do rendimento, e onde predomine o mercado de transacções imobiliárias, a base e o método de avaliação deverão ser o do valor.

O relatório do GAPTEC ao sugerir que o contribuinte pode impugnar o valor de base territorial atribuído ao seu património, invocando que o seu

---

[46] Como veremos a Reforma adoptou este critério do preço de venda baseado no preço objectivamente avaliado.

valor de mercado é inferior, obriga que para efeitos fiscais seja sempre necessário determinar o valor de mercado dos prédios.

Por fim referem os autores, sem explicitar como se concretizaria essa opção, que poderia estabelecer-se na lei os critérios objectivos, rigorosos e claros de avaliação, acabando de vez com a subjectividade existente.

Em relação a outros aspectos a reformar na CA, e à semelhança do que já aqui foi referido, os autores sugerem a actualização progressiva (não brusca) dos valores inscritos nas matrizes, baseada em coeficientes de correcção monetária e em factores objectivos a ponderar, por exemplo, a localização, o tipo de prédio e a data de inscrição na matriz[47]. O facto desta actualização ser progressiva destina-se sobretudo a evitar aumentos bruscos de valores e, consequentemente, das colectas suportadas pelos contribuintes.

Outra medida necessária seria a actualização periódica dos valores patrimoniais, sem a qual se correria o risco de voltar à mesma situação.

Reflectindo sobre as principais ideias deste relatório mencionadas neste subcapítulo, chegamos à conclusão de que grande parte das opções concretizadas na Reforma da Tributação do Património não são novas, surgem antes como o corolário lógico das ideias já vertidas em toda uma série de estudos, trabalhos e anteprojectos já existentes.

2.2.6. *Imposto único sobre o Património*

Com a revisão constitucional de 1997 foi alterado o n.º 3 do artigo 104.º da CRP, deixando o Imposto sobre as Sucessões e Doações de ter dignidade constitucional, pelo que passou a tornar-se possível a sua abolição.

---

[47] A actualização dos valores patrimoniais dos prédios não arrendados (regra geral) estabelecida no artigo 16.º do Decreto-Lei n.º 287/2003, de 12 de Novembro apelava a uma actualização dos valores patrimoniais com base em coeficientes de desvalorização da moeda ajustados pela variação temporal dos preços no mercado imobiliário nas diferentes zonas do País. No entanto, a Portaria n.º 1337/2003, de 5 de Dezembro que aprovou esses coeficientes, estabeleceu apenas coeficientes para todo o País e não para as diferentes zonas como determinava a lei. Apesar da letra na lei não ter sido respeitada, parece-nos que esta opção se ficou a dever ao facto de ser extremamente difícil, se não impossível, obter a evolução do índice de preços no consumidor desde 1970 desagregado pelas zonas (não definidas) do país, por forma a concretizar aquele preceito legal.

Logo após a referida alteração foi constituída, por Despacho do Ministro das Finanças n.° 337/97-XIII, de 4/8/1997, a Comissão da Reforma da Tributação do Património, presidida pelo Dr. Medina Carreira, com o mandato de, essencialmente, criar um imposto único sobre o património (mobiliário e imobiliário).

É sobre o Projecto de Reforma da Tributação do Património[48] elaborado por essa Comissão que nos iremos debruçar de seguida. Atendendo ao facto deste Projecto abranger toda a tributação do património, focalizaremos a nossa atenção na questão da determinação do valor dos imóveis aqui proposta.

Para a Comissão, os impostos sobre o património não satisfazem a sua função financeira, não exercem uma função economicamente útil e provocam inaceitáveis efeitos sociais.

O estado das matrizes é apontado como um dos principais factores que contribuem para a ineficiência do sistema de tributação existente. Quer devido à sua antiguidade, quer devido à sua imperfeição, as matrizes não espelham, na sua esmagadora maioria dos casos, a presente realidade, física, funcional e económica dos imóveis urbanos.

Como o sistema de valorização imobiliária foi criado para uma sociedade com um verdadeiro mercado destinado ao arrendamento, a ruína do nosso inviabilizou a forma de determinação do valor patrimonial baseada na capitalização do rendimento.

Por outro lado, a existência de simulação de valores declarados e a ausência de tratamento sistemático e adequado de informação sobre os valores das transacções, inviabilizaram também a adopção do critério do valor de mercado.

Desse modo, a Comissão concluiu que não sendo aproveitáveis os elementos matriciais, nem existindo elementos públicos que possibilitem, com rigor, equilíbrio e generalidade a reconstrução das matrizes em termos de um razoável grau de aceitação, teria que se partir do zero.

A ocorrência de sucessivos períodos inflacionistas, sem a conveniente actualização dos valores matriciais, originou uma inaceitável dualidade de contribuintes: de um lado os titulares de prédios com valores matriciais antigos a quem a desactualização de valores possibilita suportar cargas fiscais reduzidas, ou mesmo nulas (isenção técnica); e do outro os

---

[48] Ver *Projecto de Reforma da Tributação do Património*, Comissão de Reforma da Tributação do Património, in Cadernos de Ciência e Técnica Fiscal n.° 182, Lisboa 1999.

titulares de prédios recentes, com valores ainda não degradados pela erosão monetária, a quem é exigido um imposto de montante elevado, em muitos casos escandalosamente elevado.

Segundo a Comissão esta dualidade objectiva fere, de forma intolerável, os mais elementares princípios de justiça tributária, com inevitáveis e pesadas consequências na aceitação do sistema fiscal por parte do cidadão-contribuinte.[49]

Da nossa própria experiência passada no Serviço de Finanças, verificamos um outro fenómeno relacionado com esta injustiça, que denominamos de anestesia fiscal. Como sabemos, uma parte dos prédios urbanos avaliados de novo destinam-se a habitação dos próprios, ou são apartamentos novos adquiridos via crédito bancário. Quando estes prédios são avaliados e inscritos na matriz, não produzem logo imposto, porque geralmente é pedida e concedida a isenção de habitação própria e permanente (actual artigo 42.º EBF) que na redacção anterior podia atingir os 10 anos. Ora a percepção do montante de CA a pagar pelos contribuintes nestes casos é diferida para um momento futuro, aquando do fim da isenção. Esse fenómeno, em nossa opinião, apenas começou a ser sentido mais fortemente a partir do ano de 1999 e seguintes, precisamente a data a partir da qual começaram a acabar as primeiras isenções de CA.

Embora esta nossa posição seja discutível, quantos de nós não conhecemos pessoas que compraram a casa onde habitam recorrendo ao crédito bancário e que só 10 anos após essa compra se apercebem que vão passar a ter que pagar todos os anos "outra prestação" não ao Banco, mas ao Fisco, prestação essa que em muitos casos ultrapassa a centena de contos.

Para eliminar ou reduzir substancialmente a supracitada dualidade, a Comissão sugere que, em face dos elementos disponíveis, seria possível delinear um processo expedito que corrigisse, em boa parte e em curto lapso de tempo, a distorção referida. Atendendo ao facto de que a causa fundamental dessa distorção reside na progressiva desactualização dos valores matriciais dos prédios, era possível atenuá-la razoavelmente, através de uma adequada correcção monetária desses valores, aliás, método a que o legislador já recorre, designadamente para o apuramento de algumas formas de matéria colectável em sede de impostos sobre o rendimento.

---

[49] Segundo a Comissão é o caos matricial que explica que 1,96% de todos os prédios, urbanos e rústicos, hajam proporcionado, em 1997, cerca de 73% das receitas da CA.

Quanto ao recomeçar do zero e de forma a eliminar rápida e completamente os vícios de desactualização e de subjectivismo existentes, a Comissão começa por recusar a simples imitação de métodos usados noutros países da Europa central e desenvolvida, porque Portugal, pura e simplesmente, não dispõe de uma base qualitativa análoga. Recusa também o método cadastral pela sua morosidade, assim como a avaliação tradicional, devido à sua subjectividade.

Quanto ao método proposto, afirma-se que embora não seja perfeito permite resolver de modo célere a situação actual, remetendo para o futuro os aperfeiçoamentos que se mostrem necessários.

De seguida, apresenta o novo método segundo três perspectivas: *conteúdo*, *processo* de concretização e *mérito* previsto para os seus resultados.

Quanto ao conteúdo, a Comissão entendeu que constituíam elementos nucleares da valorização imobiliária urbana o valor da unidade de superfície (o metro quadrado), o tipo de utilização do imóvel, a localização e a idade. O ponto de partida seria o valor do m^2 de área bruta cujos factores mais importantes de formação deveriam ser o custo directo de construção, o custo do terreno, os encargos e a taxa de juro. Não se procuraria encontrar o valor de mercado, porque se entendia não haver condições para determiná-lo, nem construir-se um valor real, por ser impossível consegui-lo. Iria apenas fixar-se um valor fiscal, construído a partir do núcleo essencial dos custos suportados com a construção sobre uma certa porção de terreno.

Verificando-se que o Continente integrava seis zonas de custos relativamente homogéneos, criou-se um valor da unidade de superfície construída para cada uma das zonas e de acordo com a utilização dada ao imóvel. Esse valor depois seria majorado ou minorado em função dos factores municipais de localização, definidos em atenção às acessibilidades, aos equipamentos, à qualidade do *habitat* urbano e ao grau de segurança; da idade; e dos indicadores mais relevantes de qualidade e de conforto, quando se tratasse de um imóvel para habitação.

A primeira vista parece-nos que podemos encontrar o "embrião" do que será posteriormente o modelo adoptado pela Reforma. Partindo da uma fórmula confusa e pouco compreensível existente no projecto do Código de Avaliações de 1991, verificamos que a Comissão tentou desenvolver e objectivar o mais possível a fórmula de determinação do valor patrimonial.

Já aqui encontramos os indicadores de qualidade e conforto (e respectivas definições legais) que com pequenos ajustes irão dar origem ao coeficiente de qualidade e conforto adoptado. O factor idade que dará origem ao coeficiente de vetustez está presente. Vislumbra-se já a importância dos factores municipais de localização, como dependentes das acessibilidades, equipamentos, entre outros, que com uma formulação mais precisa e objectiva dará origem ao coeficiente de localização. O valor do m^2 de área bruta dará lugar a um custo médio de construção, ao tipo de utilização dos prédios corresponderá um coeficiente de afectação e mesmo em relação à fórmula de apuramento das áreas, verifica-se uma grande semelhança com os factores de ponderação que compõe o A (área bruta de construção mais a área excedente à área de implantação).

Talvez devido à elevada complexidade que introduziria no sistema, a Reforma optou por não considerar as zonas de custos homogéneos em relação ao valor da unidade de superfície construída, remetendo indirectamente aquelas diferenças para o coeficiente de localização.

Quanto ao processo de concretização, a Comissão preferiu o método declarativo individual, afastando-se o método de avaliação tradicional. Este sistema só é eventualmente viável para os novos prédios que vão sendo construídos, nunca para a tarefa desmedida de avaliar de uma só vez todo o parque imobiliário do país.

O método da avaliação geral e imediata da propriedade foi já adoptado numa Lei de 1912 e deu péssimos resultados. Nesse sentido, a Comissão entendeu que as reformas na fiscalidade, não devem desconhecer as alternativas técnicas, mas hão-de ser iminentemente políticas, através da escolha da técnica que melhor se conforme com as circunstâncias, os objectivos e o interesse geral.

A escolha do método declarativo, com processo destinado à nova construção matricial não tem, no entender da Comissão, alternativa possível. A demora e o faseamento resultante da avaliação tradicional criariam problemas sem solução política aceitável. A celeridade e a simultaneidade proporcionadas por este método constituem factores decisivos da sua escolha.

O processo declarativo proposto permitiria ao contribuinte aperceber-se, pelo simples facto do preenchimento do modelo oficial, dos factores que relevam para a fixação do valor do seu imóvel. No limite, e se para tanto tiver paciência e alguma informação, o próprio contribuinte encontraria o valor patrimonial tributário do imóvel e o montante do imposto a pagar.

Embora a Comissão admita que o método declarativo seja o factor mais responsável pelo elevadíssimo grau de evasão e fraude, ele tem o mérito de ser o mais benéfico a vários títulos. Ele já é utilizado há largos anos para outros impostos (IRS, IRC, IVA, etc.) e embora se reconheçam os principais defeitos deste método não deixa de se perfilhar o mesmo, até porque no caso dos imóveis a viciação é mais difícil porque estaremos perante elementos objectivos, estáveis e de fácil verificação, como sejam uma medida de superfície, uma localização, uma idade ou notórios índices materiais de qualidade e conforto.

No entender da Comissão, não seria possível apresentar uma proposta melhor, não só porque esta assenta num conteúdo comum como qualquer outro sistema numa sociedade com as características da nossa, mas também, porque permite uma execução simultânea e célere, estendendo ao Património o método declarativo. Por outro lado, oferece ao contribuinte condições de visibilidade e transparência em oposição à completa opacidade do sistema existente, é um método objectivo, facilmente compreensível, que torna a defesa do contribuinte mais simples e eficaz.

Em relação aos arrendamentos sujeitos ao regime legal da limitação das rendas, entendeu a Comissão que a melhor solução seria aceitar no plano fiscal a realidade vigente. Para o efeito, foi proposta a criação de uma declaração dos senhorios (a Reforma do Património viria a denominá-la de participação de prédio urbano arrendado), de forma que o senhorio possa fazer prevalecer o valor resultante da capitalização das rendas efectivas quando inferior ao valor tributável determinado nos termos gerais.

Para a Comissão o sistema proposto seria pois um método definitivo que com pequenas correcções permitiria manter minimamente actualizados os valores matriciais. Admite no entanto que a sua implementação poderia demorar 3 anos até funcionar plenamente. Para tal seria preciso pôr a funcionar um viável sistema declarativo em suporte informático, de forma a garantir uma boa execução. Nessa etapa intercalar dos 3 anos, seriam corrigidos os valores patrimoniais por aplicação dos coeficientes de desvalorização monetária.

Esta actualização dos valores patrimoniais por aplicação dos coeficientes de desvalorização monetária seria efectuada segundo determinadas regras. Ao actualizar os valores patrimoniais antigos aumentar-se-ia fortemente a matéria colectável global, o que conduziria a um aumento imediato do imposto cobrado. No entanto, como o objectivo desta actualização não é o aumento da receita fiscal, mas uma adequada redistribuição dos encargos do imposto, de forma a torná-lo mais consentâneo com o padrão corrente de justiça fiscal, terá que haver uma adequada diminuição das taxas aplicáveis, de forma a reduzir o imposto exigido aos titulares de prédios mais recentes e aumentar o imposto aos contribuintes actualmente privilegiados (os possuidores de prédios com inscrição matricial antiga).

A actualização em causa terá no entanto que ser necessariamente ponderada, pelo facto da informação existente nos serviços da Administração Fiscal poder ser limitada. Como refere a Comissão, a fiabilidade dos valores patrimoniais que constam das matrizes decrescem na proporção da sua antiguidade. Em certos casos extremos, verifica-se mesmo a inexistência das matrizes originais. Por esse motivo, entendeu-se que para manter uma razoável homogeneidade de valores entre os diversos serviços se deveria utilizar os elementos matriciais apenas a partir do ano de 1970 e seguintes. Para a actualização do valor matricial dos prédios com inscrição anterior a 1970, deveria pois ser utilizado o valor que a Administração Fiscal considerou nesse ano (1970), aplicando-lhe o respectivo coeficiente.

De acordo com os dados de uma amostra utilizada, a Comissão verificou que com a proposta de actualização dos valores matriciais, e mantendo a receita fiscal em níveis próximos dos que existiam para a contribuição autárquica, seria possível uma redução das taxas para valores da ordem dos 50% daqueles que se praticavam.

De acordo com a amostra, a correcção assim operada traduzir-se-ia num agravamento fiscal para os titulares de prédios inscritos até aos primeiros anos da década de 1980, passando a beneficiar de um concomitante desagravamento fiscal os contribuintes com prédios de inscrição posterior.

Em face do exposto, e relativamente aos prédios com inscrição mais antiga, poderiam verificar-se situações de agravamentos exorbitantes do imposto, pelo que foi sugerida a introdução de algum gradualismo na concretização da actualização dos valores matriciais. Esse gradualismo traduzir-se-ia numa redução de 50% e 25%, respectivamente, no primeiro e segundo anos, sendo que nos anos subsequentes não se verificaria qualquer redução. A perda de receita provocada por estas reduções seria compensada com a fixação de taxas adequadamente diferenciadas.

Como veremos, a Reforma aperfeiçoou estas duas ideias, estabelecendo uma cláusula de salvaguarda mais gradualista e suave para o contribuinte, conjugada com uma diferenciação de taxas mais razoável e menos preocupada com a perda de receita.

No plano da justiça fiscal, a Comissão entende que a actualização dos valores patrimoniais é uma medida meritória, e simplesmente irrecusável, qualquer que seja o critério que se adopte para aferir esse valor decisivo. A actualização dos valores patrimoniais mediante o recurso a coeficientes de correcção monetária, conjugado com a redução para cerca de metade, das taxas existentes na contribuição autárquica, permitiria reduzir a injustiça tributária e introduziria um desejável factor de gradualismo na reforma, reduzindo assim eventuais dificuldades de habituação por parte daqueles contribuintes que inevitavelmente, vão ver restringidas algumas situações de imerecido privilégio fiscal de que gozam actualmente.

Esta actualização não se aplicaria aos prédios urbanos arrendados, uma vez que o único critério que se afiguraria razoável para a valorimetria da matéria colectável que representam, seria o da capitalização do rendimento anual, que de facto, a sua posse proporciona. O factor de capitalização como grandeza calibrada pela conjuntura económica deveria variar entre os valores de 12 e 15.

Sobre este modelo de tributação (Imposto único sobre o Património) são geralmente apontados alguns inconvenientes, entre os quais: a fraca capacidade de gerar receitas; os problemas de fiscalização que suscitam às Administrações Fiscais; o reduzido efeito redistributivo que geralmente alcançam, devido à existência de diversas exclusões tributárias e isenções que existem para determinado tipo de bens; os efeitos distorsivos que pode ter no investimento, podendo inclusivé promover a deslocação de capitais; entre outros.

No entanto, apesar do projecto do Imposto único sobre o Património proposto pela Comissão de Reforma da Tributação do Património, presidida pelo Dr. Medina Carreira, não ter ido para a frente, devido à mudança de ciclo político[50], as ideias principais da tributação do patri-

---

[50] O Prof. Doutor Sousa Franco, Ministro das Finanças do XII Governo Constitucional, chefiado pelo Primeiro-Ministro António Guterres, era um dos defensores do modelo de tributação global do património. Depois das eleições de Outubro de 1999, e com a nomeação do Dr. Joaquim Pina Moura, para a pasta das Finanças, deu-se uma mudança

mónio imobiliário, sobretudo o urbano, irão ser seguidas de perto nos trabalhos posteriores.

2.2.7. Relatório e Projecto da ECORFI

A Estrutura de Coordenação da Reforma Fiscal (ECORFI) foi criada pelo despacho n.º 3140/2000, do Ministro das Finanças, Joaquim Pina Moura, de 12 de Janeiro de 2000 (publicado no Diário da República, II série, de 9 de Fevereiro).[51]

Pelo despacho n.º 850/2001, de 29 de Dezembro de 2000 (publicado no Diário da República, II série, de 17 de Dezembro de 2001), igualmente do Ministro das Finanças, Joaquim Pina Moura, foi prorrogado o prazo da vigência da ECORFI, em função de novos objectivos fixados, cujo cumprimento determinaria a sua automática extinção, a ocorrer, o mais tardar, até 15 de Outubro de 2001.

O mandato estabelecido para a ECORFI abrangia de certo modo a reforma global do sistema fiscal português que o XIV Governo Constitucional se propôs realizar, seguindo de perto as Bases Gerais da Reforma Fiscal da Transição para o Século XXI, aprovadas pelo XIII Governo Constitucional através da Resolução do Conselho de Ministros n.º 119/97, de 14 de Julho (alterada pela Resolução do Conselho de Ministros n.º 10/98, de 23 de Janeiro).

No despacho de 29 de Dezembro, que prorrogou a vigência da ECORFI, foram definidas novas tarefas, entre as quais a de consolidar, em forma de anteprojecto legislativo, os contributos existentes em matéria de tributação do património.

No decurso do ano de 2000, o Governo assumiu inequivocamente que pretendia aprofundar o processo de reforma fiscal em vários domínios, entre os quais o da tributação do património imobiliário, entendido tanto na sua vertente estática como na sua vertente dinâmica.

A ECORFI não foi uma comissão ou um grupo de trabalho no sentido em que outros tinham existido, isto é, com a missão de elaborar um

---

de ciclo político, tendo-se optado por repensar melhor as diversas opções disponíveis em relação à tributação do património, como veremos no capítulo seguinte.

[51] Ver *ECORFI – Relatório Final e Anteprojectos*, in Cadernos de Ciência e Técnica Fiscal n.º 190, Lisboa 2002.

relatório, propondo medidas a adoptar. Na verdade, nem as motivações que estiveram na origem da sua criação nem os concretos termos do seu mandato foram nesse sentido.

A ECORFI foi concebida como uma estrutura de operacionalização da reforma fiscal. Ou seja, a partir do vasto acervo de estudos e relatórios disponíveis sobre os diversos aspectos do sistema fiscal português, e tendo em conta as orientações políticas fixadas pelo Governo, pretendeu-se que a ECORFI apreciasse as soluções possíveis para os diversos problemas identificados e que, uma vez politicamente acolhidas, traduzisse em projectos legislativos as opções que considerasse mais indicadas. Assim pelas próprias características da missão que lhe foi confiada, a reflexão da ECORFI foi toda ela virada para a acção.

No que respeita à reforma da tributação do património, a ECORFI procurou atingir os seguintes objectivos:

- circunscrever, nesta fase, a tributação estática do património à tributação do património imobiliário;
- reformar a tributação do património imobiliário urbano, de forma a:
    a) criar um sistema objectivo de determinação do valor patrimonial dos imóveis;
    b) resolver o problema da desactualização das matrizes;
    c) modificar a distribuição da carga fiscal entre estática e dinâmica, com diminuição da excessiva onerosidade tributária no momento da aquisição;
    d) repartir de forma mais justa a tributação da propriedade imobiliária, principalmente no plano inter-geracional;
    e) conferir relevância tributária à conservação e regularização do parque habitacional.
- Eliminar a sisa e o imposto sobre as sucessões e doações;
- Introduzir o IVA nas primeiras transmissões de imóveis;
- Reformar o imposto de selo de forma a alcançar uma tributação moderada de actos jurídicos relevantes de transmissão da propriedade, numa dinâmica que tenha em conta as denominadas contribuições de registo comuns noutros estados da União Europeia.

Para elaboração do relatório e do projecto de reforma a ECORFI tomou em consideração, em primeiro lugar e como matriz essencial, o relatório da Comissão para o Desenvolvimento da Reforma Fiscal, presidida pelo Dr. Silva Lopes, e vários outros relatórios e estudos, alguns deles já aqui citados: o Anteprojecto do Código de Avaliações; o Relatório do Governo sobre a Revisão dos Impostos sobre o Património elaborado ao abrigo do artigo 31.º, n.º 1 da Lei n.º 10-B/96, de 23 de Março; o estudo realizado pelo GAPTEC; o projecto da Reforma da Tributação do Património, elaborado pela Comissão presidida pelo Dr. Medina Carreira e o Relatório da Comissão Técnica do Grupo de Trabalho da Reforma da Tributação do Património Imobiliário, presidida pelo Prof. Doutor Saldanha Sanches.

Como a própria ECORFI reconhece, o trabalho realizado não teria sido possível, sem as dezenas de relatórios e de estudos preliminares efectuados desde a legislatura anterior, que deram aos membros da ECORFI um lastro de conhecimentos profundo da realidade em análise e de rigor na identificação dos problemas e das vias de solução.

Na leitura e análise atenta da exposição de motivos do anteprojecto, constatamos que se propunha uma reforma global da tributação do património, tanto na vertente estática como na vertente dinâmica.

Optou-se desde logo por um caminho diferente do modelo de criação de um imposto geral sobre o património, por se entender que havia um alternativa globalmente superior e também pelos vários e significativos inconvenientes daquele modelo.

Contra a criação de um imposto único militava desde logo a total ausência de tradição em Portugal, que seguramente dificultaria a sua aplicação e poderia dar origem a rejeição social. A existência de elevados custos administrativos comparados com o nível de receitas que poderia proporcionar. Por outro lado e tendo em conta as alterações introduzidas em 2001 na tributação do rendimento, não seria aconselhável a introdução de novas formas de tributação da riqueza imobiliária. Finalmente, e olhando para a União Europeia, verificou-se que apenas 6 dos 15 países adoptavam um imposto semelhante, aliás, com um sucesso frequentemente questionado.

Em relação à tributação estática do património imobiliário que aqui nos interessa particularmente, a ECORFI começou por referiu os principais factores de distorção da contribuição autárquica, à semelhança dos diversos relatórios e estudos já mencionados, desde a desactualização das matrizes, a desadequação do sistema de avaliações vigente, a inexistência de um Código de Avaliações, as iniquidades da tributação, entre outros.

De seguida propõe a substituição da contribuição autárquica por um novo imposto sobre os imóveis (IMI), cuja receita continua a reverter para os municípios, baseado predominantemente, tal como a CA, no princípio do benefício.

Quanto à determinação do valor patrimonial tributário dos prédios urbanos, segue no essencial, os critérios do relatório da Comissão presidida pelo Dr. Medina Carreira, com algumas adaptações, nomeadamente com uma melhor explicitação formal da fórmula de cálculo e com a consideração de um único preço médio de construção para todo País, eliminado as 6 zonas de valor homogéneo existentes no projecto anterior.

Em relação ao factor localização, optou-se por fazer o enquadramento dos municípios em zonas, em função da sua diferente valorização, procedendo-se a zonamentos municipais específicos, de forma a impedir a aplicação de factores idênticos independentemente da localização de cada município no território nacional.

Em relação à actualização das matrizes, a ECORFI optou por abandonar o método declarativo proposto pela Comissão Medina Carreira. A experiência revela que de um universo de 6 milhões de prédios, a dimensão de erros em declarações novas, a preencher pelos contribuintes com recurso a dados conhecidos pode atingir os 20% (cerca de 1,2 milhões), o que só por si inviabilizaria todo o processo.

Em alternativa, e tendo em vista uma rápida melhoria do nível de equidade, optou-se pela actualização imediata dos valores patrimoniais tributários, através de uma correcção monetária ponderada, e de uma redução substancial da taxa de imposto para 0,7%, por forma a que não ocorra nem um agravamento exagerado e abrupto do imposto a pagar, nem uma quebra de receita do imposto ou o seu crescimento significativo. Efectuada que esteja uma avaliação geral da propriedade urbana, estarão criadas as condições, para que, em função dos resultados obtidos, se possa reduzir a taxa para os 0,5%.

Foi intenção da ECORFI consagrar no projecto de Código do IMI os contornos precisos da realidade a tributar, partindo para isso de dados objectivos adequados à vida económica, disponíveis no mercado, mas que escapassem às oscilações especulativas da conjuntura, de modo a que sirvam de referência a uma sólida, sustentável e justa relação tributária entre o Estado e os contribuintes.

De uma análise mais detalhada do projecto de Código do IMI tivemos a curiosidade de verificar que além de uma renumeração e recolocação dos artigos em ordem ou capítulos diferentes, poucas alterações de fundo[52] se notam entre este projecto e a Reforma da Tributação do Património do Governo de Durão Barroso. Em relação às disposições transitórias, verificamos que se seguiu de perto o projecto da ECORFI, tendo-se introduzido diversos aperfeiçoamentos, de entre os quais destaco um regime de salvaguarda mais consentâneo e ponderado.

Quanto às outras propostas da ECORFI, relativamente à tributação dinâmica somos obrigados a abster-nos de quaisquer considerações, dado não ser este trabalho o lugar adequado. A temática da tributação dinâmica do património imobiliário daria, ela própria, lugar a outro trabalho semelhante a este.

3. A REFORMA DA TRIBUTAÇÃO DO PATRIMÓNIO

Segundo as palavras de um dos autores da Reforma, o Dr. Vasco Valdez, "... *a reforma dos impostos sobre o património foi, nos últimos anos, sucessivamente prometida e sucessivamente adiada, não obstante todos estarem de acordo quanto à sua necessidade e proclamarem as diversas injustiças e iniquidades que caracterizavam as várias componentes da estrutura destes impostos.*

Os diversos estudos, modelos e projectos que foram sendo produzidos nos últimos anos, embora revelassem algum esforço e tentativas de mudança, variaram de governo para governo conforme a sensibilidade política e técnica dos intervenientes, apontando assim para direcções e objectivos diferentes e, muitas vezes, contraditórios, sem que tenha sido tomada qualquer medida concreta para inverter ou, ao menos, para começar a inverter a situação verdadeiramente insustentável a que há já alguns anos se tinha chegado.

---

[52] Nessas alterações destacamos a existência de uma taxa fixa de 0,7% para todos os prédios urbanos (actualizados e avaliados pelo novo método) e o agravamento da taxa dos prédios devolutos (1%) do projecto da ECORFI. Curiosamente a Lei n.º 55-B/2004, de 30 de Dezembro (Lei de Orçamento de Estado para 2005) alterou o artigo 112.º do CIMI de modo a permitir às assembleias municipais majorar até 30% a taxa aplicável a prédios devolutos.

Assim, foram aparecendo desde o modelo que assentava na extinção de todos os impostos incidentes sobre a detenção e transmissão, quer de imóveis, quer de outros bens e direitos, e na sua substituição por um imposto geral sobre o património, aos estudos e projectos que defendiam a substituição parcial da sisa pelo IVA, até outros para quem a solução estaria na transferência para o imposto de selo dos factos sujeitos a sisa e a imposto sobre as sucessões e doações com a inerente abolição destes impostos...".[53]

Aproveitando a síntese dos estudos anteriores e ponderadas as diversas opções políticas a seguir, o XV Governo Constitucional, chefiado pelo Primeiro-Ministro Dr. Durão Barroso, e os principais impulsionadores desta Reforma, a Ministra de Estado e das Finanças, Dr.ª Manuela Ferreira Leite, e o Secretário de Estado dos Assuntos Fiscais, Dr. Vasco Valdez Matias, conseguiram fazer aprovar os vários diplomas legais e regulamentares que instituíram a Reforma da Tributação do Património.

Em primeiro lugar foi aprovada pela Assembleia da República a Lei n.º 26/2003, de 30 de Julho, concedendo ao Governo autorização para aprovar os Códigos do Imposto Municipal sobre Imóveis e do Imposto Municipal sobre as Transmissões Onerosas de Imóveis, alterar o Estatuto dos Benefícios Fiscais, os Códigos do IRS, IRC e do Imposto de Selo, e revogar o Código da Contribuição Predial, o Código da Contribuição Autárquica e o Código da Sisa e do Sucessório.

No uso da referida autorização legislativa, o Governo aprovou o Decreto-Lei n.º 287/2003, de 12 de Novembro, procedendo à reforma da tributação do património, bem como, alterando o Código do IRS, o Código do IRC, o Código do Imposto do Selo, o EBF e o Código do Notariado.

A fim de regulamentar e implementar efectivamente a Reforma, o Governo aprovou ainda uma série de diplomas regulamentares e despachos complementares, a seguir mencionados:

– Por despacho de 18/11/2003 do Secretário de Estado dos Assuntos Fiscais foi aprovado o Manuel de Procedimentos Técnicos do

---

[53] Ver *Aspectos Gerais da Reforma da Tributação do Património*, Dr. Vasco Valdez, Secretário de Estado dos Assuntos Fiscais, in CTF n.º 408, Out/Dez 2002 p. 67 a 80.

Zonamento[54], elaborado pela Direcção de Serviços de Avaliações da DGCI;
- A portaria n.º 1282/2003, de 13 de Novembro, que aprovou a declaração modelo 1 do IMI e respectivos anexos I, II e III para inscrição e avaliação de prédios ou actualização de prédios urbanos na matriz;
- A portaria n.º 1283/2003, de 13 de Novembro, que aprovou o modelo de participação de prédio urbano arrendado, previsto no artigo 18.º do D.L. n.º 287/2003, de 12 de Novembro, destinada a fazer aplicar o regime transitório especial de determinação do valor patrimonial tributário aos prédios urbanos arrendados;
- A portaria n.º 1337/2003, de 5 de Dezembro, que aprovou os coeficientes de desvalorização da moeda a aplicar para a actualização dos valores patrimoniais tributários dos prédios urbanos e dos prédios rústicos (apenas para efeitos de liquidação de IMT, de Imposto de Selo nas transmissões gratuitas e dos incrementos patrimoniais positivos em sede de IRC);
- A portaria n.º 1423-H/2003, de 31 de Dezembro, aprovou a declaração modelo 1 do IMT e respectivos anexos I, II e III;
- O despacho n.º 490/2004 (2.ª Série) de 16 de Dezembro de 2003 do Secretário de Estado dos Assuntos Fiscais, in D.R. n.º 7, II Série de 9 de Janeiro de 2004, que nos termos do artigo 61.º do CIMI, nomeou os membros da CNAPU – Comissão Nacional de Avaliação de Prédios Urbanos;
- A portaria n.º 894/2004, de 22 de Julho, que aprovou os modelos oficiais da matriz predial urbana informatizada e da caderneta predial de prédio urbano[55];
- A portaria n.º 895/2004, de 22 de Julho, que aprovou a participação modelo 1 de transmissões gratuitas sujeitas a imposto do selo,

---

[54] Embora este seja apenas um manual interno destinado exclusivamente aos Serviços da DGCI, iremos ver adiante que o seu conteúdo irá influenciar indirectamente os resultados das avaliações prediais, logo o próprio imposto a pagar pelos contribuintes.

[55] A informatização das matrizes prediais urbanas passou a ser permitida nos termos do n.º 1 do artigo 80.º do CIMI. Com a publicação desta portaria iniciou-se um processo de informatização de todas as matrizes prediais urbanas do País de forma a permitir a emissão informática (nos serviços de finanças ou via Internet pelo contribuinte) dos novos modelos de certidões de teor matricial e cadernetas prediais.

a que se refere o artigo 26.º do Código do Imposto do Selo, bem como os respectivos anexos;
- A portaria n.º 975/2004, de 3 de Agosto, que aprovou o novo modelo oficial da declaração modelo n.º 11, as tabelas I e II e as respectivas instruções de preenchimento destinada a permitir a comunicação à DGCI de todos os actos e contratos sujeitos a impostos sobre o rendimento e sobre o património. Esta declaração apenas pode ser submetida pela Internet e deve ser apresentada pelos notários, conservadores, secretários judiciais, secretários técnicos de justiça, e outros responsáveis de serviços públicos que intervenham em determinados actos (serviços externos do Ministério dos Negócios Estrangeiros);
- A portaria n.º 982/2004, de 4 de Agosto[56], que aprovou e deu publicidade aos *coeficientes de localização mínimos e máximos* a aplicar em cada município, aprovou o *zonamento* e os respectivos *coeficientes de localização correspondentes a cada zona homogénea* para os diversos tipos de afectação (*habitação, comércio, indústria e serviços*), aprovou as *percentagens correspondentes à área de implementação dos terrenos para construção*, aprovou os *coeficientes majorativos aplicáveis às moradias unifamiliares*, aprovou as *directrizes relativas à apreciação da qualidade construtiva*, da *localização excepcional* e do *estado deficiente de conservação*, bem como aprovou e deu publicidade ao *custo médio de construção* e aos *coeficientes de capitalização da renda anual* para determinação do valor patrimonial tributário dos prédios urbanos arrendados com rendas degradadas que sejam transmitidos;

Como a Reforma não se pode reduzir à simples elaboração e aprovação de diplomas legais e regulamentares, foi necessário instituir uma estrutura administrativa que a implementasse no terreno. Para tal foi criado por despacho ministerial de 3/5/2003, o Núcleo de Implementação da Reforma dos Impostos sobre o Património, mais conhecido por NIRIP,

---

[56] Em virtude de terem sido detectados alguns erros, foi publicada a portaria n.º 1426/2004, de 25 de Novembro, que revogou o n.º 1 da Portaria n.º 982/2004, de 4 de Agosto e aprovou novos coeficientes de localização mínimos e máximos a aplicar em cada município.

chefiado por um coordenador e directamente dependente do Subdirector-
-Geral para a área do Património e do próprio SEAF. Esta estrutura temporária e paralela aos próprios Serviços Centrais foi responsável pela
implementação prática de toda a reforma, desde a calendarização e controlo da execução dos vários projectos, pela concepção de modelos de
declarações e projectos de portarias, pela emissão de instruções superiores
e esclarecimentos vários sobre a Reforma aos serviços periféricos (Direcções e Serviços de Finanças), passando pela interligação com as equipas
da DGITA (Direcção-Geral da Informática e Apoio aos Serviços Tributários e Aduaneiros) que desenvolveram todas as aplicações informáticas
que suportam a Reforma.

Sem qualquer pretensão, somos levados a considerar que a coragem
política da Dr.ª Manuela Ferreira Leite e do SEAF Dr. Vasco Valdez em
fazer aprovar os diplomas que mexeram numa área tanto sensível como
o do Património, aliados à capacidade técnica demonstrada pelo NIRIP em
implementar os projectos e dirigir todo o aparelho administrativo no rumo
certo, foram os principais factores que, em nossa modesta opinião, contribuíram para o sucesso desta Reforma.

3.1. Linhas gerais

Nesta Reforma, e referindo somente os aspectos relativos ao tema
deste trabalho (não nos deteremos nas opções da reforma relativas à
tributação dinâmica do património, nomeadamente em sede de IMT e
Imposto de Selo), constatamos que o legislador procurou atingir vários
objectivos dos quais começaremos por destacar o gradualismo e a praticabilidade.

O primeiro orientou a elaboração do projecto e as opções nele contidas no sentido da ideia de uma reforma global, com medidas concretas
que consigam conferir efectivamente uma maior equidade entre os contribuintes e uma distribuição mais justa e equilibrada da carga fiscal.[57]

---

[57] Ver *Exposição de motivos da Proposta de Lei n.º 56/IX*, do Governo à Assembleia da República que viria a dar origem à Lei n.º 26/2003, de 30 de Julho, publicada
no Diário da Assembleia da República, II Série-A, n.º 88, pp. 3595-3617, de 26 de Abril
de 2003.

Entre essas medidas destacou-se a aplicação de factores de correcção monetária aos valores patrimoniais dos imóveis, em simultâneo com a aprovação do novo regime legal das avaliações, que irá substituir progressivamente os valores patrimoniais corrigidos à medida que se vá procedendo à avaliação da propriedade imobiliária urbana do país.

Por outro lado, há a questão da praticabilidade, dado que face à constatação de que não seria materialmente possível avaliar de uma vez só os cerca de 6,5 milhões de prédios urbanos, optou o legislador por avançar para a correcção imediata das injustiças através de uma fórmula menos perfeita, mas exequível num curto espaço de tempo[58] e largamente preferível à situação existente.

Verificou-se também gradualismo na forma como a cláusula de salvaguarda foi estabelecida, a fim de impedir que a actualização dos valores patrimoniais através dos factores de correcção monetária tivesse repercussão imediata e total no IMI a pagar em cada ano, tendo para isso sido fixados limites para o aumento anual da colecta por cada prédio.[59]

A reforma não passou pela mudança pura e simples dos nomes dos impostos ou pela mera transposição de factos tributários entre impostos. A prioridade foi antes para alterações que atenuassem ou eliminassem as injustiças, que reforçassem a equidade, que alargassem a base de incidência e que tivessem efeitos positivos na luta contra a fraude e a evasão e para a simplificação de procedimentos.

Outros objectivos igualmente importantes a atingir pela reforma, foram a equidade e a neutralidade.

---

[58] A actualização dos valores patrimoniais tributários efectuada nos termos do artigo 16.º do Decreto-Lei n.º 287/2003, de 12 de Novembro, implicou a recolha para o sistema informático da CA/IMI da data de inscrição na matriz e do respectivo valor patrimonial inicial. Por razões já mencionadas no Relatório Medina Carreira, nomeadamente a falta e/ou inexistência de informações viáveis nos Serviços de Finanças, levou o legislador a entender que para os prédios inscritos antes de 1970, inclusivé, fosse aplicado o coeficiente desse ano ao respectivo valor patrimonial considerado pela Administração Fiscal nesse mesmo ano (valor patrimonial inicial mais correcções/actualizações legais subsequentes). Para os prédios inscritos posteriormente a 1970, o valor patrimonial inicial deveria ser expurgado de quaisquer correcções/actualizações legais. No caso de prédios urbanos arrendados que o deixaram de estar até 31/12/88, o valor patrimonial inicial e o respectivo coeficiente deveria ser o respeitante ao ano da última actualização da renda.

[59] Ver *Aspectos Gerais da Reforma da Tributação do Património*, Dr. Vasco Valdez, Secretário de Estado dos Assuntos Fiscais, in CTF n.º 408, Out/Dez 2002 p. 69.

Todos os estudos já citados chamaram a atenção para a iniquidade que caracterizava a tributação da propriedade imobiliária, face à deficiente organização e conservação das matrizes prediais, à vigência de um sistema de avaliações muito subjectivo e discricionário e face à não actualização dos valores patrimoniais.[60]

A medida de actualização do valor patrimonial dos prédios urbanos não arrendados através da aplicação de factores de correcção monetária, terá como resultado, aumentar um pouco mais os valores mais antigos e aumentar menos ou não aumentar os valores patrimoniais mais recentes. Como a taxa será significativamente reduzida, tal significa que os prédios mais antigos pagarão um pouco mais do que pagam actualmente e que, em contrapartida, os imóveis inscritos nas matrizes mais recentemente começarão a pagar menos do que pagam actualmente.

Não obstante se poder afirmar que Portugal tinha uma baixa tributação sobre o património, não foi objectivo da reforma aumentar a receita fiscal, houve, ao contrário, o objectivo de beneficiar os contribuintes efectivos, através da descida das taxas, com o alargamento da base tributável, com a redução de alguns benefícios fiscais e com a redução gradual da fuga fiscal que certamente poderá ser também uma das consequências positivas da reforma.[61]

Este objectivo de não aumentar a receita global será conseguido através de uma ligeira recomposição entre os dois impostos municipais (CA/ /IMI e Sisa/IMT), com a propensão para um pequeno crescimento do primeiro e para uma pequena descida do segundo.

Outro objectivo prosseguido pela reforma foi a de um maior aprofundamento e concretização do poder tributário próprio das autárquicas locais, designadamente mantendo e alargando as possibilidades de fixação das taxas do imposto municipal sobre imóveis, dentro dos limites fixados pela Assembleia da República.[62]

Em síntese, e citando as palavras do SEAF, Dr. Vasco Valdez, esta foi uma reforma indispensável para introduzir modernidade nesta esfera da

---

[60] Ver *Exposição de motivos da Proposta de Lei n.º 56/IX*, Nota 57 e *Aspectos Gerais da Reforma da Tributação do Património*, Dr. Vasco Valdez, p. 70, Nota anterior.

[61] Ver *Exposição de motivos da Proposta de Lei n.º 56/IX*, Nota 57 e *Aspectos Gerais da Reforma da Tributação do Património*, Dr. Vasco Valdez, p. 71, Nota 59.

[62] Ver *Exposição de motivos da Proposta de Lei n.º 56/IX*, Nota 57 e *Aspectos Gerais da Reforma da Tributação do Património*, Dr. Vasco Valdez, p. 72, Nota 59.

tributação, tendo estado o Governo consciente da necessidade da sua aplicação gradual, como modo de a não inviabilizar e procurando adoptar mecanismos eficazes na luta contra a evasão fiscal, objectivo primordial para se ter um sistema fiscal mais justo e consensual.[63]

3.2. O novo regime legal de avaliações da propriedade urbana

Embora algumas destas ideias de que iremos falar já tenham sido referidas por nós anteriormente, em referência a outros estudos e relatórios, começaremos por destacar que o problema fundamental da contribuição autárquica residia efectivamente na determinação do valor patrimonial dos imóveis, especialmente dos urbanos, pois como sabemos, o valor da maior parte dos rústicos e o seu peso na composição dos patrimónios é actualmente bastante diminuto.[64]

A inflação e a aceleração do crescimento económico no país nos últimos 30 anos, sem a existência de actualizações periódicas dos valores matriciais, minaram por completo a estrutura e a coerência do imposto.

Em 1989, com a criação da Contribuição Autárquica, procurou-se inverter este processo. No entanto, e com a inexistência de um Código de Avaliações, tudo ficou na mesma, agravando-se mesmo com o simples decorrer do tempo.

Os problemas relacionados com a avaliação dos prédios mantiveram-se. Desde os critérios subjectivos das comissões de avaliação, à quase inexistência de mercado de arrendamento habitacional, fruto da rigidez do regime legal das rendas, que curiosamente ainda não resolvido, provocaram uma flagrante heterogeneidade dos valores atribuídos aos prédios, originando distorções e iniquidades de toda a ordem, não só na tributação estática (CA), mas também na dinâmica (Sisa e ISD).

Como foi já por nós acima referido neste trabalho, criaram-se situações totalmente inaceitáveis do ponto de vista da equidade, isto é, ao lado de uma sobretributação dos prédios novos, altamente penalizadora dos jovens casais e que vinha assumindo consequências sociais mais graves

---

[63] *Aspectos Gerais da Reforma da Tributação do Património*, Dr. Vasco Valdez, p. 80, Nota 59.

[64] Ver *Exposição de motivos da Proposta de Lei n.° 56/IX*, Nota 57.

à medida que iam terminando os períodos de isenção, por motivo de aquisição de habitação para residência própria e permanente, encontrava-se uma desajustada subtributação dos prédios antigos.

Mantiveram-se plenamente as razões que, aquando da Reforma de 1988-89, levaram à criação de um imposto sobre o valor patrimonial dos imóveis, com a receita a reverter a favor dos municípios, baseado predominantemente no princípio do benefício.[65]

Quanto à determinação do valor tributário dos prédios urbanos, foram acolhidas no essencial, as recomendações do relatório da Comissão de Desenvolvimento da Reforma Fiscal, bem como os critérios do anteprojecto do Código das Avaliações elaborado em 1991, actualizados mais tarde no âmbito da Comissão da Reforma da Tributação do Património, a saber, área bruta de construção e não edificada adjacente, preço por m^2, incluindo o valor do terreno, localização, vetustez e características envolventes da construção.

Considerou-se, no entanto, adequado fazer o enquadramento dos municípios em zonas, em função da sua diferente valorização, procedendo-se a zonamentos municipais específicos, com vista a aplicação de factores idênticos, independentemente da localização de cada prédio e de cada município no território nacional. Se tal assim não fosse, agravar-se-ia, sem qualquer justificação, a tributação dos prédios urbanos situados no interior e em zonas onde o valor de mercado é mais baixo e, simultaneamente, seriam beneficiados os prédios da zona litoral. Em muitos casos, sobretudo nos prédios situados no interior, os valores tributários ficariam bastante acima do próprio valor de mercado quando, desejavelmente, aquele valor deve ser ligeiramente inferior.

No que respeita ao processo de actualização dos valores patrimoniais, não se adoptou o método declarativo, como forma de avaliar imediata e simultaneamente os mais de 6 milhões de prédios urbanos. Escolheu-se uma solução mista, aliás, já sugerida pela Comissão Medina Carreira.

Os objectivos fundamentais são pois, a criação de um novo sistema de determinação do valor patrimonial tributário dos imóveis e a actualização dos valores matriciais existentes, a fim de repartir de forma mais justa a tributação da propriedade imobiliária, principalmente no plano

---

[65] Ver Preâmbulo do Código do IMI.

inter-geracional, modificando a distribuição da carga fiscal entre estática e dinâmica, com a diminuição da excessiva onerosidade tributária no momento da aquisição.[66]

O cálculo do valor patrimonial tributário dos prédios urbanos terá assim por base o custo médio de construção, as áreas, a localização, o tipo de construção, as características intrínsecas dos edifícios, as infra-estruturas marginantes e a envolvente urbanística.

Nos terrenos para construção, o seu valor será determinado tendo em conta o projecto ou plano aprovado.

Quanto aos prédios urbanos da espécie "Outros", utiliza-se sempre que possível a fórmula geral de determinação do valor patrimonial tributário dos prédios urbanos destinados a habitação, comercio, indústria e serviços. Quando devido à natureza do prédio, não seja possível utilizar aquela fórmula, deve aplicar-se o método do custo de construção adicionado do valor do terreno.

O valor patrimonial tributário dos prédios arrendados corresponderá à capitalização das rendas efectivas, desde que o mesmo seja inferior ao determinado pelas regras gerais.

Criaram-se também organismos de coordenação e supervisão das avaliações, com uma composição que garante a representatividade dos agentes económicos e das entidades públicas relevantes, mantendo-se as garantias de defesa das decisões dos órgãos de avaliações.

Um dos elementos positivos que caracteriza esta reforma é o facto de sempre que haja uma transmissão de imóveis, haverá uma avaliação e o valor patrimonial tributário será sempre determinado pelas novas regras.

Com efeito, após a entrada em vigor da nova lei[67], todos os imóveis que forem transmitidos gratuita ou onerosamente, serão avaliados de acordo com o novo regime legal, obtendo-se assim garantias de actualização, objectividade e de uniformidade dos valores dos imóveis, mesmo que esses valores já se encontrem corrigidos através da aplicação dos factores de correcção monetária.

---

[66] Ver *Exposição de motivos da Proposta de Lei n.º 56/IX*, Nota 57.

[67] O artigo 15.º do Decreto-lei n.º 287/2003, de 12 de Novembro, estabeleceu a avaliação dos prédios já inscritos na matriz aquando da sua primeira transmissão ocorrida após a entrada em vigor do Código do IMI, que se verificou no dia 1 de Dezembro de 2003, de acordo com o disposto no n.º 1 do artigo 32.º do D.L. n.º 287/2003, de 12 de Novembro.

Esta regra só não é seguida no caso dos imóveis urbanos arrendados até 31 de Dezembro de 2001, por razões de não agravar a tributação quando fossem transmitidos, caso em que o valor patrimonial será determinado pela aplicação de um factor de capitalização do rendimento[68], se inferior ao valor determinado pelas regras gerais, mantendo-se assim uma maior compatibilidade e equilíbrio entre o valor de mercado desses imóveis e os impostos que os seus adquirentes vão pagar quando os adquirirem.

Sobre este novo regime legal de avaliação predial urbana, cumpre-nos aqui referir também, a opinião de alguns eminentes fiscalistas, que melhor do que nós puderam aquilitar o sistema proposto.

Sobre a nova fórmula de determinação do valor dos prédios, o Prof. Casalta Nabais emitiu um juízo francamente positivo.[69] No seu entender, o sistema vigente conduzia a uma total arbitrariedade, e não se vislumbravam muitas alternativas viáveis e seguras, sobretudo devido à simulação generalizada e à existência de um mercado imobiliário especulativo, agravado pela existência do regime legal de limitação das rendas.

Na opinião do professor, a fórmula tem em conta toda uma série bastante diversificada e completa de factores, já que abarca a generalidade dos factores que é possível ter em conta, e cuja complexidade se prende justamente com a preocupação de atingir o valor real, o valor de mercado, ou um valor que dele se aproxime o mais possível. Daí que os factores considerados sejam não só factores objectivos como sejam factores, por via de regra, decisivos na formação dos preços dos imóveis num mercado imobiliário normal.

Além dos factores serem objectivos, o peso relativo de cada factor, é, em alguns deles, fixado dentro de estreitos limites estabelecidos por um órgão nacional, a Comissão Nacional de Avaliação dos Prédios Urbanos (CNAPU), cuja composição assenta largamente na participação colectiva dos interessados do sector imobiliário, pois nele têm assento representan-

---

[68] A aplicação do factor de capitalização do rendimento foi estabelecida no n.º 3 do artigo 17.º do Decreto-Lei n.º 287/2003, de 12 de Novembro. Para os anos de 2003 e 2004, foram estabelecidos no n.º 8 da Portaria n.º 982/2004, de 4 de Agosto, os factores de 12 e 12,5 respectivamente. Pela Portaria n.º 99/2005, de 17 de Janeiro, foi mantido para 2005 o factor de 12,5.

[69] Ver *As Bases Constitucionais da Reforma da Tributação do Património*, José Casalta Nabais, in Fisco n.º 111/112, Janeiro de 2004 p. 20.

tes das associações dos proprietários, construtores, promotores, mediadores imobiliários e avaliadores.

Por fim, a própria avaliação do prédio é da competência de um técnico, o perito local, que, em regra, é sempre um profissional qualificado, tendo o valor a estabelecer por base factores e elementos que ou estão estreita e totalmente determinados na própria lei ou se movem dentro de uma limitada margem de livre decisão.

Outra opinião relevante sobre esta matéria, foi o parecer elaborado[70] pelo Dr. Luís Manuel Teles Meneses Leitão, Professor da Faculdade de Direito de Lisboa, a pedido do Secretário de Estado dos Assuntos Fiscais sobre a constitucionalidade de alguns aspectos da proposta da Reforma da Tributação do Património.

Embora o parecer se debruce sobre duas questões, apenas iremos aqui referir-nos à parte sobre a conformidade da fórmula de determinação do valor patrimonial tributável com a Constituição.

Para o Prof. o cálculo do valor patrimonial tributário dos prédios através da respectiva fórmula, efectuando-se um avaliação dos prédios aquando cada transmissão, permitindo corrigir os valores patrimoniais, parece melhor que qualquer das propostas que tinham sido anteriormente apontadas neste domínio.

De seguida faz breves referências aos trabalhos da Comissão Silva Lopes, ao Relatório do GAPTEC presidido pelo Prof. Sidónio Pardal, ao Projecto Medina Carreira e por fim ao Projecto da ECORFI.

Sobre a fórmula em si e a avaliação dos prédios aquando de cada transacção, pareceu-lhe que era uma solução equilibrada, que permitirá corrigir a actual injustiça substancial que atinge a tributação no âmbito da CA. Nesse âmbito, não lhe pareceu haver ofensa à directriz constitucional vigente em sede de tributação do património, antes pelo contrário.

O que se verificava, no caso em questão, era que essa tributação era totalmente desigualitária, estabelecendo uma tributação superior de prédios que tinham um valor de mercado bastante inferior a outras, apenas em função da época em que foi fixado o seu valor matricial, Ora, essa situa-

---

[70] Ver *A Conformidade com CRP da Nova Fórmula de Determinação do Valor Patrimonial Tributário*, Luís Manuel Teles de Meneses Leitão, in Fisco n.º 113/114, Abril de 2004, pp. 3 a 23.

ção correspondia a uma total irracionalidade e injustiça nesta tributação, criando situações de verdadeiro "apartheid fiscal".[71]

Por outro lado, entende ainda o Prof. Meneses Leitão, que não se verifica qualquer violação nesta sede do princípio da legalidade fiscal, na medida em que se deixaria a fixação do valor dos prédios a uma avaliação. A verdade é que essa avaliação é estabelecida com base em critérios totalmente objectivos, que deixam muito pouca margem para qualquer arbítrio neste domínio, sendo que o sujeito passivo ainda tem a possibilidade de reagir contra a fixação do valor patrimonial através da segunda avaliação.

Efectivamente, fazendo parte o Prof. da corrente que defende que as normas relativas à fixação do valor patrimonial tributável dos prédios urbanos se integram na incidência do imposto[72] e por isso são abrangidos pelo princípio da legalidade, estabelecido no artigo 103.º, n.º 2 da Constituição, com os seus corolários da tipicidade fechada e taxativa e do exclusivismo, a verdade é que esse princípio não exclui totalmente alguma margem de apreciação da Administração na determinação da substância dos factos tributários. Efectivamente, hoje em dia reconhece-se ser impossível que a realidade tributária conste em termos absolutos da previsão legislativa, tendo que se deixar uma certa margem à Administração Fiscal no apuramento dessa mesma realidade.

Ora, na fórmula de determinação do valor patrimonial tributável dos prédios urbanos é reduzidíssima a margem de apreciação conferida à Administração Fiscal, uma vez que praticamente todos os elementos componentes da fórmula são totalmente objectivos, deixando muito pouca margem para a subjectividade.

Logo, não pareceu ao Prof. Meneses Leitão que a nova fórmula de determinação do valor patrimonial tributável dos prédios urbanos possa ser considerada desconforme com o artigo 103.º, n.º 2 da C.R.P.

Dos referidos pareceres dos dois reputados fiscalistas, podemos concluir que não deverão existiram quaisquer problemas de constitucionalidade na fórmula adoptada pelo legislador.

---

[71] Ver *A Conformidade com CRP da Nova Fórmula de Determinação do Valor Patrimonial Tributário*, Luís Manuel Teles de Meneses Leitão, in Fisco n.º 113/114, Abril de 2004, p. 14. A expressão "apartheid fiscal" é do Prof. Casalta Nabais, Direito Fiscal, pp. 487 e ss., e foi já também por nós referida no início deste trabalho.

[72] Ver Acórdão do Tribunal Constitucional n.º 358/92, de 11 de Novembro, por nós já citado (página 15).

Outra questão, que tentaremos abordar adiante, será o resultado prático da sua aplicação nas avaliações e até que ponto a fixação do zonamento não poderá, ainda que indirectamente, alargar a margem de apreciação conferida à Administração Fiscal na determinação do valor patrimonial tributário nos casos concretos.

3.2.1. *A fórmula de determinação do valor patrimonial tributário*

A reforma orientou-se para a consagração de regras objectivas que permitem aos próprios contribuintes conhecer ou mesmo quantificar por si[73] o valor tributável dos seus bens imóveis, ficando a administração fiscal vinculada a critérios de quantificação previamente fixados na lei que permitirão eliminar a discricionariedade e a subjectividade das comissões de avaliação do sistema anterior, caminhando-se assim para as exigências de legalidade, clareza e segurança dos modernos sistemas fiscais.

Especificamente no que respeita aos prédios urbanos, acompanhou-se a tendência actualmente seguida noutros países que é a de adoptar sistemas de avaliação com base nos valores de mercado.

Dos testes por amostragem realizados sobre um conjunto de prédios, chegou-se à conclusão que a aplicação dos novos factores de avaliação aproximará o valor patrimonial dos imóveis para cerca de 80% a 90% dos valores do mercado.[74]

O novo regime regra de avaliações da propriedade urbana tem assim por base a fórmula de determinação do valor patrimonial tributário estabelecida nos artigos 38.º e seguintes do CIMI.

---

[73] Ver a aplicação informática integrada no Sistema de Informação Geográfica do Imposto Municipal sobre Imóveis (SIGIMI) no site http://www.e-financas.gov.pt/SIGIMI/default.jsp, que permite ao contribuinte consultar os vários coeficientes em vigor para todo o território nacional e simular a avaliação do seu imóvel com um grau de aproximação notável. Apenas são desconhecidos ao contribuinte os indicadores de qualidade construtiva, localização excepcional e estado deficiente de conservação que irão influenciar o coeficiente de qualidade e conforto, mas até esses indicadores, ao serem atribuídos no acto de avaliação pelos peritos locais terão que atender às directrizes estabelecidas pela CNAPU, constantes da actual Portaria n.º 982/2004, de 4 de Agosto.

[74] Ver *Aspectos Gerais da Reforma da Tributação do Património*, Dr. Vasco Valdez, Secretário de Estado dos Assuntos Fiscais, in CTF n.º 408, Out/Dez 2002 p. 75.

Importa ter em conta que para efeitos tributários, os prédios dividem-se em: a) habitacionais; b) comerciais, industriais ou para serviços; c) terrenos para construção;[75] e d) outros[76].

Sendo a determinação do valor patrimonial tributário dos prédios o objectivo da avaliação para fins fiscais, o artigo 7.º do CIMI estabelece o modo de aplicação das regras de avaliação aos prédios urbanos com partes enquadráveis em mais de uma das divisões citadas no parágrafo anterior.

Caso o prédio tenha uma parte principal e outra (s) meramente acessória (s), aplicam-se as regras de avaliação da parte principal, tendo em conta a valorização resultante da existência de partes acessórias. Caso as diferentes partes sejam economicamente independentes, aplicam-se as regras correspondentes a cada parte, resultando o valor global da soma das partes.

Uma outra questão a ponderar pelo perito local antes da avaliação, é a da vistoria prévia referida no n.º 2 do artigo 14.º do CIMI. Apesar de esta não ter carácter de obrigatoriedade[77], não desobriga o avaliador da responsabilidade de conhecer, com rigor, o prédio em avaliação, atendendo à maior objectividade dos parâmetros da avaliação, que o novo sistema exige.

A determinação do valor patrimonial tributário dos prédios urbanos para habitação, comércio, indústria e serviços resulta da seguinte expressão:

$$Vt = Vc \times A \times Ca \times Cl \times Cq \times Cv$$

---

[75] Terrenos com licença de construção ou com autorização de operação de loteamento ou como tal declarado no título aquisitivo.

[76] Terrenos situados dentro de um aglomerado urbano para os quais: a) as entidades competentes vedem qualquer licença ou autorização de operação de loteamento ou de construção; b) edifícios e construções licenciados ou, na falta de licença, que tenham como destino normal outros fins que não a habitação, comércio, indústria ou serviços. Nos termos do n.º 4 do artigo 3.º do CIMI, consideram-se aglomerados urbanos, além dos situados dentro de perímetros legalmente fixados, os núcleos com um mínimo de 10 fogos servidos por arruamentos de utilização pública, sendo o seu perímetro delimitado por pontos distanciados 50m do eixo dos arruamento, no sentido transversal, e 20m da última edificação, no sentido dos arruamento.

[77] No sistema de avaliação do CCPIIA, era sempre necessária a vistoria prévia ao prédio, sob pena de se incorrer no vício de preterição de formalidades legais.

em que:

    Vt = valor patrimonial tributário[78];
    Vc = valor base dos prédios edificados;
    A   = área bruta de construção mais a área excedente à área de implantação;
    Ca = coeficiente de afectação;
    Cl = coeficiente de localização;
    Cq = coeficiente de qualidade e conforto;
    Cv = coeficiente de vetustez.

3.2.1.1. A determinação do valor base dos prédios edificados (Vc)

O valor base dos prédios edificados (Vc) corresponde ao custo médio de construção por metro quadrado adicionado do valor do metro quadrado do terreno de implantação fixado em 25% daquele custo.

O custo médio de construção compreende os encargos directos e indirectos suportados na construção do edifício, designadamente os relativos a materiais, mão-de-obra, equipamentos, administração, energia, comunicações e outros consumíveis.

Este custo médio de construção por metro quadrado é proposto anualmente, até 31 de Outubro, para vigorar no ano seguinte, pela Comissão Nacional de Avaliação de Prédios Urbanos (CNAPU), sendo aprovado por Portaria[79] do Ministro das Finanças.

Assim por exemplo, o valor base dos prédios edificados (Vc) para 2003 será:

Custo médio de construção/m²	€ 480,00
Valor do m² do terreno de implantação (fixado em 25% do custo médio de construção/m²)	€ 120,00
Valor base dos prédios edificados, por m²	**€ 600,00**

---

[78] O valor patrimonial tributário apurado é arrendado para a dezena de euros imediatamente superior.

[79] Para os anos de 2003 e 2004, o custo médio de construção por metro quadrado foi fixado em € 480,00 (n.º 6 da Portaria n.º 982/2004, de 4 de Agosto). Para 2005 o custo médio de construção por metro quadrado foi fixado em € 490,00 (n.º 1 da Portaria n.º 99/2005 (2.ª Série), de 17 de Janeiro).

3.2.1.2. *A determinação da área bruta de construção (do edifício ou da fracção) mais a área excedente à área da implantação (A)*

A determinação da área bruta de construção mais a área excedente à área de implantação resulta da seguinte expressão:

$$A = Aa + Ab + Ac + Ad$$

em que:

Aa representa a área bruta privativa;
Ab representa as áreas brutas dependentes;
Ac representa a área do terreno livre até ao limite de duas vezes a área de implantação;
Ad representa a área do terreno livre que excede o limite de duas vezes a área de implantação.

A área bruta privativa (Aa) é a superfície total, medida pelo perímetro exterior e eixos das paredes ou outros elementos separadores do edifício ou da fracção, inclui varandas privativas[80], caves e sótãos privativos com utilização idêntica à do edifício ou da fracção a que se aplica o coeficiente 1,00.

As áreas brutas dependentes (Ab) são as áreas cobertas de uso exclusivo, ainda que constituam partes comuns, mesmo que situadas no exterior do edifício ou da fracção, cujas utilizações são acessórias relativamente ao uso a que se destina o edifício ou fracção. Para o efeito, consideram-se locais acessórios: garagens e parqueamentos, arrecadações, instalações para animais, os sótãos ou caves acessíveis, desde que não integrados na área bruta privativa (Aa) e ainda outros locais privativos de função distinta das anteriores. Aplica-se o coeficiente 0,30.

A área livre do terreno ou da fracção ou a sua quota-parte resulta da diferença entre a área total do terreno e a área de implantação da construção ou construções. Integra jardins, parques, campos de jogos, piscinas, quintais e outros logradouros. Aplica-se o coeficiente de 0,025, para a área até ao limite de duas vezes a área de implantação (Ac). Aplica-se o coe-

---

[80] Em relação ao enquadramento das varandas, a administração fiscal entendeu que como só as varandas fechadas podem ter a mesma utilização do edifício ou fracção, só estas deverão ser consideradas como área bruta privativa (Aa). Tratando-se de varandas não fechadas, as mesmas têm uma utilização acessória relativamente ao uso a que se destina o edifício ou fracção e, como tal, deverão ser consideradas como área bruta dependente (Ab). (Circular n.º 15/2004, de 30 de Novembro, da Direcção de Serviços de Avaliações da DGCI)

ficiente 0,005, para a área excedente ao limite de duas vezes a área de implantação (Ad).

No quadro seguinte[81] apresenta-se algumas situações que frequentemente suscitam dúvidas:

	A – Prédios em regime de propriedade horizontal	B – Prédios em regime de propriedade total
Áreas comuns no edifício	Não considerar	Não considerar[82]
Terraços[83]	Não considerar	Não considerar
Jardins, parques, campos de jogos, piscinas, quintais e outros logradouros	Considerar como terreno livre. No cálculo de Ac e de Ad, atender à permilagem da fracção autónoma.	Considerar como terreno livre. No cálculo de Ac e de Ad, atender à distribuição proporcional pelos diferentes andares ou divisões susceptíveis de utilização independente.
Áreas acessórias comuns edificadas fora do edifício	Considerar como Ab e atender à permilagem da fracção autónoma.	Considerar como Ab e atender à sua distribuição proporcional pelos andares ou divisões susceptíveis de utilização independente.

Refere-se ainda que, em prédios com garagens colectivas, no cálculo da área bruta dependente (Ab), não entram os "corredores de circulação", mas apenas os lugares de parqueamento.

Em prédios com piscinas cobertas, estas entram para o cálculo da área bruta dependente (Ab), sendo considerada em função da permilagem de cada fracção autónoma, no regime de propriedade horizontal, ou, considerando uma distribuição proporcional pelos diferentes andares ou divisões susceptíveis de utilização independente, no regime de propriedade total.

---

[81] Ver *Manual de Avaliação de Prédios Urbanos* v1.0, da Direcção de Serviços de Avaliações, DGCI, Setembro de 2004.

[82] Não se considera por se tratar de áreas equivalentes às áreas comuns dos prédios em regime de propriedade horizontal – patamares, escadas, elevadores.

[83] Quanto aos terraços (superfícies pavimentadas descobertas que servem de coberturas e se encontram à disposição de um ou mais fogos) não entram no cálculo do A, por não se enquadrarem no espírito do artigo 40.° do CIMI.

3.2.1.3. O coeficiente de afectação (Ca)

O coeficiente de afectação (Ca) depende do tipo de utilização dos prédios edificados, de acordo com o seguinte quadro[84]:

Utilização	Coeficientes
Comércio[85]	1,20
Serviços	1,10
Habitação	1,00
Habitação social sujeita a regimes legais de custos controlados	0,70
Armazéns e actividade industrial	0,60
Estacionamento coberto[86]	0,40
Prédios não licenciados, em condições muito deficientes de habitabilidade	0,45
Estacionamento não coberto[87]	0,08

Sobre a aplicação deste coeficiente de afectação cabe ainda referir algumas notas importantes.

Se o prédio tiver licença que prevê mais do que uma utilização, sem diferenciar a fracção, andar ou parte susceptível de utilização independente, deve considerar-se a afectação declarada pelo contribuinte se o prédio não se encontrar ocupado. Caso o prédio se encontre ocupado, deve considerar-se a afectação correspondente à utilização efectiva.

Quando o prédio não possuir licença de utilização deve seguir-se o entendimento expresso no parágrafo anterior.

---

[84] Ver *Manual de Avaliação de Prédios Urbanos* v1.0, da Direcção de Serviços de Avaliações, DGCI, Setembro de 2004. p. 11.

[85] Sendo do senso comum que a afectação de um imóvel influencia o seu valor, em condições normais de mercado e de acordo com a casuística observada, o valor dos imóveis destinados ao comércio é, em regra, superior aos dos destinados a habitação, ocupando os destinados a serviços um valor intermédio.

[86] Prédio urbano da espécie "Outros". Como veremos adiante, entende-se que de acordo com o disposto no n.º 1 do artigo 46.º do CIMI, a esta espécie de prédios urbanos não se aplicará o coeficiente de qualidade e conforto.

[87] Para estes prédios vale o mesmo que foi referido na nota anterior.

No caso de se tratar de um prédio não licenciado, em condições muito deficientes de habitabilidade, o coeficiente de afectação 0,45 apenas se aplica a edificações para habitação. Porém, não basta que o prédio não seja licenciado, tendo que cumulativamente, apresentar condições muito deficientes de habitabilidade (ex: barracas, casas abarracadas, etc.).

Em virtude da aplicação deste coeficiente poder levantar algumas dúvidas, apresentaremos alguns exemplos de afectação indicados pela Administração Fiscal no já citado Manual:

- Oficinas (ex. mecânica auto, de restauro de mobiliário, de reparações eléctricas), hotéis, restaurantes, bares, discotecas: **Serviços**;
- Oficinas (ex. marcenaria, metal-mecânica, olaria): **Indústria**;
- Hipermercados/Supermercados: **fazer o devido enquadramento de acordo com a utilização** (comércio, serviços, armazéns se constituem áreas economicamente independentes, etc.);
- Quiosques: **Comércio ou Serviços**, de acordo com a utilização dominante;
- Estabelecimentos onde a actividade principal é o ensino (ex. creches, escola de ensino básico e secundário, institutos politécnicos, universidades): **Serviços**;
- Estabelecimentos onde se prestam actos clínicos e cuidados de saúde (ex. centros de enfermagem, casa de repouso e lares, clínicas, hospitais): **Serviços**.

Apesar dos vários exemplos tentarem esclarecer sob um critério económico qual deverá ser o coeficiente de afectação a aplicar, parece-nos que haverá certamente casos concretos em que, na prática, será muito difícil definir objectivamente o mesmo. Veja-se o exemplo citado do quiosque e pergunte-se a partir de que proporção se poderá considerar uma utilização dominante? 51%, 60%, 80%, 95%?

3.2.1.4. *O coeficiente de localização (Cl)*

O coeficiente de localização varia entre 0,40 e 2,00, podendo ser reduzido para 0,35 em situações de habitação dispersa, frequente no meio rural, e ser elevado até 3,00 em zonas de elevados valor de mercado imobiliário.

De acordo com o n.º 3 do artigo 42.º do CIMI, a fixação do coeficiente de localização deve ter em consideração o seguinte:

- Acessibilidades, considerando-se como tais, a qualidade e variedades das vias rodoviárias, ferroviárias, fluviais e marítimas;
- Proximidade de equipamentos sociais, designadamente estabelecimentos de ensino, serviços públicos, comércio;
- Serviços de transportes públicos;
- Localização em zonas de elevado valor de mercado imobiliário.

Compete aos peritos locais a elaboração, trienal ou anual, da proposta de zonamento do município, ou parte do município, em que exerçam a actividade, nos termos da alínea b) do artigo 64.º do CIMI.

Como veremos mais detalhadamente de seguida, o zonamento consiste na definição das zonas homogéneas, designadas por *areas price* na terminologia anglo-saxónica, onde se verifica, para determinada afectação[88], preços unitários idênticos de imóveis semelhantes (por verificação dos valores correntes de mercado), aplicando-se a estes o mesmo coeficiente de localização (Cl).

---

[88] Nos termos do n.º 3 do artigo 42.º do CIMI, os coeficientes de localização a aplicar em cada zona homogénea do município podem variar, e geralmente variam, conforme se trate de edifícios destinados a habitação, comércio, indústria ou serviços.

Apesar de esta diferença de coeficientes de localização, conforme o destino do imóvel, parecer uma redundância, uma vez que o coeficiente de afectação já influencia o valor patrimonial do imóvel conforme o tipo de utilização, somos de opinião que estes dois efeitos são essencialmente complementares, atendendo a duas ordens de ideias.

Na primeira ordem, o coeficiente de afectação influenciará o valor dos imóveis atendendo sobretudo ao tipo de utilização efectiva, enquanto que a diferença de coeficientes de localização conforme o destino do imóvel procurará influenciar o seu valor atendendo sobretudo ao seu destino potencial.

Na segunda ordem, terá sido opção clara do legislador limitar ao máximo possível a liberdade de actuação do perito, pelo que, sabendo-se que as diferenças entre os coeficientes de localização conforme a afectação irão variar de município para município, não seria possível reflectir de um modo uniforme por todo o país a diferença de valores que normalmente existe entre prédios com diferentes afectações. Desse modo o legislador terá optado por fazer reflectir esse efeito "afectação" em duas parcelas: uma fixa, directa e uniforme para todos os imóveis por via do coeficiente de afectação; e outra variável e indirecta por via das eventuais diferenças entre os coeficientes de localização.

Para a sua efectivação, já em 2004, a DGCI em colaboração com a DGITA desenvolveu, para a rede nacional de peritos locais (avaliadores) responsáveis pela execução do zonamento, uma aplicação informática baseada em *web* – SIGIMI[89] que permitiu de modo célere e homogéneo, obter o zonamento para todos os municípios, em formato digital, tendo como cartografia base a disponibilizada pelo Instituto Nacional de Estatística (INE), a partir do seu serviço de mapas.

Em 2004, os valores mínimos e máximos dos coeficientes de localização, por tipo de afectação, a aplicar em cada município, por Serviço de Finanças, bem como os zonamentos municipais e respectivos coeficientes de localização, foram sujeitos à análise da CNAPU, propondo-os para aprovação à Ministra de Estado e das Finanças, o que aconteceu com a publicação da Portaria n.º 982/2004, de 4 de Agosto, posteriormente alterada pela Portaria n.º 1426/2004, de 25 de Novembro.

Adiante aprofundaremos o que foi aqui referido quando nos debruçarmos especificamente sobre o zonamento.

3.2.1.5. *O coeficiente de qualidade e conforto (Cq)*

O coeficiente de qualidade e conforto (Cq) é aplicado ao valor base do prédio edificado, podendo ser majorado até 1,70 e minorado até 0,50, e obtém-se, adicionando à unidade os coeficientes majorativos, e subtraindo os coeficientes minorativos de acordo com as tabelas I e II que se seguem.

---

[89] Ver nota 67, na página 57.

TABELA I
Prédios urbanos destinados a habitação

Elementos de qualidade e conforto	Coeficientes
Majorativos:	
Moradias unifamiliares	Até 0,20
Localização em condomínio fechado	0,20
Garagem individual	0,04
Garagem colectiva	0,03
Piscina individual	0,06
Piscina colectiva	0,03
Campo de ténis	0,03
Outros equipamentos de lazer	0,04
Qualidade construtiva	Até 0,15
Localização excepcional	Até 0,10
Sistema central de climatização	0,03
Elevadores em edifícios de menos de quatro pisos	0,02
Minorativos:	
Inexistência de cozinha	0,10
Inexistência de instalações sanitárias	0,10
Inexistência de rede pública ou privada de água	0,08
Inexistência de rede pública ou privada de electricidade	0,10
Inexistência de rede pública ou privada de gás	0,02
Inexistência de rede pública ou privada de esgotos	0,05
Inexistência de ruas pavimentadas	0,03
Existência de áreas inferiores às regulamentares	0,05
Inexistência de elevador em edifícios com mais de três pisos	0,02
Estado deficiente de conservação	Até 0,10

TABELA II
Prédios urbanos destinados a comércio, indústria e serviços

Elementos de qualidade e conforto	Coeficientes
Majorativos:	
Localização em centro comercial	0,25
Localização em edifícios destinados a escritórios	0,10
Sistema central de climatização	0,10
Qualidade construtiva	Até 0,10
Existência de elevador (es) e ou escada (s) rolantes (s)	0,03
Minorativos:	
Inexistência de instalações sanitárias	0,10
Inexistência de rede pública ou privada de água	0,08
Inexistência de rede pública ou privada de electricidade	0,10
Inexistência de rede pública ou privada de esgotos	0,05
Inexistência de ruas pavimentadas	0,03
Inexistência de elevador em edifícios com mais de três pisos	0,02
Estado deficiente de conservação	Até 0,10

Da leitura das tabelas anteriores facilmente se percebe que os coeficientes de qualidade e conforto reflectem as características intrínsecas do prédio (edifício ou fracção) e da sua envolvente urbana.

Visando a aplicação uniforme das tabelas antes referidas, o n.º 2 do artigo 43.º do CIMI explicita um conjunto de conceitos constantes das mesmas. No sentido de melhor esclarecermos o alcance de alguns deles, iremos referi-los de seguida.

Considera-se cozinha um local onde se encontram instalados equipamentos adequados para a preparação das refeições. Este conceito revela apenas nos prédios habitacionais, uma vez que as cozinhas integradas em restaurantes e escolas, por exemplo, não influenciam o coeficiente de qualidade e conforto.

Consideram-se instalações sanitárias os compartimentos do prédio com um mínimo de equipamentos adequados às respectivas funções.

Consideram-se também redes públicas de distribuição de água, de electricidade, de gás ou de colectores de esgotos, as que, sendo privadas, sirvam um aglomerado urbano constituído por um conjunto de mais de 10 prédios urbanos.

Consideram-se áreas inferiores às regulamentares as que estejam abaixo dos valores mínimos fixados no Regime Geral das Edificações Urbanas (RGEU).

Considera-se condomínio fechado, um conjunto de edifícios, moradias ou fracções autónomas, construído num espaço de uso comum e privado, com acesso condicionado durante parte ou a totalidade do dia. Apenas será considerado condomínio fechado para efeitos fiscais, desde que conste como tal na licença emitida pela Câmara Municipal.

Considera-se piscina qualquer depósito ou reservatório de água para a prática da natação desde que disponha de equipamento de circulação e filtragem de água.

Consideram-se equipamento de lazer todos os que sirvam para repouso ou para a prática de actividades lúcidas ou desportivas.

Para aferição da qualidade construtiva[90], considera-se a utilização de materiais de construção e revestimento superiores aos exigíveis correntemente, nomeadamente madeiras exóticas e rochas ornamentais.

---

[90] De acordo com as directrizes da CNAPU aprovadas pela Portaria n.º 982/2004, de 4 de Agosto, os parâmetros a considerar na avaliação dos prédios em relação à qualidade construtiva são: a) Qualidade do projecto; b) Ventilação – sistemas de aquecimento

Considera-se haver localização excepcional[91] quando o prédio ou parte do prédio possua vistas panorâmicas sobre o mar, rios, montanhas ou outros elementos visuais que influenciem o respectivo valor de mercado.

Considera-se centro comercial, o edifício ou parte do edifício com um conjunto arquitectonicamente unificado de estabelecimentos comerciais de diversos ramos, em número não inferior a 45, promovido, detido e gerido como uma unidade operacional, integrando zona de restauração, tendo sempre uma loja âncora e ou cinemas, zonas de lazer, segurança e parqueamento.

Considera-se edifício de escritórios o prédio ou parte do prédio concebido arquitectonicamente por forma a facilitar a adaptação e a instalação de equipamentos de acesso às novas tecnologias.

Considera-se que é deficiente o estado de conservação[92] quando os elementos construtivos do prédio não cumpram satisfatoriamente a sua função ou façam perigar a segurança de pessoas e bens.

Para efeitos de aplicação do CIMI e de acordo com o Regulamento dos Sistemas Energéticos de Climatização em Edifícios (Decreto-Lei n.º 118/98, de 7 de Maio), considera-se sistema central de climatização, o conjunto de equipamentos combinados de forma coerente com vista a satisfazer um ou mais dos objectivos de climatização (ventilação, aquecimento, arrefecimento, humidificação, desumidificação e purificação do ar), situado ou concentrado numa instalação e num local distinto dos locais a climatizar, sendo o frio ou calor (e humidade) no todo ou em parte, transportado por um fluído térmico aos diferentes locais a climatizar.

---

e arrefecimento; c) Isolamento térmico; d) Conforto acústico; e) Nível de qualidade dos revestimentos/acabamentos; f) Nível de qualidade/existência de instalações especiais – segurança, incêndio, domótica.

[91] De acordo com as directrizes da CNAPU aprovadas pela Portaria n.º 982/2004, de 4 de Agosto, os parâmetros a considerar na avaliação dos prédios em relação à localização excepcional são: a) Vistas panorâmicas; b) Orientação da construção; c) Piso; d) Enquadramento urbanístico – equipamentos colectivos, densidade de construção; e) Qualidade ambiental – zonas verdes, elementos naturais, ausência de poluição.

[92] De acordo com as directrizes da CNAPU aprovadas pela Portaria n.º 982/2004, de 4 de Agosto, os parâmetros a considerar na avaliação dos prédios em relação ao estado de deficiente conservação são: a) Anomalias na estrutura; b) Cobertura em mau estado; c) Revestimentos de piso, paredes e tectos deteriorados; d) Caixilharia deteriorada; e) Instalações deterioradas ou em deficiente funcionamento; f) Condições de salubridade e higiene deficientes.

Embora não esteja definido na própria lei, consideram-se moradias unifamiliares, aquelas cujo imóvel se destina a alojar apenas um agregado familiar, independentemente do número de pisos, com um único artigo matricial.

Devido à particularidade deste elemento, veremos de seguida como deverá o mesmo ser aplicado.

3.2.1.5.1. O coeficiente majorativo aplicável às moradias unifamiliares

Pelo ponto 4 da Portaria n.º 982/2004, de 4 de Agosto foram aprovados os coeficientes majorativos aplicáveis ás moradias unifamiliares, para efeitos do disposto no n.º 1 do artigo 43.º do CIMI.

De facto, conjugado o citado artigo 43.º com a alínea b) do n.º 1 do artigo 62.º do CIMI, ressalta a necessidade de fixar, para as moradias unifamiliares, os valores do coeficiente majorativo que foram atribuídos através de uma correlação positiva com as percentagens do valor do terreno (n.º 2 do artigo 45.º).

A tabela seguinte expressa os valores de referência dos coeficientes majorativos, para as moradias familiares.

Tabela dos coeficientes majorativos para as moradias unifamiliares

% valor do terreno	Coeficiente	% valor do terreno	Coeficiente	% valor do terreno	Coeficiente
15,00	0,00				
16,00	0,01	26,00	0,07	36,00	0,14
17,00	0,01	27,00	0,08	37,00	0,15
18,00	0,02	28,00	0,09	38,00	0,15
19,00	0,03	29,00	0,09	39,00	0,16
20,00	0,03	30,00	0,10	40,00	0,17
21,00	0,04	31,00	0,11	41,00	0,17
22,00	0,05	32,00	0,11	42,00	0,18
23,00	0,05	33,00	0,12	43,00	0,19
24,00	0,06	34,00	0,13	44,00	0,19
25,00	0,07	35,00	0,13	45,00	0,20

Esta tabela foi elaborada no sentido de dar resposta a duas realidades distintas: a) locais onde predominam as moradias (pequenos aglomerados urbanos), onde não se justifica a utilização deste coeficiente como elemento diferenciador para a construção em altura; b) locais onde predomina a construção em altura (aglomerados urbanos de média e grande dimensão), justificando-se aqui a aplicação de um coeficiente que retrate esta realidade.[93]

A tabela procura evidenciar essa situação, relacionando a banda de coeficientes a usar com a percentagem atribuída aos terrenos para construção, em cada zona homogénea.

3.2.1.6. *O coeficiente de vetustez (Cv)*

O coeficiente de vetustez é determinado em função do número inteiro de anos decorridos, desde a data da emissão da licença de utilização, caso exista, ou desde a data de conclusão das obras de edificação, de acordo com a tabela seguinte.

Anos	Coeficiente de vestustez
Menos de 3	1,00
3 a 5	0,98
6 a 10	0,95
11 a 15	0,90
16 a 20	0,85
21 a 30	0,80
31 a 40	0,75
41 a 50	0,65
51 a 60	0,55
61 a 80	0,45
Mais de 80	0,35

Os coeficientes constantes da tabela tiveram como referência, tabelas já existentes, nomeadamente em publicações da ONU, sobre a tributação do património.

Um aspecto importante a ter em conta em relação a este coeficiente refere-se à sua aplicação aos prédios ampliados.

---

[93] Ver *Manual de Avaliação de Prédios Urbanos* v1.0, da Direcção de Serviços de Avaliações, DGCI, Setembro de 2004. p. 18

Havendo alterações em prédio edificado, em regime de propriedade total, por ampliação com áreas acessórias, a determinação do seu Vt será feita da seguinte forma:

1) Calcula-se o Vt do prédio, sem a ampliação. Para tal, a área do prédio a considerar, é a anterior à ampliação, e a idade do prédio para aplicação do Cv, é a da ampliação.
2) De seguida calcula-se o Vt do prédio com a ampliação. A área do prédio a considerar inclui a ampliação, e a idade do prédio para aplicação do Cv, é a da ampliação.
3) Em terceiro lugar calcula-se o Vt do prédio, reportado à situação anterior à ampliação. A área do prédio a considerar é a anterior à ampliação, e a idade do prédio, para aplicação do Cv, é a do prédio, se não tivesse ocorrido a ampliação.

Se a ampliação incluir novos elementos de qualidade e conforto, estes devem ser considerados no cálculo das alíneas 1, 2 e 3, para aplicação do Cq.

4) Por fim calcula-se o Vt da ampliação = 2 – 1.
5) O cálculo do Vt final do prédio será = 3 + 4.

Sempre que esteja em causa a ampliação de um prédio, o Vt deve ser determinado para cada uma das partes, fazendo-se sempre três avaliações, duas com o Cv à data da ampliação, determinando-se pela diferença do Vt da ampliação. De seguida, calcula-se o Vt do edifício antigo com a respectiva idade, somando-lhe o Vt da ampliação.

No caso de um prédio em propriedade total ampliado com divisões, andares ou fogos susceptíveis de utilização independente, a avaliação deve ser feita separadamente com discriminação do Vt, seguindo-se a regra geral para a determinação da idade de cada uma das partes.

No caso de ampliação de terreno para construção ou de logradouros de prédio urbano (vulgar arredondamento de extremas), deve a parcela de terreno a anexar ser avaliada só para efeitos de IMT nos termos do artigo 14.º, n.º 4 a 6 do CIMT. Os proprietários dos prédios daí resultantes apresentarão a declaração modelo 1 do IMI, nos termos da alínea d) do artigo 13.º do CIMI, devendo os prédios ser avaliados para efeitos de IMI.[94]

---

[94] Ver *Manual de Avaliação de Prédios Urbanos* v1.0, da Direcção de Serviços de Avaliações, DGCI, Setembro de 2004. p. 20.

3.2.3. A determinação do valor patrimonial tributário dos terrenos para construção

De acordo com o disposto no artigo 45.º do CIMI, o valor patrimonial tributário dos terrenos para construção resulta do somatório do valor da área de implantação do edifício a construir, que é situada dentro do perímetro de fixação do edifício ao solo, medida pela parte exterior, adicionado do valor do terreno adjacente à implantação.

Vejamos em equação o modo como a administração fiscal interpreta esta norma:[95]

$$Vt = VTimplantação + VTadjacente$$

Sendo:

$$VTimplantação = Vc \times [(Abc - Ab) + (Ab \times 0{,}3)] \times \\ \times \%ai \times Ca \times Cl \times Cq$$

em que:

- **Vc** – valor base dos prédios edificados
- **Abc** – área bruta de construção
- **Ab** – área bruta dependente (ponderada com o coeficiente 0,3)
- **%ai** – percentagem da área de implantação (variando entre 15% e 45% do valor das edificações previstas ou autorizadas)
- **Ca** – coeficiente de afectação
- **Cl** – coeficiente de localização
- **Cq** – coeficiente majorativo para as moradias unifamiliares (só se aplica o Cq neste caso)

$$VTadjacente = Vc \times [(Ac \times 0{,}025) + (Ad \times 0{,}005)] \times Ca \times Cl \times Cq$$

em que:

- **Vc** – valor base dos prédios edificados
- **Ac** – área do terreno livre até ao limite de duas vezes a área de implantação (ponderada com o coeficiente de 0,025)
- **Ad** – área do terreno livre que excede o limite de duas vezes a área de implantação (ponderada com o coeficiente 0,005)

---

[95] Ver *Manual de Avaliação de Prédios Urbanos* v1.0, da Direcção de Serviços de Avaliações, DGCI, Setembro de 2004. p. 21.

Ca – coeficiente de afectação
Cl – coeficiente de localização
Cq – coeficiente majorativo para as moradias unifamiliares (só se aplica o Cq neste caso)

As percentagens referentes à área de implantação (%ai) e respectivas áreas de aplicação, à semelhança do zonamento para os coeficientes de localização, são parte integrante dos conteúdos do SIGIMI[96] e foram igualmente aprovadas pela Ministra de Estado e Finanças, com a publicação da Portaria n.º 982/2004, de 4 de Agosto.

A aplicação desta fórmula algo complexa é difícil e tem algumas especificidades que tentaremos clarificar de seguida.

Nos terrenos para construção com diferentes afectações terá que se atender ao seguinte:

– quando as áreas das diferentes afectações estão devidamente discriminadas, estas devem ser consideradas no cálculo do Vt. Assim, nestes casos, o Vt corresponde à soma dos Vt's das diferentes afectações. Havendo terreno livre, será considerada a quota parte de cada afectação;

– quando as áreas não estão discriminadas, deve considerar-se, para atribuição dos coeficientes de afectação (Ca) e de localização (Cl), a área dominante.

Nos prédios vazados[97], a área de implantação corresponde à projecção, na horizontal, no seu perímetro exterior.

De notar ainda que o valor patrimonial tributário dos prédios urbanos em ruínas[98] é determinado como se de terreno para construção de tratasse (n.º 4 do artigo 46.º).

---

[96] Ver nota 67.

[97] Em regra, trata-se de edifícios cujo rés-do-chão apenas possui a caixa de escadas e os pilares, sendo vazado o espaço sobrante por não se construírem os panos de alvernaria.

[98] Na avaliação dos prédios em ruínas, tem-se como referência a área de construção das edificações existentes. Se não existirem ruínas (demolição total), o prédio deverá ser enquadrado em função da sua classificação, nos termos do IMI.

3.2.4. *A determinação do valor patrimonial tributário dos prédios da espécie "Outros"*

Para a determinação do valor patrimonial tributário dos prédios da espécie "Outros" é necessário atender às suas especificidades.

Em primeiro lugar, aplica-se a regra geral, pelo que o valor patrimonial tributário dos prédios urbanos edificados segue o disposto no artigo 38.º do CIMI, com as necessárias adaptações (n.º 1 do artigo 46.º).[99]

Quanto ao tipo de utilização, o perito deve adoptar o coeficiente de afectação (Ca) que melhor se ajusta à utilização efectiva do prédio.

Quanto à localização, o perito deve adoptar o coeficiente de localização (Cl), em função da afectação que antes considerou. Constituem excepções, os estacionamentos coberto e não coberto[100], ambos com coeficiente de afectação específico, sendo o coeficiente de localização, neste caso, o correspondente à utilização dominante na zona.

Quanto aos elementos de qualidade e conforto, o perito deve aplicar os coeficientes majorativos e minorativos, em função da afectação que antes considerou. Constituem excepção, os já referidos estacionamentos coberto e não coberto, aos quais não se aplica o coeficiente de qualidade e conforto (Cq).

Em segundo lugar, e não sendo possível aplicar as regras do artigo 38.º, o perito dever utilizar o método do custo de construção adicionado do valor do terreno (n.º 2 do artigo 46.º), com a seguinte fórmula:

$$Vt = V\ terr + (Cc \times Abc) \rightarrow Vt = (P\ terr \times A\ terr) + (Cc \times Abc)$$

em que:

V terr – Valor do terreno
Cc – custo de construção/m^2 (o perito deve ter por base o custo médio de construção/m^2 tal como se refere o artigo 39.º do CIMI, devidamente ajustado às edificações sem causa)
Abc – Área bruta de construção
P terr – Preço/m^2 de venda do terreno
A terr – Área do terreno

---

[99] Ver *Manual de Avaliação de Prédios Urbanos* v1.0, da Direcção de Serviços de Avaliações, DGCI, Setembro de 2004. p. 23.

[100] O estacionamento não coberto é avaliado pela regra geral quando, o mesmo, possuir construções de carácter definitivo, caso contrário, aplica-se o método do custo.

Este método será aplicável a estacionamento não cobertos, sem construções ou com construções precárias, igrejas, estabelecimentos militares, quartéis de bombeiros e de protecção civil, estações rodoviárias, estações ferroviárias e de metropolitano, aeroportos, aeródromos, portos, marinas, recintos desportivos, piscinas, campos de golfe, barragens, ETAR's, entre outros.

Por fim, e na determinação do valor patrimonial tributário dos prédios da espécie "outros" sem capacidade construtiva, o seu valor unitário corresponde ao que resulta da aplicação do coeficiente de 0,005 ao produto do valor base dos prédios edificados pelo coeficiente de localização, de acordo com a seguinte fórmula:

$$Vt = Vc \times A\ terr \times Cl \times 0,005$$

em que:

Vc – Valor base dos prédios edificados
A terr – Área do terreno
Cl – Coeficiente de localização, correspondente à utilização dominante da zona, a identificar pelo perito.

Este método aplicar-se-á por exemplo a zonas verdes, aterros sanitários, pedreiras, saibreiras, salinas, entre outros.

Seguindo algumas recomendações já acima mencionadas, verifica-se a preocupação do legislador em estabelecer na própria lei os diferentes métodos que se devem aplicar aos prédios urbanos da espécie "outros", face a total ausência de critérios que existia no sistema de avaliação anterior.

3.2.6. *Relevância do Valor Patrimonial Tributário noutros impostos (IRC/IRS, IMT e IS)*

O valor patrimonial tributário sempre teve relevância para efeitos de tributação na antiga Sisa e Imposto sobre as Sucessões e Doações, no entanto, devido ao facto de normalmente o valor patrimonial ser bastante inferior ao valor das transacções (valor de mercado), essa relevância quase nunca se efectivava.

Com a Reforma, manteve-se essa relevância do valor patrimonial tributário em sede de Imposto Municipal sobre Transmissões Onerosas de

Imóveis e de Imposto do Selo (artigo 12.º do CIMT e artigo 13.º do CIS), continuando este a ser o limite mínimo a considerar na determinação da matéria colectável daqueles impostos.

No entanto, uma das alterações mais significativas introduzidas por esta Reforma, foi a projecção global dos efeitos do novo valor patrimonial tributário na esfera de outros impostos, especialmente no domínio do rendimento, com a criação de uma nova medida anti-abuso relacionada com a transmissão de imóveis.

Anteriormente à reforma da tributação do património, já existiam situações em que a detenção de certos bens (entre eles imóveis) comportava implicações em sede dos impostos sobre o rendimento.[101]

É o que se verifica quando um sujeito passivo não tenha entregue a declaração de rendimentos ou quando os rendimentos declarados mostrem uma desproporção superior a 50% para menos, em relação ao rendimento padrão (artigo 89.º-A da LGT).

Nestes casos, passa a ser considerado como rendimento do sujeito passivo o rendimento padrão apurado, sem prejuízo de o contribuinte poder vir a provar que é outra a fonte das manifestações de fortuna evidenciadas.

No Orçamento de Estado para 2002 (Lei n.º 109-B/2001, de 27 de Dezembro), foram também adoptadas uma série de medidas anti-abuso relacionadas com a detenção de imóveis por entidades com domicílio em país, território ou região, sujeito a um regime fiscal claramente mais favorável (*off-shores*), passando a tributar-se, em sede de IRC, um rendimento presumido[102] para as sociedades *off-shores* que detenham prédios urbanos não arrendados ou não afectos a uma actividade económica, considerando como rendimento predial 1/15 do respectivo valor patrimonial, tributado à taxa de 15%.

Com a reforma da tributação do património, as transmissões de imóveis a título gratuito para pessoas singulares passaram a ser tributadas em sede de Imposto de Selo à taxa de 10%.

---

[101] Ver *Reforma da Tributação do Património e suas implicações nos Impostos sobre o Rendimento*, Carlos Florêncio, in Fisco n.º 115/116, Setembro de 2004. pp. 15 a 21.

[102] Admite-se, no entanto, a possibilidade de esta presunção ser ilidida mediante prova de que os prédios não são fruídos por entidade com domicílio em território português e que se encontram devolutos (n.º 3 do artigo 51.º CIRC).

As transmissões de imóveis a título gratuito para pessoas colectivas e equiparadas passaram a ser considerados incrementos patrimoniais positivos, conferindo assim maior coerência ao sistema tributário, no sentido da concretização plena do conceito do rendimento acréscimo consagrado no Código do IRC, segundo o qual todos os fluxos patrimoniais que ingressem na esfera jurídico-patrimonial das pessoas colectivas ou equiparadas devem revelar para efeitos de determinação da sua matéria colectável.[103]

Para efeitos de determinação do lucro tributável, considera-se como valor de aquisição dos incrementos patrimoniais obtidos a título gratuito o seu valor de mercado, não podendo ser inferior ao que resultar da aplicação das regras de determinação do valor tributável previstas no Código do Imposto de Selo.

O elevado grau de fuga fiscal verificado no sector da construção e comercialização de imóveis onde um grande número de empresas tinham vindo a apresentar sistematicamente resultados negativos, propiciados não só pela já referida ausência de qualquer correspondência entre os valores matriciais da maior parte dos prédios e o seu valor de mercado, quer pela convergência de interesses que se verificava entre os alienantes e os respectivos adquirentes, justificaram,[104] a criação de uma medida anti-abuso.

Assim foram alterados alguns preceitos do Código do IRC e do IRS de modo a que o valor tributável para efeitos de IMT seja considerado para efeitos de determinação do lucro tributável/rendimento colectável das empresas, nos casos em que o preço declarado constante do contrato seja inferior àquele valor.

De acordo com o novo artigo 58.º-A do Código do IRC, os alienantes e adquirentes de direitos reais sobre imóveis devem adoptar, para efeitos de determinação do lucro tributável, valores normais de mercado que não poderão ser inferiores aos valores patrimoniais tributários que serviram de base à liquidação do IMT.

Quando tal acontecer, isto é, quando o valor do contrato for inferior ao valor patrimonial definitivo, é este o valor a considerar pelo alie-

---

[103] Eliminou-se a alínea c) do artigo 21.º do Código do CIRC, que excepcionava os incrementos patrimoniais sujeitos a Imposto sobre as Sucessões e Doações.
[104] Ver *Exposição de motivos da Proposta de Lei n.º 56/IX*, Nota 57.

nante e adquirente na determinação do valor tributável, nos seguintes termos:[105]

- O alienante deve considerar esta diferença, como uma componente positiva no apuramento do seu lucro tributável, na respectiva declaração de rendimentos (mod. 22) do exercício a que é imputável o proveito obtido com a transmissão, e se o valor patrimonial definitivo não estiver determinado até ao final do prazo de entrega da modelo 22, deve ser entregue declaração de substituição durante o mês de Janeiro do ano seguinte àquele em que os valores patrimoniais se tornaram definitivos.
- O adquirente, desde que registe contabilisticamente o imóvel pelo seu valor patrimonial definitivo, deve tomar tal valor para efeitos da base de cálculo das reintegrações e de qualquer resultado tributável em IRC, quando o valor patrimonial se tornar definitivo, as reintegrações de exercícios anteriores serão consideradas como custo fiscal desse exercício.

Os sujeitos passivos poderão afastar esta regra anti-abuso, desde que façam prova de que o preço efectivamente praticado foi inferior ao valor patrimonial, podendo, designadamente, demonstrar que os custos de construção foram inferiores aos fixados na Portaria que aprovar os valores médios de construção por metro quadrado (artigo 129.º do CIRC).

A prova deve ser efectuada em procedimento instaurado mediante requerimento dirigido ao director de finanças competente e apresentado em Janeiro do ano seguinte à data da transmissão, caso o valor patrimonial já se encontre definitivamente fixado, ou nos 30 dias posteriores à data em que a avaliação se tornou definitiva, nas restantes casos.

O pedido tem efeito suspensivo da liquidação de IRC, na parte correspondente ao ajustamento, a qual, em caso de indeferimento, será da competência da DGCI. Em termos processuais, este procedimento rege-se pelas disposições relativas ao pedido de revisão da matéria colectável previstas nos artigos 91.º e 92.º da LGT com as necessárias adaptações.

---

[105] Ver *Reforma da Tributação do Património e suas implicações nos Impostos sobre o Rendimento*, Carlos Florêncio, in Fisco n.º 115/116, Setembro de 2004, p. 19.

Com a apresentação do pedido concede-se à Administração Fiscal o poder para aceder à informação bancária do requerente e dos respectivos administradores e gerentes referente ao exercício em que ocorreu a transmissão e ao exercício anterior.

Prevê-se igualmente para efeitos de determinação dos rendimentos empresariais e profissionais em sede de IRS, que na transmissão onerosa de imóveis, o valor a considerar para efeitos de determinação do rendimento tributável é o valor patrimonial definitivo, quando superior ao valor constante do contrato.

Conhecendo-se o valor patrimonial até à data de entrega da declaração de rendimentos, é este o valor que deve ser declarado. Se à data em que for conhecido o valor definitivo já tiver decorrido o prazo da entrega da declaração de rendimentos, deverá o sujeito passivo entregar uma nova declaração no prazo de 30 dias a contar da ocorrência do facto (notificação do valor patrimonial no caso de o contribuinte não requerer segunda avaliação, da notificação da 2.ª avaliação no caso de não impugnar o valor patrimonial, ou do trânsito em julgado da decisão judicial).

Deve-se no entanto ressalvar o facto de que nos termos do n.º 4 do artigo 76.º do CIMI, quando a avaliação de um prédio urbano seja efectuada por omissão à matriz ou na sequência de transmissão onerosa de imóveis e o alienante seja interessado para efeitos tributários deverá o mesmo ser notificado do seu resultado para, querendo, requerer a segunda avaliação, no prazo de 30 dias e nos mesmos termos que o sujeito passivo adquirente.

Como vimos, o alienante pode não só pedir a segunda avaliação, no caso de não concordar com o valor patrimonial tributário atribuído ao imóvel, mas também entregar o pedido de demonstração a que se refere o artigo 129.º do CIRC, que têm efeito suspensivo da liquidação, na parte correspondente ao valor do ajustamento positivo previsto no n.º 2 do artigo 58.º-A.

De notar, que a impugnação do acto de fixação do valor patrimonial tributário prevista no artigo 77.º do CIMI e no artigo 134.º do CPPT, não tem efeito suspensivo quanto à liquidação de IRC nem suspende o prazo para dedução do pedido de demonstração referido.

Esta opção da reforma vem aliás no seguimento de uma ideia já oportunamente invocada pelo Prof. Casalta Nabais, de que "...avaliado um bem ou um direito pela administração fiscal e fixado definitivamente o correspondente valor, este impõe-se em relação a todos os impostos que haja de liquidar com base nesse valor, a menos que específica disposição legal disponha em sentido contrário".[106]

Como justificação desta ideia, adianta o Prof. que no "... domínio do direito dos impostos – não há dúvidas de que os impostos – cada um de per si e no seu conjunto – não podem deixar de se integrar e ajustar adequadamente no (s) sistema (s) em que se inserem, constituindo pois esta sistemacidade (logicidade, consequencialidade, justeza, coerência ou congruência do sistema) mais uma exigência ou exigência complementar da justiça dos impostos e do sistema fiscal".[107]

Por sua vez o Prof. Luís Manuel Meneses Leitão, pronunciou-se também no supracitado parecer[108] sobre a constitucionalidade ou não da relevância em sede de Impostos sobre o Rendimento do valor patrimonial tributário determinado nos termos do IMI.

Nos termos do n.º 2 do artigo 104.º da CRP, a tributação das empresas (singulares ou colectivas) incide fundamentalmente sobre o seu rendimento real.

No entendimento do Prof. efectivamente a opção da Constituição pela tributação das empresas com base no seu rendimento real não é exclusiva, uma vez que ela apenas determina que essa tributação incida "fundamentalmente" sobre esse rendimento. Está assim aberta a porta para que a tributação das empresas possa incidir parcialmente em rendimentos normais, desde que se mantenha o núcleo fundamental da tributação incidente sobre o rendimento real.

Citando o Prof. Casalta Nabais, diz de seguida, que se a tributação das empresas pelo rendimento real é a regra no nosso sistema fiscal, esta não exclui nem pode excluir qualquer tributação empresarial com base em rendimentos normais. A favor desta tributação militam como argumentos os seguintes: a) o facto de o rendimento real ser um mito; b) o cariz dirigente da norma do artigo 104.º, n.º 2 da CRP e; c) o contexto histórico e as exigências dessa norma.

---

[106] Ver *As Bases Constitucionais da Reforma da Tributação do Património*, José Casalta Nabais, in Fisco n.º 111/112, Janeiro de 2004 p. 16. Para este ilustre professor esse princípio geral relativo à uniformização do valor, assim por ele designado, deveria ser formulado pelo legislador e inserido atenta a sua natureza, na Lei Geral Tributária.

[107] Ver *As Bases Constitucionais da Reforma da Tributação do Património*, José Casalta Nabais, in Fisco n.º 111/112, Janeiro de 2004 p. 15.

[108] Ver nota 70, página 58.

Em relação ao primeiro argumento, refere-se que o rendimento real é um mito, já que este não deixa de ser, em certa medida, um rendimento normal, dado que o integram componentes apuradas mais em termos de normalidade do que em termos de efectiva realidade. Efectivamente, a contabilidade em que necessariamente se baseia a determinação do rendimento real, assenta muitas vezes em elementos mais construídos e ficcionados do que efectivamente verificados.

Sobre o segundo argumento, refere o Prof. que o artigo 104.º n.º 2 da CRP, tem carácter essencialmente programático, visando a obtenção de um sistema fiscal que, na medida do possível, se aproximasse do modelo ideal. Ora esse programa não teria que ser realizado de uma só vez, podendo ser objecto de experiências que por sua vez podem ser revistas, uma vez verificado que os seus resultados se apresentam como deficientes.

Finalmente, e quanto ao terceiro argumento, sustenta-se que a referida norma toma em consideração o que se tinha verificado no âmbito da Reforma dos anos sessenta, em que o legislador, depois de ter adoptado o princípio da tributação do rendimento real, se viu constrangido a algum retrocesso legislativo e administrativo nesse domínio. Assim, esta norma seria uma disposição aberta, que obstando a um retrocesso semelhante, não impede, no entanto, que haja no âmbito dos rendimentos empresariais alguma tributação pelo rendimento normal.

Esta interpretação do artigo 104.º, n.º 2 da Constituição tem vindo a ser amplamente aceite, sendo por isso já actualmente pacífica a ideia de que a tributação das empresas não tem que incidir exclusivamente sobre o lucro real.

Segundo alguns autores, a tributação com base no rendimento real é compatível com alguma normalização do apuramento da matéria colectável, desde que essa normalização seja de cariz excepcional, se apresente fundada em razões de simplicidade e praticabilidade da tributação e de esse desvio (à tributação pelo rendimento real) ser efectuada de forma gradual ou proporcional.

Como no projecto inicial não existia o procedimento de demonstração estabelecido no actual artigo 129.º do CIRC, o Prof. Meneses Leitão entendeu, que tal como estava elaborada a Proposta de Lei da Reforma da Tributação do Património, não conflituava com o supracitado artigo 104.º, n.º 2 da Constituição, dado existir a possibilidade de o alienante intervir na fixação do valor patrimonial tributário, através do requerimento da segunda avaliação.

No entanto, reconheceu que a questão era duvidosa e que invocando alguma doutrina e jurisprudência anterior, o Tribunal Constitucional poderia chegar a conclusão diferente. Para tal sugeriu que se estabelecesse uma mera presunção *juris tantum* de que o valor patrimonial do prédio corresponde ao valor efectivo da transmissão, presunção essa que poderia ser ilidida, não apenas pela Administração Fiscal, mas também pelo contribuinte. Caso se optasse por essa solução, deixaria de fazer sentido manter a possibilidade do alienante requer a 2.º avaliação.

Tendo em conta estas sugestões, o legislador optou por criar o procedimento de demonstração estabelecido no actual artigo 129.º do CIRC e decidiu manter a possibilidade do alienante requer a 2.º avaliação.

Entendemos que o estabelecimento pelo legislador da presunção *juris tantum*, foi bastante oportuna, pois como referiu e bem o Prof. Meneses Leitão, o Tribunal Constitucional já se pronunciou no sentido de que seriam inconstitucionais presunções inilidíveis de rendimento como as de mútuo oneroso ou juros mínimos (Acórdão do TC n.º 348/97, de 25 de Julho de 1997), tendo sido também estabelecido no artigo 73.º da Lei Geral Tributária que as presunções consagradas nas normas de incidência tributária admitem sempre prova em contrário.[109]

Pouco mais há a acrescentar ao que foi expresso nas linhas anteriores, a não ser a nossa total concordância com esta opção, porque não podia deixar de se aproveitar esta reforma para intervir num sector tributário, o da construção e comercialização de imóveis, onde a fraude e a evasão fiscais têm afectado os legítimos interesses do Estado e, pela concorrência desleal, têm afectado igualmente as empresas cumpridoras das suas obrigações fiscais.

3.3. O Zonamento

O Zonamento consiste na delimitação do espaço geográfico do município por áreas *(area price)* com o mesmo valor unitário de mercado, consoante se trate de habitação, comércio, indústria, serviços e terrenos para construção e a identificação, determinação e divisão em zonas homogé-

---

[109] Ver *As Bases Constitucionais da Reforma da Tributação do Património*, José Casalta Nabais, in Fisco n.º 111/112, Janeiro de 2004 p. 18.

neas, nomeadamente atendendo às características referidas no n.º 3 do artigo 42.º do CIMI, que são as seguintes:

a) Acessibilidades, considerando-se como tais a qualidade e variedade das vias rodoviárias, ferroviárias, fluviais e marítimas;
b) Proximidade de equipamentos sociais, designadamente escolas, serviços públicos e comércio;
c) Serviços de transportes públicos;
d) Localização em zonas de elevado valor de mercado imobiliário.

Assim o zonamento de um município é imprescindível para uma correcta quantificação do coeficiente de localização (Cl) de um determinado prédio, bem como o valor da área de implantação (no caso de terrenos para construção) que varia entre 15% a 45% do valor das edificações autorizadas ou previstas (n.º 2, do artigo 45.º do CIMI).

O zonamento foi pois um dos projectos mais importantes para assegurar o êxito da Reforma da Tributação do Património, por diversas razões que passamos a indicar:

a) A efectiva entrada em funcionamento do novo sistema de avaliações ficou dele dependente. Sem se acabar o zonamento, não foi possível efectuar qualquer avaliação. Há que referir ainda o facto de que a partir da data de publicação do Decreto-Lei que aprovou a Reforma (D.L. 287/2003, de 12 de Novembro), deixaram de se poder efectuar a avaliações de prédios novos ou omissos, até que fossem aprovados em portaria, os coeficientes de localização e o zonamento. Também todos os imóveis que forem transmitidos a partir de 1/12/2003, terão de ser avaliados nos termos das novas regras, o que não poderá acontecer enquanto que o zonamento não estivesse aprovado.
b) Foi necessário coordenar o trabalho de cerca de 400 peritos (avaliadores) locais, mais o de 88 coordenadores regionais. Para tal, foi elaborada uma metodologia uniforme de trabalho de forma a garantir a sua qualidade, sistematicidade e operacionalidade.
c) Porque foi necessário dar tratamento a uma massa de informação simultaneamente descritiva e geográfica. O zonamento exigiu a emissão de informação descritiva e a sua associação a um suporte de informação geográfica. A informação descritiva contém a demonstração qualitativa e quantitativa do coeficiente de localização apurado, bem como do respectivo perímetro, evidenciando

os dados recolhidos e os suportes ou papéis de trabalho utilizados. A informação geográfica foi, e ainda é, indispensável como elemento de suporte para apoio aos peritos, na definição dos perímetros de zonamento, mas também para a apreciação e elaboração das propostas pela CNAPU e para posterior consulta pelos contribuintes após a publicação da respectiva portaria[110]. O complexo de informação a recolher, tratar e produzir só foi possível sistematizar e consolidar porque foi recolhida em suporte informático.

d) Por sua vez foi necessário consolidar toda a informatização recolhida pelos peritos locais, da qual constava a delimitação dos polígonos correspondentes às zonas de valor homogéneo, o respectivo indicador de valorização, os critérios e fundamentação de qualificação e quantificação, e os respectivos elementos de suporte.

e) Foi também necessário conferir harmonia e coesão regional à informação recolhida, de modo a garantir proporcionalidade e sistematicidade à delimitação geográfica e aos elementos qualitativos e quantitativos do zonamento. Essa harmonização foi particularmente importante nos espaços geográficos de transição e nas fronteiras entre concelhos, de modo a evitar variações desajustadas de valores.

O zonamento não foi um acto único, instantâneo e irrepetível, mas antes um processo dinâmico. A lei determina a sua revisão de três em três anos, podendo haver propostas anuais (n.º 2 do artigo 62.º do CIMI). Pode ainda ser revisto com fundamento na sua errada qualificação ou quantificação, nos primeiros três anos de vigência da Reforma.

A fim de construir uma aplicação informática que suportasse toda a operação do zonamento, foram efectuados contactos no sentido de encontrar no mercado sistemas de informação geográfica já construídos. Após algumas diligências, optou-se pela utilização de uma base de dados do Instituto Nacional de Estatística (INE), que possui as seguintes características:

a) Cobre todo o país, possuindo um vasto acervo de informação, toda ela geo-referenciada;
b) A informação, que contém muitos dados relevantes para o zonamento, nomeadamente alguns dos constantes do n.º 3 do artigo 42.º do CIMI, está associada a uma base de dados geográfica que

---

[110] Portaria n.º 982/20004, de 4 de Agosto.

cobre todo o território nacional com o suporte existente, desde ortofotomapas a cartografia;

c) O sistema assenta numa divisão geográfica (subsecções do INE) que desce abaixo da estrutura distrito/concelho/freguesia, até ao quarteirão, dividindo o país em 176.000 polígonos geográficos.

Foi com base nesses polígonos que foi possível construir em relativamente pouco tempo o zonamento de todo o País.

No entanto levantou-se o problema da necessidade de as zonas geográficas a definir no zonamento poderem ter se ser inferiores às subsecções do INE. Entendeu-se que em alguns casos, o conceito de zona de valor homogéneo não se deveria limitar ao quarteirão ou a associação de quarteirões, mas deveria ir a um nível mais baixo, de forma a permitir que se construíssem mais que uma zona dentro de cada quarteirão. Nesses casos, a base de dados do INE teria que ser fragmentada a um nível abaixo da sua unidade mínima (a subsecção ou quarteirão).

A fim de solucionar este problema, sem quebrar a unidade mínima geográfica (subsecção)[111], optou-se por criar as chamadas "excepções no zonamento". Considera-se excepção, parte de uma subsecção ou zona, bem delimitada e identificada, que não segue as características dominantes consideradas para cálculo do coeficiente de localização.

Nos termos da alínea b) do artigo 64.º do CIMI, o zonamento é efectuado pelos peritos locais. A uniformização de critérios será feita em concordância com o perito regional coordenador dessa área (alínea b) do artigo 66.º do CIMI) e com o apoio do técnico nomeado pela câmara municipal para servir de interlocutor e coadjuvar (n.º 7.4 do Protocolo entre o Ministério das Finanças e a Associação Nacional de Municípios Portugueses celebrado aos 5/6/2003). É bastante importante esta coordenação por parte do perito regional no sentido de uniformizar critérios, sobretudo em áreas heterogéneas e limites dos municípios.

Este processo de zonamento começou por ser feito, em duplicado, sobre as cartas fornecidas pelos municípios aos serviços de finanças, con-

---

[111] A quebra da unidade subsecção poderia conduzir à fragmentação da conformidade entre o sistema do INE, o sistema de licenciamentos dos municípios e a base de dados da DGCI, que se pretendem intercomunicáveis e interactivas na gestão futura do sistema. Pretendendo-se informatizar todas as matrizes prediais, geo-referenciar todos os artigos matriciais urbanos e automatizar todas as operações de gestão tributária, controlo e cobrança coerciva, é indispensável que todas os sistemas referidos sejam integralmente relacionáveis.

forme o estabelecido no protocolo citado no parágrafo anterior. Posteriormente, os peritos locais recolheram para a aplicação informática do zonamento a informação relativa ao coeficiente de localização por eles apurado relativamente a cada uma das subsecções[112] do INE, juntamente com toda a informação que sustente, fundamente e seja susceptível de demonstrar como foi apurado o coeficiente de localização para cada zona de valor homogéneo.

Desse modo, os peritos locais atribuíram coeficientes de localização (um para cada tipo de utilização – habitação, comércio, serviços e indústria, bem como o valor da área de implantação dos terrenos para construção) a todas as zonas homogéneas que integram as cerca de 176.000 subsecções do INE, sendo no entanto consideradas como uma só zona, todas as subsecções a que corresponda o mesmo coeficiente de localização.

Sobre a fundamentação dos diferentes coeficientes atribuídos no zonamento, veremos essa questão com mais pormenor de seguida.

A fim de orientar todo processo de zonamento, foi elaborado pela Direcção de Serviços de Avaliações e aprovado por despacho de 18/11/2003 do Secretário de Estado dos Assuntos Fiscais, um Manual de Procedimentos Técnicos do Zonamento.

Nesse documento foram estabelecidas as operações a executar pelos peritos (avaliadores) locais e peritos coordenadores na elaboração do zonamento e a concepção dos suportes de informação a utilizar, de forma a permitir a evidenciação do percurso metodológico seguido e a respectiva fundamentação.

3.3.1. *A fundamentação dos valores atribuídos no zonamento: memória descritiva*

De acordo com o já referido Manual de Procedimentos Técnicos do Zonamento, os peritos locais deveriam determinar os coeficientes de localização em função de uma amostragem seleccionada para cada zona de valor homogéneo.

---

[112] Nos casos em que houve necessidade de seccionar subsecções, com vista à atribuição de um coeficiente de localização específico, foram criadas as chamadas "excepções", tendo a sua informação sido recolhida de forma descritiva para a aplicação informática, de modo a evitar a já citada quebra de unidade subsecção.

Por exemplo, no zonamento para habitação, o perito deveria apresentar, sempre que possível, uma amostra com um mínimo de 4 prédios, de preferência com idade inferior a 3 anos, para cada coeficiente de localização distinto e de tipologias padrão (T1, T3, moradia) que representem o mercado na zona.

Nas zonas onde o valor de mercado de compra e venda é muito reduzido, pode o perito ter como referência os preços médios de construção (valor do terreno incluído), justificando tal opção.

No zonamento para comércio, serviços e indústria, segue-se o mesmo que foi dito para a habitação, podendo em caso de inexistência de número suficiente, indicar-se menos de 4 amostras por coeficiente.

No zonamento dos terrenos para construção, segue-se o procedimento já referido para os outros coeficientes. Nos casos em que o mercado de compra e venda de terrenos é reduzido e origine dificuldades na obtenção de valores credíveis, deve o perito determinar a percentagem em causa, com base no peso que, em termos médios, o terreno tem no custo global do edifício, justificando essa opção.

A memória descritiva deveria apenas fundamentar os diferentes coeficientes de localização e percentagem dos terrenos de construção escolhidos para as áreas zonadas. A selecção da amostra deveria pois procurar representar o valor de mercado da zona.

Após o zonamento, o perito local deveria elaborar um relatório sucinto a descrever sumariamente os critérios objectivos que fundamentaram a distinção valorativa nos diferentes polígonos. Para tal deveria fundamentar nos quadros seguintes[113], os valores distintos dos coeficientes de localização da amostra recolhida.

*Quadro I. Neste quadro, o perito deve colocar todos os elementos levantados em campo e calcular o CL para cada elemento da amostra. Deverá igualmente calcular as médias de **85% do valor de mercado ou 85% do preço de construção** (quando não exista valor de mercado), **coeficiente de localização**, por cada afectação, assim como a média da% **para terrenos para construção**. Para tanto, deve o perito utilizar as instruções e fórmulas descritas abaixo do quadro.*

---

[113] Os quadros I e II foram transcritos do Manual de Procedimentos Técnicos do Zonamento, de forma a permitir uma melhor compreensão de todo o processo de determinação dos coeficientes.

Quadro I
Recolha dos Elementos dos Prédios, por Afectação, que Fundamentem o CL

Valor Base:	600							
Zonas/ Polígonos	Afectação	Tipologia/ Moradia	Área Bruta Privativa	Área Bruta Dependente	V.Mercado ou P.Construção	85% V.Mercado ou 85% P.Construção	Ca	Coeficiente Localização
	Habitação							
MÉDIA								
	Comércio							
MÉDIA								
	Indústria							
MÉDIA								
	Serviços							
MÉDIA								

			Área Bruta Construção	Área Bruta Dependente	85% V.Mercado 85% P.Construção (por m²)	Valor do Terreno	85% do Valor do Terreno	% Terreno
	Terrenos							
MÉDIA								

Valores em €. Valor base dos prédios edificados considerado: € 600 (Foi este o valor base decidido pela CNAPU)

Zonas – código das diferentes zonas ou polígonos homogéneos.
 Este código é composto por 7 dígitos. 4 para o código do serviço de finanças+3 dígitos numéricos sequenciais.
Afectação – utilização principal dada ao prédio.
Tipologia/moradia – encontrar 4 prédios de tipologias que sejam padrão na zona e as respectivas áreas (T2, T3 e T4), ou, na ausência deste tipo de construção, moradias.
Área Bruta Privativa – é a superfície total, medida pelo perímetro exterior e eixos das paredes ou outros elementos separadores do edifício ou da fracção, inclui varandas privativas, caves e sótãos privativos com utilização idêntica à do edifício ou da fracção, (n.º 2, art. 40.º).
Área Bruta Dependente – é a área coberta de uso exclusivo [...] cujas utilizações são acessórias relativamente ao uso a que se destina o edifício ou fracção (garagens, parqueamentos, arrecadações, sótãos, caves, etc.) (n.º 3, art. 40.º).
V. Mercado ou P. Construção – valor real do mercado de compra e venda para o prédio. Não existindo um mercado de compra e venda, determinar o valor do prédio pelo preço de construção (que inclui o terreno) para a zona.
85% V. Mercado ou 85% P. Construção – A considerar para efeitos de cálculo do Cl.
Média: este campo permite calcular, para uma determinada subsecção ou zona, a média relativa à coluna 85% do valor do mercado (VM) ou 85% do preço de construção (PC), a partir do qual se irá calcular o CL (coeficiente de localização).
Fórmula de determinação: CL = 85% do Valor de Mercado (ou 85% do Preço de Construção) / Vc × A (área bruta privativa + área bruta dependente) × Ca.
Fórmula de determinação:% **Terreno** = 85% do Valor do Terreno / 85% V. Mercado ou 85% Preço Construção (por m²) × (área bruta construção + área bruta dependente) × 100.

Quadro II. *Transportar para este quadro, as médias de 85% do V.mercado ou 85% do P.de construção e do coeficiente de localização, por cada afectação e a média da% de terrenos para construção, considerando 3,00 o valor máximo para CL e 45% para os terrenos.*

QUADRO II
Coeficiente de Localização (CL)

1 Zonas/ Polígonos	2 Habitação			3 Comércio			4 Indústria			5 Serviços			6 Terrenos	7 Coeficiente
	VM	PC	CL	VM	PC	CL	VM	PC	CL	VM	PC	CL	%	Moradias Unifamiliares
			0,00	0		0,00	0		0,00	0		0,00	0%	0,00
			0,00			0,00			0,00			0,00		
			0,00			0,00			0,00			0,00		
			0,00			0,00			0,00			0,00		
			0,00			0,00			0,00			0,00		
			0,00			0,00			0,00			0,00		
			0,00			0,00			0,00			0,00		
			0,00			0,00			0,00			0,00		
			0,00			0,00			0,00			0,00		
			0,00			0,00			0,00			0,00		
			0,00			0,00			0,00			0,00		
			0,00			0,00			0,00			0,00		
			0,00			0,00			0,00			0,00		
			0,00			0,00			0,00			0,00		
			0,00			0,00			0,00			0,00		
			0,00			0,00			0,00			0,00		
			0,00			0,00			0,00			0,00		
			0,00			0,00			0,00			0,00		
			0,00			0,00			0,00			0,00		
			0,00			0,00			0,00			0,00		
			0,00			0,00			0,00			0,00		
			0,00			0,00			0,00			0,00		

Valores em €. Valor base dos prédios edificados considerado: € 600 (Foi este o valor base decidido pela CNAPU).

Campo 1 – código das zonas (entende-se por zona a reunião de subsecções, homogéneas confinantes, com os mesmos coeficientes de localização).

Campo 2, 3, 4 e 5 – utilizar os VM ou PC e coeficientes de localização calculados de acordo com o quadro 1. VM e PC correspondem à média do campo *85% do V. Mercado ou 85% P. Construção*, respectivamente.

Campo 6 – Terrenos% – percentagem do valor das edificações autorizadas ou previstas a atribuir à área de implantação, calculada de acordo com o quadro I.

Campo 7 – Coeficiente de moradias unifamiliares-coeficiente de qualidade e conforto, majorativo, a atribuir a este tipo de moradias.

Como podemos ver o coeficiente de localização para as diferentes afectações de uma determinada zona, surge como o resultado de uma média de 85% do valor de mercado dos 4 imóveis escolhidos para a amostra.

Após a elaboração das propostas acima referidas pelo perito local, estas eram revistas pelo perito coordenador regional, de forma a evitar variações abruptas nos coeficientes, conforme se transita de concelho para concelho. Posteriormente, iniciou-se uma segunda fase de harmonização nacional dos elementos pela Direcção de Serviços de Avaliações (DSA).

De seguida, e nos termos do Protocolo com a ANMP, foram remetidos os projectos de zonamento às câmaras municipais para se pronunciarem, num prazo de 15 dias.

Recebidos os pareceres das câmaras, foram os mesmos analisados pela DSA, sendo comunicadas ao perito local eventuais alterações a efectuar ou, no caso de não haver pareceres, considerados definitivos os elementos propostos.

Os elementos propostos foram posteriormente submetidos à aprovação da Comissão Nacional de Avaliação dos Prédios Urbanos (CNAPU), e deram origem à Portaria n.º 982/2004, de 4 de Agosto, da Ministra de Estado e das Finanças.

3.4. A questão do zonamento

Chegados a este ponto, cumpre-nos explicitar concretamente o principal motivo que nos levou a coligir este trabalho.

Para nós, a questão fundamental desta Reforma da Tributação do Património foi verdadeiramente o novo sistema de determinação do valor patrimonial.

Toda a gente sabe, e já foi referido por muitos ilustres autores, que o sistema anterior não servia. Era opaco, ninguém compreendia objectivamente como era fixado o valor locativo dos prédios, apenas porque a lei assim o permitia.

Claro está, que esta opacidade existente originava toda uma série de iniquidades. O valor dos prédios estava muito abaixo do valor do mercado[114] e a falta de actualização periódica de valores originou elevadas distorções na tributação.

No entanto, parece-nos que durante muito tempo os políticos preferiram olhar para o lado sobre este assunto. Só a partir do ano de 2000 e seguintes, quando começaram a terminar as "primeiras"[115] isenções de 10 anos da Contribuição Autárquica, é que o efeito nocivo desta tributação começou a vir ao de cima.

Por outro lado, esta questão dos valores patrimoniais se situarem bastante abaixo dos valores de mercado, tinham também efeitos relevantes em sede de outros impostos, especialmente na Sisa e no Imposto sobre as Sucessões e Doações, logo se compreendesse a delicadeza da questão.

Como podemos ver, ainda que de forma sucinta, os diversos estudos e projectos anteriores tentaram já esboçar um modelo suficientemente objectivo para erradicar de vez com a opacidade, que consideramos ser o principal problema nesta matéria de valores patrimoniais.

Em nosso entender, era essa mesma opacidade que limitava bastante o direito do contribuinte de reagir contra o acto de fixação do valor patrimonial. Primeiro, tinha que pedir uma segunda avaliação e indicar um louvado para fazer parte da comissão. Depois, o louvado do contribuinte tinha que tentar convencer os outros dois de que o contribuinte tinha razão. Mas como fazer isso? Com que objectividade vai o louvado do contribuinte argumentar que a justa renda de um prédio em liberdade contratual é X e não Y? Era por isso quase impossível avaliar objectivamente e com justiça o que quer que fosse.

Este novo sistema é positivamente melhor, em todos os aspectos, como já referimos acima, para além de ser bastante compreensível do ponto de vista técnico, permite facilmente ao contribuinte e à Administração Fiscal verificar se houve qualquer erro na avaliação, e reagir contra ela requerendo a 2.ª avaliação.

---

[114] Segundo o Dr. José Maria Pires, coordenador do NIRIP, o valor médio atribuído nas avaliações aquando da inscrição de prédios na matriz situava-se em 60% do valor de mercado (*A actualização de valores patrimoniais na reforma da tributação do património*, NIRIP-DGCI, Setembro 2003.)

[115] Dizemos primeiras apenas para nos referirmos às isenções concedidas no âmbito da contribuição autárquica, como se sabe, já existiam diversas isenções no âmbito da contribuição predial que em 1989 transitaram para a CA, não se extinguindo.

Quando analisamos mais pormenorizadamente a fórmula de determinação do valor patrimonial tributário, verificamos que à primeira vista não há subjectivismo.

O preço médio de construção é fixado por um órgão idóneo (CNAPU), não suscitando dúvidas.

Em relação ao cálculo da área bruta de construção mais a área excedente à área de implantação, verifica-se que é bastante intuitivo o modo como valoriza mais as áreas brutas privativas (de maior valor – 1,00), depois as áreas brutas dependentes (com um valor menor – 0,30) e depois a área do terreno livre que intuitivamente tem algum valor até um ponto (0,025) e depois não vale quase nada (0,005).

O coeficiente de afectação também não nos suscita grandes dúvidas, o modo como estão distribuídos os coeficientes permitem que o cidadão-contribuinte comum possa compreender com facilidade as diferenças de valor dos prédios conforme a sua afectação.

Sobre o coeficiente de vetustez nada há a dizer.

Para nós e de um cômputo geral, o coeficiente de qualidade e conforto também está relativamente bem estruturado. Sem grandes margens de livre apreciação, com um limite mínimo (0,5) e máximo (1,7) a fim de evitar extremos, complementado com os coeficientes majorativos de moradias unifamiliares indexados ás percentagens dos terrenos para construção e com as directrizes relativas à apreciação da qualidade construtiva, da localização excepcional e do estado deficiente de conservação permite um objectividade bastante aceitável.

Em nossa opinião, este coeficiente já não pode ir mais além, sob pena de corrermos o risco de começarmos a ignorar a própria realidade que pretendemos conhecer, quantificar e valorizar.

Por fim, surge-nos o coeficiente de localização, que devido sobretudo à complexidade do processo da sua determinação nos suscita algumas reservas.

Em primeiro lugar compreendemos a ideia de tentar determinar um valor patrimonial tributário que seja ligeiramente inferior[116] ao valor

---

[116] A Direcção de Serviços de Avaliações recomendou expressamente aos peritos locais que, a fim de evitar serem propostos coeficientes de localização distorcidos, isto é, que não tenham como referência os cerca de 85% do valor de mercado, seria aconselhável que os peritos testassem devidamente os coeficientes nas amostras e, eventualmente, nou-

de mercado. Alguns autores já a defenderam e parece-me, em princípio, correcta.

O verdadeiro problema a nosso ver surge efectivamente na escolha dos prédios para a amostra. Como sabemos, por cada amostra escolhida, encontraremos um coeficiente de localização diferente.

Claro está que a escolha da amostra deve seguir alguns critérios orientadores, definidos no Manual de Procedimentos, e da sua aplicação prática nunca se deverá ultrapassar os 90% do valor de mercado dos prédios a que for aplicável o coeficiente. No entanto, e bem vistas as coisas, constatamos que haverá necessariamente situações em que este irá ultrapassar, tal como haverá situações em que o valor patrimonial ficará bastante aquém do valor de mercado.

Logo, parece-nos à primeira vista, que para evitarmos a subjectividade do acto de avaliação em concreto, se optou por uma subjectividade geral aplicável a cada zona de valor homogéneo, tentando sob o pano do objectivismo da fórmula esconder as dificuldades reais que qualquer acto avaliativo implica, pela sua própria natureza.

Não há soluções perfeitas, bem sabemos, talvez por isso, o próprio legislador conhecedor profundo da realidade a tributar tenha chegado a essa mesma conclusão quando decidiu incluir no regime transitório do Decreto-Lei n.º 287/2003, de 12 de Novembro, o artigo 26.º que transcrevemos de seguida:

"Artigo 26.º – Revisão dos elementos aprovados pela CNAPU

1 – Os elementos referidos nas alíneas a) e b) do n.º 1 do artigo 62.º do CIMI, constantes da portaria prevista no seu n.º 2, podem ser revistos, com fundamento na sua errada qualificação ou quantificação, durante o período decorrido entre a primeira e a segunda publicação.

2 – A revisão prevista no número anterior é efectuada sobre a proposta apresentada pela Comissão Nacional de Avaliação de Prédios Urbanos (CNAPU), com base nos elementos fornecidos pelos serviços competentes da Direcção-Geral dos Impostos, a apresentar durante o primeiro triénio de vigência do novo regime de avaliação.

---

tros prédios, aplicando a fórmula de determinação do valor patrimonial tributário em situação de avaliação real, como se se tratasse de uma avaliação para efeitos de inscrição na matriz, a fim de confirmar se o coeficiente de localização determinado não permite, em nenhuma situação, ultrapassar cerca de 90% do valor de mercado.

3 – A revisão a que se refere o número anterior é aprovada nos termos do n.º 3 do artigo 62.º, originando a repetição das avaliações entretanto efectuadas.
4 – Os erros a que alude o n.º 1 consideram-se imputáveis aos serviços.".

Deste artigo 26.º somos levados a concluir, que o legislador, como sábio conhecer da realidade, sabia que era impossível fazer o zonamento minimamente correcto de todo o país em tão pouco espaço de tempo. Nesse sentido permitiu que fosse aprovado, uma espécie de zonamento provisório, a partir do qual já se começaram a fazer avaliações de prédios.

É provisório no sentido de que, nos primeiros três anos, será possível detectar erros de qualificação e de quantificação na fixação dos coeficientes de localização, nomeadamente por não atenderem às características referidas no n.º 3 do artigo 42.º do CIMI e propor a aprovação de uma nova portaria (a segunda publicação a que se refere o n.º 1) que substituirá a anterior, mas cujos efeitos se irão repercutir desde a entrada em vigor da primeira portaria, isto é, originando a repetição de todas as avaliações efectuadas (n.º 3).

Parece-nos que esta repetição não implicará uma repetição efectiva de todos os actos por parte do perito. Trata-se somente, e como bem refere o n.º 4, de um erro imputável aos serviços e como tal deve estar sujeito à revisão oficiosa. No entanto, essa revisão oficiosa parece-nos que é possível de ser efectuada com a simples substituição dos coeficientes iniciais pelos corrigidos (nova portaria) na actual aplicação de gestão das avaliações, alterando automaticamente todas as avaliações em questão, por motivo de revisão oficiosa devido a erros imputável aos serviços.

Alterados os valores patrimoniais, é também relativamente fácil efectuar liquidações correctivas automáticas de todas estas situações num curto espaço de tempo.

Como vimos o próprio legislador tentou remediar esta lacuna.

No entanto, e apesar do que já foi dito, subsiste para nós ainda algumas reservas sobre esta matéria.

Mesmo com esta possibilidade de correcção, parece-nos ainda assim bastante difícil, mesmo para um técnico da especialidade, fazer o zonamento de todo um município com o rigor exigido. Temos de nos lembrar que as variações de valor dos imóveis são algo de difícil apreensão, sobretudo nos grandes pólos urbanos, onde muitas vezes ao lado de um grande e moderno complexo habitacional coexistem pequenos edifícios de reduzido valor e, outras vezes, até barracas.

Com a existência das excepções no zonamento é já possível atribuir diferentes coeficientes, conforme a efectiva valorização das zonas. No entanto, uma excessiva divisão das zonas com o intuito de fazer revelar o seu efectivo valor, poderá também criar problemas operacionais (mais coeficientes, mas justificações, mais possíveis erros), criando uma autêntica manta de retalhos.

Por outro lado, pode haver, e dever ter havido a tentação de fazer o zonamento de um município da forma mais simples e fácil, com apenas 2 ou 3 zonas de valor homogéneo. Logo, menos coeficientes, menos justificações, menos trabalho, menos possíveis erros, mas também, menos objectividade e menor justiça nas avaliações finais.

Como tentamos demonstrar, não somos contra este novo sistema, ele tem muitas virtualidades, não há dúvida. No entanto, há toda uma série de problemas de ordem prática que irão surgir e que necessariamente exigirão soluções.

Em nosso entender, com alguns aperfeiçoamentos, que não têm necessariamente que passar por alterações legais, podem muito bem passar por correcções regulamentares, ou até administrativas, poderá conseguir-se algumas melhorias nesta área que nós consideramos ser a mais sensível de todo o sistema.

Outra questão que parece relevante aqui suscitar-se e que tem um carácter essencialmente jurídico, é a de saber se é possível atacar judicialmente a portaria que fixa os coeficientes de localização e o zonamento, com fundamento em qualquer ilegalidade, designadamente a errónea qualificação e quantificação dos valores patrimoniais, em virtude de no acto precedente de fixação do zonamento não se ter levado em consideração todas as características referidas no n.º 3 do artigo 42.º do CIMI (acessibilidades, equipamentos sociais, transportes, etc.), ou de as ter levado em consideração mas de uma forma errada.

Parece-nos que quando o contribuinte não concordar com a avaliação de um prédio, por considerar que o coeficiente de localização fixado para aquela zona não atende ao conjunto de características já referidas, pode reagir contra a avaliação, impugnando judicialmente o acto de fixação do valor patrimonial nos termos do artigo 77.º do CIMI e do artigo 134.º do CPPT.

Para que se abra a via judicial, ele tem primeiro que esgotar todos os meios administrativos graciosos previstos no procedimento da avaliação (n.º 7 do artigo 134.º CPPT). Para tal deverá no prazo de 30 dias contados da data em que tenha sido notificado da primeira avaliação, requer a segunda avaliação do imóveis nos termos do artigo 76.º do CIMI.

Como, em princípio, a comissão de segunda avaliação composta por dois peritos regionais e um perito nomeado pelo contribuinte, não irá nem poderá alterar o coeficiente de localização que na óptica do contribuinte foi erradamente fixado, resta-lhe impugnar judicialmente a avaliação no prazo de 90 dias contados da notificação, com o fundamento em qualquer ilegalidade (n.º 1 do artigo 134.º CPPT).

De acordo com o n.º 2 do mesmo artigo do CPPT, constitui motivo de ilegalidade, além da preterição de formalidades legais, o erro de facto ou de direito na fixação.

Ora, no nosso entender, atendendo ao disposto no artigo 54.º do CPPT que estabelece o princípio da impugnação unitária dos actos em matéria tributária, o contribuinte poderá invocar na decisão final (acto de avaliação) qualquer ilegalidade anteriormente cometida, nomeadamente, e neste caso, um erro de quantificação do coeficiente de localização ocorrido num momento anterior e para o qual o contribuinte não teve qualquer meio de defesa, não só por o acto não ser imediatamente lesivo dos seus direitos mas também porque não existe na lei nenhum meio de reacção, administrativo ou judicial contra o zonamento.

Citando o último parágrafo do ponto 8 das anotações ao artigo 134.º do Código do Procedimento e Processo Tributário, da autoria de Jorge Lopes de Sousa, Editores Vislis, 4.ª Edição, 2003, *"... é assim inequívoco, que não existe, actualmente, qualquer obstáculo, a nível da lei ordinária, a que sejam apreciados pelos tribunais os actos de fixação de valores patrimoniais em todos as suas vertentes, estendendo-se a possibilidade de controlo judicial a qualquer erro de avaliação, seja motivado por errada apreciação de elementos de facto seja por errada aplicação de normas jurídicas, abrangendo-se nestes elementos a aplicação de critérios técnicos feita pela administração."*.

Desse modo, parece-nos que é legítimo aceitar a impugnação judicial do contribuinte como o meio de reacção correcto.

No entanto, não esquecemos outro problema que se poderá levantar, a eventual impugnação do zonamento em si mesmo.

Em primeiro lugar coloca-se a questão de saber qual a natureza da portaria que aprova o zonamento, será um acto administrativo em matéria fiscal? ou será um regulamento administrativo em matéria fiscal?

Para nós, o acto administrativo é uma estatuição autoritária emanada por um sujeito de Direito Público, no uso de poderes de Direito Administrativo, visando uma situação individual e concreta, que produz efeitos jurídicos externos, positivos ou negativos.

Ao visar uma situação individual, não quer dizer que se dirige exclusivamente a uma pessoa, pode-se dirigir a uma pessoa ou a uma classe de pessoas (individuais ou colectivas) que são determináveis ou determinadas.

Por outro lado, é um acto concreto, uma vez que a decisão aplica-se a uma situação apenas, sendo insusceptível de repetição; o acto visa só aquele facto e ainda que factos iguais ou análogos voltem a acontecer noutro momento, não pode ser o mesmo acto administrativo a resolvê-los.

Pelo que foi dito em relação à definição de acto administrativo somos levados a concluir que a portaria do zonamento só pode ser um regulamento administrativo em matéria fiscal.

O regulamento aparece-nos pois como uma norma jurídica editada por um órgão administrativo no exercício da função administrativa, tem carácter de regra geral e abstracta, confundindo-se muitas vezes com os actos administrativos gerais.

Neste caso parece-nos tratar-se de um regulamento complementar, pelo qual a Administração veio completar a lei, que se limitou a esclarecer as bases gerais, as directrizes para regulamentação desta matéria. Aqui a Administração inovou, na medida em que estabeleceu as regras que disciplinam o zonamento, mas foi uma inovação controlada, um mero desenvolvimento, pois a lei forneceu-lhe, além do fim, um quadro normativo cuja lógica tem de concretizar.

Nesse caso o contribuinte para reagir contra o próprio zonamento em si, terá que utilizar o meio processual de impugnação de normas regulado no Código do Processo dos Tribunais Administrativos.

De acordo com o disposto na alínea c) do artigo 2.º do CPPT, as normas sobre organização e processo nos tribunais administrativos e fiscais são de aplicação supletiva ao processo judicial tributário, atendendo à sua natureza.

O artigo 46.º, n.º 2 alínea c) do CPTA[117] estabelece que os processos cujo objecto sejam a declaração da ilegalidade de uma norma emitida ao abrigo de direito administrativo, neste caso direito fiscal, seguem a acção administrativa especial, regulada pelo Título III do Código, que compreende os artigos 46.º a 96.º.

Na subsecção III do referido Título é regulada a impugnação das normas e declaração de ilegalidade por omissão, artigos 72.º a 77.º.

De acordo com o disposto no artigo 72.º, a impugnação de normas tem por objecto a declaração da ilegalidade das normas emanadas ao abrigo de disposições de direito administrativo (neste caso direito fiscal), por vícios próprios ou derivados da invalidade de actos praticados no âmbito do respectivo procedimento de aprovação.

Como pressuposto da declaração de ilegalidade com força obrigatória geral, estabelece o artigo 73.º do CPTA que esta pode ser pedida por quem seja prejudicado pela aplicação da norma ou possa previsivelmente vir a sê-lo em momento próximo, desde que a aplicação da norma tenha sido recusada por qualquer tribunal, em três casos concretos, com fundamento na sua ilegalidade.

Daqui se conclui, em nossa opinião, que para que um contribuinte pudesse impugnar a portaria do zonamento, era necessário que já existissem três casos concretos, sobre o mesmo coeficiente de localização, em relação aos quais o tribunal já tivesse recusado a sua aplicação.

Quanto às consequências de uma eventual declaração de ilegalidade com força obrigatória geral, parece-nos que a ocorrer numa situação limite essa situação, deveria o Tribunal restringir os efeitos dessa ilegalidade apenas ao coeficiente em questão e reduzindo-o por exemplo ao mínimo legal (0,40), sob pena de poder lesar gravemente o interesse público com a declaração de ilegalidade de todo o zonamento.

Porém, dada a extrema complexidade desta matéria, deixamos por aqui este assunto a quem melhor do que nós poderá pronunciar-se sobre esta questão, dado que apenas foi nossa intenção suscitar a pergunta.

---

[117] O Código do Processo dos Tribunais Administrativos foi aprovado pela Lei n.º 15/2002, de 22 de Fevereiro e entrou em vigor em 1 de Janeiro de 2004, de acordo com o disposto no artigo 7.º da Lei n.º 4-A/2003, de 19 de Fevereiro.

4. CONCLUSÕES

A reforma da tributação do património veio introduzir alterações significativas no sistema fiscal português, não só porque completou o programa de reforma inscrito no texto constitucional mas também porque ousou alterar diplomas que vinham da reforma da década de 60 do século anterior.

Uma das principais inovações foi a criação de um novo sistema de determinação do valor patrimonial tributário dos prédios urbanos, que aproveitando uma grande variedade de contributos anteriores, permitiu estabelecer um sistema potencialmente mais justo e correcto.

Esse novo sistema de determinação do valor dos prédios urbanos passou a ter um efeito importante, não só na tributação dinâmica do património como tradicionalmente já se verificava, mas também em sede de tributação do rendimento, na qual passou a relevar essencialmente como clausula anti-abuso, como limite mínimo.

Quanto à fórmula de determinação do valor patrimonial tributário, parece-nos que está globalmente bem construída, apesar de algumas lacunas existentes na parte respeitante ao coeficiente de localização e respectivo zonamento.

No que se refere ao zonamento, somos de opinião, que seria bastante conveniente aperfeiçoar o modo como são definidos os coeficientes de localização, de modo a dar uma maior segurança e rigor aos actos de avaliações subsequentes, nomeadamente a fim de evitar possível impugnações judiciais das avaliações ou até eventualmente uma impugnação de normas.

Como o zonamento é um processo dinâmico, existe sempre oportunidade para tal aperfeiçoamento, tendo sempre em vista uma justiça fiscal, nem sempre fácil de atingir em concreto.

5. BIBLIOGRAFIA

ACÓRDÃO DO TRIBUNAL CONSTITUCIONAL N.º 358/92, in *DR*, I Série de 26/10/93.

ANTEPROJECTO DE CÓDIGO DAS AVALIAÇÕES 1991, in *CTF* n.º 384, Outubro/Dezembro 1996.

ASSOCIAÇÃO PORTUGUESA DE AVALIAÇÕES DE ENGENHARIA – Reflexões sobre um novo Código de Avaliações, in *CTF* n.º 384, Outubro/Dezembro 1996.

SOUSA, Jorge Lopes – *Código do Procedimento e Processo Tributário, anotado*, Editores Vislis, 4.ª Edição, 2003.

COMISSÃO PARA O DESENVOLVIMENTO DA REFORMA FISCAL – Relatório, in *CCTF* n.º 191, Lisboa 2002.

COMISSÃO DA REFORMA DA TRIBUTAÇÃO DO PATRIMÓNIO – Projecto de Reforma da Tributação do Património, in *CCTF* n.º 182, Lisboa 1999.

DIRECÇÃO DE SERVIÇOS DE AVALIAÇÕES/DGCI – *Manual de Avaliação de Prédios Urbanos*, Setembro 2004.

ESTRUTURA DE COORDENAÇÃO DA REFORMA FISCAL (ECORFI) – Relatório Final e anteprojectos, in *CCTF* n.º 190, Lisboa 2002.

FLORÊNCIO, Carlos – Reforma da Tributação do Património e suas implicações nos Impostos sobre o Rendimento, in *Fisco* n.º 115/116, Setembro de 2004.

FRANCO, António Sousa/ANTÓNIO CARLOS DOS SANTOS – *Estruturar o Sistema Fiscal do Portugal Desenvolvido (Textos Fundamentais da Reforma Fiscal para o Sec. XXI)*, Livraria Almedina, Coimbra, 1998.

GOMES, Nuno Sá – Considerações em torno da Contribuição Autárquica, in *CTF* n.º 365, Abril/Março de 1992.
 – Alguns aspectos jurídicos e económicos controversos da sobretributação imobiliária no sistema fiscal português, in *CTF* n.º 386, Abril/Junho 1997.
 – Apreciação dos relatórios elaborados pelo GAPTEC da Universidade Técnica de Lisboa, in *CTF* n.º 386, Abril/Junho 1997.

LEITÃO, Luís Meneses – A conformidade com a Constituição da nova fórmula de determinação do valor patrimonial tributário dos prédios urbanos, in *Fisco* n.º 113/114, Abril 2004.

NABAIS, José Casalta – As bases constitucionais da reforma da tributação do património, in *Fisco* n.º 111/112, Janeiro de 2004.

PORTO, Manuel Lopes – A tributação predial: experiência e perspectivas, in *CTF* n.º 393, Janeiro/Março de 1999.

PROPOSTA DE LEI N.º 56/IX, in *Diário da Assembleia da República*, II Série, n.º 88, pp. 3595-3617.

RELATÓRIO DO GOVERNO À ASSEMBLEIA DA REPÚBLICA NOS TERMOS DO N.º 1 DO ART. 31.º DA LEI N.º 10-B/96, DE 23 DE MARÇO – Revisão dos Impostos sobre o Património, in *CTF* n.º 384, Outubro/Dezembro 1996.

PARDAL, Sidónio – GABINETE DE APOIO DA UNIVERSIDADE TÉCNICA DE LISBOA (GAPTEC) – Contribuição Autárquica, Imposto de Sisa, Sucessões e Doações e Mais-Valias, in *CTF* n.º 384, Outubro/Dezembro 1996.

PIRES, José Maria – NIRIP/DGCI – *A actualização de valores patrimoniais na reforma da tributação do património.*

TEIXEIRA, Zélia / MARIA JESUS OLIVEIRA, *Instituto de Formação Tributária – Administração-Geral Tributária – Módulo de Contribuição Autárquica*, 2001.

VALDEZ, Vasco – Aspectos Gerais da Reforma da Tributação do Património, in *CTF* n.º 408, Outubro/Dezembro 2002.

ÍNDICE GERAL

SUMÁRIO 1

NOTA DE ABERTURA 3

RESPONSABILIDADE DOS CORPOS SOCIAIS E RESPONSÁVEIS TÉCNICOS
ANÁLISE DO ARTIGO 24.º DA LEI GERAL TRIBUTÁRIA
Joana Patrícia de Oliveira Santos 5

I – Introdução 7
    1.1. Breves considerações 7

II – Breve nota sobre a evolução dos regimes legais de responsabilidade tributária dos gerentes ou administradores 10

III – Explicação e determinação do âmbito do artigo 24.º – "Responsabilidade dos membros dos corpos sociais e responsáveis técnicos" 19

IV – A responsabilização dos titulares dos órgãos das pessoas colectivas 26
    1. Âmbito da responsabilidade 27
        1.1. Âmbito material 27
        1.2. Âmbito temporal 29
    2. Regimes da responsabilidade 30
        2.1. Responsabilidade pela falta de pagamento – exercício do cargo no fim do prazo de pagamento 30
        2.2. Responsabilidade pela diminuição do património – exercício do cargo no período anterior ao final do prazo legal de pagamento 36
    3. Apreciação deste regime legal 42
    4. Natureza jurídica da responsabilidade tributária dos administradores ou gerentes 43

V – Responsabilidade dos membros dos órgãos de fiscalização e dos Revisores Oficiais de Contas 47

VI – Responsabilidade dos Técnicos Oficiais de Contas 53

Nota conclusiva 56

Bibliografia 58

A EVASÃO FISCAL E O CRIME DE FRAUDE FISCAL NO SISTEMA LEGAL PORTUGUÊS

Francisco Vaz Antunes 61

1. Introdução 63
2. A ilicitude fiscal em geral 74
   2.1. A evasão fiscal 75
   2.2. A fraude fiscal 79
   2.3. O planeamento fiscal 83
3. Medidas de reacção contra a evasão e a fraude fiscal 85
   3.1. Medidas preventivas e de polícia fiscal 85
   3.2. Alargamento de conceitos jurídicos do direito comum, métodos indirectos e cláusulas antiabuso 93
   3.3. Levantamento do sigilo bancário 101
   3.4. Acesso à informação privilegiada de certas classes de profissionais 111
   3.5. Troca e cruzamento de informações entre os vários sectores da administração tributária 117
   3.6. Sedimentação das leis tributárias e celeridade na sua aplicação 124
4. A ilicitude fiscal de natureza criminal 127
5. O crime de fraude fiscal 133
   5.1. Antecedentes históricos 133
   5.2. Regime legal em vigor 138
      5.2.1. Disposições gerais 138
      5.2.2. Responsabilidade criminal das pessoas colectivas e singulares que actuem em seu nome 141
      5.2.3. Responsabilidade civil dos administradores, gerentes e representantes pelas multas e coimas 143
      5.2.4. Disposições comuns aplicáveis aos crimes tributários 144
      5.2.5. O Processo Penal Tributário 155
      5.2.6. O crime em especial 158
         5.2.6.1. O crime praticado através de facturas falsas 164
6. Medidas legislativas previstas para combater a evasão e a fraude fiscal durante o ano de 2005 171
7. Conclusão 180

Bibliografia 183

A TRIBUTAÇÃO DO *FACTORING*
UMA ABORDAGEM CRÍTICA NUMA PERSPECTIVA NACIONAL E INTERNACIONAL

Duarte Abrunhosa e Sousa 187

Abreviaturas 189
1. Introdução 191

2. O contrato de *factoring*	195
2.1. Conceito	195
2.1.1. Perspectiva prática	195
2.1.2. Perspectiva jurisprudencial	197
2.1.3. Perspectiva doutrinária	201
2.1.4. Conclusões	207
2.2. O Contrato-Quadro	208
2.3. Cessão de créditos com recurso	209
2.3.1. O contrato de *factoring* com recurso e com antecipação	209
2.3.2. O contrato de *factoring* com recurso e sem antecipação	210
2.4. O contrato de *factoring* sem recurso	211
2.4.1. O contrato de *factoring* sem recurso e com antecipação	212
2.4.2. O contrato de *factoring* sem recurso e sem antecipação	213
2.5. A notificação	214
2.6. Enquadramento legal do contrato de *factoring* e das sociedades de *factoring*	217
2.6.1. Quanto ao contrato de *factoring*	217
2.6.2. Quanto às sociedades de *factoring*	219
2.7. O *Factoring* Internacional	221
2.8. O Contrato de *factoring* e outros contratos financeiros	223
2.8.1. O contrato de *factoring* e a Locação Financeira (*Leasing*)	224
2.8.2. O contrato de *factoring* e o Contrato de *Swap*	224
2.8.3. O contrato de *factoring* e o Contrato de *Franchising*	225
2.8.4. O contrato de *factoring* e o Contrato de Agência	226
2.8.5. O contrato de *factoring* e o *Forfaiting*	227
2.8.6. O contrato de *factoring* e o Seguro de Crédito	228
2.8.7. O contrato de *factoring* e o desconto cambiário	229
2.8.8. Conclusões	230
3. A tributação do *factoring*	231
3.1. A tributação do contrato de *factoring* em sede de Imposto de Selo	232
3.1.1. O Imposto de Selo	232
3.1.2. A Tributação do Contrato de *Factoring*	235
3.1.3. Conclusões	237
3.2. A relevância das contribuições para a segurança social no contrato de *factoring*	238
3.2.1. O Decreto-Lei 411/91, de 17 de Outubro	238
3.2.2. O Acórdão do Tribunal da Relação de Lisboa, de 3 de Dezembro de 2002	240
3.2.3. Conclusões	243
3.3. A tributação das sociedades de *factoring*	244
3.3.1. A sociedade de *factoring* enquanto contribuinte	245
3.3.2. A sociedade de *factoring* enquanto extensão da administração fiscal	249
3.3.3. Conclusões	252
4. A tributação do *factoring* em sede de IVA e implicações do Acórdão MKG	253
4.1. A sexta Directiva 77/388/CEE	253

4.2. O Acórdão MKG 260
  4.2.1. Enquadramento Jurídico 260
  4.2.2. Factos 263
  4.2.3. Questões Prejudiciais 265
  4.2.4. Decisão 266
4.3. O reenvio prejudicial e a ordem jurídica portuguesa 271
4.4. O caso espanhol e a alteração da Ley 62/2003 273
4.5. O caso português 276
4.6. Conclusões 279
5. A tributação do contrato fora da União Europeia 281
6. Conclusão 282
Bibliografia 286

REFORMA DA TRIBUTAÇÃO DO PATRIMÓNIO
O NOVO REGIME DE AVALIAÇÕES DA PROPRIEDADE URBANA

Luís Rodrigues Antunes 291

1. Introdução 293
2. Antecedentes da Reforma da Tributação do Património 294
  2.1. O regime das avaliações prediais urbanas do CCPIIA de 1963 295
  2.2. O Código da Contribuição Autárquica de 1989 296
    2.2.1. Argumentos a favor e objecções à criação da CA 296
    2.2.2. Considerações várias sobre o regime da Contribuição Autárquica 304
    2.2.3. Relatório da Comissão para o Desenvolvimento da Reforma Fiscal 307
    2.2.4. Necessidade de mudança 311
      2.2.4.1. Relatório GAPTEC 313
      2.2.4.2. Nota sobre a última versão do anteprojecto de Código das Avaliações de 1991 320
      2.2.4.3. Artigo da Associação Portuguesa de Avaliações de Engenharia – Reflexões sobre um novo Código de Avaliações 322
    2.2.5. Relatório sobre a Reforma Fiscal para o século XXI 325
    2.2.6. Imposto único sobre o Património 329
    2.2.7. Relatório e Projecto da ECORFI 337
3. A Reforma da Tributação do Património 341
  3.1. Linhas gerais 345
  3.2. O novo regime legal de avaliações da propriedade urbana 348
    3.2.1. A fórmula de determinação do valor patrimonial tributário 354
      3.2.1.1. A determinação do valor base dos prédios edificados (Vc).... 356
      3.2.1.2. A determinação da área bruta de construção (do edifício ou da fracção) mais a área excedente à área da implantação (A) 357

3.2.1.3. O coeficiente de afectação (Ca)	359
3.2.1.4. O coeficiente de localização (Cl)	360
3.2.1.5. O coeficiente de qualidade e conforto (Cq)	362
3.2.1.5.1. O coeficiente majorativo aplicável às moradias unifamiliares	366
3.2.1.6. O coeficiente de vetustez (Cv)	367
3.2.3. A determinação do valor patrimonial tributário dos terrenos para construção	369
3.2.4. A determinação do valor patrimonial tributário dos prédios da espécie "Outros"	371
3.2.6. Relevância do Valor Patrimonial Tributário noutros impostos (IRC/IRS, IMT e IS)	372
3.3. O Zonamento	379
3.3.1. A fundamentação dos valores atribuídos no zonamento: memória descritiva	383
3.4. A questão do zonamento	387
4. Conclusões	396
5 Bibliografia	397